高等院校国际经济与贸易系列教材

国际金融学 第3版

International Finance Third Edition

主　编　刘　园
副主编　王亦豪
参　编　汪一鸣　李月彤

机械工业出版社
China Machine Press

图书在版编目（CIP）数据

国际金融学/刘园主编. —3 版. —北京：机械工业出版社，2022.10（2024.3 重印）
高等院校国际经济与贸易系列教材
ISBN 978-7-111-71748-5

I. ①国… II. ①刘… III. ①国际金融学－高等学校－教材 IV. ①F831

中国版本图书馆 CIP 数据核字（2022）第 184103 号

  本书是在全球经济发展格局、国际金融体系即将迎来重大变革的背景下完成的，分为基础篇和管理篇，共十一章，主要讲述国际收支、外汇与汇率、汇率决定理论、国际金融市场与组织、国际货币制度、国际储备与管理以及金融监管等。本书注重将理论与实践相结合，紧跟时事热点，融入了全球各国近年来的案例，在扩充理论知识的基础上提升了本书的时效性与趣味性，帮助读者从更全面的角度理解国际金融问题。

  本书适用于国际经济与贸易、金融学、经济学、财务管理等专业的本科生。

出版发行：机械工业出版社（北京市西城区百万庄大街22号 邮政编码：100037）
责任编辑：王洪波　　　　　　　　　　　　责任校对：贾海霞　张　薇
印　　刷：北京捷迅佳彩印刷有限公司　　　版　　次：2024年3月第3版第2次印刷
开　　本：185mm×260mm　1/16　　　　　印　　张：23.5
书　　号：ISBN 978-7-111-71748-5　　　　定　　价：59.00元

客服电话：(010) 88361066　68326294

版权所有・侵权必究
封底无防伪标均为盗版

第 3 版前言

2020年以来，一场席卷全球的新冠疫情不仅重创了各国人民的生活，更阻碍了全球经济的增长和国际金融市场的运行。国家与国家之间的合作、企业与企业之间的往来、个体与个体之间的关系，都在新冠疫情的肆虐下发生了深刻改变。

随着疫情形势的发展，这种改变是短期存在还是长期延续也成为人们探讨的焦点。人们比以往任何时候都更加关心美联储货币政策的走向、数字货币发展的趋势、大宗能源商品的价格、黄金避险功能的强弱、新一轮通胀到来的时间……这些国际金融问题与人类前途命运息息相关。

《国际金融学》（第3版）正是在全球经济发展格局、国际金融体系即将迎来重大变革的背景下完成的。在第2版的基础上，第3版保留了本书原有的风格和体系，更新了全书的引导案例，将阅读专栏的数量增加到25个，信息量明显得到扩充。本书还扩充了我国外债使用历史和管理实践，结合比特币等虚拟货币对当前时期资本外逃进行了介绍。在当前国内金融监管体系变化和全球监管深度合作的背景下，本书重新撰写了第十一章"金融监管"，较为全面地探讨了"一行两会一局"的监管体系，呈现了银行业监管和反洗钱领域最新的国际合作与成果。上述变化有利于拓宽读者的视野，强化本书与市场的紧密联系和针对性。此外，本书通过引导案例和阅读专栏，对汇率与国计民生、经济指标与政策调控、国际储备与资本流动、传统货币与虚拟货币、金融监管与行政管理等问题的分析梳理，大大提升了内容的前沿性、时效性、科学性和吸引力，更加有利于教师的讲授和学生的自学。需要强调指出的是，为适应新时代人才培养的要求，根据中国共产党第二十次代表大会对我国金融改革指引的方向，本教材在设置教学目标的同时，也设置了确保正确教学方向的思想政治目标，补充了理论联系实际的思政引导内容。本版教材的思政引导内容注意比较分析中外在国际金融领域的制度安排、管理措施、应对策略等方面的差异和优劣，旨在引导学生思考中国成就和中国影响背后的中国特色、中国智慧等因素发挥的关键作用，将政治素养、家国情怀和远大理想融入到国际金融专业知识中，在讲好中国故事的同时，着力塑造学生正确的世界观、人生观和价值观。

第 3 版由对外经济贸易大学国际经济贸易学院金融系博士生导师刘园教授担任主编，王亦豪任副主编，参编有汪一鸣、李月彤。此外，都雨菲、杨书尧等均对本书的最后成稿做出了贡献，在此一并致谢。

刘园

第 2 版前言

在经历了 2012～2013 年全球经济逐渐走向复苏的喜悦之后,从 2014 年开始,以新兴市场为主导的新一轮金融危机开始发酵:曾经以高速增长和在 2008 年全球金融危机中引领世界经济火车头的"金砖四国"及主要新兴市场国家,几乎无一例外地开始了本币贬值、资本外逃、股市暴跌的金融震荡!

进入 2015 年,中国主导的亚洲基础设施投资银行的横空出世,50 多个主要国家的踊跃加入,给现有的国际金融格局带来了前所未有的冲击。随着人民币被国际货币基金组织纳入 SDR,国际货币体系的崭新一页已经翻开。尽管美联储加息的魅影给各国央行和金融市场带来了巨大恐慌,但是调整内容、变化方式、创新产品、改革制度已成为当今国际金融领域的主旋律。

《国际金融学》(第 2 版)正是在国际金融市场和国际金融体系正在发生和即将到来的重大变革的背景下完成的。在第 1 版的基础上,除保留本书原有的风格和体系外,第 2 版对第 1 版的各章内容如引导案例、阅读材料和数据均进行了更新。其中汇率决定理论内容的充实、外汇市场业务内容的凝练、国际金融市场内容的调整、国际货币制度内容的更新、国际资本流动内容的补充,均使第 2 版教材最大限度地反映了国际金融领域的最新变化和发展趋势。与第 1 版相比,第 2 版教材内容的前沿性、时效性、完整性和科学性更为突出,从而更加有利于教师的讲授和学生的自学。

第 2 版由对外经济贸易大学国际经济贸易学院金融系博士生导师刘园教授担任主编,周杨博士任副主编。此外,陈浩宇、李捷嵩、杨水清、黄艳、郑三悦、诺朋、丁宁、林天晨、万竞、王朔、王东超、李呈翔、帅颖、廉欣媛、高瑜、曹梅、祝梦晴等均对本书最后成稿做出了贡献,在此一并致谢。

刘园

2016 年 1 月于北京

PREFACE
第 1 版前言

2011 年 8 月，在第二次世界大战后范围最广、影响最深的全球金融危机爆发 3 年之后，随着美国国债被著名评级公司标准普尔降级，全球金融市场再度受到重创。2008 年爆发的全球金融危机，不仅改变了国际金融业的发展进程，而且改变了国际经济和国际政治的基本格局。这场大危机的后果彰显了国际金融的相关理论和实践对人类社会发展的重要意义。

国际金融作为一种世界范围的经济活动，反映了国家间货币资本的周转与流通，同时又体现了各国货币金融关系所遵循的一般原则和运行的具体形式。第二次世界大战结束后，随着国家间货币资本融通的范围不断扩大，国际金融活动的规模也日益膨胀。20 世纪 90 年代后期，金融工具的创新达到了登峰造极的程度。进入 21 世纪，虚拟经济的发展已经将实体经济远远甩在身后，金融市场创造的价值大大超过了实体经济。金融业的"失衡"飙涨终于在 2008 年引发了全球性的金融危机和经济危机。人们不禁要问：全球经济和金融业应该保持怎样的关系才是合理的？金融业应该怎样发展才能给人类带来福祉而不是灾难？所有这些问题，都是国际金融学科未来发展所要重点关注的。

国际金融学作为一门独立学科，有其特有的概念、范畴、规则和不断完善的理论体系。国际金融学的首要任务就是揭示国际货币支付和资本流动的规律，而国际金融学的研究重点应该是当代国际货币金融关系和市场运行的各种具体形式，包括国际收支、外汇汇率、国际储备、国际债务、国际资本流动等，特别是要反映出 21 世纪以来当代国际金融创新的重大变化。鉴于金融风险给全球经济带来的重创，对金融创新的激励、对金融业务的监管、对金融风险的控制，也应该作为当代国际金融学研究的重要内容。

基于上述理由，本书的结构安排为三篇 12 章，分别是基础篇（包括 4 章：国际收支、国际收支理论、外汇与汇率、汇率决定理论）、市场篇（包括 4 章：国际金融市场与组织、外汇市场业务、外汇市场创新、国际融资业务）和管理篇（包括 4 章：国际货币制度、国际储备、国际资本流动、金融监管）。这样的结构安排体现了编者对国际金融学相关知识的逻辑性、系统性、时效性、操作性和前沿性的理解，同时也有助于读者循序渐进地根据国际金融学的基本理论和实践的逻辑框架，清晰、完整地学习和研究国际金融学这门学科。

为了让读者能够在最短的时间内获取更加完整的知识、更加丰富的信息，并激发读者的学习热情，本书在结构设计上还专门在每章篇首提供了学习目标和引导案例，在章末不仅总结了本章要点，而且提供了阅读专栏、本章测试卷以及阅读推荐和网络链接，以帮助读者拓宽知识面，并能够自行检验学习效果，达到对知识的融会贯通、举一反三和灵活运用。

本书由对外经济贸易大学国际经济贸易学院金融系博士生导师刘园教授主编，副主编为赵丹婷博士。此外，杨水清、李沁、孔旭昶（第二章）、邓社文、钱昊、王云升（第四章）、王倩、颜新艳、黄铂、王妍（阅读专栏）、许狄迪、姜和、杨彬、刘桂芝（引导案例）、刘涵瑛、冯敏、王健（本章要点、本章测试卷）等均为本书的最后成稿做出了贡献，在此一并表示感谢。

刘园
2011年9月于北京

CONTENTS
目 录

第 3 版前言
第 2 版前言
第 1 版前言

上篇　基础篇

第一章　国际收支 2
学习目标 2
引导案例　斯里兰卡外汇储备告急，陷入严重经济危机 2
第一节　国际收支与国际收支平衡表 3
第二节　国际收支的不平衡及其调节 16
阅读专栏 1-1　中国国际收支平衡表（年度表）.. 21
阅读专栏 1-2　融入全球价值链成为影响我国国际收支的重要因素 25
本章要点 26
重点难点 26

第二章　国际收支理论 27
学习目标 27
引导案例　日元大跌把日本民众"吓坏了" 27
第一节　价格 – 现金流动机制理论 28
第二节　弹性分析理论 29
第三节　吸收分析理论 37
第四节　货币分析理论 38
第五节　政策配合调节理论 40

阅读专栏 2-1　亚洲新兴市场经济体的资本流动、汇率及政策框架 …………………… 42
第六节　蒙代尔-弗莱明模型 …………………………………………………………… 46
阅读专栏 2-2　美国 2008~2014 年三次量化宽松货币政策的全景式回顾 …………… 57
本章要点 …………………………………………………………………………………… 58
重点难点 …………………………………………………………………………………… 58

第三章　外汇与汇率 ……………………………………………………………………… 59

学习目标 …………………………………………………………………………………… 59
引导案例　走向更加市场化的人民币汇率形成机制 …………………………………… 59
第一节　外汇与汇率概述 ………………………………………………………………… 60
第二节　汇率的决定及其变动 …………………………………………………………… 69
阅读专栏 3-1　《广场协议》的历史背景 ………………………………………………… 75
第三节　汇率变动对经济的影响 ………………………………………………………… 76
第四节　汇率制度 ………………………………………………………………………… 78
阅读专栏 3-2　香港联系汇率制度的困境与出路 ………………………………………… 82
阅读专栏 3-3　"三元悖论"与人民币汇率制度选择 …………………………………… 84
本章要点 …………………………………………………………………………………… 85
重点难点 …………………………………………………………………………………… 86

第四章　汇率决定理论 …………………………………………………………………… 87

学习目标 …………………………………………………………………………………… 87
引导案例　美国创纪录通胀重创全球市场，美联储会超预期加息吗 ………………… 87
第一节　国际收支理论 …………………………………………………………………… 89
第二节　购买力平价理论 ………………………………………………………………… 90
阅读专栏 4-1　购买力平价显示低收入和中等收入经济体占全球经济半壁江山 …… 94
第三节　利率平价理论 …………………………………………………………………… 95
第四节　现代远期汇率决定理论 ………………………………………………………… 100
第五节　资产市场理论 …………………………………………………………………… 103
阅读专栏 4-2　欧洲央行酝酿加息　欧元区负利率时代或将结束 …………………… 108
本章要点 …………………………………………………………………………………… 110
重点难点 …………………………………………………………………………………… 110

第五章　国际金融市场与组织 …………………………………………………………… 111

学习目标 …………………………………………………………………………………… 111
引导案例　联合国：俄乌冲突造成全球成本危机 ……………………………………… 111

第一节　国际金融市场概述 ··· 112
　　阅读专栏 5-1　美联储公布新通胀目标制，货币政策新框架面临诸多挑战 ·········· 118
　　第二节　欧洲货币市场 ·· 120
　　阅读专栏 5-2　中国金融市场加速开放，人民币资产受全球资本青睐 ············· 130
　　第三节　全球性国际金融组织 ······································ 131
　　阅读专栏 5-3　世界银行助推中国食品安全 ································ 142
　　第四节　区域性国际金融组织 ······································ 143
　本章要点 ··· 149
　重点难点 ··· 149

第六章　外汇市场业务 ·· 150

　学习目标 ··· 150
　引导案例　寄钱回家的那些事儿 ······································· 150
　　第一节　外汇市场 ·· 152
　　阅读专栏 6-1　通货膨胀达 32 714%，委内瑞拉发行新货币去掉 5 个"零" ········· 155
　　第二节　即期外汇交易 ·· 157
　　第三节　远期外汇交易 ·· 161
　　阅读专栏 6-2　泰铢狙击战 ··· 169
　　第四节　外汇掉期 ·· 171
　　第五节　套汇、套利和进出口报价 ·································· 175
　　第六节　外汇期货交易 ·· 180
　　第七节　外汇期权交易 ·· 187
　本章要点 ··· 193
　重点难点 ··· 193

第七章　国际融资业务 ·· 194

　学习目标 ··· 194
　引导案例　美媒：日本正为历史性的美债崩盘做出贡献 ····················· 194
　　第一节　国际信贷融资 ·· 195
　　阅读专栏 7-1　英吉利海峡隧道项目融资 ·································· 203
　　第二节　国际贸易融资 ·· 205
　　阅读专栏 7-2　美国现代保理的起源及其发展 ······························ 216
　　第三节　国际租赁融资 ·· 218
　　第四节　国际项目融资 ·· 222
　　第五节　国际证券融资 ·· 224

| 本章要点 | 229 |
| 重点难点 | 229 |

下篇　管理篇

第八章　国际货币制度 ... 232
- 学习目标 ... 232
- 引导案例　"欧元之父"去世 ... 232
- 第一节　国际货币制度概述 ... 235
- 第二节　国际货币制度演进 ... 238
- 阅读专栏 8-1　"相比短期通胀压力，我更担心美元贬值带来的金融风险" ... 252
- 第三节　欧洲货币一体化 ... 254
- 参考材料 ... 256
- 阅读专栏 8-2　如何看待欧洲央行的负利率政策 ... 260
- 第四节　美元化、铸币税和通货膨胀税 ... 261
- 本章要点 ... 264
- 重点难点 ... 264

第九章　国际储备与管理 ... 265
- 学习目标 ... 265
- 引导案例　外汇储备的度与用 ... 265
- 第一节　国际储备概述 ... 267
- 第二节　国际储备体系及其发展 ... 273
- 阅读专栏 9-1　博鳌论坛上多方发声，监管机构不允许稳定币风险损害金融系统（上） ... 281
- 第三节　国际储备的管理 ... 282
- 阅读专栏 9-2　俄罗斯"去美元化"努力成效几何 ... 292
- 本章要点 ... 296
- 重点难点 ... 296

第十章　国际资本流动与外债 ... 297
- 学习目标 ... 297
- 引导案例　人民币加入 SDR 篮子五年多迎首次"体检"，IMF 宣布提高权重 ... 297
- 第一节　国际资本流动概述 ... 298
- 第二节　利用外债的适度规模与我国的外债管理 ... 307
- 阅读专栏 10-1　外债管理将是未来资本市场改革开放的核心话题 ... 313

第三节　国际债务危机与新兴市场国家的资本外逃 ………………………… 314
　　阅读专栏 10-2　博鳌论坛上多方发声，监管机构不允许稳定币风险损害金融系统（下）·· 328
　　本章要点 ……………………………………………………………………… 329
　　重点难点 ……………………………………………………………………… 329

第十一章　金融监管 …………………………………………………………… 330
　　学习目标 ……………………………………………………………………… 330
　　引导案例　阿里巴巴被罚 182.28 亿元，祸起实施"二选一"垄断行为 ………… 330
　　第一节　金融监管概述 ………………………………………………………… 332
　　第二节　中国金融监管体系 …………………………………………………… 335
　　阅读专栏 11-1　中国证监会行政处罚决定书（乐视网、贾跃亭等 15 名责任主体）·· 339
　　第三节　银行业监管的内容与措施 …………………………………………… 343
　　第四节　金融监管的国际合作 ………………………………………………… 346
　　阅读专栏 11-2　《巴塞尔协议Ⅲ》推迟一年实施，逆周期监管调控助推经济复苏 … 350
　　阅读专栏 11-3　瑞幸咖啡财务造假事件与跨境监管合作 ……………………… 356
　　第五节　互联网金融的监管 …………………………………………………… 358
　　本章要点 ……………………………………………………………………… 361
　　重点难点 ……………………………………………………………………… 361

参考文献 ………………………………………………………………………… 362

上 篇

基 础 篇

第一章　国际收支
第二章　国际收支理论
第三章　外汇与汇率
第四章　汇率决定理论
第五章　国际金融市场与组织
第六章　外汇市场业务
第七章　国际融资业务

CHAPTER 1

第一章

国际收支

随着各国经济的发展和科学技术的进步，国与国之间的交往与联系也越来越密切。在广泛的国际交往中，必然涉及国家间的收支问题。国际收支是衡量一国经济对外开放程度的主要工具，它反映了一国与其他国家的商品、服务以及资本和劳动力等生产要素的国际流动过程。国际收支平衡表则系统记录了一国对外经济交易的全部内容，是研究国际金融的起点。

学习目标

（1）掌握与国际收支相关的基本概念。

（2）熟悉国际收支涵盖的各种经济交易的内容和国际收支平衡表的账户设置及记账规则。

（3）学会运用相关理论理解国际收支失衡的原因、失衡的类型、失衡产生的影响，以及各国政府采取的调节国际收支的措施。

引导案例

斯里兰卡外汇储备告急，陷入严重经济危机

斯里兰卡，这个被誉为"光明富庶乐土"的印度洋岛国，眼下正经历自 1948 年独立以来最严重的经济危机。货币贬值、物资匮乏、物价飞涨……民众生活的基本秩序难以保障，骚乱不断。从 2022 年 4 月起，斯里兰卡内阁 27 名成员有 26 人辞职。紧接着，斯里兰卡央行行长、财政部部长也先后辞职。5 月 9 日，斯里兰卡总理马欣达·拉贾帕克萨宣布辞职。

外汇储备告急　必需品价格飞涨

近期，斯里兰卡财政部部长阿里·萨布里警告说，该国目前可用外汇储备不足 5 000 万美元，而外债已经高达 510 亿美元。斯里兰卡货币卢比的恶性贬值更加剧了偿债的难度。2022 年 4 月，美元兑换斯里兰卡卢比的汇率已突破 1∶300 大关，该数据在 3 月初时为 1∶203，一个月跌幅超过 32%。

斯里兰卡的生产资料和生活所需品都高度依赖进口，外汇储备见底的斯里兰卡，已买不起必需的进口主食、药品和燃料。在粮食等物资和能源极度短缺情况下，物价尤其

是食品价格暴涨成为必然。据斯里兰卡央行统计，2022年4月科伦坡综合消费物价指数（CCPI）已经飙升至29.8%，食品与非食品通货膨胀率分别达到46.6%和22%。大米价格上涨了38%，牛奶、蔬菜、糖类等价格上涨了80%，油价上涨了90%，药品价格上涨了40%，并缺乏大量基础药物。

创汇行业受创　农业改革闹剧频出

作为南亚岛国，斯里兰卡工业基础薄弱，生活必需的能源、工业用品以及农业化肥都靠旅游创汇再进口。作为以种植经济主导的农业国家，在占其国土面积61%的可耕地中，超过一半是茶园、橡胶园、椰子园；茶叶、橡胶、椰产品是该国出口创汇的支柱产品；在2 200万总人口中，超过70%直接或间接依赖农业维持生计。

然而就是这样一个"农业大国"，自2021年5月，政府却开始全面禁用化肥、除草剂、杀虫剂等现代农业赖以维持的农用化学品。原来斯里兰卡大部分肥料依赖进口，而在2021年，因外汇短缺，斯里兰卡贸易商无法支付包括肥料在内的关键进口产品的货款，加之全球农资价格暴涨，斯里兰卡趁机推动"有机农业"，在节约的同时以期为农产品带来"零农药零化肥"的美誉。

农用化学品禁令一经推出就引爆斯里兰卡农民群体的抗议浪潮。茶农和稻农尤其担心茶叶和稻谷会因缺乏养料、杂草难除、害虫猖獗等原因出现质量和产量下降的双重危机。有数据统计，斯里兰卡政府此举可能造成斯里兰卡稻谷减产25%，茶叶减产40%~60%，这对于严重依赖农产品出口维持国际收支平衡的斯里兰卡来说无疑是雪上加霜。

2021年11月21日，斯里兰卡农业部表示，为确保粮食安全，立即结束对所有农用化学品的禁令，该国全面有机农业的改革"闹剧"只维持了短短6个月。但由此导致的社会危机，一直延续至今。

千万元物资抵达　中方伸出援助之手

针对斯里兰卡目前局势，国际社会出手相助。2022年4月，世界银行向斯里兰卡提供6亿美元援助，印度提供了24亿美元贷款，中国也宣布向斯里兰卡提供人道主义援助。

当地时间6月3日午夜，中国向斯里兰卡政府援助的首批价值约1 012万元人民币的物资运抵科伦坡。后续，中国还将向斯里兰卡分批发运其他急需物资。6月7日，中国外交部发言人赵立坚主持例行记者会。他表示，我们对斯里兰卡当前面临的困难和挑战感同身受，愿为斯里兰卡经济社会平稳发展发挥建设性的作用。对于斯方的涉法的债务，中方支持有关金融机构同斯方协商并妥善解决。我们也愿意同有关国家和金融机构一道继续为斯里兰卡缓解债务负担，实现可持续发展发挥建设性的作用。

资料来源：《南方农村报》，2022年6月9日。

第一节　国际收支与国际收支平衡表

一、国际收支的概念及其特点

国际收支是指一个国家或地区所有国际经济活动的收入和支出的总和。具体而言，由于国际收支反映的对象——国际经济活动在内容和形式上随世界经济发展而不断发展，因此国际收支概念的内涵也在不断发展中。

16世纪末至17世纪初，由于地理大发现、工业革命的胜利，开始有了以国际贸易为主的国际经济活动的迅速发展，对于一国来说，为了能准确了解本国的国际经济活动情况就提出了对国际贸易收支的统计要求，从而产生了**贸易差额**（balance of trade）的概念，它表示一国在一定时期内对外商品贸易的综合情况。这个时期是国际收支概念的萌芽时期。

随着世界经济的发展，资本主义国家国际经济交易的内容和范围不断扩大，尤其是20世纪20年代之后，国际资本流动在国际经济中扮演着越来越重要的角色，显然，在这种情况下，"贸易差额"这个概念已不能全面反映各国国际经济交易的全部内容，于是就出现了"**外汇收支**"（balance of foreign exchange）的概念，即此时的国际收支概念指的是一定时期内外汇收支的总和。各国间的经济交易只要涉及外汇收支，无论它是贸易、非贸易，还是资本借贷或单方面资金转移，都属于国际收支范畴。这也是目前许多国家仍在沿用的狭义的国际收支概念。

第二次世界大战结束之后，国际经济活动的内涵、外延又有了新的发展，狭义的国际收支概念已经不能准确客观地反映实际情况，因为它已不能反映一系列不涉及外汇收支的国际经济活动，如易货贸易、补偿贸易、无偿援助和战争赔款中实物部分、清算支付协定下的记账方式等，而这些方式在世界经济中的影响越来越大，于是国际收支的内涵又有了新的发展，形成了广义的国际收支概念。广义的国际收支是指，一个国家或地区在一定时期内（通常为一年）在同外国政治、经济、文化往来的国际经济交易中的货币价值的全部系统记录。目前，世界各国普遍采用的是广义的国际收支概念。

综上所述，**国际收支**（balance of payments，BOP）的概念有狭义和广义之分，狭义的国际收支概念，是在第一次世界大战后到第二次世界大战结束前，各国所采用的概念。广义的国际收支概念，则是从第二次世界大战结束以后才开始广泛流行的。在不同的历史时期，国际收支概念包含的内容与特点不尽相同，这些内容与特点实际上就是对国际收支活动的基本描述。

（一）国际收支的概念

世界各国，由于政治、经济、文化等各方面的交往十分频繁，从而在国与国之间形成了债权与债务关系，一国在某一特定时日的债权债务，就综合反映为该国的国际借贷关系，这种国际借贷关系所体现的债权债务，到期时必须以货币形式结清支付，从而形成一国的外汇收入与支出。

狭义的国际收支概念是指一国在一定时期内（通常为1年），同其他国家为清算到期的债权债务所发生的外汇收支的总和。在这一时期内，其外汇收支相抵后所出现的差额称为国际收支差额，这在一定程度上能够代表该国在国际金融方面的实力与地位。

广义的国际收支概念与狭义的国际收支概念强调现金基础不同，这一概念强调了国际经济交易的业务基础，即将无须货币偿付的各种"援助"项目和不需现金支付的物资、服务之间的交换，以及赊购赊销的信用交易项目也均列入国际收支。据此，国际货币基金组织（IMF）对国际收支所做的定义是："国际收支是特定时期的统计报表，它系统记录某经济实体与世界其他经济实体之间的经济交易，其中包括：①商品、服务和收益方面的交易；②该经济实体所持有的货币性黄金和特别提款权的变化，以及它对其他经济实体债权债务关系的变化；③无偿的单方转移，以及会计意义上为平衡尚未抵消的上述交易所规定的对应项目。"

（二）国际收支概念的特点

狭义的国际收支概念的主要特点是强调现金支付，它所记录的内容是已经结清债权债务关系或已经进行了支付结算的外贸交易往来，不包括已发生债权债务关系或签订贸易合同但尚未清算或尚未进行支付的交易。

广义的国际收支概念的主要特点包括三点。

（1）时间概念：它是一个流量概念，而不是存量概念，即它不是计算某一时点上的余额或持有额，而是记录一定时期内（通常为 1 年）的发生额。

（2）居民概念：它所记录的对外经济交易是指居民与非居民之间的交易，即它强调对外经济交易的参与者是居民，而不是公民。

（3）交易概念：概念的内容包括一定时期内发生的所有对外经济交易，而无论其是否已经支付或结清，即它强调交易的发生。国际收支统计不以收支为基础，有些国际交易可能不涉及货币支付，但只要是交易，只要发生就都要统计到国际收支中去。

（三）国际收支与国际借贷的区别和联系

人们常常把**国际借贷**（balance of international indebtedness）误认为是国际收支，实际上它们两者之间既有联系又有区别。国际借贷是指一个国家在一定日期对外债权债务的综合情况，是一个存量概念。国与国之间的债权债务在一定时期内必须进行清算和结算，此过程一定涉及国家间的货币收支问题，债权国要在收入货币后了结债权关系，而债务国要用支付货币来清偿债务，这就是国际收支问题。所以，国际收支是表示一个国家在一定时期内对外货币收支的综合情况，是一个流量概念。因此，这两个概念既有区别，又密切相关。因为有了国际借贷才会产生国际收支，国际借贷是国际收支的原因，国际收支是国际借贷的结果。

二、国际收支平衡表及其主要内容

为了及时准确地分析和掌握对外经济状况，一国需要将其国际收支活动按照复式簿记原理，分类分层次编制国际收支平衡表。世界各国国际收支平衡表的结构及其主要内容大都是按照国际货币基金组织的要求进行编制的。

（一）国际收支平衡表的概念

国际收支平衡表是一个国家按照复式簿记原理，对一定时期居民与非居民之间国际交易的系统记录。它集中反映了该国国际收支的具体构成和总貌。有些国家在编制国际收支表格时，将平衡项目单列，并不包括在表格中，这种表格称为国际收支差额表，如果包括平衡项目，则称为国际收支平衡表。

(二) 国际收支平衡表的编制原理

国际收支平衡表按照复式簿记原理，采用现代会计普遍使用的借贷记账法进行编制，即"有借必有贷，借贷必相等"。每发生一笔经济交易，都要以相等金额同时在相关的借贷账户进行两笔或两笔以上的记录。

国际收支平衡表把全部交易活动划分为贷方、借方、差额三项，分别反映一国一定时期各项对外经济交易的发生额和余额。贷方是记录收入项目或负债增加、资产减少的项目，即记录那些引起本国外汇收入的交易，也称"+"号项目。例如，收回货款或借入款项、出口产品等。借方是记录支出项目或负债减少、资产增加的项目，即记录那些引起本国外汇支出的交易，也称"-"号项目。例如，支付货款或借出款项、进口产品等。差额是记录借方与贷方的算术和，贷方数额大于借方为**顺差**（surplus），借方数额大于贷方为**逆差**（deficit）。从每笔单项交易来看，差额总是有正有负，几乎不可能为零。因为一国与他国之间的任何相互交易在金额上都几乎不可能完全相等。但从国际收支平衡表的总差额来看，由于储备资产和净误差与遗漏两个项目的设置起到了轧平账户的作用，因而借方总额与贷方总额相等，差额一定为零，即从会计意义上，"有借必有贷，借贷必相等"，差额总是为零。这完全是出于会计记账要求账户平衡的需要而设计的。真实的国际收支差额总是有正有负，尽管数额大小不同，但不是顺差就是逆差，几乎不可能完全相等。

具体地说，凡属于下列情况均应记入贷方：
（1）向外国提供的商品或劳务（输出）；
（2）外国人提供的捐赠与援助；
（3）国内官方当局放弃国外资产或国外负债的增加；
（4）国内私人放弃国外资产或国外负债的增加。

凡属下列情况均应记入借方：
（1）从外国获得的商品和劳务（进口）；
（2）向外国政府或私人提供的援助与捐赠等；
（3）国内官方当局的国外资产的增加或国外负债的减少；
（4）国内私人的国外资产的增加或国外负债的减少。

每笔交易都必须分别记入上述借贷双方项下有关的四个类别之中，为了便于理解，我们以美国为例，列举7笔交易，来说明国际收支的记账方法。

【例1-1】 英国商人从美国购买价值汽车50辆，共50万美元，付款方式是从英国银行提出美元存款支付货款。这笔交易包含两项内容：一是美国商品出口，应记录在贷方的贸易项目中；二是英国商人的美元存款减少，也就是美国私人对外短期负债减少，应记入借方的金融项目的其他投资项目中，如表1-1所示（以下交易记录均同）。

表 1-1　国际收支记账方法　　　（单位：万美元）

借方（−）		贷方（+）	
A. 贸易项目			
2. 进口	−100	1. 出口汽车	+50
B. 服务项目			
		3. 旅游收汇	+40
C. 收入项目			
4. 投资利润汇出	−200		
D. 经常转移项目			
5. 政府捐赠	−80		
E. 证券投资项目			
6. 债券投资	−300	7. 发行债券	+500
F. 其他投资项目			
1. 私人对外短期负债	−50	2. 私人对外短期负债	+100
3. 私人对外短期资产	−40	4. 私人对外短期负债	+200
7. 私人对外短期负债	−500	6. 私人对外短期资产	+300
G. 储备资产项目			
		5. 官方储备	+80

【例 1-2】 美国公司向中国购买 100 万美元的纺织品，用纽约银行的美元支票付款。这次经济交易是反映美国从外国获得商品，应该记入借方的贸易项目下；同时中国在纽约银行的美元存款增加，也意味着美国私人对外短期负债增加，应记入贷方项目的金融项目的其他投资项目下。

【例 1-3】 德国人在美国旅游，支付了 40 万美元的费用，旅游者所需的美元是在美国银行用欧元兑换的。这项国际交易所涉及的内容有两项：其一，美国为外国居民提供了服务，为服务输出，应在贷方服务项目记录；其二，美国银行的欧元存款增加，即美国私人对外短期资产增加，应在借方的金融项目的其他投资项目下记录。

【例 1-4】 在美国直接投资的日商将 200 万美元的投资利润汇回日本。这笔交易所涉及的两项内容是：其一，这是在美国的直接投资收入，应在借方的收入项目下记录；其二，这笔汇款假定是通过美国银行和日本银行之间的信用进行的，由日本银行代美国银行支付，所以这是美国私人对外短期负债的增加，应在贷方的金融项目的其他投资项目下记录。

【例 1-5】 美国政府向墨西哥提供了 80 万美元的援助。这笔交易所涉及的两项内容是：其一，美国政府的对外单方面转移，应在借方的经常转移项目下记录；其二，美国官方对外资产减少，应在贷方的官方储备资产项目下记录。

【例 1-6】 美国公民购买加拿大某公司发行的加元债券，折合美元价值为 300 万美元。这笔交易所涉及的两项内容是：其一，美国的资本输出，即国外长期资产增加，应在借方的证券投资项目下记录；其二，美国公民支取加拿大银行的加元存款购买债券，因此是美国私人对外短期资产减少，应在贷方的金融项目的其他投资项目下记录。

【例1-7】 法国公民购买500万美元为期10年的美国公司债券。这笔交易也涉及两项内容：其一，美国的长期资本流入，应在贷方的证券投资项目下记录；其二，法国公民提取在美国银行的美元存款购买债券，是美国私人对外负债减少，应在借方的金融项目的其他投资项目中记录。

经济交易记录日期应以所有权变更日期为标准。

在国际经济交易中，如签订买卖合同、货物装运、结算、交货、付款等一般都是在不同日期进行的，为了统一各国的记录口径，IMF做出明确规定，必须采用所有权变更原则。

按照IMF的规定，国际收支平衡表中记录的各种经济交易应包括以下几方面内容。

（1）在编表时期内全部结清部分。一笔经济交易如在国际收支平衡表编制时期内结清，则理所当然可以如实记录。

（2）在这一时期内已经到期必须结清部分（不管实际上是否结清）。例如，在编制表时期内已到期应予支付的利息，实际上并未支付，则应在到期日记录，未付的利息作为新的负债记录。又如，某项劳务已提供，但期内尚未获得收入，则应按劳务提供日期登记，未获得收入作为债权记录。

（3）在这一时期内已经发生（指所有权已变更），但需跨期结算部分。例如，涉及贸易信用的预付货款或延付货款。这类贸易发生时，所有权已变更，因而应在交易发生日期进行记录。就预付货款而言，应在借方记录货物债权，贷方记录支付的货款。就延付货款而言，应在借方记录获得的货物，贷方记录货款负债。收到货物或支付货款时，再冲转货物债权或货款负债。

（三）国际收支平衡表的结构与主要内容

世界各国编制国际收支平衡表的格式不尽相同，每种格式都反映了各国国情的需要和特点，但其基本结构还是按照IMF的要求大致统一的。根据IMF《国际收支和国际投资头寸手册》(第六版，原名《国际收支手册》)的规定，国际收支平衡表主要包括四个账户（或项目），即经常账户、资本账户、金融账户、净误差与遗漏账户。

国际收支平衡表示例如表1-2所示。

中国国家外汇管理局定期公布的中国国际收支平衡表（年度表）也是在IMF的框架基础上，针对相关项目在中国的实际情况进行调整后得到的。中国2010年、2015年和2020年的国际收支平衡表参见阅读专栏1-1中表1-3。

1. 经常账户

经常账户（current account）记录一国一定时期内对外经常性经济交易，反映一国与他国之间资源的实际转移状况。经常账户主要是指国际收支狭义概念所包括的内容，即反映一国一定时期内所发生的全部外汇收入和支出，是国际收支平衡表中最基本、最重要的项目，也是决定和影响一国国际收支真实平衡的基本内容。其子项目有三项：货物和服务、初次收入、二次收入。

表 1-2 《国际收支和国际投资头寸手册》中的国际收支平衡表示例[①]

国际收支：	贷方	借方	余额
经常账户			
货物和服务			
货物			
服务			
初次收入			
职工报酬			
利息			
公司已分配收益			
再投资收益			
租金			
二次收入			
经常收入和财富等的税收			
非人寿保险盈利净值			
非人寿保险索赔			
经常国际合作			
经常转移杂项			
养老金应享权益变动的调整数			
经常账户余额			
资本账户			
购买或弃置非生产性非金融资产			
资本转移			
资本账户余额			
经常和资本账户净贷方余额或借方余额			
金融账户（以功能分类）			
直接投资			
证券投资			
金融衍生品（非储备）和雇员股票期权			
其他投资			
储备资产			
全部资产或负债变化			
金融账户净贷方余额或借方余额			
净误差与遗漏账户			

① 选自《国际收支和国际投资头寸手册》(第六版) P12，表 2-1。

（1）货物和服务。**货物**（goods）是商品贸易或有形贸易，主要指一般商品的进口与出口。除此之外，还包括用于加工的货物、货物修理、非货币性黄金（即不作为储备资产的黄金）等的进出口。一般按**离岸价格**（free on board，FOB）计算。出口记入贷方，进口记入借方。

在国际收支平衡表中，货物收支统计数据的来源及商品价格计算的方式在各国不尽相同。按 IMF 规定，货物进出口统计一律以海关统计为准，商品价格一律按离岸价格计算。但实际上有许多国家对出口商品按离岸价格计算，而对进口商品则按**到岸价格**（cost insurance and freight，CIF）计算。这两种不同的价格条件，在计算进出口总值时，会产生一定的差额。例如，进口商品以 CIF 计价，其中运费和保险费属于劳务方面的支出，这样就会产生重复入账的项目，结果影响了国际收支平衡表的精确性。

服务（service）是劳务贸易或无形贸易，指由提供或接受劳务服务以及无形资产的使用所引起的收支。其具体内容主要包括运输、旅游、通信、建筑、保险、金融、计算机和信息等服务，专利权和特许权使用费，以及其他商业服务所引起的收支活动。其输出记入贷方，输入记入借方。服务具体包含的项目现分列如下：

第一，运输通信收支。它包括海陆空运商品和旅客运费的收支。有些国家对于运输工具的修缮费、港湾费与码头的使用费、船舶注册费等均纳入运输收支的项目。通信方面，属于国际电报、电话、电传、卫星通信等服务项目引起的外汇收支都记入劳务账户下。

第二，保险收支。凡本国人向外国保险公司投保，则成为保险费的支出；如外国人向本国保险公司投保，则成为保险费的收入。

第三，旅游收支。它指本国居民到国外旅游或外国居民到本国旅游而产生的膳费、交通等服务性费用的收支。

第四，其他服务收支。例如，办公费、专利权使用费、广告宣传费、手续费、使领馆收费等项目收支。

目前，劳务收支的重要性日益突出，不少国家的劳务收支在该国的国际收支中占有举足轻重的地位，有的甚至还超出了有形贸易收支。

（2）初次收入。第六版《国际收支和国际投资头寸手册》将第五版中的收益项目分成了初次收入和二次收入两项。**初次收入**（primary income）项目包括职工报酬（compensation of employees）、利息（interest）、公司已分配收益（distributed income of corporations）、再投资收益（reinvested earnings）、租金（rent）五项。其中，职工报酬包括非居民职工的工资、薪金、福利等；利息包括跨国投资所获的股息、利息、红利等；再投资收益特指直接权益投资的再投资。在五个项目中，属于本国的收入记入贷方，属于本国的支出记入借方。

（3）二次收入。**二次收入**（secondary income）项目包括经常收入和财富等的税收（current taxes on income, wealth, etc.）、非人寿保险盈利净值（net nonlife insurance premiums）、非人寿保险索赔（nonlife insurance claims）、经常国际合作（current international cooperation）、经常转移杂项（miscellaneous current transfers）和养老金应享权益变动的调整数（adjustment for change in pension entitlements）。其中：

非人寿保险盈利净值既包括在会计期内承保人所收保费的毛收益，也包括承保人的通过保费投资产生的应分配收益（premium supplements payable）。非人寿保险索赔即为当期内被保人向承保人提出的索赔额。

经常国际合作指在政府、国际组织间经常性的资金转移,具体包括如下三项:

1)为弥补当期开支而进行的转移,如一国政府在发生自然灾害后以食物、衣服、药品等给予另一国政府的紧急援助。

2)年度或定期由国际组织内一国政府向另一国政府给予的政策性转移。

3)政府对派遣前来进行技术援助的他国签约技术人员支付的工资。

经常转移杂项包括在之前所述项目的范围之外的经常转移项目,既包括现金也包括非现金,属于非资本性所有权的转移。内容包括无偿援助(subscription)、参加国际组织缴纳的会费(membership dues)、捐款(donations)、由国际法庭或其他政府处以的罚款和罚金(fines and penalties)、因战争或其他伤害行为对其他实体造成创伤而支付的赔款(payments of compensation)等。

养老金应享权益变动的调整数是为了调整作为经常转移项目处理的当期应付养老金,和作为金融资产项目处理的养老金权益之间的不同而产生的。该项从二次收入项目中减去收到的养老金(pension receipts),加上社会支付的养老金(social contribution)。经过调整后经常账户余额就和刨除掉收到和支付时的养老金的经常账户余额相同。

在二次收入项目中,由国外转移至本国的资金计入贷方,由本国转移到国外的资金计入借方。

2. 资本账户

资本账户(capital account)反映了国家间资产的转移,属资本性所有权的转移。输入本国的记贷方,输出本国的记借方。资本账户分为两个部分:

(1)**资本转移**(capital transfer),内容包括投资捐赠和债务注销。投资捐赠,即固定资产所有权的无偿转移,以及同固定资产的收买或放弃相联系或以其为条件的转移;债务注销,即债权人不索取任何回报而取消的债务。

(2)非生产、非金融资产的收买或放弃,指非生产创造的有形资产与无形资产,即土地或地下资产、无形资产的买卖。关于无形资产的记录与经常账户中服务项下无形资产的记录不同,这里记录的是各种专利权、特许权及各种知识产权的买卖所产生的收支;而经常账户服务项下记录的是由专利权、特许权的使用所发生的费用。

3. 金融账户

金融账户(financial account)反映国家间投资与借贷的增减变化,分为直接投资、证券投资、金融衍生品(非储备)和雇员股票期权、其他投资和储备资产五项。

(1)**直接投资**(direct investment),反映跨国投资者的永久性权益,即拥有控股权或经营权的投资,包括股本资本(控股比例最低为10%)、用于再投资的收益和其他资本。直接投资的主要特征是,投资者对另一经济体的企业拥有永久利益,这一永久利益意味着直接投资者和企业之间存在着长期的关系,并且投资者对企业经营管理有相当大的影响。直接投资在传统上主要采用在国外建立分支机构的形式,目前越来越多地采用购买企业一定比例的股票的形式来实现,如果是这样的话,一般要求这一比例最低为10%。

(2)**证券投资**(portfolio investment),即跨国投资者对股本证券和债务证券的投资。证券投资是指为了取得一笔预期的固定货币收入而进行的投资,对企业的日常经营活动没有发言权。证券投资交易包括股票、中长期债券、货币市场工具等。投资的利息收支记录在经常项目下，本金还款记录在金融项目下。

（3）**金融衍生品（非储备）和雇员股票期权** [financial derivatives (other than reserves) and ESOs]。金融衍生品（非储备）和雇员股票期权为第六版《国际收支和国际投资头寸手册》新增项目，这一项目从证券投资中拆分而来。金融衍生品是一个与其他金融工具或指标（如利率、汇率、股票或商品价格、信用风险等）相联系的合约，交易金融衍生品与交易标的资产有完全不同的方法。在金融衍生品中不包括非标准化的合同、保险和标准化担保，或有资产和负债、含有其他衍生品的金融工具和正常商业活动中带来的时滞。雇员股票期权是公司授予其雇员在本公司股票上的看涨期权，当公司未来股票价格超过执行价格时，在执行日（vesting day）后雇员可以通过行使期权获得股票，然后将所得股票按市场价格卖出得益。雇员股票期权的价格由相同期权的市场价格或布莱克－斯科尔斯模型定价决定。

（4）**其他投资**（other investment），指上述三种投资之外的跨国金融交易。这是一个剩余项目，包括所有直接投资、证券投资或储备资产中未包括的金融交易，比如长短期的贸易信贷、贷款、货币和存款以及应收款项和应付款项等。

（5）**储备资产**（reserve assets），指一国官方拥有的国际储备资产，反映一国一定时期内国际收支活动的结果，一国国际收支的状况最终都表现为官方储备资产的增减。官方储备资产主要包括以下三类：一是黄金储备，这是传统储备形式，现已退居二线。二是外汇储备，即以外币表示的流动资产，为一线储备。在 IMF 的储备头寸，即 IMF 成员方普通提款权中 25% 以黄金外汇所缴份额的部分，可自由动用。三是特别提款权（special drawing rights, SDR），是 IMF 成员方除普通提款权以外的提款权利，是一种按成员方所缴份额分配的账面资产。

4. 净误差与遗漏账户

净误差与遗漏账户（errors and omissions account）是为了轧平国际收支平衡表借贷方总额而设立的项目。按照复式记账法，国际收支借方总额应与贷方总额相等，差额为零。但实际上由于国际收支活动的资料来源比较复杂，数据经常会有偏离或不一致；而且在统计工作中，常有可能发生统计误差；加之一些人为因素，使得国际收支借贷方总额不能够自动达到平衡。因此，出于会计记账借贷必须平衡的需要，人为地设置了净误差与遗漏这一科目进行调整。当国际收支平衡表的各项数字因统计错误而导致总额不平衡时，就将其差额列入此项目。从账面上使国际收支借方总额与贷方总额相等，差额为零。

三、国际收支差额

从会计意义上来看，国际收支借方总额与贷方总额相等，差额为零，所以国际收支总是平衡的。但实际上从每个具体项目来看，总是有正有负，差额并不为零，这些差额才具有真正的经济意义。尽管各国编制国际收支平衡表的格式和口径有所差别，计算国际收支差额的方法也不尽相同，但在考察国际收支状况时，对以下几个项目差额的分析各国一般都比较重视。

(一) 贸易收支差额

贸易收支差额（trade balance），也称净出口（NX），它是出口额 X 与进口额 M 之差：

$$NX = X - M$$

贸易收支差额集中反映一国在国际市场上的竞争能力，也在一定程度上表现出一国的经济实力。其在很大程度上决定一国国际收支的总差额。需要注意的是，理论分析中的进出口不仅包含货物，也往往包括服务。尽管贸易项目仅仅是国际收支的一个组成部分，不能代表国际收支的整体，但是对于某些国家来说，贸易收支在全部国际收支中所占比重相当大，以至于经常性地把贸易收支作为国际收支的近似代表。此外，贸易收支在国际收支中还有它的特殊重要性。商品的进出口情况综合反映了一国的产业结构、产品质量和劳动生产率状况，反映了该国产业在国际市场上的竞争能力。因此，即使是发达国家这样资本项目比重相当大的国家，也仍然非常重视贸易收支的差额。

(二) 经常账户差额

经常账户差额（current account balance），即货物、服务、收益加上经常转移等项目的差额。它反映了一国在对外经济关系中所拥有的可支配使用的实际资源的增减变化，可用来分析和衡量一国国际收支的真实平衡状况，对一国对外经济关系及国民经济的健康发展有着重要的作用和影响。其中，货物进出口差额即贸易收支差额的作用尤为突出。

(三) 资本账户差额

资本账户差额（capital account balance），即资本转移、非生产和非金融资产的收买或放弃项目的差额。通过单独对资本账户进行分析，可以了解一国对外无偿的资本转移或接受国际捐赠的情况，并了解该国无形资产的国际交易情况，衡量一国经济软实力。

(四) 金融账户差额

国际金融危机前后，以股票、债券为代表的国际资本市场的活跃度、体量和发展速度较 21 世纪初有了显著增加，同时包括期权、期货等金融衍生产品的国际交易活动随着技术创新如雨后春笋般蓬勃发展起来。为更好地衡量一国国际资本性投资收益变化情况，金融账户与资本账户在 IMF 手册中独立设置，使相应的差额更加直观，便于进行不同维度的分析。

通过**金融账户差额**（financial account balance），可以分析一国对外资本的流动情况、国际投资方向变化、利用外资水平等。特别地，金融账户项下的储备资产项目的变化情况不仅在会计上作为平衡国际收支账户使用，其差额更可以反映出国际收支的顺差和逆差情况。需要注意的是，储备资产的记账符号与国际收支的顺逆差的方向正好相反。

(五) 综合差额

综合差额（overall balance），也称国际收支差额，即用经常账户差额、资本账户差额、金融账户差额再加上净误差与遗漏的总差额，减去储备资产的部分得到。综合差额为正号，则储备资产记负号，表示该国储备资产增加，国际收支顺差；反之，综合差额为负号，则储备资产记正号，表示该国储备资产减少，国际收支逆差。综合差额的正负与国际收支的顺逆差呈正向关系，即综合差额的盈余表示国际收支的顺差，综合差额的赤字表示国际收支的逆差。

当一国实行固定汇率制时，综合差额更为重要。因为国际收支的各种行为将导致外国货币与本国货币在外汇市场上的供求变动，影响到两个币种比价的稳定性。为了保持外汇市场汇率的稳定，政府必须利用官方储备介入市场以实现供求平衡。所以，综合差额在政府有义务维护固定汇率制时是极其重要的。而在浮动汇率制度下，政府原则上可以不动用官方储备而听任汇率变动，或是动用官方储备调节市场的任务有一定弹性，相应地，这一差额的重要性略有弱化。

四、国际收支平衡表的分析及其作用

国际收支平衡表集中反映一国国际金融活动的内容、范围、特点及在对外经济关系中所处的地位，因此对国际收支的分析有着重要的作用。

(一) 国际收支平衡表的分析方法

尽管世界各国对国际收支平衡表分析的目的或侧重点不同，但采取的分析方法大致相同，主要包括以下几种。

1. 微观分析法

微观分析法又称差额分析法或静态分析法，是对国际收支平衡表中各个项目的差额分别进行分析的方法。该法的目的在于分析各单个账户的差额及其形成原因，以及对国际收支的影响。通过对各项目具体差额的分析，可以了解一国对外经济交易的构成，以及各项目在整个国际收支账户中的地位和作用，考察国际收支总差额形成的原因。

微观分析法应注意以下问题。

（1）贸易收支。一国贸易收支出现顺差或逆差，主要受多个方面因素的影响：经济周期的更替、财政与货币政策变化所决定的总供给与总需求的对比关系；气候与自然条件的变化；国际市场的供求关系；本国产品的国际竞争力；本国货币的汇率水平等。结合这些方面的资料进行分析，有助于我们找出编表国家贸易收支差额形成的原因。

（2）服务收支。服务收支反映了编表国家有关行业的发达程度与消长状况。例如，运费收支的状况直接反映了一国运输能力的强弱，一般发展中国家总是需要支出运费，而一些经济发达的国家由于拥有强大的商船队而收入颇丰；银行和保险业务收支状况反映了一个国家金融机构的完善状况。分析这些状况之后，对本国来说可以为寻找改进对策提供依据；对别国来说，为选择由哪个国家提供相关业务的服务提供依据。

在单方面转移收入中，通常重点研究官方转移收入。第二次世界大战后，国际援助相对来说在不断增加，这种援助包括军事援助和经济援助两种，经济援助又分低息贷款和无偿援助两部分。在分析特定项目时除考虑其数额大小外，还要分析这种援助的背景、影响及其后果和趋势。

资本和金融项目中涉及许多子项目，比如直接投资、间接投资、国际借贷和延期付款信用等，一般来说前三项处于主要地位。直接投资状况反映一国资本国际竞争能力的高低（对发达国家而言），或一国投资利润前景的好坏（对发展中国家而言）。国际借贷状况反映了一国借用国际市场资本条件的优劣，从而反映了该国的国际信誉高低。第二次世界大战后，短期资本在国家间移动的规模与频繁程度都是空前的，它对有关国家的国际收支与货币汇率的变化都有重要影响。因而，研究、分析短期资本在国家间移动的流量、方向与方式，对研究国际金融动态和发展趋势具有重要意义。

分析官方储备项目，重点分析国际储备资产变动的方向，因为这些反映了一国对付各种意外冲击能力的变化。净误差与遗漏项目，主要分析其数额大小的变化。因为净误差和遗漏的规模，一方面反映了一国国际收支平衡表虚假性的大小，规模越大，国际收支平衡表对该国国际经济活动的反映就越不准确；另一方面在某种程度上它也反映了一国经济开放的程度，一般来说经济越开放，净误差与遗漏的规模就越大。

2. 宏观分析法

宏观分析法是把国际收支放在整个国民经济体系中来考察，研究国际收支与宏观经济变量之间的基本关系和相互影响，即把国际收支当作开放经济条件下宏观经济的一个部门和影响宏观经济变动的一个变量，放在宏观经济中去考察。开放经济条件下，国际收支与宏观经济两者之间的关系用国民收入四部门模型的转换公式表示为

$$X - M = Y - (C + I + G) = Y - A$$
$$TB = Y - A$$

即

$$国际收支差额 = 国民收入 - 国内总支出国民收入$$

四部门模型的总需求表达式为

$$C + I + G + (X - M) = Y$$

即从需求角度分析，国民收入是由消费需求 C 加投资需求 I，加政府开支 G，再加对外经济交易需求——出口减进口的净额 $(X - M)$ 共同构成。相对于国民收入 Y，作为国内总需求的 $(C + I + G)$ 可被看作国内总支出 A。而 $(X - M)$，即 TB 作为代表一国对外经济交易，即国际收支的指标，与国民收入、国内总支出之间存在着互相影响、互相制约的关系。国际收支的增减变动关系着一国国民收入及支出的水平与结构，关系着整个国民经济均衡运行；而国民经济其他部门的发展变化也同样会对国际收支产生不同程度的影响，因此要从宏观经济的高度来把握国际收支。

3. 比较分析法

比较分析法又分为纵向比较分析法和横向比较分析法两种。

纵向比较分析法也称动态分析法，即连续分析一国不同时期的国际收支平衡表，考

察该国不同时期国际收支变动的趋势及其原因。根据国际收支的发展变化过程，对暂时性和持续性国际收支差额加以区分，分别研究其形成的具体原因，为制定相应的政策和策略提供依据。

横向比较分析法是将本国与其他相关国家的国际收支平衡表进行对照分析，以便找出本国在对外经济关系中存在的问题和矛盾，更好地处理国别关系，推动本国与世界各国的经济合作与交流。

（二）分析国际收支平衡表的作用

通过分析国际收支平衡表，可以掌握国内外经济状况，研究国际经济关系的发展变化及其原因，为经济预测和经济政策的制定与调节提供依据。所以，对编表国家及其他国家都有很重要的作用。

从宏观经济的角度来看，其作用主要概括为两点：①通过分析国际收支平衡表，可及时了解和掌握本国国际收支顺逆差状况及其产生的原因与影响，以便采取正确的调节措施；②通过分析国际收支平衡表可了解和掌握本国与相关国家之间经济关系的状况及其原因，弄清本国对外经济实力和在国际经济中的地位，为及时准确地制定对外经济政策提供依据。

从微观经济的角度来看，分析国际收支平衡表对一国的进出口企业有着更为重要的现实意义，主要表现在：①通过对相关国家国际收支平衡表的分析，有利于准确预测其货币汇率的走势，以帮助企业正确选择进出口计价货币；②通过对相关国家国际收支平衡表的分析，有利于准确预测其政策变化趋势，以帮助企业及时调整进出口国别；③根据对相关国家国际收支状况的分析及汇率走势的预测，可帮助企业适当调整其出口商品价格。

第二节　国际收支的不平衡及其调节

由于国际收支不平衡会给本国对外经济关系及国内经济发展带来严重的负面影响，所以一国宏观经济调控所追求的目标之一就是实现国际收支平衡。

一、国际收支的平衡与失衡

由于国际收支平衡表运用现代会计借贷记账法进行编制，因而借方总额与贷方总额相等，账面上总是平衡的，但实际国际收支的平衡与否不能只从账面上来判断。因此，首先需要明确国际收支平衡表与国际收支平衡两个概念的区别和联系，才能真正弄懂国际收支平衡与失衡的含义。

（一）国际收支平衡的含义

判断一国国际收支是否平衡，需要弄清以下三组概念。

1. 国际收支的账面平衡与真实平衡

国际收支的账面平衡是指国际收支平衡表的账面平衡。从会计意义上，国际收支平衡表的账面总额总是平衡的。虽然其中某些账户可能出现赤字，但可以用其他账户的盈余来弥补。例如，经常账户的差额可用资本账户、金融账户的差额来平衡；所有交易项目的差额，可用官方储备资产来弥补。这是由编制国际收支平衡表所依据的复式簿记原理和借贷记账法所决定的，但这并非国际收支的真实平衡。

国际收支的真实平衡是指国际收支在经济意义上的平衡。事实上，一国的国际收支活动是由各种各样的对外经济交易引起的，不可能做到收支完全相抵。因此，一国真实的国际收支活动往往不是顺差就是逆差，只是数额大小不同而已。

分析一国国际收支是否平衡，最直观的办法就是从国际收支平衡表的账面上，根据储备资产项目的增减变动数额来判断。国际收支顺差，则储备资产增加；国际收支逆差，则储备资产减少。

2. 国际收支的主动平衡与被动平衡

一国国际收支记录的全部对外经济交易，可以分为**自主性交易**（autonomous transactions）和**弥补性交易**（accommodating transactions）。由自主性交易形成的国际收支平衡为主动平衡，由弥补性交易带来的国际收支平衡为被动平衡。

（1）自主性交易也称事前交易，是交易者出于特定的经济目的自主进行的交易。例如，经常账户的各项交易及资本账户、金融账户中的一些交易，包括资本转移、非生产和非金融资产的收买或放弃、直接投资等大都是出于获取经济利益的目的自发进行的交易。这种自发交易引起的收支活动总是会产生差额，或者收大于支，或者支大于收，不可能完全相等。

（2）弥补性交易也称事后交易，主要是指金融账户中由官方调节性措施引起的短期资本流动及储备资产变动。当自主性交易出现较大差额，需要动用储备资产或利用短期投融资人为地进行弥补或调节时，才由弥补性交易达成国际收支的被动平衡。

由自主性交易达成的主动平衡才是各国国际收支平衡追求的目标。自主性交易的平衡与否是判断一国国际收支是否实现真实平衡的标准。

3. 国际收支的数额平衡与内容平衡

国际收支的数额平衡主要是指一定时期内一国对外经济交易在价值量上的平衡；国际收支的内容平衡主要是指各种国际收支活动在结构上的平衡。如果一国国际收支达到真实平衡，则其量与结构都应该平衡。由弥补性交易达成的平衡可能只是量的平衡，并不是结构的平衡，而结构不平衡会给一国经济带来一些负面影响。例如，通过吸引短期资本弥补经常项目逆差，将加重该国外债负担；储备资产的骤增或骤减，将会影响该国货币供求关系变动与本币币值稳定等。所以，只有国际收支的量与结构同时实现平衡才是真实平衡。

（二）国际收支的不平衡及其原因

为了及时调节国际收支的不平衡，需要分析其产生的具体原因，以便采取相应措施。根据其形成原因，国际收支不平衡可以分为以下几种类型。

（1）**周期性不平衡**（cyclical disequilibrium），即各国处于经济周期的不同阶段所引起的国际收支失衡,如处于高涨周期阶段的国家可能因进口增加而出现暂时性的贸易逆差。

(2) **结构性不平衡**(structural disequilibrium),即各种结构性因素引起的国际收支不平衡,如美国的科技进步这种结构性因素使各国资本大量流入美国,并使一些国家出现逆差。

(3) **货币性不平衡**(monetary disequilibrium),即货币供给增加通过物价上升引起该国出现贸易逆差。

(4) **收入性不平衡**(income disequilibrium),即长期增长速度的差异引起的国际收支失衡。在其他条件不变的前提下,增长快的国家会因进口增加而出现逆差;但是,当增长伴随着劳动生产率的下降时,成本下降也可能引起出口更为迅速地增加。

(5) **偶然性不平衡**(temporary disequilibrium),即随机因素造成的国际收支不平衡,如自然灾害、战争、国际商品价格的偶发变动等。

(6) **政策性不平衡**(policy disequilibrium),即一国推出重要的经济政策或者实施重大改革而引发的国际收支不平衡。

一般说来,偶然性和周期性不平衡都具有不同程度的临时性,政府无须采用力度较大的政策来调节。货币性不平衡的对症下药措施是采用紧缩性货币政策控制货币供给。较难对付的是结构性不平衡,因为各项结构调整措施都只能长期生效,政府不得不对国际收支进行直接管制。政策性不平衡则经常出现在西方国家政府换届等敏感时期,当新一届政府出于政治或经济考量而对上一任政府留下的某些制度或政策进行根本性改变时,国际收支中的不同项目也会主动或被动地产生变化。

(三) 国际收支不平衡对一国经济的影响

尽管对大多数发展中国家而言,国际收支不平衡问题突出表现在长期国际收支逆差给本国经济带来的不利影响,但持续大量的国际收支顺差对一国经济也有一定的负面影响。

1. 国际收支逆差的消极影响

第一,它可能恶化就业状况和降低经济发展速度。无论是贸易逆差还是资本净流出,都会产生类似影响。

第二,它在浮动汇率制下会导致本币对外贬值,可能引起贸易条件恶化。汇率不稳定也可能加大贸易和投资活动中的风险。

第三,若政府想在逆差情况下维持汇率稳定,则会使外汇储备减少。当外汇储备减少到一定程度,该国会出现国际支付的困难甚至可能发生国际债务危机。

第四,若政府采取各种国际收支逆差调节政策,可能对国民经济运行形成冲击,如利率上升会带来紧缩效应以及直接管制易造成资源配置扭曲。

2. 国际收支顺差的消极影响

第一,它通过增加外汇储备造成货币供给增加,影响政府物价稳定目标的实现。

第二,一个国家的持续顺差意味着其他国家出现持续逆差,这会加剧国家间的矛盾,可能引起对方的报复行为,不利于对外经贸关系的长远发展。

第三,在浮动汇率制下,顺差会造成本币对外升值,这对该国商品的国际竞争力有消极影响。

第四,若政府在顺差情况下力图维持汇率稳定,就要干预外汇市场并相应增加外汇储备;外汇储备一旦超出适度规模,该国要付出很大的机会成本,即相应的官方资本输出是以牺牲本国经济发展为代价的。

二、国际收支的调节

无论一国国际收支是逆差还是顺差,只要它对该国经济的正常发展产生严重的负面影响,就必须采取相应措施进行调节。但相对而言,国际收支逆差给一国经济带来的消极影响更为突出,因此对逆差的调节更受世界各国政府的关注。

由于市场机制对国际收支失衡的自发调节存在一定局限性,影响了其国际收支调节作用的发挥,甚至可能造成一国经济外部均衡与内部均衡的冲突,使其国民经济的发展偏离正常发展的轨道,因此在国际收支出现严重不平衡而市场调节机制失灵或有缺陷时,世界各国大都采取干预的方式,对国际收支失衡进行政策调节。

(一) 外汇缓冲政策

所谓外汇缓冲政策,即利用外汇储备调节外汇市场的供求关系,以缓冲国际收支不平衡对本国经济带来的冲击和影响。具体做法是通过中央银行在外汇市场上买卖外汇改变外汇供求关系的方式,对国际收支进行调节。实际上,这种政策的作用主要是抵消国际收支失衡带来的消极影响,并且只适用于国际收支短期不平衡的情况。因为任何国家的外汇储备规模都有客观限制,如果中央银行在外汇市场上长期大量吞吐外汇,势必导致储备过多或枯竭,从而引发新的矛盾,尤其是对逆差国来说,实施外汇缓冲政策要求政府必须持有一定量的外汇储备作为外汇基金。而一国在一定时期内储备资产的量是有限的,特别是当资本大量外逃时,这一政策很难奏效。

(二) 汇率政策

汇率政策是指一国通过调整其货币的汇率,以影响进口和出口,调整贸易收支,从而调整国际收支的政策措施。

在固定汇率制条件下,如果一国国际收支出现逆差,则政府可以通过采取本币法定贬值的办法进行调节。实质上,这种政策的实施是政府有意识地利用国际收支的汇率调节机制来调节国际收支失衡。因为在固定汇率制条件下,汇率对国际收支的自发调节机制失灵,只能采用政府干预的方式,人为调整本币汇率,以达到调节国际收支失衡的目的。

一般来讲,本币贬值可以使本国出口商品的外币价格下降,而使本国进口商品的本币价格上升,从而有利于出口,不利于进口,使国际收支得到改善。但汇率调整政策效果的实现需要具备一些前提条件,它不仅取决于本国进出口商品需求弹性的大小,还取决于国际上对该国本币贬值政策的反应。其调节过程如图1-1所示。

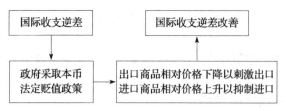

图 1-1 国际收支失衡的汇率政策调节

(三) 财政政策和货币政策

政府可以通过在国内采取相应的财政政策和货币政策以影响物价与利率,从而影响进出口与资本流动,改善国际收支失衡状况。如果一国出现国际收支逆差,则可以采取紧缩性政策。通过提高税率、缩减财政支出的紧缩财政政策,以及提高利率、减少货币供应量、紧缩银根的货币政策,抑制社会总需求与进口需求,降低物价,以刺激出口,减少进口,吸引资本流入,使国际收支逆差得到改善。其调节过程如图 1-2 所示。

采用财政政策和货币政策对国际收支进行调节需要协调与国内经济平衡的矛盾。如在国内经济衰退的情况下,就不能用牺牲本国经济增长的紧缩政策调节国际收支逆差。

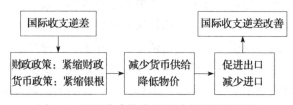

图 1-2 国际收支失衡的财政货币政策调节

(四) 行政管制政策

政府可以采用直接干预国际经济交易的政策和措施,以达到调节国际收支失衡的目的。政府的行政管制可分为三种类型。

(1) 财政管制,即在关税、补贴、出口信贷等方面采取相应对策。如一国国际收支存在严重逆差时,政府可以采取出口退税、出口补贴、出口信贷优惠等奖出限入政策,以支持本国出口,改善国际收支逆差。

(2) 外汇管制,即对汇率、外汇买卖、资本流动及国际结算等方面规定一系列鼓励或限制性政策,以维持外汇市场的稳定和国际收支的平衡。

(3) 贸易管制,即对进出口贸易直接实施干预政策。如采用进口许可证、进口配额及其他非关税壁垒等贸易保护措施,以避免国际收支的失衡。但这种直接干预的政策往往可能引起国际社会的不满和指责。

(五) 国际经济合作

在一国国际收支不平衡出现时,还可以寻求国际社会的帮助和支持,加强国际经济和金融的合作，如成立国际金融机构、协调各国金融政策以及开展贸易谈判、利用国际信贷等。

IMF、世界银行、世界贸易组织就是国际经济合作较为成功的典范。例如，IMF 调节各国国际收支短期不平衡，协调各国金融政策，维持国际金融秩序等；世界银行帮助各国调节国际收支长期不平衡，提供国际信贷支持等；世界贸易组织协调各国贸易收支不平衡，组织国际贸易谈判等，它们从不同方面对世界各国国际收支失衡的调节起着不同程度的帮助作用。

【阅读专栏 1-1】

中国国际收支平衡表（年度表）
单位：亿元人民币

编制原则：

根据 IMF《国际收支和国际投资头寸手册》（第六版）制定的标准，国际收支平衡表是反映某个时期内一个国家或地区与世界其他国家或地区间的经济交易的统计报表。国际收支统计以权责发生制为统计原则，并采用复式记账法。

表 1-3 的中国国际收支平衡表是反映 2010 年、2015 年、2020 年中国大陆地区（不含中国香港、中国澳门和中国台湾）与世界其他国家或地区的经济交易的统计报表。

表 1-3　中国国际收支平衡表（2010 年、2015 年、2020 年）

项目	2010 年	2015 年	2020 年
1. 经常账户	16 043	18 266	18 709
贷方	125 015	163 251	207 187
借方	−108 972	−144 985	−188 478
1.A 货物和服务	15 057	22 346	25 267
贷方	112 036	147 099	187 926
借方	−96 979	−124 753	−162 659
1.A.a 货物	16 077	35 941	35 311
贷方	99 972	133 551	171 737
借方	−83 895	−97 610	−136 426
1.A.b 服务	−1 020	−13 594	−10 044
贷方	12 064	13 548	16 189
借方	−13 084	−27 142	−26 233
1.A.b.1 加工服务	1 700	1 263	876
贷方	1 706	1 274	911
借方	−5	−10	−34
1.A.b.2 维护和维修服务	0	142	296
贷方	0	225	528
借方	0	−82	−232
1.A.b.3 运输	−1 966	−2 914	−2 629

(续)

项目	2010年	2015年	2020年
贷方	2 314	2 402	3 893
借方	-4 280	-5 317	-6 522
1.A.b.4 旅行	-612	-12 755	-8 023
贷方	3 100	2 804	984
借方	-3 712	-15 559	-9 008
1.A.b.5 建设	636	403	314
贷方	980	1 038	868
借方	-343	-635	-555
1.A.b.6 保险和养老金服务	-949	-238	-481
贷方	117	311	370
借方	-1 066	-549	-851
1.A.b.7 金融服务	-4	-19	66
贷方	90	146	294
借方	-93	-164	-228
1.A.b.8 知识产权使用费	-826	-1 305	-2 015
贷方	56	67	590
借方	-883	-1 372	-2 604
1.A.b.9 电信、计算机和信息服务	431	820	404
贷方	708	1 531	2 676
借方	-278	-711	-2 272
1.A.b.10 其他商业服务	599	1 174	1 359
贷方	2 920	3 638	4 833
借方	-2 321	-2 465	-3 474
1.A.b.11 个人、文化和娱乐服务	-17	-73	-137
贷方	8	46	69
借方	-25	-118	-207
1.A.b.12 别处未提及的政府服务	-13	-93	-73
贷方	65	66	173
借方	-78	-160	-246
1.B 初次收入	-1 765	-3 287	-7 204
贷方	9 630	13 915	16 673
借方	-11 395	-17 202	-23 876
1.B.1 雇员报酬	823	1 703	28
贷方	922	2 059	1 016
借方	-99	-356	-988
1.B.2 投资收益	-2 588	-5 031	-7 340
贷方	8 708	11 805	15 481
借方	-11 296	-16 836	-22 821
1.B.3 其他初次收入	0	41	108
贷方	0	51	176

（续）

项目	2010年	2015年	2020年
借方	0	−10	−68
1.C 二次收入	2 751	−794	645
贷方	3 349	2 236	2 588
借方	−598	−3 030	−1 943
1.C.1 个人转移	—	—	28
贷方	—	—	286
借方	—	—	−259
1.C.2 其他二次收入	—	—	618
贷方	—	—	2 302
借方	—	—	−1 684
2. 资本和金融账户	−12 488	−5 653	−7 266
2.1 资本账户	314	19	−6
贷方	326	32	11
借方	−13	−12	−17
2.2 金融账户	−12 802	−5 672	−7 260
资产	−44 178	773	−42 918
负债	31 376	−6 445	35 657
2.2.1 非储备性质的金融账户	19 030	−27 209	−5 383
资产	−12 346	−20 764	−41 040
负债	31 376	−6 445	35 657
2.2.1.1 直接投资	12 569	4 174	6 938
2.2.1.1.1 资产	−3 908	−10 932	−7 572
2.2.1.1.1.1 股权	−4 197	−6 493	−5 770
2.2.1.1.1.2 关联企业债务	289	−4 439	−1 802
2.2.1.1.1.a 金融部门	—	—	−1 384
2.2.1.1.1.1.a 股权	—	—	−1 486
2.2.1.1.1.2.a 关联企业债务	—	—	102
2.2.1.1.1.b 非金融部门	—	—	−6 188
2.2.1.1.1.1.b 股权	—	—	−4 284
2.2.1.1.1.2.b 关联企业债务	—	—	−1 904
2.2.1.1.2 负债	16 477	15 106	14 510
2.2.1.1.2.1 股权	15 255	13 201	11 602
2.2.1.1.2.2 关联企业债务	1 222	1 904	2 908
2.2.1.1.2.a 金融部门	—	—	1 370
2.2.1.1.2.1.a 股权	—	—	850
2.2.1.1.2.2.a 关联企业债务	—	—	520
2.2.1.1.2.b 非金融部门	—	—	13 139
2.2.1.1.2.1.b 股权	—	—	10 752
2.2.1.1.2.2.b 关联企业债务	—	—	2 388
2.2.1.2 证券投资	1 605	−4 162	5 912
2.2.1.2.1 资产	−521	−4 528	−11 472

(续)

项目	2010 年	2015 年	2020 年
2.2.1.2.1.1 股权	−574	−2 453	−8 925
2.2.1.2.1.2 债券	52	−2 075	−2 547
2.2.1.2.2 负债	2 126	367	17 384
2.2.1.2.2.1 股权	2 106	908	4 340
2.2.1.2.2.2 债券	20	−541	13 044
2.2.1.3 金融衍生工具	0	−130	−800
2.2.1.3.1 资产	0	−211	−490
2.2.1.3.2 负债	0	81	−310
2.2.1.4 其他投资	4 856	−27 091	−17 433
2.2.1.4.1 资产	−7 917	−5 092	−21 506
2.2.1.4.1.1 其他股权	0	−1	−33
2.2.1.4.1.2 货币和存款	−3 942	−3 442	−8 934
2.2.1.4.1.3 贷款	−1 421	−2 849	−8 826
2.2.1.4.1.4 保险和养老金	0	−192	−237
2.2.1.4.1.5 贸易信贷	−4 196	−2 917	−2 436
2.2.1.4.1.6 其他	1 642	4 308	−1 040
2.2.1.4.2 负债	12 773	−21 999	4 073
2.2.1.4.2.1 其他股权	0	0	0
2.2.1.4.2.2 货币和存款	4 070	−7 724	5 326
2.2.1.4.2.3 贷款	5 334	−10 407	−2 293
2.2.1.4.2.4 保险和养老金	0	149	224
2.2.1.4.2.5 贸易信贷	3 387	−3 869	427
2.2.1.4.2.6 其他	−18	−147	389
2.2.1.4.2.7 特别提款权	0	0	0
2.2.2 储备资产	−31 831	21 537	−1 878
2.2.2.1 货币黄金	0	0	0
2.2.2.2 特别提款权	−7	−17	7
2.2.2.3 在国际货币基金组织的储备头寸	−141	56	−132
2.2.2.4 外汇储备	−31 683	21 498	−1 753
2.2.2.5 其他储备资产	0	0	0
3. 净误差与遗漏	−3 555	−12 613	−11 443

注：1. 本表计数采用四舍五入原则。
2. 根据《国际收支和国际投资头寸手册》(第六版)编制，资本和金融账户中包含储备资产。
3. "贷方"按正值列示，"借方"按负值列示，差额等于"贷方"加上"借方"。本表除标注"贷方"和"借方"的项目外，其他项目均指差额。
4. 金融账户下，对外金融资产的净增加用负值列示，净减少用正值列示。对外负债的净增加用正值列示，净减少用负值列示。
5. 年度人民币计值的国际收支平衡表由单季人民币计值数据累加得到。季度人民币计值的国际收支平衡表数据，由当季以美元计值的国际收支平衡表，通过当季人民币对美元季平均汇率中间价折算得到。
6. 国际收支平衡表采用修订机制，最新数据以国家外汇管理局最近一次公布为准。

资料来源：国家外汇管理局 http://www.safe.gov.cn/。

【阅读专栏1-2】

融入全球价值链成为影响我国国际收支的重要因素

改革开放以来，我国贸易逐步融入全球价值链并在其中发挥了越来越重要的作用。当前，我国已经从中低端产品出口为主的初级制造业阶段向以技术密集型产品出口为主的先进制造业发展，制造业服务化水平不断提高，不但促进了货物和服务贸易提质增量，而且推动外商直接投资规模不断扩大，对促进我国国际收支平衡和优化国际收支结构起到重要作用。

通过融入全球价值链推动我国出口制造深化发展

我国制造业越来越广泛地融入全球贸易体系，后向参与度（本国出口对其他国家/地区中间品的依赖度）经历了先升后降的过程，体现了我国外贸发展的两阶段特征。20世纪90年代到21世纪初，我国初步融入全球制造业分工体系，"两头在外"的加工贸易加速发展，从1995年至2005年贸易规模增长了20多倍。这不仅带动了我国出口的增加，也带动了相关中间品进口的快速增长，出口中包含的其他国家/地区中间品含量持续提升。21世纪初至今，随着融入全球价值链的深入，我国自身技术水平持续提升，大规模生产能力逐步形成，商品出口从国内获得的增加值不断提高，使得后向参与度开始下降。据经济合作与发展组织（OECD）相关数据，2018年，我国制造业后向参与度为19.3%，较2005年下降了7.1个百分点。

我国价值链地位提升对全球贸易发展的作用越来越重要

近二十年来，我国贸易前向参与度（一国向全球贸易提供中间品的能力）总体稳步提高，意味着我国对贸易伙伴加工产品再出口的贡献提升。例如，电子产品和交通运输工具在全球贸易中的占比较高，价值链条较长并且技术含量较高，随着深度融入全球化，我国在这些领域为全球贸易提供了更多较高质量的中间品，而不再仅仅是终端组装生产，体现了我国在全球价值链地位的提升。2018年，我国制造业前向参与度为14.8%，较2005年上升2.5个百分点。总体看，根据世界银行价值链阶段的分类，我国出口已经从劳动密集型为主的中低端产品逐步向技术密集型为主的中高端产品发展。

我国制造业融入全球价值链是提升跨境服务水平、吸引外商直接投资的重要原因

当前我国出口商品中蕴含的销售、技术等服务价值越来越高，据OECD数据，2018年，我国制造业出口中拉动的国内批发零售、交通运输和金融保险服务业的增加值分别达到2 041亿、1 045亿和978亿美元，拉动的研发、专业咨询等其他商业服务业的增加值为960亿美元，均保持较快增长。国内服务业整体水平的提高，也推动了我国服务贸易国际竞争力的提升，2021年跨境生产性服务贸易规模较1995年增长17倍。此外，制造业融入全球价值链带动外资进入我国。改革开放以来，我国产业链供应链逐步健全完备，经济保持稳步发展态势，国民财富较快积累提升了国内消费能力，吸引跨国公司在中国设厂办企。国际收支平衡表数据显示，外商来华直接投资资金净流入从1995年的358亿美元逐步上升到2021年的3 340亿美元，年均增长32%。

展望未来，我国制造业转型升级不断推进，在全球价值链中的作用继续提升，国际竞争力将进一步增强，对全球贸易的贡献更加突出。同时，我国贸易进出口提质增效，生产性服务贸易稳步发展，将为我国国际收支保持平衡和结构优化奠定坚实基础。

资料来源：《2021年中国国际收支报告》，国家外汇管理局国际收支分析小组。

本章要点

1. 国际收支是指一个国家或地区所有国际经济活动的收入和支出的总和。它强调对外经济交易的参与者是居民，而不是公民；它强调交易的发生，无论其是否已经支付或结清。
2. 国际收支是一个流量的概念，而与之相关联的国际借贷却是一个存量的概念。
3. 各国国际收支平衡表的内容有所差异，但主要项目基本一致，包括经常账户、资本账户、金融账户以及净误差与遗漏账户四项。国际收支平衡表按照复式簿记原理，采用现代会计普遍使用的借贷记账法进行编制。
4. 国际收支平衡表是各国经济分析的重要工具。分析国际收支平衡表一般可采用微观分析法、宏观分析法、纵向比较分析法和横向比较分析法。

重点难点

国际收支的概念；国际收支平衡表的账户设置和记账规则；国际收支不平衡的原因和类型；国际收支调节政策的主要内容。

CHAPTER 2
第二章

国际收支理论

国际收支理论是国际金融的重要基础理论之一,它最初起源于15~16世纪重商主义时期,但具有较强的系统性和广泛影响的国际收支理论,是金本位时期英国经济学家大卫·休谟提出的国际收支自动调节理论。金本位制崩溃以后,各国纷纷实行浮动汇率制,因而产生了以马歇尔供求弹性分析理论为基础的国际收支的弹性分析法。20世纪50年代,随着凯恩斯主义的盛行,国际收支的吸收分析理论基本形成,并在西方学术界取得了支配地位。20世纪60年代末,现代货币主义盛行,国际收支的货币分析理论开始流行。第二次世界大战后,由于世界经济逐渐趋于一体化,开放程度较高的西方国家经常发生内部平衡与外部平衡的矛盾,于是由蒙代尔首先提出了政策配合理论,经过许多经济学家的补充和完善,形成了实用性较强并具有较高地位的国际收支综合调节理论。

▎学习目标

(1)了解国际收支的主要理论弹性分析法、吸收分析法及货币分析法的内容及基本原理。
(2)正确认识各种理论的贡献和局限性。
(3)掌握运用相关理论解释现实问题的方法。

▎引导案例

日元大跌把日本民众"吓坏了"

2022年6月10日,日元兑换美元汇率维持在133日元水准,此前一天日元汇率一度跌破135,距离24年来最低点(140左右)越来越近。

在过去两个多月,日元汇率贬值幅度已经超过10%,较2021年年初贬值约20%。这让近年来始终停滞不前的日本经济雪上加霜,日本社会对此怨声载道。6月10日,日本重新允许外国游客入境,急迫地想拯救经济,但其中没有中国游客的身影,日本旅游经济的损失不可谓不大。日本不断出现这种声音:日本应该将中国视为"救命稻草",搭上中国发展的顺风车,从而挽救深陷泥潭的日本经济。

《日本经济新闻》6月10日报道称,日元贬值将对日本国内生产总值(GDP)造成负面影响。大和总研预测称,如果按照2022年1~3月(116.2日元)出现10%的日元贬值计算,2022年度日本实际GDP将被拉低0.05%。但目前日元汇率已经明显低于上述水平,对GDP影响也将更大。日本共同社6月9日称,日本经济同友会最新的调查结果显示,对于目前日元贬值对日本经济的影响,73.7%的企业经营者认为有"负面"影响。

日本大型服装品牌优衣库6月7日发布消息称,将上调日本市场部分秋冬款商品价格,超轻羽绒夹克从5 990日元涨价至6 990日元(约合人民币350元)等。

日元贬值导致普通日本人的生活负担也加重。东京某公司职员森岛女士觉得优衣库的涨幅"有点高",她对《环球时报》记者说,优衣库衣服不算太贵,以往换季时会给自己和家人添置几件新衣,涨价以后打算不买或少买衣服。"衣服可以不买,但是饭不能不吃",森岛说,目前食材、调料、面包、酒水等生活物资的涨幅至少有10%,现在衣服也涨价的话,一家人衣食住行算下来,将是一笔不小的开销。

《纽约时报》称,各国都在努力摆脱疫情带来的经济打击,日本在这方面落后于其他国家。日本消费者几十年来习惯了稳定的物价,价格上涨已经"吓坏了"他们,而疲软的日元看起来似乎会抑制国内需求,而不是刺激国外需求。

资料来源:《环球时报》,2022年6月11日。

第一节 价格-现金流动机制理论

价格-现金流动机制(price-cash flow mechanism)学说被看作最早的国际收支调节理论,这一理论是英国经济学家大卫·休谟在1752年提出的。该理论认为在金本位制下,国际收支具有自动调节的机制。

一、价格-现金流动机制理论的基本观点

价格-现金流动机制理论认为,市场机制可以自动调节国际收支,而无须政府干预。一国贸易差额会引起货币黄金的流入流出,从而改变商品的相对价格,而商品相对价格的变化又会改变贸易差额,从而使国家间货币黄金量的分配恢复正常。这一过程完全是由市场机制在自动发挥作用,而不必政府干预。

一国如果发生国际收支逆差,就会引起黄金外流,从而使本国货币供给减少,导致国内物价下跌。国内物价下跌可以增强其出口产品的竞争力,促使出口增加;同时,逆差国物价下跌还使进口产品的相对价格上升而不利于进口,促使进口减少,因而起到自动调节国际收支,改善国际收支逆差的作用。其调节过程如图2-1所示。

图2-1 价格-现金流动机制理论的国际收支调节过程

二、对价格-现金流动机制理论的评价

价格-现金流动机制理论的重要贡献在于：该理论从货币数量的角度出发，揭示了国际收支、货币数量及物价变动三者之间存在的一种自动循环、互相制约的内在联系，系统阐明了市场机制对国际收支的自动调节作用。这一理论不仅对当时西方各国国际收支调节的实践具有指导意义，而且对当前国际收支市场调节机制作用的认识和运用，仍具有重要的理论和现实意义。

价格-现金流动机制理论的局限性在于：该理论只考虑货币数量，而未考虑其他因素对国际收支的影响，是一种局部静态分析，而且是一种适用于金本位制的国际收支调节理论。只有在没有资本流动，实行自由放任和公平贸易，进出口商品价格弹性足够大，以及各国严格执行金本位制等条件下，该理论所阐释的基本原理才能较为充分地体现。

第二节 弹性分析理论

20世纪30年代大危机后，各国经济陷入萧条，为了转嫁国内危机，刺激本国经济复苏，各国纷纷放弃金本位制，转而实行浮动汇率制，并竞相采用货币贬值的政策来调节国际收支。于是，国际收支的**弹性分析理论**（elasticity approach）应运而生。

弹性分析理论是由英国经济学家马歇尔首先提出，后经英国经济学家琼·罗宾逊和美国经济学家勒纳等人的补充、发展而形成的一种适用于纸币流通制度的国际收支调节理论，它是马歇尔的供求弹性理论在国际贸易和国际金融领域的延伸。由于该理论主要是围绕进出口商品的供求弹性展开分析，因而被称为"弹性分析法"。

一、一般的弹性分析

国际收支的一般弹性分析是在其他条件不变的前提下，考察汇率政策在不同弹性值下对国际收支（针对的是贸易收支）的影响。汇率对国际收支的影响要受到多种弹性值的制约，如外汇供给或需求弹性、出口和进口供给或需求弹性等。这里的一般指在弹性分析中，未对各种弹性值做出特别规定的情况。

（一）本币贬值对本国出口的作用

在图2-2的简单两国模型中，图2-2a表示贬值对本国出口商品供求的影响。期初，本国经济处于 E 点，出口需求曲线 D_0 与出口供给曲线 S 的交点决定了出口量 X_0 和出口价 P_X^0。本币对外贬值使出口需求曲线由 D_0 右移到 D_1 的位置，该经济由 E 点移到新的均衡点 F。从中可以看到的结论是：①本币贬值使出口量增加；②本币贬值使出口商品的本币价格上升；③本币贬值使出口额增加，表现为由 $P_X^0 E X_0 O$ 增加至 $P_X^1 F X_1 O$。

图2-2b表示本币贬值对外国进口商品供求的影响。期初，该外国经济处于 G 点，其进口商品外币价格为 P_{X0}^*，进口量为 X_0^*，$OX_0 = OX_0^*$，反映本国出口量，即外国进口量。本币贬值使外国商品的进口供给曲线由 S_0^* 右移到 S_1^* 的位置。该线右

移反映在每一既定的外币价格水平上，本国出口商愿意向外国提供更多的进口供给量，因为贬值可使本国出口商用同样外汇收入换回更多本币。该外国经济将由 G 点移到 H 点。我们从中得到的结论是：①本币贬值使外国进口增加（由 $X_0^* X_1^*$ 表示其增量）；②本币贬值使外国进口商品的外币价格下降（本国出口商品的外币价格下降）；③本币贬值对外国进口额的影响要取决于弹性，外国进口额的变动是不确定的。在图形上，外币进口额由 $P_{x0}^* G X_0^* O$ 变为 $P_{x1}^* H X_1^* O$，二者的大小从直观上无法确定。

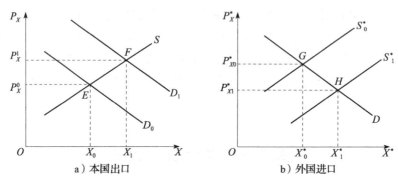

图 2-2　本币贬值对本国出口的作用

为进一步讨论此问题，需引入出口需求弹性，其定义方程为

$$E_{Xd} = -(\mathrm{d}X/X)/(\mathrm{d}P^*{}_X/P^*{}_X) \tag{2-1}$$

该式表明，出口需求弹性 E_{Xd} 界定为出口量变动率除以出口商品外币价格变动率。该式前面加上负号，说明这里定义的是出口需求弹性的绝对值。在一般情况下，出口量和出口外币价格变动方向应是相反的。

如果出口需求弹性大于1，那么货币贬值引起的出口商品外币价格下降幅度就会小于出口量的增加幅度，从而贬值会使该国出口的外汇收入增加；反之，若出口需求弹性小于1，贬值会使外币表示的出口额减少。

（二）本币贬值对本国进口的作用

在图 2-3a 中，期初本国经济处于 M 点，进口供给曲线 S_0 与进口需求曲线 D 的交点决定了该国进口量为 V_0，进口本币价为 P_V^0，本币对外贬值使进口供给曲线由 S_0 向左上方移动到 S_1 的位置。由于外币汇率上升，进口供给者将要求更高的本币价，才能保证外币价维持下去。这使本国经济由 M 点移到 N 点。由此得到的结论是：①本币贬值使进口商品本币价上升；②本币贬值使进口量减少；③本币贬值对进口的本币支出的影响不确定，我们不能直观看出 $P_V^0 M V_0 O$ 和 $P_V^1 N V_1 O$ 的大小。

在图 2-3b 中，期初该外国经济处于 A 点，其出口量 V_0^* 相当于本国进口量 V_0。当本币对外贬值后，外国出口需求曲线 D_0^* 会向左移到 D_1^* 的位置，因为购买同样外汇要付出更多本币，从而在任何外币价格下对外国产品的出口需求都会减少。外国出口的供给曲线位置未变，外国经济由 A 点移到 B 点。由此可以得到的结论是，本币对外贬值会导致：①外国的出口量减少；②外币出口价由 P_{v0}^* 下降到 P_n^*；③外币表示的外国出口额（即本国进口额）由 $P_{v0}^* A V_0^* O$ 下降到 $P_n^* B V_1^* O$。

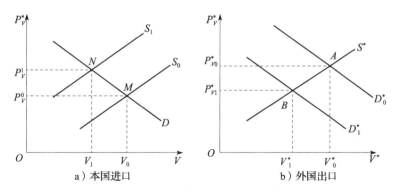

图 2-3 本币贬值对本国进口的作用

上述讨论表明，本币贬值肯定使外币表示的进口支出减少，但是用本币表示的进口支出的变动则要取决于进口需求弹性。其定义方程式可表示为

$$E_{Vd} = -(dV/V)/(dP_V/P_V) \tag{2-2}$$

进口需求弹性表示进口商品本币价格变动率所导致的进口量变动率，式中的负号使 E_{Vd} 代表绝对值。

如果进口需求弹性大于 1，那么货币贬值引起的进口商品本币价格上升幅度就会小于进口量的下降幅度，二者乘积将会变小，即本币贬值会使进口本币支出减少；反之，若进口需求弹性小于 1，本币贬值会使本国进口额（本币价值）增加。

（三）商品需求弹性与外汇供求曲线的形状

由于弹性分析不考虑国际资本流动，所以外汇供求派生于商品供求。在人们购买外汇只是为了购买外国商品以及外汇供给源自外国人购买本国商品的假设前提下，外汇供给和需求曲线的形状是由商品需求弹性决定的。

1. 外汇需求曲线的形状

外汇需求曲线 D_f 反映汇率与外汇需求量的对应关系。在弹性分析中，不考虑资本流动，外汇需求量等于进口的外汇支出。由图 2-3b 可知，本币贬值或外币汇率 e 上升时，本国进口的外汇支出（或外国出口的外币收入）肯定减少，从而 D_f 线向右下方倾斜，其斜率为负值。

2. 外汇供给曲线的形状

外汇供给曲线 S_f 反映汇率与外汇供给量的对应关系。图 2-4 中，横坐标 Q_f 表示外汇供给量，纵坐标 e 表示外汇汇率。外汇供给量等于本国出口的外汇收入。由图 2-2b 可知，本币贬值时，本国出口的外汇收入（或外国进口的外汇支出）的增加或减少要取决于出口需求弹性。如图 2-4 中 AB 区间所示，若出口需求弹性大于 1，本币贬值会使出口的外汇收入增加，即外汇供给量增加，从而 S_f 曲线具有正斜率。如图 2-4 中 B 点所示，若出

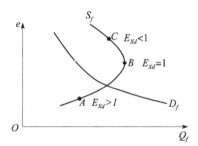

图 2-4 商品需求弹性与外汇供求曲线的形状

口需求弹性等于1，汇率变动不会改变出口的外汇收入，即外汇供给量不变。如图2-4中 BC 区间所示，若出口需求弹性小于1，本币贬值会使出口的外汇收入减少，即外汇供给量减少，从而 S_f 曲线会出现负斜率。

（四）外汇供求弹性与净出口

外汇供给弹性指汇率变动率所导致的外汇供给量变动率，表示为

$$E_{fs} = (\mathrm{d}Q_{fs}/Q_{fs})/(\mathrm{d}e/e) \tag{2-3}$$

式中，E_{fs} 为外汇供给弹性；Q_{fs} 为外汇供给量。外币汇率上升对出口的外汇收入即外汇供给量的影响是不确定的。

外汇需求弹性指汇率变动率所导致的外汇需求量变动率，表示为

$$E_{fd} = (\mathrm{d}Q_{fd}/Q_{fd})/(\mathrm{d}e/e) \tag{2-4}$$

式中，E_{fd} 为外汇需求弹性；Q_{fd} 为外汇需求量。外币汇率上升对进口的外汇支出即外汇需求量的影响是确定的，只会使后者减少。

外汇供求数量与进出口额的关系，可表示为

$$Q_{fs} = P_X^* \cdot X \tag{2-5}$$

$$Q_{fd} = P_V^* \cdot V \tag{2-6}$$

它们用数学方式表明外汇供给量即出口的外汇收入，外汇需求量即进口的外汇支出。将式（2-5）和式（2-6）代入式（2-3）和式（2-4），得到

$$E_{fs} = [(\mathrm{d}P_X^*/P_X^*) + (\mathrm{d}X/X)]/(\mathrm{d}e/e) \tag{2-7}$$

$$E_{fd} = [(\mathrm{d}P_V^*/P_V^*) + (\mathrm{d}V/V)]/(\mathrm{d}e/e) \tag{2-8}$$

净出口 NX^* 的定义方程为

$$\mathrm{NX}^* = P_X^* \cdot X - P_V^* \cdot V = Q_{fs} - Q_{fd} \tag{2-9}$$

该式表明净出口是出口额与进口额之差，或外汇供给量超过外汇需求量的部分。对该式微分

$$\mathrm{dNX}^* = \mathrm{d}(P_X^* \cdot X) - \mathrm{d}(P_V^* \cdot V) \tag{2-9a}$$

将式（2-7）和式（2-8）代入式（2-9a），整理得到

$$\mathrm{dNX}^* = (\mathrm{d}e/e)(P_X^* \cdot X \cdot E_{fs} - P_V^* \cdot V \cdot E_{fd}) \tag{2-10}$$

该式表明贬值政策（外币汇率上升或 $\mathrm{d}e/e > 0$）改善贸易收支（$\mathrm{dNX}^* > 0$）的条件是：出口额与外汇供给弹性之积大于进口额与外汇需求弹性之积。在贸易收支平衡之时，只要外汇供给弹性大于外汇需求弹性，本币贬值就可改善贸易收支。

（五）商品供求弹性与净出口

1. 出口商品供给弹性与外汇供给弹性

首先，引入出口商品供给弹性的定义

$$E_{Xs} = \frac{\mathrm{d}X/X}{\mathrm{d}P_X/P_X} = \frac{\mathrm{d}X/X}{\mathrm{d}(eP_X^*)/(eP_X^*)} = \frac{\mathrm{d}X/X}{\mathrm{d}(e/e) + \mathrm{d}(P_X^*/P_X^*)} \tag{2-11}$$

该式表明出口供给弹性是出口品本币价格变动率所导致的出口量变动率。出口供给的主体是本国出口商，它关心的是出口本币价格。由于 $P_X = eP_X^*$，即出口本币价是汇率与出口外

币价之积，该式的展开也可反映出口供给弹性与出口外币价 P_X^* 的关系。

求解，得到

$$\frac{dP_X^*}{P_X^*} = \frac{-E_{Xs}}{E_{Xs} + E_{Xd}} \frac{de}{e} \quad (2\text{-}12)$$

$$\frac{dX}{X} = \frac{E_{Xs} \cdot E_{Xd}}{E_{Xs} + E_{Xd}} \frac{de}{e} \quad (2\text{-}13)$$

它们反映出出口品外币价格变动率以及出口量变动率与出口商品供给弹性之间的关系。将式（2-12）和式（2-13）代入式（2-7），得到

$$E_{fs} = \frac{E_{Xs}(E_{Xd}-1)}{E_{Xs} + E_{Xd}} \quad (2\text{-}14)$$

该式反映了外汇供给弹性与出口供给弹性之间的关系。

由式（2-3）式（2-14）得到

$$\frac{dQ_{fs}}{Q_{fs}} = E_{fs} \frac{de}{e} = \frac{E_{Xs}(E_{Xd}-1)}{E_{Xs} + E_{Xd}} \frac{de}{e} \quad (2\text{-}15)$$

该式表明了外汇供给量的变动率（或本国出口外汇收入的变动率）与出口供给弹性之间的关系。

2. 进口商品供给弹性与外汇需求弹性

进口商品供给弹性指进口外币价格变动率所导致的进口量变动率，写成

$$E_{Vs} = (dV/V)/(dP_V^*/P_V^*) \quad (2\text{-}16)$$

式中，P_V^* 为进口商品的外币价格，因为进口供给的主体身处国外，关心的是外币价格。

由式（2-2）和式（2-16）得到

$$\frac{dP_V^*}{P_V^*} = \frac{-E_{Vs}}{E_{Vs} + E_{Vd}} \frac{de}{e} \quad (2\text{-}17)$$

$$\frac{dV}{V} = \frac{-E_{Vs} E_{Vd}}{E_{Vs} + E_{Vd}} \frac{de}{e} \quad (2\text{-}18)$$

它们反映了进口供给弹性与进口商品外币价格变动率以及进口量变动率之间的关系，将式（2-17）和式（2-18）代入式（2-8），得到

$$E_{fd} = \frac{-E_{Vd}(1+E_{Vs})}{E_{Vs} + E_{Vd}} \quad (2\text{-}19)$$

该式反映了进口商品供给弹性与外汇需求弹性的关系。

由式（2-4）和式（2-19），得到

$$\frac{dQ_{fd}}{Q_{fd}} = E_{fd} \frac{de}{e} = \frac{-E_{Vd}(1+E_{Vs})}{E_{Vs} + E_{Vd}} \frac{de}{e} \quad (2\text{-}20)$$

该式表明了外汇需求量变动率（或本国进口外汇支出变动率）与进口商品供给弹性的关系。

3. 商品供求弹性与净出口

将式（2-14）和式（2-19）代入式（2-10）得到

$$dNX^* = \frac{de}{e} \left[\frac{E_{Xs}(E_{Xd}-1)}{E_{Xs}+E_{Xd}} P_X^* \cdot X + \frac{E_{Vd}(1+E_{Vs})}{E_{Vs}+E_{Vd}} P_V^* \cdot V \right] \quad (2\text{-}21)$$

该式表明本币贬值（d$e/e > 0$）改善贸易收支（d$NX^* > 0$）的条件是

$$\frac{E_{Xs}(E_{Xd}-1)}{E_{Xs}+E_{Xd}}P_X^* \cdot X + \frac{E_{Vd}(1+E_{Vs})}{E_{Vs}+E_{Vd}}P_V^* \cdot V > 0 \quad (2\text{-}22)$$

本节的讨论建立在只有价格能影响贸易收支的基础之上，而且隐含假定汇率政策通过价格调整贸易收支的过程瞬间完成，因此使用上述分析进行实证研究，会具有明显的局限性。

另外，弹性分析理论为政府运用汇率政策调节贸易收支提供了理论依据，对那些实行可调整的钉住汇率制的发展中国家具有明显的现实意义。本节讨论得出的基本结论由式（2-21）给出。下面我们将继续说明，若补充一些假设，本币贬值改善贸易收支的条件将发生相应的变化。

二、特殊的弹性分析

这部分讨论在一些给定的弹性条件下，汇率政策在调节贸易收支中的作用。此外，这部分还将引进时间因素，考察汇率政策随时间推移而发生的调节作用的变化。

（一）马歇尔－勒纳条件

在1997年爆发的东南亚货币危机中，泰国、马来西亚、印度尼西亚、菲律宾、新加坡、韩国等国货币贬值达30%～70%，但是其贸易收支却在一段时间里未得到改善。贬值的国际收支调节效应失灵有多方面的原因。**马歇尔－勒纳条件**（Marshall-Lerner condition）未得到满足是可能的解释之一。

马歇尔－勒纳条件指进出口供给弹性无穷大的前提下，如果进出口需求弹性之和大于1，则本币贬值可改善贸易收支。

在需求约束型经济中，只要经济未实现充分就业，且工资具有弹性，就可以认为供给弹性是无穷大的。在这种新增假设前提下，式（2-21）可以简化为

$$dNX^* = (de/e)\left[P_X^* \cdot X(E_{Xd}-1) + P_V^* \cdot VE_{Vd}\right] \quad (2\text{-}23)$$

若进一步假设期初贸易收支平衡，则该式变为

$$dNX^* = (de/e)P_X^* \cdot X(E_{Xd}+E_{Vd}-1) \quad (2\text{-}24)$$

式中，本币贬值即外币升值，d$e/e > 0$，改善贸易收支表现为 $E_{Xd} + E_{Vd} > 1$。这就是马歇尔－勒纳条件的数学表达式。需要注意的是：①该式以期初贸易平衡为条件；②它不考虑资源约束和工资刚性，以供给弹性无穷大为条件；③贬值针对的是有效汇率，它未考虑钉住汇率制下的锚货币可能发生的浮动。一般说来，该条件主要适用于发达国家汇率政策调节效率分析。

为进一步理解该条件，我们首先从外国购买者的角度进行讨论。在图2-2b中，本币贬值意味着进口供给增加，外国进口品的外币价格下降，外国进口量增加。但是，在图2-2a中，本国出口供给曲线变为水平线，本国出口供给弹性无穷大假设意味着出口品本币价格并未由于出口需求增加而上升。因此，若出口供给弹性无穷大，本币贬值率与出口品外币价格下降率相等。该解释的数学表述是

$$P_X = P_X^* \cdot e, \ dP_X/P_X = dP_X^*/P_X^* + de/e \quad (2\text{-}25)$$

因为 $dP_X/P_X = 0$，所以 $dP_X^*/P_X^* = -de/e$

其次，从本国购买者的角度来看，本币贬值意味着进口供给减少（见图2-3a）。它引起进口品本币价上升和进口量减少。但是，外国供给弹性无穷大假设意味着进口品外币价未变，从而进口品本币价上升幅度与本币贬值率相等。该解释的数学表述是

$$P_V = P_V^* \cdot e, \quad dP_V/P_V = dP_V^*/P_V^* + de/e \tag{2-26}$$

因为 $dP_V^*/P_V^* = 0$，所以 $dP_V/P_V = -de/e$

这样，E_{xa} 和 E_{va} 的分母都可用 de/e 来替代，$E_{xd} + E_{vd}$ 可表述为 $(dX/X - dV/V)/(de/e)$。如果它大于1，即净出口增加幅度大于本币贬值幅度，从而贸易收支得以改善。

需要注意的是，马歇尔-勒纳条件是在假设贸易收支平衡时推导出来的，但是政府通常是在贸易收支逆差时，才运用贬值政策的。由式（2-21）可得

$$dNX^* = \frac{de}{e} \cdot P_X^* \cdot X \left(E_{xd} - 1 + \frac{P_V^* \cdot V}{P_X^* \cdot X} E_{vd} \right) \tag{2-27}$$

逆差意味着 $P_V^* \cdot V/(P_X^* \cdot X)$ 大于1。这样，即使 E_{vd} 与 E_{xd} 之和略小于1，贬值都可能使 $dNX^* > 0$。

同理，在顺差条件下，$P_V^* \cdot V/(P_X^* \cdot X)$ 小于1，贬值改善贸易收支对于进口需求弹性的要求也会相应变严。

（二）小国弹性分析

前面的两国模型中的弹性分析并不适用于小国。对于小国来说，无论外国是否充分就业，进口供给弹性都可假设为无穷大。因为该国进口太少，不足以影响世界市场价格。同时，更为重要的是，小国出口也不足以改变世界市场价格，对其出口品的需求弹性 E_{xd} 也是无穷大的。这样，式（2-21）可简化为

$$dNX^* = \frac{de}{e}(P_X^* \cdot X \cdot E_{xs} + P_V^* \cdot V \cdot E_{vd}) \tag{2-28}$$

为简化分析，考察期初贸易收支平衡情况

$$dNX^* = (de/e) P_X^* \cdot X (E_{xs} + E_{vd}) \tag{2-29}$$

该式表明，只要出口供给弹性与进口需求弹性之和大于0，贬值（$de/e > 0$）就能改善贸易收支（$dNX^* > 0$）。由于我们是按绝对值对弹性加以定义的，所以小国只要对本币贬值，就能改善贸易收支。

当然，这种分析有一个隐含前提，即小国的出口品具有独特性。若现实中许多国家同时向世界市场出口同一种产品，则上述分析便不能成立。

（三）双重零弹性模型

对于受到战争严重损害的国家，如21世纪初的伊拉克和阿富汗，出口能力一时难以增加，基本物资的进口也无法压缩，出口供给和进口需求弹性都很小。在模型分析中，我们可假设 E_{xd} 和 E_{vd} 均为0。将这两种弹性值代入式（2-21），得到 $dNX^* = 0$。这说明汇率变动与贸易差额无关。

如果出口供给和进口需求均为零弹性，则外汇供给和外汇需求也是零弹性，或者说

外汇供给和外汇需求曲线都是垂直线。这两条曲线无交点,意味着外汇市场处于不稳定状态。其政策含义是,在这种特殊时期政府应规定官方汇率。

(四)进出口缺乏弹性条件下贬值的滞胀效应

本币贬值一般都会推动国内物价上涨。首先,贬值会引起进口品本币价格上升,这会拉动国内物价上涨。当进口缺乏弹性时,贬值会使人们对进口品的本币支出增加,从而实际收入中用于购买本国产品和服务的份额相应下降,这会加剧失业压力,并可能对收入产生消极影响。如果出口富有弹性,贬值对收入的影响可能出现积极方面。但是,如果出口也缺乏弹性,贬值使出口额同时减少,则该国可能出现停滞局面。贬值是否带来通货膨胀和经济停滞,取决于进出口商品需求弹性。

(五)J曲线效应

J曲线效应(J-shaped curve effect),指贬值对贸易收支的影响存在滞后性。在本币贬值的初期,虽然出口品外币价格和进口品本币价格已经变化,但是出口量的增加和进口量的减少都是不明显的。这是因为搜寻商品信息,寻找新的贸易伙伴,组织谈判,调整生产和装船等业务活动都需要时间。因此,在图2-5所示的t_1以前的时间,该国净进口反而扩大(B点低于A点)。贬值之前签订的合同和库存,也导致进出口商品存在短期的需求刚性。经过一段时间调整,贬值带来的国际竞争力才使出口额增加和进口额减少(其条件是马歇尔-勒纳条件成立),使该经济逐步改善贸易收支。在某一时点(t_2),当该国实现贸易收支平衡时,贬值对净出口的促进作用开始减弱。这是因为此后的贸易收支顺差会推动该国的通货膨胀,而物价上升会部分抵消贬值的作用。针对这种情况,多恩布什提出以紧缩性财政政策配合贬值的汇率政策,以解决贸易逆差和避免通货膨胀。

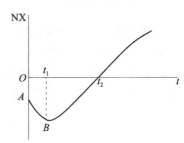

图2-5 J曲线效应

(六)冲击、短期和长期弹性

J曲线效应给我们的一种启示是,弹性值会随着时间维度而变化。人们一般把时间分为三个层次:**冲击期**(shock-period)指按6个月计算出来的出口和进口需求弹性;**短期**(short-run)针对的是1年的弹性;**长期**(long-run)通常针对2年,学术界尚未对此达成共识。

各国具体情况不同,货币贬值改善贸易收支的滞后时间也有所不同。据IMF对发达国家进出口需求弹性的估计,冲击期的弹性值一般不能满足马歇尔-勒纳条件,短期的弹性值基本上能够满足马歇尔-勒纳条件,长期的弹性值经常能成倍超出马歇尔-勒纳条件(进出口需求弹性之和大于2)。

进出口需求弹性在很大程度上取决于经济结构。例如,1973年第一次石油冲击时,石油的难以替代性和中东国家在石油生产中的垄断地位,使短期进口弹性和出口弹性都很小。但是,随着节能技术的发明和推广、需求结构调整和替代能源(核电站等)的出现,进口需求弹性逐渐变大。同时,中东国家反复出现的搭便车博弈,也使石油供给弹性变大。弹性值的变化,导致世界市场石油价格是不稳定的。

在其他条件不变的前提下,本节讨论的各种模型都具有明显的理论价值。但是,由于影响进出口的因素不仅是价格,因而该理论的局限性也是明显的。特别是对于我国而言,进口更多受到非价格因素的影响,这是由我国作为发展中的经济转型国家的特点所决定的。

第三节 吸收分析理论

吸收分析理论(absorbing approach),也被称为支出分析理论。最早是由美国经济学家亚历山大在凯恩斯理论的国民收入方程式的基础上提出的。由于他把总支出称为总吸收,所以被称作吸收分析理论。它以凯恩斯宏观经济理论为基础,把国际收支作为国民经济的一个有机组成部分,建立国民收入四部门模型,用定量分析的方法考察国际收支与国民收入总量及其各变量之间的关系。

一、吸收分析理论的基本公式

凯恩斯封闭型国民收入均衡公式为

$$Y = C + I + G \tag{2-30}$$

式中,Y 为总收入;C 为消费支出;I 为投资支出;G 为政府支出。国民经济只有消费、投资和政府三部门,没有对外经济部门。$C + I + G$ 为国内总支出,即总吸收,用 A 表示。$Y = A$,即总收入 = 总吸收。

在开放经济条件下,国民经济应包括对外经济部门。以 $(X - M)$ 即进出口代表对外经济部门,即国际收支,则开放型国民收入均衡公式为

$$Y = C + I + G + (X - M) \tag{2-31}$$

移项后,得

$$(X - M) = Y - (C + I + G) \tag{2-32}$$

式中,$(X - M)$ 是进出口差额,用 NX 表示。因此上式可写成

$$NX = Y - A \tag{2-33}$$

即

$$国际收支差额 = 总收入 - 总吸收$$

该公式说明,国际收支差额(TB)的形成与国民收入及国内支出总量密切相关。国际收支平衡意味着总收入等于国内总支出;国际收支顺差意味着总收入大于总支出;国际收支逆差则是由总支出大于总收入造成的。所以,改善国际收支逆差可以通过减少总支出或增加总收入两种办法进行。

二、吸收分析理论调节国际收支的政策

吸收理论根据一国经济生产是否达到充分就业的具体情况分别采取以下两种不同的

政策来调节国际收支。

（一）国内未充分就业，采取支出转换政策

在非充分就业条件下，意味着有闲置资源，因此可以用增加总收入的办法来调节国际收支。政府有关部门可以通过采取支出转换政策，即通过通货贬值而对国际收支的调节，可以通过国内经济或贸易限制措施，刺激本国扩大出口，改善国际收支。

由于国内总支出会随着国民收入的增长而增长，还必须在本币对外贬值的同时，在国内实行紧缩性财政政策和货币政策，以抑制进口需求，使国内总支出的增加 ΔA 小于总收入的增加 ΔY，即边际吸收倾向小于1，$(\Delta A/\Delta Y) < 1$。以使出口增长快于进口增长，保证国际收支逆差得以改善。

（二）国内充分就业，采取支出变更政策

在国内充分就业条件下，意味着没有闲置资源，增加总收入只会导致通货膨胀。因此，只能用减少国内总支出的办法来调节国际收支。而对国际收支的调节同样可以从国内经济和对外经济两个渠道进行。

一方面，对内采取紧缩性的财政政策和货币政策，压缩国内吸收，使进口需求下降，减少进口，把压缩下来的资源转移到出口部门，同时使出口商品的国内需求下降，相对其增加出口数量；另一方面，对外进行本币贬值，相对降低本国出口商品的价格，刺激国外对其出口商品的需求，同时抑制进口需求。

三、对吸收分析理论的评价

吸收分析理论的主要贡献：吸收分析理论与弹性分析理论一样，都是运用本币贬值的办法来调节国际收支逆差，但吸收分析理论指出，只有在能够增加收入或减少支出的条件下，本币贬值才是有效的。因而，它强调以国内财政政策和货币政策的配合，进行需求管理，压缩或转移国内需求，把资源从国内需求中解放出来，转向出口部门，这样才能成功地改善国际收支，保持一国内部经济与外部经济的平衡。因此，吸收分析理论是有效需求管理理论的延伸和扩展。除此之外，吸收分析理论建立在国民收入四部门模型基础上，综合考虑了多种因素的相互作用，并分析了本币贬值对国民收入和国内支出的影响，是一般均衡分析，对宏观经济管理理论与实践有重要意义。

吸收分析理论的局限性表现在：该理论仍是一种没有资本流动的以贸易收支为研究对象的国际收支理论；该理论假定生产要素的转移机制可以轻而易举地实现，背离市场经济的客观实际；该理论以单一国家为分析模式，未涉及其他相关的国家。实际上，进出口价格与数量不以一方意志为转移，而是受制于进出口双方的意向与决定。

第四节 货币分析理论

货币分析理论（monetary approach）是随着货币主义的兴起而出现的一种国际收支

调节理论。它认为国际收支主要是一种货币现象，影响国际收支的根本因素是货币供应量。一国货币供应量的增加只要与真实国民收入的增长保持一致，就可以保持国际收支的平衡与稳定。它反对凯恩斯主义者运用财政金融政策调节国际收支的做法，主张一国政府只需要控制货币供应量，根据国内需要执行稳定的货币政策，即所谓"单一规则行事"，将一国货币供给的增长稳定在与国民收入平均增长率的同一水平上，就能经常保持国民经济和国际收支的均衡与稳定，其国内经济与国际收支就都可以自动实现平衡。

同时它还认为，国际收支作为与一国货币供求相联系的一种货币现象，又是一国货币供求关系的自动调节机制。一方面，国际收支的顺逆差取决于一国货币供给增长与真实国民收入增长是否一致；另一方面，国际收支顺逆差又对一国货币供给进行自动调节。顺差可以形成本币投放从而增大一国货币供给，逆差则可造成本币回笼从而减少一国货币供给。

因此，货币分析理论主张自由放任的国际收支调节政策。

一、货币分析理论的假设条件

货币分析理论的假设条件与现代货币主义主流思想一脉相承，主要包括以下几个方面：

（1）一国货币需求是实际收入、价格和利率的稳定函数。在长期内可以看作一个不变的常数。

（2）货币中性，即货币供给的变化不会影响实物产量。

（3）货币供给与外汇储备同方向变化。

（4）各国采取固定汇率制，国际收支的调节不依赖汇率变动，而主要靠储备变化进行。

（5）一国贸易商品的价格与利率接近国际市场水平。

二、货币分析理论的基本观点

一国的货币需求 M_d 是国民收入 Y 和利率 r 的稳定函数，即

$$M_d = f(Y, r) \tag{2-34}$$

一国的货币供给 M_s 可以分为两部分：D 为国内创造部分，即通过国内银行信用体系创造的货币供给，可由中央银行或政府人为控制；R 为来自国外的部分，即国际储备，是通过国际收支活动获得的，其形成的货币供应量主要由市场决定，即

$$M_s = D + R \tag{2-35}$$

移项得

$$R = M_s - D \tag{2-36}$$

假定，长期内一国的货币需求等于货币供给，国民经济为均衡经济，即 $M_s = M_d$，则上式可转换为

$$R = M_d - D \tag{2-37}$$

即

国际储备 = 一国货币需求 − 国内信用创造

由于一国货币需求在一定时期内是稳定的，所以国际储备的增减变化取决于由中央银行或政府控制的国内信用创造的量。同时，作为国际收支活动的最终结果，国际储备的增减变化对一国货币供应量的大小又具有自动调节功能。

如果一国一定时期国内货币供给大于货币需求，就会引起通货膨胀、物价上升，因而不利于出口，有利于进口，出现贸易账户逆差；同时，货币供给过多，还可能导致利率下降，资本外流，出现资本账户逆差，从而导致国际收支逆差。但国际收支逆差使国际储备减少，又会自动调节国内货币供给，使得由外汇占款构成的本币投放减少，因而减少货币供应量，使物价下跌，反之亦然。

其调节过程如图2-6所示。

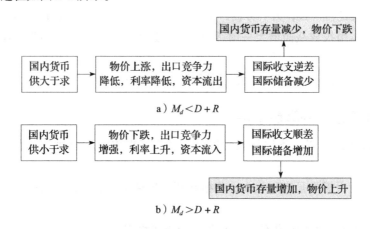

图2-6　一国货币供应量与国际收支调节之间的关系

三、对货币分析理论的评价

货币分析理论贡献在于：重新强调了在国际收支分析中对货币因素的重视；它不是仅仅以经常项目为研究对象，而是考虑了包括资本流动在内的全部国际收支因素，强调国际收支的整体均衡，是一种相对更全面的一般均衡分析；相比弹性论和吸收论，货币论考虑了资本流动对国际收支的影响。

货币分析理论的缺陷在于：一些基本假设不一定符合现实状况；同时，它过于强调货币因素的作用，而忽视了其他因素的作用。另外，它过于强调自由放任，忽视了政府干预的作用，显然失之于偏颇。

第五节　政策配合调节理论

政策配合调节理论是凯恩斯有关国际收支理论的一种学说，是凯恩斯学派经济学家蒙代尔于1962年提出的，以后英国经济学家米德、荷兰经济学家丁伯根、澳大利亚经济学家斯旺等人又对这一理论进行了发展补充。该学说主张一国在制定和实施经济政策时要兼顾国内、国外经济两个方面，既要达到内部平衡，也要达到外部平衡，不能顾此失彼。所谓内部平衡，是指一国在保持国内物价稳定的同时，实现充分就业和经济增长；

外部平衡，是指一国国际收支的平衡和汇率的稳定，这两种平衡是有机联系的。所谓政策配合，则主要是指政府将财政政策与金融政策进行适当配合和运用，以便达到一国内部平衡与外部平衡同时实现的目标。

根据凯恩斯主义和货币主义宏观经济管理及国际收支调节理论，一国出现外部不平衡时，可以采取的对策有三种：第一，**支出变更政策**（expenditure changing policy），也称作支出调整政策，即政府运用财政政策和货币政策调节控制社会总需求或总吸收，以实现国际收支平衡的目标；第二，**支出转换政策**（expenditure switching policy），即政府通过汇率政策、工资政策和价格政策的调整，使国内价格和国外相对价格发生变化，以实现支出在本国产品和外国产品之间的转换，调节国际收支的失衡；第三，直接管制，包括财政性管制、货币性管制及贸易管制。由于直接管制损害国际贸易，不利于资源的合理配置，往往受到其他国家的反感和抵制，容易激化国际矛盾，所以有效调节国际收支的政策主要是支出变更政策和支出转换政策。

另外，对国际收支的调节不能只从某一单方面进行，追求国际收支的单方面平衡；必须将其纳入国民经济管理的整体框架中，与各种政策进行配合，这样才能实现一国内部经济和外部经济同时平衡的最高目标。

一、米德冲突

英国经济学家米德在分析上述国际收支调节政策时指出，一国如果只使用一种支出变更政策或支出转换政策对宏观经济运行进行调节，就可能发生内部平衡与外部平衡的冲突，这就是所谓的"米德冲突"（Meade conflict）。

例如，当一国国内存在通货膨胀，而国际收支为顺差时，只用一种支出调整政策进行调节，就会引起内外部平衡之间的冲突；反之，当一国国内存在严重失业，而国际收支为逆差时，只用一种支出变更政策进行调节，也会引起内外部平衡之间的冲突。其表现如表2-1所示。

表2-1 单一支出变更政策引起的米德冲突

经济情况	政策调整	扩张性支出变更政策		紧缩性支出变更政策	
国内经济	国际收支	内部	外部	内部	外部
通货膨胀	顺差	加剧通胀	得到改善	消除通胀	更加不平衡
严重失业	逆差	扩大就业	更加不平衡	失业加剧	得到改善

支出转换政策包括汇率变动、工资水平变动和价格变动，其效应都会反映到实际汇率的变动上，如本币对外贬值、降低国内工资水平、降低国内商品价格，都会因提高本国出口商品的竞争能力，而产生外汇实际汇率上升、本币实际汇率下降的效应。当一国国内存在严重失业，而国际收支为顺差时，只用一种支出转换政策，即只采用实际汇率变动政策进行调节，就会引起内外部平衡之间的冲突；反之，当一国国内存在通货膨胀，而国际收支为逆差时，只用实际汇率变动政策进行调节，也会引起内外部平衡之间的冲突。其表现如表2-2所示。

表 2-2　单一支出转换政策引起的米德冲突

经济情况	政策调整	本币实际汇率下降政策（本币贬值）		本币实际汇率上升政策（本币升值）	
国内经济	国际收支	内部	外部	内部	外部
严重失业	顺差	扩大就业	更加不平衡	失业加剧	得到改善
通货膨胀	逆差	加剧通胀	得到改善	消除通胀	更加不平衡

二、丁伯根法则

荷兰经济学家丁伯根通过对上述国际收支调节政策的有效性进行分析认为，一国要想达到一个经济目标，政府至少就要运用一种有效的政策工具进行调节；而要想实现多个经济目标，政府至少要运用多种独立、有效的政策工具进行调节。这就是著名的"**丁伯根法则**"（Tinbergen's rule）。

2020年年初至2022年上半年，受到新冠肺炎疫情影响，作为美国经济主要支柱的第三产业受到了严重阻碍，伴随着国内供应链和国际物流受阻，美国经济面临经常账户赤字扩大、国内失业率增加、企业破产等多重现实经济问题，难以通过单一的政策同步实现多重目标。为确保市场主体和个人的流动性安全，维持实体经济正常运转，第一阶段美国政府不仅采取了力度空前的财政刺激措施，大幅提高财政赤字率，为中小企业及家庭提供资金保障，同时美联储采取了无限量化宽松政策，通过购买银行等机构持有的国债、MBS等金融产品为机构提供宽松的流动性环境。而到了2022年中期，在国内通货膨胀率达到历史性高位后，为了避免第二阶段经济过热进而产生"工资－通胀螺旋"，美联储逐步退出量化宽松，并采取了大幅加息的紧缩性货币政策。从上述各种政策组合与一国宏观经济目标之间的动态变化，以及各国国际收支调节的实践证明来看，丁伯根法则是成立的。

【阅读专栏2-1】

亚洲新兴市场经济体的资本流动、汇率及政策框架

国际清算银行（BIS）在亚洲咨询理事会的指导下，成立了"新兴亚洲的资本流动、汇率和政策框架"工作组，并基于工作组成员的意见，发布了相关报告，对资本流动、汇率和政策框架分别进行了分析。

报告指出，资本流动的最重要驱动力是充足的全球流动性，其次是资金输入国更好的增长前景，对于部分国家而言是资本账户自由化。汇率主要通过三个渠道影响经济形势：贸易竞争力、对通货膨胀的传导作用以及金融渠道。随着时间的推移，贸易渠道和通货膨胀的传递这两个渠道的影响力减弱，而金融渠道的重要性却在增加。

不同渠道的重要性取决于不同情况：在正常时期，并没有哪个单一渠道占据主导地位，而金融渠道在动荡时期则占主导地位。影响金融状况的外部因素包括：主要经济体的货币政策决策、全球投资者的风险偏好和美元的走势。对汇率及资产流动的政策响应通常是基于对外汇流动性的密切监测做出的，其监测范围包括汇率变

化的速度以及资本流动对资产价格的影响。其中，所有工作组成员都表示会在外汇市场波动过大的时候，进行外汇干预，维持外部稳定。同时，政策响应越来越依靠宏观审慎方法来实现国内金融稳定目标。

在政策框架方面，大多数工作组成员的理念接近丁伯根法则，报告认为，一个工具应该实现一个目标，但在实践中，一些工具可能会影响多个目标。此外，以互补的方式使用各种工具的组合可以加强政策的效力，也有助于减轻政策的一些不必要的副作用。

报告认为，新冠肺炎疫情是对现在政策框架的压力测试。亚洲各央行不仅使用了所有的常规政策工具，而且，进一步扩大了工具箱，来保证本国货币和美元的充足流动性。不仅如此，为了防止实体经济与金融部门之间的恶性循环，央行还进行了资产购买，向关键部门提供贷款，以及放松监管要求。其中，央行与政府合作在此次疫情中显得格外重要。各成员央行或货币当局普遍认为，其应对措施对近期的金融稳定产生了积极影响，但这种前所未有的措施或许会给未来经济带来潜在风险。

资料来源："国家金融与发展实验室"微信公众号，2020年12月5日。

三、政策配合理论

现实经济生活中，由于各国在国际收支调节过程中，常会遇到米德冲突问题，因此根据丁伯根法则，最好的选择就是多种政策的合理配合和运用，以求同时实现内部平衡和外部平衡。另外，还要根据一国内外经济失衡程度和各种政策调节效力的不同，选择不同的政策搭配。

（一）斯旺模型

斯旺模型是由澳大利亚经济学家斯旺提出的。他运用凯恩斯主义理论，将国际收支纳入宏观经济管理整体框架中，通过分析国内支出和外汇汇率之间的对应关系，以及经济失衡的各种不同表现，总结出一国经济内部平衡与外部平衡同时实现所需要的条件，并通过图形进行描述（见图2-7）。

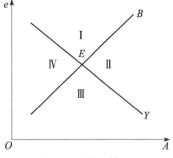

图2-7 斯旺模型

1. 斯旺模型的含义

在图2-7中，横轴A代表国内总支出，纵轴e代表外汇汇率；Y代表内部平衡线，在这条线上的点，都意味着实现了充分就业和物价稳定；B代表外部平衡线，在这条线上的点，都意味着实现了国际收支平衡。

内部平衡线Y从左上方往右下方倾斜，说明在国内总支出减少的同时，需要外汇汇率上升或本币贬值政策的配合，从而使出口增加、进口减少，才能维持内部平衡；反之，在国内总支出增加的同时，必定是外汇汇率下降或本币升值，从而使进口增加、出口减少，以维持内部平衡。Y线右边Ⅰ区和Ⅱ区的任意一点都表示在一定汇率水平下，国内总支出大于总收入，因而存在通货膨胀；反之，Y线左边Ⅳ区和Ⅲ区的任意一点都表示在一定汇率水平下，国内总支出小于总收入，因而存在失业。

外部平衡线 B 从左下方往右上方倾斜，说明在国内总支出减少的同时，需要外汇汇率下降或本币升值政策的配合，从而使进口增加、出口减少，才能维持外部平衡；反之，在国内总支出增加的同时，必定是外汇汇率上升或本币贬值，从而使出口增加、进口减少，以维持外部平衡。B 线右边Ⅱ区和Ⅲ区的任意一点都表示在一定的国内总支出水平下，外汇汇率低于或本币汇率高于均衡水平，导致国际收支逆差；反之，B 线左边Ⅰ区和Ⅳ区的任意一点都表示在一定的国内总支出水平下，外汇汇率高于或本币汇率低于均衡水平，导致国际收支顺差。

在图 2-7 中，只有两条曲线相交的 E 点意味着内部平衡与外部平衡的同时实现，反映了国内支出和外汇汇率政策的最佳组合。在 Y 线上除 E 点之外的其余各点意味着内部平衡的同时伴随着外部的不平衡，在 B 线上除 E 点之外的其余各点则意味着外部平衡的同时伴随着内部的不平衡，而不在两条线上的任意一点都意味着内外部同时失衡的状态。

2. 斯旺模型的单一政策调节

在斯旺模型中，有些情况下是可以采取一种政策进行调节的。

第一种情况：在Ⅲ区表示一国同时处于国内失业和国际收支逆差状态，政府可以采取一种支出转换政策进行调节，即通过提高外汇汇率或降低本币汇率的办法，在改善国际收支逆差的同时，减少失业。

第二种情况：在Ⅰ区表示一国同时处于国际收支顺差和国内通货膨胀状态，政府可以采取一种支出转换政策进行调节，即通过降低外汇汇率或提高本币汇率的办法，在减少国际收支顺差、实现外部平衡的同时，抑制国内通货膨胀。

第三种情况：在Ⅳ区表示一国同时处于国内失业和国际收支顺差状态，政府可以采取一种支出变更或调整政策进行调节，即通过扩大国内总支出的办法，在刺激经济增长、扩大就业的同时，消除国际收支顺差，实现对外经济平衡。

第四种情况：在Ⅱ区表示一国同时处于国内通货膨胀和国际收支逆差状态，政府可以采取一种支出变更或调整政策进行调节，即通过缩小国内总支出的办法，在抑制通货膨胀的同时，改善国际收支逆差，实现对外经济平衡。

3. 斯旺模型的政策配合调节

在斯旺模型中的其他大多数情况下，只运用一种政策进行调节，就会出现米德冲突。例如，在失业和国际收支逆差并存的情况下，为了解决失业必须实行扩张的财政金融政策，而为了消除逆差必须实行紧缩的财政金融政策。因此，如果只运用一种政策调节，则无论怎样选择，一个目标的实现总是以牺牲另一个目标为代价。

为了避免米德冲突，斯旺认为，可以根据丁伯根法则，针对经济失衡的性质和情况及不同政策的效力，采取支出变更政策和支出转换政策搭配的办法，对各种失衡情况进行调节。实践中，大多数国家以财政货币政策调节内部均衡，以汇率政策调节外部均衡，或者根据内外均衡状况采取相应的政策搭配。表 2-3 简要说明了支出变更政策与支出转换政策的搭配情况。

表 2-3　支出变更政策与支出转换政策的搭配

区间	经济状况	支出变更政策	支出转换政策
I	通货膨胀/国际收支顺差	紧缩	本币升值
II	通货膨胀/国际收支逆差	紧缩	本币贬值
III	失业/国际收支逆差	扩张	本币贬值
IV	失业/国际收支顺差	扩张	本币升值

但是，由于一国内外经济失衡的程度和各种政策调节效力有所不同，因此还需要通过斯旺模型中内部平衡线和外部平衡线的斜率来判断经济失衡的性质和情况，从而有针对性地采取不同政策配合的方法进行调节。

第一种情况（见图 2-8）：内部平衡线 Y 的斜率（绝对值）大于外部平衡线 B 的斜率，意味着汇率变动条件下，维持外部平衡所引起的支出变动大于维持内部平衡引起的支出变动，从而说明支出转换政策即汇率调整政策对外部平衡影响较大。而在支出变动条件下，维持内部平衡所引起的汇率变动大于维持外部平衡所引起的汇率变动，所以说明支出变更政策对内部平衡影响较大。

如图 2-8 所示，如果一国经济处于 a 点，意味着国际收支顺差与国内通货膨胀并存。在这种情况下，政府就不能只用一种支出变更政策进行调节，因为实行支出紧缩政策会使国际收支更加失衡，但也不能只用一种支出转换政策进行调节。虽然用支出转换政策降低汇率可以在减少国际收支顺差的同时，抑制国内通货膨胀，但由于汇率政策对内部经济失衡调整的效力较小，达不到应有的效果，所以仍需要两种政策搭配，用支出转换政策调节对外经济以实现国际收支平衡，用支出变更政策调节国内经济以实现内部平衡，即政府用支出转换政策降低外汇汇率以减少顺差，同时采用支出变更政策实行紧缩性支出政策，以消除国内通货膨胀。调节的结果是经济沿逆时针方向朝 E 点收敛，实现其内部与外部的同时平衡。

第二种情况（见图 2-9）：外部平衡线 B 的斜率大于内部平衡线 Y 的斜率（绝对值），意味着汇率变动条件下，维持内部平衡所引起的支出变动大于维持外部平衡引起的支出变动，从而说明支出转换政策即汇率调整政策对内部平衡影响较大。而在支出变动条件下，维持外部平衡所引起的汇率变动大于维持内部平衡所引起的汇率变动，所以说明支出变更政策对外部平衡影响较大。

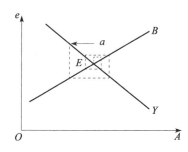
图 2-8　Y 的斜率（绝对值）大于 B 的斜率

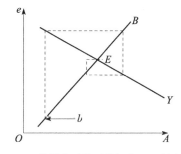
图 2-9　Y 的斜率（绝对值）小于 B 的斜率

如图 2-9 所示，如果一国经济处于 b 点，意味着国际收支逆差与国内衰退并存，在这种情况下，政府也不能只用一种支出变更政策进行调节，因为实行支出扩张政策会使国际收支更加失衡，但也不能只用一种支出转换政策进行调节。虽然用支出转换政策提高汇率可以在减少国际收支逆差的同时,刺激国内经济增长,但由于汇率政策对外部经济失衡调整的效力较小,达不到应有的效果,所以仍需要两种政策搭配,用支出转换政策即汇率调整政策调节国内经济以实现内部平衡,用支出变更政策调节对外经济以实现国际收支平衡,即政府应采用支出变更政策即实行紧缩性支出政策以减少逆差,同时用支出转换政策提高外汇汇率的办法以刺激经济增长,扩大就业。调节的结果是经济沿顺时针方向朝 E 点收敛,实现其内部与外部的同时平衡。

(二)蒙代尔的政策配合理论

针对斯旺模型的缺陷,蒙代尔考虑了资本流动因素,并将要选择和搭配的政策分为财政政策和货币政策两种类型。蒙代尔认为,财政政策对国内经济的作用通常大于对国际收支的作用,而货币政策对国际收支的作用要大于对国内经济的作用。他认为,财政政策主要表现为政府开支的增减,其对国内经济活动比对国际收支活动的调节作用大;货币政策主要表现为国内外利率的差异,它促使资本在国家间流动,对国际收支影响较大。所以,一国可以通过财政政策和货币政策的适当配合进行调节,同时实现内部平衡和外部平衡。表 2-4 简要描述了其关于实现内外均衡的政策配合情况。

表 2-4 实现内外均衡的政策配合简表

经济情况		财政政策(对内)	货币政策(对外)
国内经济	国际收支		
衰退	逆差	扩张(扩大政府开支)	紧缩(升利率降物价)
衰退	顺差	扩张(扩大政府开支)	膨胀(降利率升物价)
膨胀	逆差	紧缩(缩减政府开支)	紧缩(升利率降物价)
膨胀	顺差	紧缩(缩减政府开支)	膨胀(降利率升物价)

(三)对政策配合调节理论的评价

米德冲突和丁伯根法则所阐述的理论已经在各国内外经济调节实践中得到了很好的验证,而斯旺模型与蒙代尔的政策配合理论对各种政策在内外经济均衡中的作用分析,也有一定的理论意义和实际意义。

但这些理论大都是局部静态分析,往往失之于片面。例如,斯旺模型只考虑进出口变动与汇率及国内支出的关系,忽视了资本流动的作用。同时,这些理论都要求有严格的假设条件。例如,斯旺模型的建立就需要有可获得充分信息以完成模型中关于斜率的绘制、实行浮动汇率制等严格的假设条件,与现实不一定相符;而蒙代尔的政策配合理论则暗含着一个假设,即财政政策和货币政策互相独立。但在现实经济生活中,财政政策和货币政策很难被完全分开。而且,可采取的政策措施很多,并不只财政政策和货币政策两种。另外,这些理论也无法解释 20 世纪 70 年代以后出现的**滞胀**(stagflation)现象。

第六节 蒙代尔 - 弗莱明模型

蒙代尔 - 弗莱明模型(Mundell-Fleming model)是在蒙代尔的政策配合理论基础上,

通过弗莱明和其他一些经济学家的补充和完善，将表示国际收支均衡的 BP 曲线引入标准的 IS-LM 模型，并将其扩展为 IS-LM-BP 模型而建立起来的。其重点是分析资本流动因素对模型的影响，同时，着重阐述了在不同汇率制条件下一国如何通过政策调节实现内外经济的同时均衡。

一、IS-LM-BP 模型的基本原理

IS-LM-BP 模型可用一个以利率 i 为纵坐标，以国民收入 y 为横坐标的直角坐标系图形来表示（见图 2-10）。图中 E 点表示内外经济同时均衡，并且对应于充分就业条件下的国民收入水平 y_f，以及适合于内外经济同时均衡条件下投资与资本流动的利率水平 i_f。

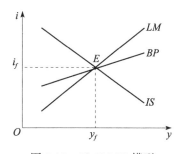

图 2-10　IS-LM-BP 模型

在西方经济学中，IS 曲线表明了产品市场均衡的条件，即 IS 曲线上任意一点，都表明在给定的利率及其相对应的国民收入水平上，投资正好等于储蓄，才能达到产品市场的均衡。其中，I 表示投资，S 表示储蓄。投资是利率的减函数，储蓄是收入的增函数。当收入增加引起储蓄增加时，利率必须下降以相应增加投资，才能保持产品市场的均衡。因此，在 IS-LM-BP 模型坐标图上，IS 曲线是一条向右下方倾斜的曲线，斜率为负值。

LM 曲线则表明了货币市场均衡的条件，即 LM 曲线上任意一点，都表明在给定的利率及其相对应的国民收入水平上，货币需求正好等于货币供给，才能达到货币市场的均衡。其中，L 表示货币需求，M 表示货币供给。L 分为两部分：L_1 表示对货币的交易需求，是收入的增函数；L_2 表示对货币的投机需求，是利率的减函数。M 是可以由政府调控的外生变量。在货币供应量既定的条件下，只能调节对货币的不同需求来实现货币市场的均衡。当收入增加引起货币交易需求增加时，利率必须上升使对货币的投机需求减少，以抵消收入增加对货币交易需求增加的影响。因此，在 IS-LM-BP 模型坐标图上，LM 曲线是一条向右上方倾斜的曲线，斜率为正值。

BP 曲线表明了国际收支均衡的条件。国际收支主要包括经常项目及资本和金融项目这两大项目。其中，经常项目主要反映一国商品和劳务的进出口，以及收益、经常转移等内容；资本和金融项目主要反映一国资本流入和流出的内容。在凯恩斯主义宏观经济学四部门国民经济均衡模型中，常常以贸易差额（$X-M$）来代表经常项目差额及国际收支差额进行分析；而在蒙代尔-弗莱明模型中则将国际资本流动因素引入，进行全面的国际收支差额分析。

如果不考虑资本流动因素，只考察经常项目，则用 IS-LM-BP 模型反映国际收支均衡的 BP 曲线是一条与 y 垂直的直线。因为这一坐标系假设，代表经常项目差额的贸易差额（$X-M$）是收入 y 的函数，只受收入的影响，而与利率无关。这时的内外经济均衡状况表现为 IS 曲线、LM 曲线和 BP 曲线相交，并对应于充分就业条件下的国民收入 y_f 的点 E 上（见图 2-11）。

如果引入资本流动因素，全面考察国际收支均衡状况，则可能出现三种情况（见图 2-12）。

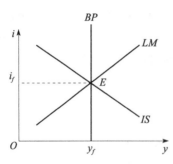 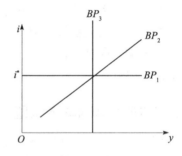

图 2-11　无资本流动情况下的 *IS-LM-BP* 模型　　图 2-12　资本流动情况下的 *IS-LM-BP* 模型

第一种情况：当资本完全流动时，图 2-12 中反映国际收支均衡的 *BP* 曲线是一条与横轴平行的水平线 BP_1。资本完全流动意味着实现了国际金融市场的一体化，各国间不存在任何资本流动的障碍，本国利率与国际市场利率 i^* 完全一致，意味着任何经常项目的差额都可以通过资本流动来弥补，从而实现国际收支的均衡。由于国际市场利率 i^* 是个外生变量，国际收支的不均衡主要出现在本国利率与国际市场利率不一致的情况下。因此，在这条水平线 BP_1 曲线的上方各点，都表示本国利率高于国际市场利率，资本流入大于资本流出，国际收支处于顺差状态；BP_1 曲线的下方各点，则意味着国际收支处于逆差。

第二种情况：当资本不完全流动时，图 2-12 中反映国际收支均衡的 *BP* 曲线是一条具有正斜率向右上方倾斜的曲线 BP_2。这时，仍然把进出口贸易差额 $(X-M)$ 近似地看作经常项目差额，并称其为净出口。当净出口为负值时，意味着进口大于出口，经常项目为逆差；当净出口为正值时，意味着出口大于进口，经常项目为顺差。将资本流入和流出的差额称作净资本流出。当净资本流出为负值时，意味着资本流入大于资本流出，资本和金融项目为顺差；当净资本流出为正值时，意味着资本流出大于资本流入，资本和金融项目为逆差。只有当净出口正好与净资本流出相等时，即国际收支两大项目的差额正好互补，国际收支的差额为零时，才能达到一国国际收支的均衡。BP_2 曲线上任意一点都表明在给定的利率及其相对应的国民收入水平上，净出口正好等于净资本流出，从而达到了一国国际收支的均衡。在 *IS-LM-BP* 模型坐标图上，进口是收入的增函数，而资本流出是利率的减函数。当收入增加使进口增加、净出口为负值而经常项目为逆差时，利率必须上升使资本流出减少，净资本流出也相应减少；资本和金融项目为顺差时，两大项目差额才能互相抵消，国际收支才能达到均衡。因此，*BP* 曲线是一条向右上方倾斜的曲线，具有正斜率。由于模型假设资本流动对利率的变动比货币需求对利率的变动更为敏感，所以在一般情况下，*BP* 曲线的斜率要小于 *LM* 曲线的斜率。

第三种情况：当资本完全不流动时，则与只考察经常项目差额的结果一样，图 2-12 中反映国际收支均衡的 *BP* 曲线是一条与 y 轴垂直的直线。

二、*IS-LM-BP* 基本模型中宏观经济调节的政策选择

根据西方经济学理论，在三部门国民收入模型分析中，国民收入的均衡主要表现在坐标图中除去 *BP* 曲线后，*IS* 曲线和 *LM* 曲线相交并对应于充分就业条件下的国民收入 y_f

的点 E 上。在由蒙代尔-弗莱明理论引入资本流动因素后的四部门国民收入模型分析中表明,一国要想达到内部平衡与外部平衡同时实现的目标,就必须使 IS 曲线、LM 曲线及 BP 曲线这三条曲线也正好相交于 E 点,并且这一交点 E 也必须对应于充分就业条件下的国民收入 y_f,如图 2-10 所示。

但实际上,这种理想状态不可能经常存在,而经常出现的是以下三种情况。

第一种情况:IS_0 曲线和 LM_0 曲线并不相交于充分就业条件下国内经济均衡的 E_f 点上,而是相交于 E_0 点;同时,在 E_0 点上的国际收支也未处于 BP 曲线上。所以,国内经济与对外经济均处于不平衡状态(见图 2-13)。

第二种情况:IS 曲线和 LM 曲线相交于充分就业条件下国内经济均衡的 E 点上,但反映国际收支平衡的 BP 曲线未能通过 E 点,即国际收支处于不均衡状态(见图 2-14)。

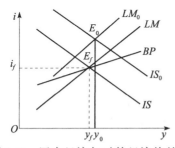

图 2-13 国内经济与对外经济均处于不平衡状态

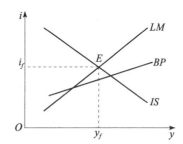

图 2-14 国内经济平衡但与对外经济处于不平衡状态

第三种情况:IS_0 曲线和 LM_0 曲线相交于 E_0 点,而 BP 曲线也通过 E_0 点。但 E_0 点不是对应于充分就业条件下的国民收入 y_f,而是对应于非充分就业条件下的国民收入 y_0(见图 2-15)。

所以,实际经济中无论这三种情况中的哪一种情况出现,都需要政府采用宏观经济政策进行调节,以实现内外经济的同时均衡。而宏观经济调节政策的选择可以有三种类型:移动或调节 IS 曲线;移动或调节 LM 曲线;移动或调节 BP 曲线。

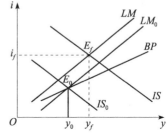

图 2-15 非充分就业状态下的内外经济同时平衡状态

(一)移动或调节 IS 曲线的政策选择

在蒙代尔-弗莱明理论的分析中,IS 曲线的移动主要表现为对国内经济的调节。所以,运用财政政策进行调节更为有效。扩张性的财政政策可以使 IS 曲线向右移动,紧缩性的财政政策可以使 IS 曲线向左移动。同时,在开放经济条件下,贸易差额是国民收入的函数,因此净出口成为影响国投资需求和消费需求的一个有机组成部分。所以,对国际收支经常项目的调节也会导致 IS 曲线的移动。采用使净出口增加的政策可以使 IS 曲线向右移动,采用使净出口减少的政策则可以使 IS 曲线向左移动。

(二)移动或调节 LM 曲线的政策选择

LM 曲线表示一国一定时期货币供给与货币需求的均衡。而在国民经济不均衡状态下，LM 曲线的移动表示政府通过货币政策运用对宏观经济进行调节。扩张性货币政策可以使 LM 曲线向右移动，紧缩性货币政策则使 LM 曲线向左移动。同时，在开放经济条件下，外汇储备也成为一国货币供给的一个有机组成部分，所以外汇储备的变动也会导致 LM 曲线的移动。采取使外汇储备增加的政策可以导致货币供给增加从而使 LM 曲线向右移动，采取使外汇储备减少的政策则可以导致货币供给减少从而使 LM 曲线向左移动。

（三）移动或调节 BP 曲线的政策选择

移动或调节 BP 曲线有两种情况：一种情况是 BP 曲线未能与表示在充分就业条件下国内经济均衡的正点相交，这意味着国际收支自身虽然是平衡的，但未达到与国内经济在充分就业条件下的同时平衡，所以需要采取政策使 BP 曲线移动，以达到与国内经济同时均衡的目标；另一种情况是在国际收支自身失衡的前提下，对其进行调节，从而使其首先回到 BP 曲线上，然后再进一步谋求与国内经济的同时均衡。

移动或调节 BP 曲线的政策包括调整汇率、国内利率和国内商品价格，以及采取行政干预等措施。如果在采取本币升值的汇率政策和提高国内商品价格政策的同时，降低国内利率，则会起到抑制出口和导致资本流出，使国际收支顺差减少的作用，从而使 BP 曲线向右移动；如果在采取本币贬值的汇率政策和降低国内商品价格政策的同时，提高国内利率，则会起到鼓励出口和导致资本流入，使国际收支逆差减少的作用，从而使 BP 曲线向左移动。此外，如果采取贸易管制、外汇管制及财政管制等行政干预措施，同样可以起到使 BP 曲线移动的作用。其作用过程也同样是通过影响进出口和资本流动来调节国际收支，从而影响 BP 曲线的位置移动。

但是，由于调整汇率、国内利率和国内商品价格的政策，以及采取行政干预的措施，都有可能影响到 IS 曲线和 LM 曲线，所以无论运用哪一种政策，都要根据一国国内经济是否处于充分就业的均衡状态来进行选择。

三、资本完全流动情况下的蒙代尔－弗莱明模型

在蒙代尔－弗莱明模型分析中，在资本完全流动情况下，反映国际收支均衡的 BP 曲线是一条对应于国际市场利率的水平线。而蒙代尔－弗莱明模型分析的对象是开放的小型国家，因此这条水平线同时也是反映小国国际收支均衡的 BP 曲线。在小国的蒙代尔－弗莱明模型分析中，本国利率是由外国利率决定的，所以本国利率与外国利率相等。一旦本国利率有所变化，就会以很快的速度引起资本流动，从而使利率回到原来的水平。因此，小国的 BP 曲线就是这样一条对应于国际市场利率的水平线。但在开放的大国及其他国家的蒙代尔－弗莱明模型分析中，BP 曲线的位置与小国是不同的。

（一）小国的蒙代尔－弗莱明模型及其政策调节

在不同的汇率制度下，小国在运用宏观经济政策对国内经济与国际收支进行调节时，货币政策和财政政策的效果是不同的。

1. 在浮动汇率制条件下

在浮动汇率制条件下，小国的蒙代尔－弗莱明模型表明，政府采用货币政策调节国内经济失衡是比较有效的，而采用财政政策调节国内经济失衡是缺乏效力的。

如图 2-16 所示，假定一国国际收支处于均衡状态，但国内经济却处于非充分就业状态，即图中点 E_0 对应的 y_0 处，需要用扩张性的货币政策进行调节。这时，政府可以通过增加货币供给的政策使 LM_0 曲线右移到 LM_1，以解决失业问题。同时，货币供给增加使利率下跌至点 E_1，导致资本流出，使国际收支顺差减少或逆差增加，从而使外汇供求关系发生变化。在浮动汇率制下，外汇供应减少会引起外汇汇率上升，会产生刺激出口而导致净出口增加的作用。净出口增加不但正好弥补了由于资本流出而产生的逆差，使国际收支恢复原有的均衡，而且还使 IS_0 曲线也向右移至 IS_1，与同向右移的曲线 LM_1 在利率与收入新的组合点 E_f 上相交，从而达到内外经济在充分就业条件下的同时均衡。

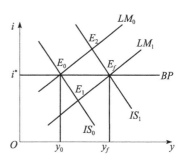

图 2-16　小国蒙代尔－弗莱明模型的政策调节

仍沿用图 2-16，假定一国国际收支处于均衡状态，而国内经济处于非充分就业状态，但政府要用扩张性的财政政策进行调节。通过增加政府支出可以使 IS_0 曲线向右移至 IS_1。同时，政府支出增加会引起对货币的需求增加，从而使利率上升至点 E_2，导致资本流入，使国际收支顺差增加或逆差减少，从而使外汇供求关系发生变化。在浮动汇率制下，外汇供应增加会引起外汇汇率下跌，会产生抑制出口而导致净出口减少的作用。净出口减少虽然弥补了由于资本流入而产生的顺差，使国际收支恢复均衡；但同时净出口减少会使 IS_1 曲线向左移动回到 IS_0 曲线的位置，从而抵消了政府扩张性财政政策的效果。

2. 在固定汇率制条件下

在固定汇率制条件下，小国的蒙代尔－弗莱明模型表明，采用货币政策调节国内经济失衡是缺乏效力的，而采用财政政策调节国内经济失衡是比较有效的。

仍沿用图 2-16，假定一国国际收支处于均衡状态，而国内经济处于非充分就业状态，政府要用扩张性的货币政策进行调节。虽然增加货币供给在使 LM_0 曲线右移至 LM_1 的同时，也使利率下跌和资本流出，但在固定汇率制下，国际收支顺差减少或逆差增加所引起的外汇供求关系变化并不能直接导致汇率的变化，从而也不能带来净出口的增加，因此由资本流出造成的国际收支逆差只能动用外汇储备进行平衡。而外汇储备减少会导致货币供给减少，使 LM_1 曲线左移回到 LM_0 曲线的位置，从而抵消了政府扩张性货币政策的效果。

仍沿用图 2-16，假定一国国际收支处于均衡状态，而国内经济处于非充分就业状态，政府要用扩张性的财政政策进行调节。虽然增加政府支出在使 IS_0 曲线右移至 IS_1 的同时，也使利率上升，资本流入，但在固定汇率制下，国际收支顺差增加或逆差减少只会带来外汇储备的增加。而外汇储备增加导致货币供给增加，从而使 LM_0 曲线右移至 LM_1，与同向右移的曲线 IS_1 在利率与收入新的组合点 E_f 上相交，从而达到内外经济在充分就业条件下的同时均衡。

(二)大国的蒙代尔-弗莱明模型及其政策调节

与小国的蒙代尔-弗莱明模型不同,大国的蒙代尔-弗莱明模型假设大国的财政货币政策不仅能有效地改变本国利率,而且还能通过资本流出影响外国利率。尽管在均衡状态下,本国利率仍与外国利率相等,但重建新的均衡会导致出现一条新的BP曲线。因此,大国的蒙代尔-弗莱明模型得出的相应结论与小国有所不同。而且,在不同的汇率制度下,大国在运用宏观经济政策对国内经济与国际收支进行调节时,采用货币政策和财政政策的效果也是不同的。

1. 在浮动汇率制条件下

在浮动汇率制条件下,大国的蒙代尔-弗莱明模型表明,大国政府运用货币政策调节国内经济失衡的效力不如小国,但运用财政政策调节国内经济失衡的效力要强于小国。

如图2-17所示,假定一国国际收支虽处于均衡状态,但国内经济却处于非充分就业状态,即图中点E_0对应的y_0处,需要用扩张性的货币政策进行调节。

这时,政府可以通过增加货币供给的政策使LM_0曲线右移到LM_1,以解决失业的问题。同时,货币供给增加使利率下跌至点i_1,导致资本流出。本国资本流出,一方面表现为外国资本流入使其货币供给增加,利率下降,从而使本国与外国重建新的由i_0跌至i_2的均衡利率,以及新的BP_1曲线;另一方面,资本流出引起本国国际收支顺差减少或逆差增加,从而使外汇供求关系发生变化。在浮动汇率制下,外汇供应减少引起外汇汇率上升,因而刺激出口而导致净出口增加。净出口增加使IS_0曲线也向右移至IS_1,与同向右移的曲线LM_1及新的BP_1曲线在利率与收入新的组合点E_1上相交,从而达到在新的BP_1曲线上,使内外经济同时均衡。但由于新BP_1曲线的位置低于原BP_0曲线的位置,因此IS_0曲线右移至IS_1与新BP_1曲线相交的移动幅度不如小国模型大,因而对国内经济的改善程度也不如小国。与此同时,均衡利率处于较低水平。

如图2-18所示,仍假定一国国际收支虽处于均衡状态,国内经济处于非充分就业状态,即图中E_0对应的y_0处,但需要用扩张性的财政政策进行调节。

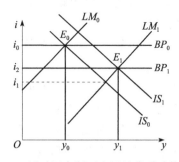

图2-17 浮动汇率制下大国的货币政策调节

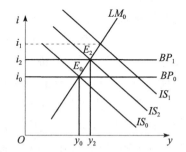

图2-18 浮动汇率制下大国的财政政策调节

通过增加政府支出,使IS_0曲线向右移至IS_1。同时,政府支出增加会引起对货币的需求增加,从而使利率上升至点i_1,导致资本流入。资本流入本国,一方面表现为外国资本流出并使其货币供给减少,利率上升,从而使本国与外国重建由i_0升至i_2的新的均衡利率,以及新的BP_1曲线;另一方面,资本流入导致本国出现国际收支顺差。在浮动汇率制下,国际收支顺差使外汇供应增加,引起外汇汇率下跌,因而会抑制出口而导致净出口减少。净出口减少使得 IS_1 曲线向左回移。当 IS_1 曲线向左移至 IS_2 曲线位置时，与新的均衡利率 i_2 及新的 BP_1 曲线相交于点 E_2。因此，在实现了国际收支新的均衡的同时也实现了国内经济新的均衡。但由于 IS_1 曲线的回移并未像小国一样回到点 E_0 对应的 y_0 处，只是回移到与 LM_0 曲线相交的 IS_2 曲线上点 E_2 对应的 y_2 处，因此对国内经济有所改善，从而强于小国。但与此同时，均衡利率处于较高水平。

2. 在固定汇率制条件下

在固定汇率制条件下，大国的蒙代尔－弗莱明模型表明，大国政府运用货币政策调节国内经济失衡的效力要强于小国，而运用财政政策调节国内经济失衡的效力不如小国。

如图 2-19 所示，仍假定一国国际收支虽处于均衡状态，但国内经济却处于非充分就业状态，即图中点 E_0 对应的 y_0 处，需要用扩张性的货币政策进行调节。

政府通过增加货币供给的政策使 LM_0 曲线右移到 LM_1，以解决失业问题。同时，货币供给增加使利率下跌至点 i_1，导致资本流出。本国资本流出，一方面表现为外国资本流入并使其货币供给增加，利率下降，从而使本国与外国重建新的由 i_0 跌至 i_2 的均衡利率，以及新的 BP_1 曲线；另一方面，资本流出导致本国出现国际收支逆差。但是，在固定汇率制下，由资本流出造成的国际收支逆差只能动用外汇储备进行平衡。外汇储备减少导致货币供给减少，从而使 LM_1 曲线左移。当 LM_1 曲线左移到 LM_2 曲线的位置时，与新的均衡利率 i_2 及新的 BP_1 曲线相交于点 E_2。因此，在实现了国际收支新的均衡的同时也实现了国内经济新的均衡。由于 LM_1 曲线的回移幅度小于小国，并未像小国一样回到点 E_0 对应的 y_0 处，只是回移到与 IS_0 曲线相交的 LM_2 曲线上点 E_2 对应的 y_2 处，因此对国内经济有所改善，从而强于小国。但与此同时，均衡利率处于较低水平。

如图 2-20 所示，仍假定一国国际收支虽处于均衡状态，国内经济处于非充分就业状态，即图中 E_0 对应的 y_0 处，但需要用扩张性的财政政策进行调节。

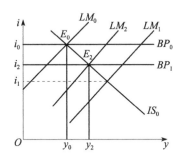
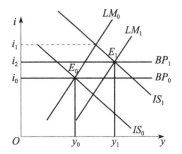

图 2-19　固定汇率制下大国的货币政策调节　　图 2-20　浮动汇率制下大国的财政政策调节

通过增加政府支出，使 IS_0 曲线向右移至 IS_1。同时，政府支出增加引起对货币需求的增加，从而使利率上升至 i_1，导致资本流入。资本流入本国，一方面表现为外国资本流出并使其货币供给减少，利率上升，从而使本国与外国重建由 i_0 升至 i_2 的新的均衡利率，以及新的 BP_1 曲线；另一方面，资本流入导致本国出现国际收支顺差。但在固定汇率制下，国际收支顺差不会直接影响汇率，只会增加外汇储备。外汇储备增加导致货币供给增加，从而使 LM_0 曲线右移至 LM_1，与同向右移的 IS_1 曲线以及新的 BP_1 曲线在利率与收入新的组合点 E_1 相交，从而达到内外经济的同时均衡。但由于新 BP_1 曲线的位置

高于原 BP_0 曲线，因此，IS_0 曲线右移至 IS_1 与新 BP_1 曲线相交的移动幅度不如小国模型大，因而对国内经济的改善程度也不如小国。

（三）两国的蒙代尔-弗莱明模型及其政策调节

在资本完全流动情况下，一国采取的经济政策不仅会使本国经济状况发生改变，而且通过资本流动的国际传导影响到他国的经济运行。两国的蒙代尔-弗莱明模型就是通过分析两个相关国家之间政策效应的传递，揭示在资本完全流动情况下，一国政策调节的国家效应与国际效应。

1. 在固定汇率制下

在固定汇率制下，一国扩张性货币政策和财政政策调节不仅有利于本国经济的改善，也有利于他国的经济增长。

如图 2-21 所示，假定 a 国与 b 国同处于国际收支均衡和国内非充分就业状态，即图中点 E_0 和 E_0^* 对应的 y_0 和 y_0^* 处，因此 a 国要用扩张性的货币政策进行调节。

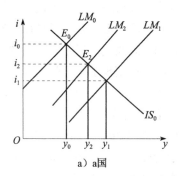 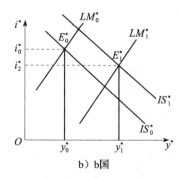

a) a国　　　　　　　　　　　　　b) b国

图 2-21　固定汇率制下两国货币政策效应的传递

a 国政府通过增加货币供给的政策可以使其获得与大国一样的效果，即图 2-21 中点 E_2 对应的 i_2 和 y_2，利率下降，就业和收入增加。但同时，a 国利率下降导致其资本流出而进入 b 国。b 国由于资本流入而产生国际收支顺差。在固定汇率制条件下，储备增加导致其货币供给增加。因此，在使其利率由 i_0^* 下降至 i_2^* 与 a 国变动后的利率 i_2 相等的同时，也使其 LM_0^* 曲线右移至 LM_1^*。a 国收入增加引起其进口增加，而表现为 b 国的出口增加，使 b 国的 IS_0^* 右移至 IS_1^* 与 LM_1^* 相交，因此 b 国经济在点 E_1^* 达到新的均衡。因此，a 国的扩张性货币政策不仅改善了本国经济，也促进了 b 国的收入增长。

与上述假定相同，如图 2-22 所示，a 国与 b 国同处于国际收支均衡和非充分就业状态，即图中点 E_0 和 E_0^* 对应的 y_0 和 y_0^* 处，但这时 a 国要用扩张性的财政政策进行调节。

a 国政府通过增加政府支出的政策仍然可以使其获得与大国一样的效果，即图 2-22 中点 E_1 对应的 i_2 和 y_1，利率上升，就业和收入增加。但同时，a 国利率上升导致其资本流入，而 b 国资本流出。b 国由于资本流出而产生国际收支逆差。在固定汇率制条件下，b 国国际收支逆差使得储备减少从而导致其货币供给减少。因此，在使其利率由 i_0^* 上升至 i_2^* 与 a 国变动后的利率相等的同时，也使其 LM_0^* 曲线左移至 LM_1^*。a 国收入增加引起其进口增加,而表现为 b 国的出口增加,使 b 国的 IS_0^* 右移至 IS_1^* 与 LM_1^* 相交,因此 b 国经济在点 E_1^* 达到新的均衡。因此,a 国的扩张性财政政策不仅改善了本国经济,而且促进了 b 国的收入增长。

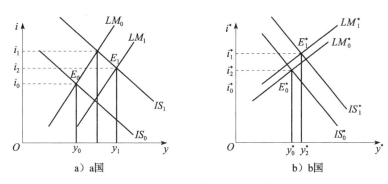

图 2-22　固定汇率制下两国财政政策效应的传递

2. 在浮动汇率制下

在浮动汇率制下,一国扩张性货币政策的实施有利于本国经济的改善,却使他国的收入减少;而一国扩张性财政政策的实施则不仅有利于本国经济的改善,也有利于他国的收入增加。

沿用上述假定,如图 2-23 所示,a 国与 b 国同处于国际收支均衡和非充分就业状态,即图中点 E_0 和 E_0^* 对应的 y_0 和 y_0^* 处,但这时 a 国要用扩张性的货币政策进行调节。

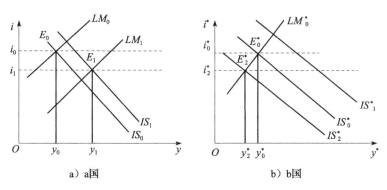

图 2-23　浮动汇率制下两国货币政策效应的传递

a 国政府通过增加货币供给的政策可以使其获得与大国一样的效果,即图 2-23 中点 E_1 对应的 i_1 和 y_1,利率下降,就业和收入增加。a 国收入增加引起其进口增加,而表现为 b 国的出口增加,使 b 国的 IS_0^* 右移至 IS_1^*。但同时,a 国利率下降导致其资本流出而 b 国资本流入,从而引起 b 国国际收支顺差。在浮动汇率制下,b 国外汇供应增加引起外汇汇率下跌,从而又导致其净出口减少。净出口减少使其 IS_1^* 曲线又向左移至 IS_2^* 与 LM_0^* 相交于点 E_2^*,在较低收入水平上形成新的平衡。因而,a 国实施的扩张性货币政策虽有利于本国经济的改善,却使他国的收入减少。

仍沿用上述假定,如图 2-24 所示,a 国与 b 国同处于国际收支均衡和非充分就业状态，即图中点 E_0 和 E_0^* 对应的 y_0 和 y_0^* 处，但这时 a 国要用扩张性的财政政策进行调节。

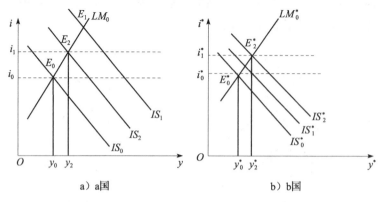

图 2-24　浮动汇率制下两国财政政策效应的传递

a 国政府通过增加政府支出的政策仍然可以使其获得与大国一样的效果，即图 2-24 中点 E_2 对应的 i_1 和 y_2，利率上升，就业和收入增加。a 国利率上升导致其资本流入而 b 国资本流出。b 国由于资本流出而产生国际收支逆差。在浮动汇率制条件下，b 国外汇供应减少使得外汇汇率上升而刺激其出口。b 国出口增加使其 IS_0^* 曲线右移至 IS_1^*。与此同时，a 国收入增加引起其进口增加，而表现为 b 国的出口增加，又使 b 国的 IS_1^* 曲线继续右移至 IS_2^* 与 LM_0^* 相交。因此，b 国经济在点 E_2^* 达到新的均衡。因此，a 国的扩张性财政政策不仅改善了本国经济，而且促进了 b 国的收入增长。

（四）资本完全流动情况下的蒙代尔－弗莱明模型分析小结

从对资本完全流动情况下小国的蒙代尔－弗莱明模型及其政策调节的分析中可以看到，在固定汇率制条件下，用财政政策调节国内经济比用货币政策更为有效。而在用货币政策调节国内经济缺乏效力的同时，扩张的货币政策却由于引起利率下跌而导致资本流出，使国际收支出现新的不平衡。这说明货币政策在调节对外经济关系时是富有效力的，从而在一定程度上印证了蒙代尔政策配合理论中，所谓财政政策对国内经济调节的作用较大，而货币政策对国际收支的影响较大的结论。但在浮动汇率制下，这一结论就不一定成立，必须加以修正。

此外，虽然在分析中采用的只是国内存在失业和经济衰退的经济失衡案例，而实际经济中的经济失衡有多种表现，但其原理是相通的，可以进行类推。至于资本不完全流动情况下和资本完全不流动情况下的蒙代尔－弗莱明模型，也可以运用上述原理进行类推。

四、对蒙代尔－弗莱明模型的评价

蒙代尔－弗莱明模型是开放经济条件下，运用财政货币政策配合调节一国内部经济和外部经济均衡的重要工具。蒙代尔－弗莱明模型对在不同汇率制度下财政货币政策效力的分析，不仅对国际收支理论产生重大影响，同时也对各国政府为达到同时实现内外经济均衡目标的实践提供了有益的指导。

蒙代尔－弗莱明模型也有其局限性。其分析中需要有一系列严格的假设条件：总供给是一条水平曲线，具有完全弹性，产出完全由总需求决定，因此价格水平不变；名义汇率等于实际汇率，汇率变动只取决于国际收支；不存在对汇率的预期等，与现实不一定相符。

【阅读专栏2-2】

美国2008~2014年三次量化宽松货币政策的全景式回顾

量化宽松货币政策实施的前三个阶段，美联储更多履行"最后贷款人"职能，运用"非常规"货币政策工具，发挥着紧急救助作用，缓释市场流动性紧缺，目标是迅速遏制经济金融的"自由落体式"急速下滑，稳定社会公众预期。

随着上述目标的完成，美联储开始从台前回归幕后，发挥推动经济金融实现复苏的功能，重点转为运用"非常规"货币政策工具，树立市场信心，解决信用缺失，引导市场长期利率下降，刺激消费和投资恢复性增长，逐渐使社会资本成为推动经济金融恢复增长的内生性动力源，促进经济金融走上正常发展轨道。

美联储自2008年11月至2014年10月所实施的三次量化宽松货币政策就是上述政策思路的具体体现。

1. 第一次量化宽松货币政策

此项政策自2008年11月起开始实施，持续至2010年6月结束，美联储共计购买有价证券1.725万亿美元，向市场注入流动性。具体包括抵押贷款支持证券1.25万亿美元、国债3 000亿美元、机构债1 750亿美元，创美联储救市的新纪录。第一次量化宽松货币政策的实施，使市场流动性进一步扩大，金融机构流动性满足程度提高，市场悲观情绪有效缓释，挤兑发生的可能性大为下降，金融风险上升趋势得到遏制并呈现下降，由此也导致市场短期利率开始下降，进而引起市场长期利率降低，切实稳定了金融市场，防止了经济金融危机的进一步恶化。第一次量化宽松货币政策具有过渡性质，兼有前期缓解市场流动性紧缺与后期引导市场长期利率下降的双重职能。

2. 第二次量化宽松货币政策

2010年11月至2011年6月，美联储实施了第二次量化宽松货币政策，核心举措是购买财政部发行的长期债券共计6 000亿美元，每月购买750亿元，同时自2011年9月开始实施"扭转操作"，卖出4 000亿美元的3年及以下期限的短期国债，并买入相同金额6~30年期限的长期国债。美联储采取这些举措的目的是以此提振市场信心和解决市场信用缺失，重在引导市场长期利率下降，尤其是"扭转操作"的意图更加明显，以有效降低社会融资成本，推动消费和投资上升，刺激经济金融复苏，并带动失业率下降。但由于美国当时面临的主要问题不是流动性不足而是市场需求不足，此项政策所释放的流动性并未完全进入美国实体经济，部分涌入了新兴经济体，引发了其通货膨胀和资产泡沫，所以对美国经济金融复苏刺激的政策效果并不明显。

3. 第三次量化宽松货币政策

2012年9月至2014年10月，美联储实施了第三次量化宽松货币政策，主要举措是每月购买400亿美元抵押贷款支持证券,同时继续完成2011年9月实施的"扭转操作"规模至2012年年末,从2013年开始每月实施"扭转操作"450亿美元(后来规模有所下降),累计购买资产1.7万亿美元。上述举措的主要目的是通过继续向市场释放流动性,引导市场长期利率下降,解决美国国内投资增长不明显、就业市场依然疲软的问题。

但在有效刺激美国经济发展的同时,也使其处于"利率洼地",导致美国投资者在套利动机的驱动下,加大对海外的投资,尤其是流向新兴经济体的投资,而且导致美元贬值引起国际大宗商品价格上涨和全球通货膨胀压力的加大。

资料来源:《上海金融》,2015年第7期。

本章要点

1. 价格-现金流动机制理论认为:一国贸易差额会引起货币黄金的流入流出,从而改变商品的相对价格,而商品相对价格的变化又会改变贸易差额,从而使国家间货币黄金量的分配恢复正常。
2. 弹性分析理论认为:如果一国采取汇率变动的办法来调节国际收支逆差,则本币贬值会引起进出口商品的相对价格变动,由于进出口的需求弹性存在差异,国际收支会因此得到改善。
3. 吸收分析理论是在国民收入方程式的基础上提出的。它与弹性分析理论一样,都是运用本币贬值的办法来调节国际收支逆差,但吸收分析理论指出,只有在能够减少支出或增加收入的条件下,本币贬值才是有效的。
4. 货币分析理论强调了在国际收支分析中对货币因素的重视,考虑了包括资本流动在内的全部国际收支因素,是一种相对更全面的一般均衡分析。
5. 政策配合理论主要说明利用单一的政策不可能使内外部同时达到均衡,必须配合使用两种或两种以上的政策才能实现这样的目标。

重点难点

马歇尔-勒纳条件;J曲线效应;斯旺模型;蒙代尔-弗莱明模型。

CHAPTER 3
第三章

外汇与汇率

世界上绝大多数国家都有自己的货币，然而这些货币尽管在本国可以自由流通，但是一旦跨越国界，它们便失去了自由流通的特性。由于各国所用的货币不同，国际上又没有统一的世界货币，各国从事国际经济交往以及其他业务时都要涉及本国货币与外国货币之间的兑换，由此产生了汇率这一概念。汇率的变化受宏观、微观经济中许多因素的影响，也反过来影响国际收支中各个账户的变化和一国经济的运行。所以，对外汇和汇率的研究就成为国际金融研究的重要课题之一，掌握有关外汇和汇率的基本知识是研究整个国际金融问题的基础。

▍学习目标

（1）理解外汇的动态与静态概念、汇率的概念、外汇的种类以及外汇在国际经济贸易中的作用。
（2）熟练掌握汇率的直接标价法、间接标价法和美元标价法。
（3）熟悉按不同标准划分的各种汇率种类及其间相互关系、固定汇率制和浮动汇率制的内涵和各种表现形态。

▍引导案例

走向更加市场化的人民币汇率形成机制

自 1994 年开始，人民币汇率形成机制不断向着越来越市场化的方向改革，逐步形成了以市场供求为基础、参考一篮子货币进行调节、有管理的浮动汇率制度，人民币汇率市场化水平不断提高，市场在汇率形成中发挥了决定性作用。近几年来，这一汇率制度经受住了多轮冲击的考验，人民币汇率保持了基本稳定。人民币汇率形成机制改革将继续坚持市场化方向，优化金融资源配置，增强汇率弹性，更加注重预期引导与市场沟通，在一般均衡的框架下实现人民币汇率在合理均衡水平上的基本稳定。

1994 年，我国对外汇管理体制进行重大改革，实现人民币官方汇率与外汇调剂价格并轨。根据党的十四届三中全会通过的《中共中央关于建立社会主义市场经济体制若干问题的决定》精神，人民银行发布《关于进一步改革外汇管理体制的公告》，决定实行以市场供求为基础的、单一的、有管理的浮动汇率制度，形成银行结售汇市场与银行间外汇市场双层结构。

2005年7月21日,新一轮人民币汇率形成机制改革启动,人民币汇率水平适当调整。党的十六届三中全会决议明确提出"完善人民币汇率形成机制,保持人民币汇率在合理、均衡水平上的基本稳定"。在主动性、可控性、渐进性原则指导下,我国开始实行以市场供求为基础、参考一篮子货币进行调节、有管理的浮动汇率制度。人民币汇率不再钉住单一美元,而是参考一篮子货币,以市场供求关系为重要依据,形成有管理的浮动汇率。

2008年,为应对国际金融危机冲击带来的不利影响,我国适当收窄了人民币汇率的波动幅度,在多个经济体货币对美元大幅贬值的情况下,人民币汇率保持了基本稳定,为抵御国际金融危机发挥了重要作用,也为亚洲乃至全球经济复苏做出了巨大贡献。

2010年6月19日,人民银行宣布进一步推进人民币汇率形成机制改革,增强人民币汇率弹性。随后,人民银行分别于2012年4月16日、2014年3月17日将银行间即期外汇市场人民币对美元交易价浮动区间由5‰扩大至1%、2%。

2015年8月11日,人民银行进一步完善人民币汇率市场化形成机制。一方面在中间价形成机制上充分体现市场供求对汇率形成的决定性作用,提高中间价的市场化程度;另一方面则顺应市场的力量对人民币汇率做适当调整,使汇率向合理均衡水平回归。2016年2月,明确了人民币兑美元汇率中间价形成机制,提高了汇率机制的规则性、透明度和市场化水平。2015年以来,中国外汇交易中心(CFETS)发布人民币汇率指数,外汇市场自律机制和中国外汇市场指导委员会(CFXC)成立,外汇市场得到大力发展。

2019年8月5日,受单边主义和贸易保护主义措施及对中国加征关税预期等影响,人民币对美元汇率在市场力量推动下贬值突破7.0元。人民银行综合施策,加强预期引导,外汇市场运行有序,外汇供需基本自主平衡,人民币汇率实现了预期稳定下的有序调整,被市场称为"不叫改革的改革"。

当前人民币汇率形成机制特点主要包括五点。一是人民银行退出常态化干预,人民币汇率主要由市场决定。二是人民币汇率双向浮动,保持基本稳定。三是人民币汇率形成机制经受住了多轮冲击考验,汇率弹性增强,较好发挥了宏观经济和国际收支自动稳定器的作用。四是社会预期平稳,外汇市场运行有序。五是市场化的人民币汇率促进了内部均衡和外部均衡的平衡。

人民币汇率形成机制改革将继续坚持市场化方向,坚持市场在人民币汇率形成中起决定性作用,优化金融资源配置。一是坚持以市场供求为基础、参考一篮子货币进行调节、有管理的浮动汇率制度。二是继续保持人民币汇率弹性,更好发挥汇率调节宏观经济和国际收支自动稳定器作用。三是更加注重预期管理和引导。四是把握好内外部均衡的平衡,在一般均衡的框架下实现人民币汇率在合理均衡水平上的基本稳定。

资料来源:《中国金融》杂志,2020年8月26日。

第一节　外汇与汇率概述

外汇的产生是商品流通和商品经济发展的必然结果。汇率是外汇市场的价格信号。下面我们首先从外汇与汇率的基本概念入手来对它们进行研究。

一、外汇

由于各国货币制度不同,各国货币的价格标准和价格符号不同,所以一国的货币通常只能在本国流通。因此,当清偿国家间的债权债务时,需要进行国与国之间的货币兑换,这种金融活动就是国际汇兑,这也是外汇的最初含义。

(一)外汇的含义

外汇有动态与静态两种含义,一般说到外汇都是指其静态含义。

静态的外汇含义描述的是外汇作为一种物质的特性,即外汇是指一国所持有的、以外币表示的、可以用于国际结算和支付的流通手段和支付手段。其具体形态包括:存放在国外银行的外币资产或以外币表示的银行存款;可以在国外得到偿付的、以外币表示的各种商业票据和支付凭证;外国政府国库券和其他外币有价证券;其他对外债权及外币现钞等。

动态的外汇含义描述的是外汇作为一种活动的特性,即外汇是指国际汇兑,把一国货币兑换成另一国货币并借以清偿国家间债权债务关系的一种专门性经营活动。早期的外汇概念指的就是这种国际汇兑活动。

IMF 为了在国际上统一口径,给外汇所下的定义是:外汇是货币行政当局(中央银行、货币管理机构、外汇平准基金组织及财政部)以银行存款、财政部国库券、长短期政府债券等形式所持有的在国际收支出现逆差时可以使用的债权。

《中华人民共和国外汇管理条例》规定,"外汇是指下列以外币表示的可以用作国际清偿的支付手段和资产:①外币现钞,包括纸币、铸币;②外币支付凭证或者支付工具,包括票据、银行存款凭证、银行卡等;③外币有价证券,包括债券、股票等;④特别提款权;⑤其他外汇资产。"

与 IMF 的定义相比,我国的定义有两个特点:①不强调外汇的官方持有性;②外汇不仅包括生息资产,也包括外国货币和支付凭证等流通手段。

IMF 的定义与我国的定义都属于广义的静态外汇。

我们通常所说的外汇是狭义的静态外汇。狭义的静态外汇,是指以外币表示的、可直接用于国际结算的支付手段和工具。从这个意义上讲,只有放在国外银行的外币存款,以及索取这些存款的外币票据和外币凭证才是外汇。

在理论上,人们在讨论外汇交易时,为简化分析,往往将外汇看成外国货币。在现实生活中,外汇作为金融资产,它的交易伴随着国际资本流动。或者说,外汇市场并不完全独立存在,它是融入国际货币市场或国际资本市场的一个无形市场。

(二)外汇的特征

作为外汇必须具备以下三个特征。

(1)外汇必须以本国货币以外的外国货币来表示。即使本国货币及以其表示的支付凭证和有价证券等,可用作国际结算的支付手段或国际汇兑,但对本国居民来说仍不是外汇。

（2）外汇必须是可以自由兑换的货币。一种货币能够自由兑换成其他货币或者其他形式的资产时，才能作为国际支付和国际汇兑的手段。

（3）外汇具有普遍接受性。外汇必须在国际上可以得到偿付，能为各国普遍接受，才能承担国际支付的责任。

（三）外汇的种类

外汇的种类可以从不同角度、以不同标准或根据不同的研究目的来划分，但常用的划分主要有以下几种。

1. 从能否自由兑换的角度来划分

外汇可以分为自由外汇和记账外汇。

自由外汇（free foreign exchange）也称现汇，是指那些可以在国际金融市场上自由买卖、在国际支付中广泛使用并可以无限制地兑换成其他国家货币的外汇，也即上述静态外汇含义所指，如美元（USD）、英镑（GBP）、日元（JPY）等货币。持有这种外汇，既可以互相自由兑换，也可以向第三国进行支付，而且被世界各国普遍接受。

记账外汇（foreign exchange account）也称双边外汇或协定外汇，是指用于贸易协定或支付协定项下双边清算所使用的外汇。一般是在两国签订协议后，在双方中央银行或指定银行设立双边清算账户，以协定中规定的货币作为记账货币，两国之间发生的外汇收支均以记账货币为单位记入对应的清算账户。最后，以相互抵消的方式清算在协定范围内所发生的债权债务。记账外汇所使用的货币既可以是协定国任何一方的货币，也可以是第三国货币，但它不能自由兑换成其他国家货币，也不能对第三国进行支付，只能在协定国之间使用。

2. 按外汇买卖的交割期限进行划分

外汇可以分为即期外汇和远期外汇。

即期外汇（spot exchange）即现汇，是指在国际贸易或外汇买卖成交后两个营业日内办理交割的外汇。

远期外汇（futures exchange）即期汇，是指买卖双方按商定的汇率订立合约、在约定日期办理交割的外汇。一般期限为3~6个月，其中3个月期限的较为普遍。

交割是指买卖双方履行交易合约，款货授受，进行实际收付的行为。

3. 根据其来源和用途进行划分

外汇可以分为贸易外汇和非贸易外汇。贸易外汇是指商品进出口，即有形贸易收支所使用的外汇。非贸易外汇是指劳务进出口，即无形贸易收支及单方面转移收支等方面所使用的外汇。

4. 按外币形态划分

外汇可以分为外币现钞和外币现汇。外币现钞是指外国钞票、铸币，现钞主要从国外携入，属于广义外汇。外币现汇的实体是在货币发行国本土银行的存款账户中的自由外汇，现汇是由境外携入或寄入的外汇票据，经本国银行托收后存入，为狭义外汇。

除以上常见划分外，外汇还有许多类别，如官方外汇、私人外汇、黑市外汇、劳务外汇、旅游外汇、留成外汇等。

(四) 外汇的作用

外汇是随着国际经济交往的发展而产生的，反过来，它又推动了国际经贸关系的进一步发展，在国际政治、文化、科技交往中起着重要的纽带作用。

1. 充当国际结算的支付手段

在世界经济交往中，如果没有可兑换的外汇，那么每笔交易都必须用充当"世界货币"的黄金来支付结算，而黄金在各国间的运送，既要开支大量的运送费，又会耽误支付的时间，给有关方面造成资金占压，同时要承担很大风险。以外汇充当国际结算的支付手段，则能解决这一难题。利用国际信用工具，通过在有关银行账户上的转账或冲抵的方法来办理国际支付，这种国际非现金的结算方式，既安全迅速又简单方便，还可节省费用，加速了资金周转，促进了国际经贸关系的发展。

2. 实现国家间购买力的转移

当今世界各国实行的是纸币流通制度，各国货币不同，一国货币一般不能在别国流通，对于别国市场上的商品和劳务没有直接的购买力。外汇作为国际支付手段被各国普遍接受，它使不同国家间货币购买力的转移得以实现，极大地促进了世界各国在经济、政治、科技、文化等领域的相互交流。

3. 调剂国家间的资金余缺

由于世界经济发展不平衡，各国资金的余缺程度不同，客观上需要在世界范围内进行资金的调剂。不同国家的资金调剂，不像一国范围内资金余缺部门那样可直接进行。外汇的可兑换性，使各国余缺资金的调剂成为可能，从而推动了国际信贷和国际投资活动，使资金的供求在世界范围内得到调节，对于国际金融市场的繁荣以及世界经济的快速发展起到了巨大的推动作用。

4. 充当国际储备资产

国际储备是指一国货币当局所持有的、能随时用来支付国际收支差额，干预外汇市场，维持本币汇率稳定的流动性资产。国际储备由货币性黄金、外汇储备、在基金组织的头寸以及特别提款权构成。其中，外汇储备是当今国际储备的主体，所占比重最高、使用频率最高。外汇储备的主要形式是国外银行存款与外国政府债券，能充当储备货币的是那些可自由兑换、被各国普遍接受、价值相对稳定的货币。

二、汇率

汇率是进行外汇买卖、实现货币相互转换的基础和依据。国际贸易及国家间债权债务清偿、资本国际转移等活动，都要求将一国货币兑换或换算成另一国货币。但是，由于各国货币的名称和定值标准不同，一国货币究竟可以折合为多少他国货币，就需要有一个兑换率，于是就产生了汇率问题。

(一) 汇率的概念

外汇作为一种资产，它可以和其他商品一样进行买卖。商品买卖是用货币购买商品，而货币买卖是用货币购买货币。**汇率**（foreign exchange rate）又称汇价，即两国货币的比率或比价，也即以一国货币表示的另一国货币的价格。例如，USD1 = CNY6.55，即以人民币表示美元的价格，说明了人民币与美元的比率或比价。外汇是实现两国之间的商品交换和债务清偿的工具，是两种不同货币的买卖行为；汇率是买卖外汇的价格。因此可以说，外汇是对兑换行为的质的表述，汇率则是对兑换行为的量的度量。

在不同的环境下，汇率有不同的称谓。直观上看，汇率是一国货币折算成另一国货币的比率，因此汇率又可称为"兑换率"；从外汇交易的角度来看，汇率是一种资产价格，即外汇价格。外汇作为一种特殊的商品，可以在外汇市场上买卖，这就是外汇交易。进行外汇交易的外汇必须有价格，即"汇价"，它是以一国货币表示的另一国货币的价格。由于外汇市场上的供求经常变化，汇价也经常发生波动，因此汇率又称为"外汇行市"；在一些国家，如我国，本币兑换外币的汇率通常在银行挂牌对外公布，这时汇率又称为"外汇牌价"。

（二）汇率的标价方法

折算两个国家的货币，先要确定用哪个国家的货币作为基准。由于确定的基准不同，存在着外汇汇率的两种标价方法：直接标价法和间接标价法。此外，根据外汇市场惯例，还有一种美元标价法和非美元标价法，具体如下。

1. 直接标价法

直接标价法（direct quotation），也称应付报价，即以本币表示外币的价格，也是以单位外币为标准，折合成若干数量本币的方法。这是除英、美两国外，其他国家所采用的方法。用这种标价方法计算时，外币的数额固定不变，而本币的数额随着供求关系等各方面因素的变化而变化。当把外国货币作为一种商品看待时，直接标价法与商品的标签价格有异曲同工之处。本国超市货架上，每一个标签价格都表示购买一单位商品所需要支付的本币价格，而在虚拟的外币市场中，直接标价法就表示了购买一单位外币所需要付出的本币数量。

例如，USD1 = CNY6.55 ↑↓，即以美元作为外币，其数额固定不变，而人民币作为本币，其数额则随着外币币值或本币币值的变化而变化。外汇汇率上升，则如箭头↑所示，等式右端的本币数额增加；外汇汇率下跌，则如箭头↓所示，等式右端的本币数额减少。

2. 间接标价法

间接标价法（indirect quotation），也称应收报价，即以外币表示本币的价格，也是以单位本币为标准，折合成若干数量外币的方法。世界上只有英、美两国采用此方法。所以，间接标价法标出的实际上是美元和英镑的价格。用这种标价方法计算时，本币的数额固定不变，而外币的数额则随着本币币值或外币币值的变化而变化。

例如，GBP1 = A$2.59 ↓↑，即以英镑作为本币，其数额固定不变，而以澳元作为外币，其数额则随着本币币值或外币币值的变化而变化。外汇汇率上升，则如箭头↓所示，等式右端的外币数额减少；外汇汇率下跌，则如箭头↑所示，等式右端的外币数额增加。

3. 美元标价法和非美元标价法

由于美元是包括石油等大宗商品在国际贸易中结算时最主要使用的货币，具备最高的国家信用等级背书，是 SDR 中最主要的组成部分，也是世界上最广泛使用的货币，因此外汇市场中也可以使用美元标价法和非美元标价法。

在美元标价法下，美元作为基准货币，其他货币是标价货币；在非美元标价法下，非美元货币作为基准货币，美元是标价货币。在国际外汇市场上，除英镑、澳元、新西兰元、欧元、南非兰特等几种货币采用非美元标价法外，其余大多数货币均采用美元标价法，这一惯例已被世界上大多数的市场参与者所接受。

例如，当外汇市场报道，美元兑瑞士法郎的汇率水平为 1.815 0 时，即表明 1 美元 = 1.815 0 瑞士法郎；如果英镑兑美元汇率水平为 1.568 0，即表明 1 英镑 = 1.568 0 美元。

在统一外汇市场惯例标价法下，市场参与者不必区分直接标价法还是间接标价法，都按市场惯例进行报价和交易。货币升值或贬值可以通过汇率数额的变化直接反映出来。

综上所述，在谈到外汇汇率上涨或下跌时，首先要明确其标价方法，然后才能正确理解其含义。

（三）汇率的种类

汇率可以按照不同标准，从不同角度，根据不同需要划分为各种不同的种类。

1. 按银行业务操作情况来划分

汇率或汇价按银行业操作情况来划分可以分为买入价、卖出价、中间价和现钞价几种类型。

买入价和卖出价是在银行与非银行客户交易时所使用的汇率，也叫"商人汇率"。其买入和卖出是站在银行的角度而言，其价格是银行买入外汇或卖出外汇时所使用的汇率。

买入价（buying rate），即买入汇率，是银行买入外汇时所使用的汇率。

在直接标价法下，外汇的买入价是前一数字，即数字较小的一个。例如，USD1 = CNY 6.555 8—6.556 2，意味着银行所买的外汇是单位美元，在等式的左端。银行买外汇是收进美元，付出人民币。而付出的人民币数额就是等式右端带有下划线的数字，即单位外汇——美元的买入价。

在间接标价法下，外汇的买入价是后一数字，即数字较大的一个。例如，USD1 = CNY 6.555 8—6.556 2，意味着银行所买的外汇是若干人民币，在等式的右端，即带有下划线的数字。银行买外汇是收进人民币，付出美元，而这时美元是本币。

卖出价（selling rate），即卖出汇率，是银行卖出外汇时所使用的汇率。

在直接标价法下，外汇的卖出价是后一数字，即数字较大的一个。例如，USD1 = CNY 6.555 8—6.556 2，意味着银行所卖的外汇是单位美元，在等式的左端。银行卖出外汇是付出美元，收进人民币。而收进的人民币数额就是等式右端带有下划线的数字，即单位外汇——美元的卖出价。

在间接标价法下，外汇的卖出价是前一数字，即数字较小的一个。例如，USD1 = CNY 6.555 8—6.556 2，意味着银行所卖的外汇是若干人民币，在等式的右端，即带有下划线的数字。银行卖出外汇是付出人民币，收进美元，而这时美元是本币。

中间价（middle rate），即中间汇率或挂牌价格，往往是官方汇价。它是外汇买入价和卖出价的平均数,是市场报价时所使用的汇率,也叫同业汇率,一般在银行间外汇市场上使用。

现钞价(cash buying rate),即现钞汇率,是买卖外币现钞时使用的汇率。外币现钞买卖一般为外汇零售业务。由于外币现钞不能直接用于大宗国际贸易支付,只有运回其母国才能正常使用,因此可能会发生运费、保险费等费用。所以,外币现钞的买入价要比外汇买入汇率低,是从外汇买入价中扣除掉将其运往其母国的运费和保险费以后的价格,但其卖出价与外汇相同。

根据2021年国家外汇管理局的统计数据,人民币对马来西亚林吉特、俄罗斯卢布、南非兰特、韩元、阿联酋迪拉姆、沙特里亚尔、匈牙利福林、波兰兹罗提、丹麦克朗、瑞典克朗、挪威克朗、土耳其里拉、墨西哥比索、泰铢汇率中间价采取间接标价法;人民币对美元、欧元、日元、英镑、澳大利亚元、加拿大元、新西兰元、新加坡元、瑞士法郎汇率中间价采取直接标价法。

2. 按交割期限来划分

外汇汇率按交割期限来划分可以分为即期汇率和远期汇率。

即期汇率(spot exchange rate),即现汇汇率,是外汇买卖成交后在两个营业日内进行交割时所使用的汇率。一般即期外汇交易都是通过电话、电报、电传方式进行,因此即期汇率就是电汇汇率;同时,这也是外汇市场上的基本汇率。

远期汇率(forward exchange rate),也称期汇汇率,是外汇买卖成交后,按照约定在到期日进行交割时所使用的汇率。远期汇率常以对即期汇率的升水或贴水来报价。

- **升水**(premium),意味着远期汇率比即期汇率高,$P = F > S$;
- **贴水**(discount),意味着远期汇率比即期汇率低,$D = F < S$;
- **平价**(par),意味着远期汇率与即期汇率相等,不升不贴,$F = S$。

即期汇率主要由外汇交易当时的供求状况决定,而远期汇率则主要由约定到期日时的外汇交易供求状况决定。一般来说,即期汇率较高,因为短期内可以兑现,风险较小;远期汇率则低一些,因为它要经过一段时间才能兑现,风险较大。

3. 按外汇交易的结算方式划分

外汇汇率按外汇交易的结算方式可以分为电汇汇率、信汇汇率和票汇汇率。

电汇汇率(telegraphic transfer rate),是以电信方式进行外汇交易时使用的汇率,即以电信方式通知付款时所使用的汇率。由于国际上不同外汇市场之间较大金额的外汇买卖通常都使用电话、电报、电传等电信方式进行,所以电汇汇率成为外汇市场上的基本汇率。电汇汇率就是即期汇率。

信汇汇率(mail transfer rate),是以信函方式进行外汇交易时使用的汇率,即以信函方式通知付款时所使用的汇率。由于以信函方式收付外汇的时间远比电汇慢,所以信汇汇率一般比电汇汇率低。

票汇汇率(draft transfer rate),是以汇票、支票或其他票据作为支付方式进行外汇买卖时所使用的汇率,也可分为即期和远期两种。即期票汇是现汇汇票,为见票即付汇票;远期票汇是期汇汇票,即在约定到期日付款的汇票。即期票汇汇率是银行买卖即期票汇时使用的汇率;远期票汇汇率是银行买卖远期票汇时使用的汇率。由于以票汇方式收付外汇的时间也比电汇慢,所以票汇汇率一般也比电汇汇率低。

由于使用电汇方式可以保证在两个营业日内完成交割,付款时间短,从而可避免汇率波动风险;同时,还由于银行不能利用客户的在途汇款资金做短期周转,因此电汇汇率要高于信汇汇率和票汇汇率。

4. 按汇率制度来划分

外汇汇率按汇率制度可分为固定汇率和浮动汇率。

固定汇率(fixed exchange rate),即固定比价,是指两国货币比价基本固定,其波动范围被限制在一定幅度内。所谓固定比价,并不是一成不变的,而是一般不做大的变动,小变动则被限制在一定幅度内。

浮动汇率(floating exchange rate),即可变汇率,指可以由货币行政当局自主调节或由外汇供求关系自发影响其涨落的汇率。其浮动的类型还可以进行进一步划分:按政府是否干预,可分为自由浮动与管理浮动;按照浮动的形式,可分为单独浮动与联合浮动等。

5. 按交易对象划分

外汇汇率按交易对象可分为银行同业汇率和商人汇率。银行同业汇率是指银行同业之间买卖外汇的汇率,即中间汇率。在我国现行外汇市场上即为同业汇率。商人汇率是指银行对非银行客户买卖外汇的汇率,即买入汇率和卖出汇率。

6. 按换算标准划分

外汇汇率按换算标准可分为基础汇率和套算汇率。**基础汇率**(basic rate)是指一国货币同关键货币的比价,如美元对其他国家货币的汇率。**套算汇率**(cross rate)又称交叉汇率,是指两国货币通过各自对第三国货币的汇率套算出的汇率。

7. 按管理程度划分

外汇汇率按管理程度可分为官方汇率和市场汇率。**官方汇率**(official exchange rate)是指由国家外汇管理当局确定公布的汇率。**市场汇率**(market exchange rate)是由外汇市场供求关系状况决定的汇率。官方汇率又可进一步分为单一汇率和多重汇率。单一汇率为无国别、无货物来源等差别的汇率,是 IMF 要求会员方使用的汇率。多重汇率为对不同国别、不同货物来源分别规定差别汇率,是外汇管制的一种方法。

8. 按营业时间划分

外汇汇率按营业时间可分为开盘汇率和收盘汇率。开盘汇率是银行在营业日开始营业时,对首笔外汇买卖报出的第一个**外汇牌价**(foreign exchange quotations)。收盘汇率是银行在营业日结束营业前,报出的最后一个外汇牌价。这种划分一般是在浮动汇率条件下使用。

9. 按外汇资金性质和用途划分

外汇汇率按外汇资金性质和用途可分为贸易汇率和金融汇率。贸易汇率是指用于进出口贸易及其从属费用方面的汇率。金融汇率主要是指资金转移和旅游支付等方面的汇率。

10. 按外汇收付的来源与用途划分

外汇汇率按外汇收付的来源与用途可分为单一汇率和多种汇率。单一汇率是指一国对外仅有一个汇率,各种不同来源与用途的收付均按此计算,或本币对各种外币的即期外汇交易的买卖价不超过2%。多种汇率又称复汇率,是指一国货币对某一外国货币的汇价因用途及交易种类的不同而规定有两种以上的汇率,或本币对各种外币的即期外汇交易的买卖价超过2%。

11. 按测算方法来划分

外汇汇率按测算方法可分为名义汇率、实际汇率和有效汇率。

(1) **名义汇率**(nominal exchange rate)是指官方公布的汇率,或在市场上通行的、没有剔除通货膨胀因素的汇率。

(2) **实际汇率**(real exchange rate)是能够反映国际竞争力的汇率。与名义汇率不同的是,它反映了物价因素对汇率的影响。它有以下两种基本表达方式。

1) 用价格水平加权的实际汇率。用价格水平加权的实际汇率 e_r 可表述为

$$e_r = e(P^*/P) \tag{3-1}$$

式中,P^* 和 P 分别表示外国和本国的价格水平;P^*/P 表示国际相对价格,它可看成名义汇率 e 的权数。实际汇率可反映一个国家的国际竞争力(针对价格竞争)。在其他条件不变的前提下,实际汇率上升,表示该国国际竞争力提高。对上式做对数差分,可以看出

$$\Delta \ln e_r = \Delta \ln e + \Delta \ln P^* - \Delta \ln P \tag{3-2}$$

从该式可以看出,实际汇率变动率 $\Delta \ln e_r$,反映的是名义汇率变动率 $\Delta \ln e$ 与两国通货膨胀率差额($\Delta \ln P^* - \Delta \ln P$)之和。外币汇率上升、外国物价上升和本国物价下降,都是表现本国商品国际竞争力提高的核心因素。

在理论分析中,人们习惯使用该实际汇率概念。但是,在经验分析中,它有明显的局限性,即物价水平作为若干种商品和服务价格的加权平均数,缺少相应的统计数据。

2) 用价格指数加权的实际汇率。考虑到价格水平数据的难以获得,人们使用价格指数代替价格水平,实际汇率则表述为

$$e_r = e(P_t^*/P_t) \tag{3-3}$$

式中,P_t^* 和 P_t 分别为 t 期外国和本国的价格指数。价格指数具有大量的统计数据,这是该实际汇率概念具有可操作性的长处。但是,各国在编制价格指数时,选择的基期不同,容易让人们造成混淆。此外,它只适用于跨时分析,在静态分析中价格指数不能说明什么问题。

(3) **有效汇率**(effective exchange rate,EER)指用本币数量表示的一篮子外币的加权平均值。其定义方程为

$$EER = \sum_{i=1}^{n} W_i e_i \tag{3-4}$$

式中,n 为一篮子货币中的货币种类数;e_i 为第 i 种外币的汇率(直接标价法);W_i 为第 i 种外币在计算中的权数。一篮子货币中货币种类的选择以及权数的计算,主要由本国与其他国家对外经贸往来的密切程度决定。

由于一个国家要同多个国家发生经济往来,要与多个国家产生货币兑换关系,从而会出现多种汇率。这些汇率的走势可能不同。例如,人民币在对日元升值的同时,可能对欧元贬值,同时对美元保持稳定。在宏观经济分析中,如果人们要研究汇率变动对宏

观经济的影响，使用针对任何一个国家货币的汇率都是不够准确的，这时需要使用有效汇率的概念。

第二节　汇率的决定及其变动

分析研究决定和影响汇率变动的因素，是制定对外经济政策的依据和基础，是一国宏观经济管理，尤其是对外经济关系调控的一个重要组成部分。

一、决定汇率的基础

汇率是两种货币之间的相对价格或兑换比率，所以各国货币所具有或代表的价值是汇率决定的基础。但由于在不同货币制度下，货币的发行基础、种类和形态各异，因而决定汇率的基础也各不相同。

（一）金本位制下决定汇率的基础

金本位制是指一国以法律规定一定成色及重量的黄金作为本位货币而进行流通的货币制度。本位货币是指作为一国货币制度基础的货币。根据流通中货币与黄金联系程度的不同为标准进行划分，以黄金作为本位货币的制度，最典型的是**金币本位制度**（gold coin standard system）。除此之外，还有**金块本位制**（gold bullion standard system）和**金汇兑本位制**（gold exchange standard system）。

在金本位制下，各国货币都规定了含金量，汇率就是两国货币以其内在的含金量为基础而确定的交换比例。

在金本位制条件下，两国货币汇率决定的基础称为**铸币平价**（mint par）。铸币平价表示的是铸币含金量与其面额相一致的关系，即金属货币在铸造时所耗用的金属价值与其交换价值相一致的关系。铸币的含金量也叫金平价，是一国通过立法程序规定的。两国货币的含金量之比称为法定平价。因此，铸币平价是金本位制条件下两国货币汇率决定的基础。

法定平价一般不会轻易变动，但实际汇率却时有涨落。受外汇市场上供求关系的影响，外汇的实际汇率经常围绕两国货币的法定平价上下波动，但其波动幅度自发地受到黄金输送点的限制。所以，黄金输送点是金本位制条件下汇率上下波动幅度的界限。

黄金输送点（gold transport points），即**黄金输出点**（gold export points）与**黄金输入点**（gold import points）的总称，是金本位制条件下由汇率波动引起黄金输出和输入的界限，也是汇率波动范围的界限。

$$黄金输出点 = 铸币平价 + 运费$$
$$黄金输入点 = 铸币平价 - 运费$$

在金本位制下，尽管黄金是世界货币，但由于在国际结算中用黄金作为支付手段比较麻烦且费用（如运费、保险费等）很高，所以一般的贸易往来都采用非现金结算，即用汇票作为支付手段，而汇票结算就必然带来汇率波动问题。

从债务人或进口商的角度看，如果汇率上涨到黄金输出点以上，则意味着用汇票形式清偿债务或支付货款不如用黄金形式直接进行清偿和支付划算，所以债务人或进口商就不去购买汇票，而以直接向对方运送黄金的方式来清偿或支付。由此，发生黄金输出及汇票由于需求减少而价格回落的情况。

从债权人或出口商的角度看，如果汇率下跌到黄金输入点以下，则意味着用汇票形式收回债权或得到货款不如直接用黄金形式进行结算的收益大，所以债权人或出口商不收汇票而要求对方直接以支付黄金的方式来结算，收取黄金后自行运回国内。由此，发生黄金输入及汇票由于供给减少而价格回升的情况。

因此，汇率的变动以黄金输送点为上下限，在黄金输出点和黄金输入点的范围内上下波动。一旦越过此范围，就会引起黄金的输出输入，从而使汇率又回到以黄金输送点为界限的范围之内。

（二）纸币流通条件下决定汇率的基础

纸币是价值符号，可以代表金属货币执行流通手段的职能。在纸币流通条件下，汇率实质上是两国纸币以各自所代表的价值量为基础而形成的交换比例。所以在纸币流通条件下，纸币所代表的实际价值是决定汇率的基础。

纸币所代表的价值，在历史的发展演变过程中曾经有两种含义。

（1）第一种含义是指纸币所代表的金平价，即国家法令规定的纸币的含金量。在纸币发行以黄金准备为限的纸币流通条件下，金平价说明了每单位纸币所代表的含金量。所以，两国纸币的金平价是决定两国汇率的基础。

但是，纸币发行是由政府控制的。第一次世界大战前后，参战各国滥发纸币，纸币发行越来越超过黄金准备的限制，纸币贬值。通货膨胀成为经常现象，导致纸币不能兑换黄金。金平价逐渐与其名义上所代表的黄金量完全背离，纸币日益脱离了与黄金的联系。因此，汇率便无法以纸币名义上的金平价为基础来决定，而只能以纸币所代表的实际价值量为依据。

（2）第二种含义是指纸币的购买力，即每单位纸币能购买到的商品量。按照马克思劳动价值论和货币理论，决定两国货币汇率的是两国纸币的购买力。

在1973年以后黄金非货币化的影响下，黄金逐渐脱离了与货币的联系，不再作为各国货币的定值标准，各国也不再规定货币的含金量，而纸币发行也演变为纯粹的不兑现的信用货币发行。在这样的纸币流通制度下，纸币所代表的实际价值就是纸币的购买力。

在纸币流通条件下，汇率的变动主要受外汇供求关系的影响。这种情况在历史上可以分为两个时期：在布雷顿森林体系时期，西方各国用法律规定纸币的含金量，并人为规定了汇率的波动幅度，把汇率的变动限制在一定范围之内；而在《牙买加协议》基础上的现行国际金融体系时期，黄金已经非货币化，纸币的金平价也已被废止，汇率则基本摆脱了自发的及人为的限制，主要受外汇供求关系的影响，波动频繁、幅度很大，影响外汇供求关系的因素也更加复杂化。

二、影响汇率变动的主要因素

汇率的变动受很多因素影响，其中既包括经济因素，也包括政治因素、心理因素及一些其他因素。各因素既相互联系也相互制约，并且其作用的强弱也经常发生变化，有时以这些因素为主，有时以另一些因素为主，而同一种因素在不同国家或在同一国家的不同时期所发挥的作用也不尽相同。因此，汇率变动的原因是极其错综复杂的。但从根本上来说，影响汇率变动的主要因素是一些基本的经济因素。它们都是通过影响外汇的供求关系而导致汇率变动的，这些基本经济因素主要包括以下几个方面。

（一）国际收支状况

国际收支对汇率变动的影响，需要区分两种情况，即在不同的汇率制度下，国际收支对汇率有不同的影响。

在浮动汇率制下，由于汇率受市场自发作用的调节，因此国际收支状况对一国的汇率变动会直接产生影响。其作用过程为：一国国际收支逆差可导致本国外汇供给的减少或外国对本币需求的减少，从而造成市场上外汇供不应求或本币供过于求，引起外汇汇率上涨，本币汇率下跌；反之，一国国际收支顺差则引起外汇汇率下跌，本币汇率上涨。

在固定汇率制下，由于汇率是由官方控制的，因此国际收支状况不会直接导致汇率变动，但它会带来汇率变动的压力。例如，长期、大量的国际收支逆差往往是本币法定贬值的先导。政府往往迫于市场作用的压力而改变汇率。

（二）通货膨胀率差异

通货膨胀（inflation）对汇率变动的影响是长期性的，而且可以从不同方面表现出来。首先，表现在国内货币供给过多造成通货膨胀和物价上涨，导致本国出口商品和劳务在世界市场上的价格竞争能力降低，从而使出口需求减少。与此同时，国内通货膨胀、物价上涨还会导致进口价格相对降低而刺激进口需求增加，从而使国际收支产生逆差。而一国国际收支逆差则会导致其外汇供不应求，引起本币贬值和外汇汇率上涨。其次，一国货币的对内贬值，将会降低其本币在国际上的信誉，不可避免地会影响到其对外价值，导致其本币汇率下跌。

（三）利率差异

利率对汇率变动的影响一般是短期性的，但表现较为剧烈，尤其是在浮动汇率制条件下。利率影响汇率变动，主要通过对国际收支资本项目的影响发挥作用。因为在开放经济条件下，国家间利率的差异往往会引起短期资本在国家间的流动。本币利率高的国家会发生资本流入，本币利率低的国家会发生资本流出，而资本的流入流出则会使外汇市场的供求关系发生变化，从而对汇率变动产生影响。其具体的作用过程表现为：

（1）利率高→资本流入→国际收支顺差→外汇供大于求→外汇汇率下跌、本币升值；
（2）利率低→资本流出→国际收支逆差→外汇供不应求→外汇汇率上涨、本币贬值。
这一作用过程如图3-1所示。

图3-1 利率通过资本流动影响汇率变动

其次，利率对汇率变动的影响，还通过对国际收支经常项目的影响发挥作用。利率可以通过与国内货币供给政策的联系而影响物价水平。一般情况下，提高本币利率往往伴随着国内货币供给减少及信用紧缩政策，以至于引起物价下跌，从而影响进出口和国际收支乃至汇率。其具体作用过程表现为：

（1）利率高→伴随着国内货币供给减少和信用紧缩→物价下跌→有利于出口，不利于进口→国际收支顺差→本币升值；

（2）利率低→伴随着国内货币供给增加和信用扩张→物价上涨→不利于出口，有利于进口→国际收支逆差→本币贬值。

这一作用过程如图 3-2 所示。

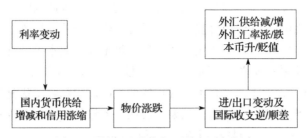

图 3-2　利率通过进出口影响汇率变动

（四）经济增长率

一国经济增长率高低对汇率变动的影响较为复杂，出现的情况可能有以下几种。

对发展中国家而言，一般表现为在国内经济增长的同时，伴随着国际收支逆差，从而影响汇率。这主要是由于发展中国家经济增长率的提高会引起国内需求水平的提高，而这又往往依赖于增加进口以弥补国内供给的不足，从而导致其出口增长慢于进口增长，使其国际收支出现逆差，造成本币汇率下跌。其过程如图 3-3 所示。

图 3-3　发展中国家经济增长对汇率的影响

对出口导向型国家而言，则与上述情况相反。出口导向型国家的经济增长主要表现为出口的增长，因而导致其国际收支出现顺差，以至于影响汇率。其过程如图 3-4 所示。

图 3-4　出口导向型国家经济增长对汇率的影响

另外，经济增长也反映了一国经济实力的变化。从市场参与者的心理角度分析，一国经济增长表明了该国经济实力的提高，从而会增强外汇市场上对其货币的信心，提高本币信誉，导致本币汇率上升。

当然，在其他条件不变的情况下，如果各国经济增长率同步变化，就不会对汇率产生太大影响。

（五）财政赤字

一国财政赤字对汇率变动的影响较为复杂。一般说来，庞大的财政赤字说明财政支出过度，因而会引发通货膨胀，导致国际收支经常项目恶化，使一国货币汇率下降。但这种情况是否会发生，主要取决于弥补财政赤字的方法。

在市场经济条件下，如果采用财政性发行方法来弥补财政赤字，就会导致国内通货膨胀和物价上涨，利率下降，不仅不利于本国出口，而且还会导致资本流出，从而使国际收支恶化，本币汇率下降。

如果通过紧缩信贷来弥补财政赤字，则会导致国内利率上升，物价下跌，不仅有利于本国出口，而且还吸引资本流入，从而改善国际收支，使本币汇率趋于坚挺。

（六）外汇储备

中央银行所持有的外汇储备表明了一国干预外汇市场、维持本币汇率的能力。但一国外汇储备对汇率变动的影响较为有限，而且只能在短期内起作用，因为在一定时期内，一国的外汇储备毕竟有限。

（七）政策因素

由于政府机构是外汇市场的交易主体之一，因此政府可直接通过外汇买卖来影响汇率。但是，政府出售外汇的能力取决于其持有的外汇储备的规模，其购买外汇的行为也要受到外汇储备机会成本的影响。

在中央银行参与外汇市场交易不足以实现政府的汇率政策目标时，政府可借助外汇管制来限制外汇供求关系，以使汇率变动在政府可以接受的范围之内。

政府其他经济政策也会对汇率产生间接影响。例如，扩张性财政政策会通过刺激增长，引起进口增加，带来本币对外贬值压力；紧缩性货币政策会通过抑制通货膨胀和利率上升，引起贸易顺差和资本流入，最终导致本币对外升值。

政府的贸易政策既可以刺激出口，如出口退税；又可以限制进口，如非关税壁垒，对汇率也有较长期的影响。

政府还可以与他国政府进行政策协调，共同采取干预汇率的措施。

在现实生活中，政策因素往往通过改变市场心理预期来影响汇率。政府是外汇市场上最有实力的交易者，因此政府的意图具有很强的影响力。在很多情况下，领导人发布公开讲话之后，无须政府采取实际干预行动，市场汇率的变化已经能够达到政府期待的目标值。

（八）市场心理预期

如果人们预期外币汇率上升，资本就会流出，从而外币汇率就会上升。这说明汇率预期具有自我实现的功能。

人们对其他价格信号和宏观经济变量的预期也有类似特点。例如，如果人们产生通货膨胀预期，就会抢购，以避免物价上涨给自己带来的损失，而人们的行为将引起物价上涨，使之成为现实。所以，通货膨胀预期会引起外币汇率上升。其他变量的预期也会产生类似作用。

人们的预期受多种因素的影响。人们文化素质和知识水平不同，同样的因素会使人们产生不同的预期。搜寻信息的成本也决定了不同人掌握的信息是不相同的。一项新闻，不论它是谣言，还是严肃的报道，一旦对人们的预期产生重大影响，就会通过人们的外汇交易行为来影响汇率。

（九）重大国际国内政治事件

重大国际国内政治事件也是影响汇率变化的因素，因政治事件对经济因素会产生直接或间接影响，汇率变化对政治事件尤为敏感。国际上的军事行动，如1991年的海湾战争、2003年3月21日美英联军发动的伊拉克战争、2001年9月11日恐怖分子对纽约世贸中心发动的突然袭击，均对美元汇率产生重大影响。

20世纪80年代初期，由于国内财政赤字水平持续增加，美国对外贸易状况持续恶化，美国计划通过美元贬值手段增强出口竞争力，改善美国国际收支状况。1985年9月22日，美国、日本、联邦德国、法国和英国的财政部部长和央行行长于纽约的广场饭店举行会议，五国政府就联合干预外汇市场、诱导美元对当时世界主要国际货币贬值达成协议，史称《广场协议》（Plaza Accord）。在协议签署不到3个月的时间内，美元对日元贬值了20%，并在不到3年的时间内累计对日元贬值超50%。《广场协议》在有效改善美国国际收支的同时，也拉开了日本低资金成本的序幕，游资涌入日本股市和房地产市场形成泡沫。随着数年后日本房地产泡沫的破裂，日本的经济遭受了长期的沉重打击。

1991年8月19日在苏联发生的非常事件，曾使美元对当时德国马克的汇率在两天内剧升1 500点，为第二次世界大战后造成汇率波动最大的一次国际政治事件。

2016年6月，英国举行的全民公投，决定英国将限期脱离欧洲联盟（以下简称"欧盟"）。该决定于2017年3月16日正式由女王伊丽莎白二世批准，拟定于2019年3月29日正式"脱欧"。经过多次磋商及延期，2020年1月30日欧盟正式批准了英国的"脱欧"申请。英国于2020年12月31日正式结束"脱欧"过渡期，也结束了其48年的欧盟成员国身份。受"脱欧"带来的未来不确定性等一系列因素影响，英镑对美元汇率于2016年6月直线暴跌，由当月最高GBP1 = USD1.501 9贬值至最低GBP1 = USD1.311 9，月内振幅达到惊人的13%。尽管英镑兑美元于2016年进入了升值区间并开始震荡，但直到2020年年底，英镑兑美元汇率仍未能回到"脱欧"前的水平。

此外，一国首脑人物的政治丑闻、错误言论以及主管金融外汇官员的调离任免，都会对短期汇率走势产生影响。

【阅读专栏 3-1】

《广场协议》的历史背景

1979年，世界第二次石油危机爆发，导致美国能源价格大幅上升，消费物价指数随之高涨，美国出现严重通货膨胀。1979～1984年，美元汇率上涨60%，使美国的出口受到了沉重的打击。同时美国实施紧缩货币的政策，提高利率，大量海外资金流入美国，汇率大幅上涨，致使美国贸易逆差快速扩大。而日本不仅是美国贸易逆差的大部分来源，而且持有美元债券，成为美国的最大债主。

财政赤字方面，里根政府从1982年下半年起实行扩大赤字的预算政策，巨额财政赤字虽然对美国经济有过强烈的刺激作用，带来了1983～1984年强劲的经济回升，但也带来了加重国债负担、损害国民储蓄，以及削弱出口竞争能力的负面影响，成为20世纪80年代阻碍美国经济增长的最大威胁。

《广场协议》是1985年美国、日本、联邦德国、法国和英国五国针对彼此间，特别是对美国越来越严重的国际收支失衡进行相互协调和妥协的结果。各国都根据自身的情况做出了各自不同的经济政策调整承诺，包括抑制通货膨胀、减少政府赤字、扩大市场开放度、减少贸易保护障碍等。其中最引人瞩目的是汇率政策方面的内容。美国的做法实际上相当简单，通过人为手段拉高日元的汇率，降低本国汇率，来削弱日本产品的国际竞争力。

《广场协议》签订后，五国按照协议的约定开始低价大量抛售美元，这一行动立刻引来了市场投资者的疯狂跟进，引发抛售美元的狂潮。导致美元持续大幅度贬值，五国汇率对美元大幅升值，其中日元升值最高，一度达86.1%，直接导致日本出口工业遭受致命打击，出口额锐减，其持有的美元资产大幅贬值。

《广场协议》是在日本政府判断日元升值不会动摇日本经济的命脉时签下的协议。签订协议之初日本经济增长并未立即停滞，反而经历了近7年的高速增长和繁荣。通货膨胀率经历了较低、温和直至加剧的过程，期间出口先下降，进口也随后下降，经济对外依存度下降，贸易条件趋于改善，产业结构发生了明显变化。当时的日本沉浸在财富神话中不能自拔，然而很少有人意识到，楼市与股市的泡沫积累了太多的金融风险，随后就发生了大家熟悉的"失去的二十年"的故事。

《广场协议》后的日本政府配套措施失误是泡沫产生的根源。泡沫的产生和破灭可以分为三步。第一步，日元升值带来了短暂的经济回调，日本央行为防止金融通缩主动调低了本国利率，并于1987年时签署阻止美元币值进一步下滑的《卢浮宫协议》，进一步压低了国内利率，助长了国内资产价格的盲目膨胀。第二步，投资者信心膨胀并热衷投机。低利率下，国际游资大举进入日本房产、股市，而股市价格上涨带来的财富效应促使银行继续把贷款贷给房地产，催生出一个更大的资产泡沫。此时，日本政府没有及时采取货币紧缩政策或限制贷款与估值比率等有力的监管措施，延误了时机。第三步，在1991年海湾战争开战后，石油价格暴涨，直接导致日本制造企业成本急剧抬升，为弥补现金漏洞，曾经的房产终被抛售，个人和企业资金链出现断裂。此时，面对输入的通胀压力和国内愈演愈烈的投机之风，日本政府部门最终不得不采取紧缩措施。最终，在紧缩信贷环境及高利率环境下，日本前期极度膨胀的资产泡沫破裂。

资料来源："金融监管与风险观察"微信公众号，2018年6月29日。

第三节　汇率变动对经济的影响

在当今的浮动汇率制度下，汇率的变动频繁且剧烈。汇率变动对一国的国内经济、国际收支以及整个世界经济都有重大影响。货币升值或贬值的影响就结果而言正好相反。

一、汇率变动对一国国际收支的影响

汇率变动可以对一国国际收支产生直接影响，其影响表现在以下几个方面。

（1）汇率变动对贸易收支的影响。一国货币汇率变动，会使该国进出口商品的价格出现相应涨落，抑制或刺激国内外居民对进出口商品的需求，从而影响进出口规模和贸易收支。例如，一国货币对外汇率下跌（即对外贬值），则以本币所表示的外币价格上涨，出口收汇兑成本币后的数额较以前增多。出口商为扩大销售，增加出口，有可能降低出口商品的外币售价，而获得本币的数额不会较以前减少。与此同时，一国货币汇率下跌，以本币所表示的进口商品的价格上涨，从而抑制本国居民对进口商品的需求。在一般情况下，出口的扩大，进口的减少，有利于国家贸易收支的改善。如果一国货币汇率上涨，其结果则与上述情况相反。

（2）汇率变动对非贸易收支的影响。第一，汇率变动对无形贸易收支的影响。一国货币汇率下跌，则外国货币兑换本国货币的数量增加，外币的购买力相对提高，本国商品和劳务相对低廉。与此同时，由于本国货币兑换外币的数量减少，意味着本币购买力相对降低，国外商品和劳务价格也变得昂贵了，这有利于该国旅游与其他劳务收支状况的改善。至于汇率上升，其作用则与此相反。当然，汇率变动的这一作用，须以货币贬值国国内物价不变或上涨相对缓慢为前提。

第二，汇率变动对单方转移收支的影响。一国货币汇率下跌，如果国内价格不变或上涨相对缓慢，一般对该国的单方转移收支会产生不利影响。以侨汇为例：侨汇多系赡家汇款，货币贬值后，旅居国外侨民只需汇回国内少于贬值前的货币，就可以维持国内亲属的生活需要，从而使该国侨汇收入减少。一国货币如果对外升值，其结果则相反。

（3）汇率变动对资本流动的影响。汇率频繁变动会使得国际资本流动的风险增大，从而影响国际资本流动的正常进行；同时，汇率波动还会刺激投机活动，引起短期资本在国际上的频繁流动，从而不但冲击各国正常的经济秩序，不利于一国经济的平稳发展，而且也影响了国际资本的正常流动。

（4）汇率变动对国际储备的影响。一方面，汇率变动主要通过对进出口及资本流动的影响引起外汇储备的增减变化，即汇率变动通过影响国际收支进而引起储备变动；另一方面，汇率变动还会使外汇储备的实际价值发生变化。例如，关键货币的汇率下跌，使该储备货币持有国受到无形损失。

二、汇率变动对国内经济的影响

（1）汇率变动对国内物价的影响。一国货币汇率下跌，一方面有利于出口，在短期

国内总体产能不发生增加的条件下，从而使国内商品供应相对减少，货币供给增加，促使物价上涨；另一方面会使进口商品的本币成本上升从而带动国内同类商品价格上升。若货币汇率上升，一般则是相反。

（2）汇率变动对国民收入与就业的影响。一国货币汇率下跌，由于有利于出口而不利于进口，将会使闲置资源向出口商品生产部门转移，并促进进口替代品生产部门的发展，这将使生产扩大，国民收入和就业增加。这一影响是以该国有闲置资源为前提的。如果一国货币汇率上升，将降低生产、国民收入和就业率。

（3）汇率变动对国内利率的影响。对于外国投资者而言，跨境投资的总收益既取决于在投资国的绝对净收益（通常可以用外国与投资国的利率水平之差作为代表或基准），也取决于外国与本国两国货币的汇率变化，因为一般情况下投资者最终是要将收益换成母国货币的。因此，当本国汇率水平下跌时，本币发生贬值，外国投资者在本国获得相同水平投资收益的同时，将收益换回外币时将受到损失，外国投资者在本国投资的期望收益率将显著降低，由此减少了外国资金流入本国的数量，降低了外国直接投资水平。为减轻这一影响，本国需要通过提高利率水平的方式弥补汇率变动对外国投资者收益的影响，国内利率水平有上升的趋势。

（4）汇率变动对普通居民生活的影响。对于最广大的居民来说，汇率变动最直接的影响是出国留学和旅游的成本变动。当本币处于升值区间时，有跨境需求的个人往往不必提前在国内兑换外币，因为在实际出行时再兑换往往可以节省成本。汇率变动也会影响国际账单结算方式。极端情况下，当外币处于恶性通货膨胀阶段时，外币急速贬值，同样一笔账单在月初付款和月末付款折算得到的本币金额可能会天差地别。

三、汇率变动对国际经济的影响

（1）汇率不稳，会加深西方国家对销售市场的争夺，影响国际贸易的正常发展。某些发达国家汇率不稳，便会利用汇率下跌来扩大出口、争夺市场，很可能促使其他国家采取报复性措施，或实行货币对外贬值，或采取保护性贸易措施，从而产生贸易战和货币战，破坏国际贸易的正常发展，对世界经济产生不利影响。

（2）汇率不稳，影响某些储备货币的地位和作用，促进国际储备货币多元化的形成。由于某些储备货币国家的国际收支恶化，通货不断贬值，汇率不断下跌，影响它的储备货币的地位和作用，如英镑、美元；而有些国家的情况则相反，随着主流储备货币币值波动率的增加，其货币在国际结算领域中的地位和作用日益加强，如常被当作避险货币的日元和历史上的德国马克。这种此消彼长的态势，也巩固了国际储备货币多元化的局面。

（3）汇率不稳，加剧投机和国际金融市场的动荡，同时又促进国际金融业务的不断创新。由于汇率不稳，会促进外汇投机的发展，造成国际金融市场的动荡与混乱，例如，1993年夏，欧洲汇率机制危机就是由外汇投机造成的。与此同时，汇率不稳与动荡，加剧了国际贸易与金融的汇率风险，又进一步促进了期权、货币互换和欧洲债券等业务的出现，这使国际金融的业务形式与市场机制得以不断创新。

第四节 汇率制度

汇率制度是指一国对本币与外币的比价所做出的安排与规定，安排的情况与规定的内容不同，就有不同的汇率制度。第二次世界大战以后，主要发达国家所建立起来的汇率制度经历了两个阶段：1945~1973年春，它们实施的是**固定汇率制度**（fixed rate system）；1973年春以后，它们又建立起**浮动汇率制度**（floating rate system），但广大的发展中国家仍实行不同形式的固定汇率制度。

一、固定汇率制度

（一）固定汇率制度的概念

固定汇率制度，就是两国货币比价基本固定，并把两国货币比价的波动幅度控制在一定的范围之内。

（二）固定汇率制度的类型

固定汇率制度的发展可以分为两个阶段。

1. 金本位体系下的固定汇率制

在金本位体系下，两国之间货币的汇率由各自的含金量之比——金平价来决定，汇率波动的最高界限是铸币平价加运金费用，即黄金输出点；汇率波动的最低界限是铸币平价减运金费用，即黄金输入点。由于黄金输送点和物价的机能作用，把汇率波动限制在有限的范围内，对汇率起到自动调节的作用，从而保持汇率的相对稳定。在第一次世界大战前的35年间，美国、英国、法国、德国等国家的汇率从未发生过导致本国货币升值或贬值的波动。

金本位体系的35年是自由资本主义繁荣昌盛的"黄金时代"，固定汇率制保障了这一时期国际贸易和信贷的安全，方便了生产成本的核算，避免了国际投资的汇率风险，推动了国际贸易和国际投资的发展。但是，1914年第一次世界大战爆发，各国停止黄金输出输入后，金本位体系即告解体。第一次世界大战到第二次世界大战之间，各国货币基本上没有遵守统一的汇率规则。

2. 布雷顿森林体系下的固定汇率制

布雷顿森林体系下的固定汇率制，也称为以美元为中心的固定汇率制。1944年7月，在第二次世界大战即将结束的前夕，45个同盟方在美国新罕布什尔州的布雷顿森林召开了"联合和联盟国家国际货币金融会议"，通过了以美国财长助理怀特提出的以"怀特计划"为基础的《IMF协定》和《国际复兴开发银行协定》，总称《布雷顿森林协定》，从此开始了布雷顿森林体系。

布雷顿森林体系下的汇率制度，简单地说就是美元与黄金挂钩，其他货币与美元挂钩的"双挂钩"制度。具体内容为：美国公布美元的含金量，1美元的含金量为0.888 671克，美元与黄金的兑换比例为1盎司黄金 = 35美元。其他货币按各自的含金量与美元挂钩，确定其与美元的汇率。这就意味着其他成员的货币都钉住美元，美元成为各成员货币围绕的中心。各成员货币对美元的汇率只能在平价上下各1%的限度内波动，1971年

12月后调整为平价上下2.25%的限度内波动,超过这个限度,各成员中央银行货币当局有义务对外汇市场进行干预,以保持汇率的稳定。只有在成员的国际收支发生"根本性不平衡"时,才允许货币贬值或升值。各成员如需变更平价,必须事先通知IMF,如果变动的幅度在旧平价的10%以下,IMF应无异议;若超过10%,须取得IMF同意后才能变更。如果在IMF反对的情况下,成员擅自变更货币平价,IMF有权停止该成员向IMF借款的权利。

布雷顿森林体系下的固定汇率制,实质上是一种可调整的钉住汇率制,它兼有固定汇率与弹性汇率的特点,即在短期内汇率要保持稳定,这类似于金本位制度下的固定汇率制;但它又允许在一国国际收支发生根本性不平衡时可以随时调整,这一点类似于弹性汇率制。

1971年8月15日,美国总统尼克松宣布美元贬值和美元停兑黄金,布雷顿森林体系开始崩溃。后来尽管1971年12月十国集团达成了《史密森协定》,宣布美元贬值,由1盎司黄金等于35美元调整到38美元,汇兑平价的幅度由1%扩大到2.25%,但到1973年2月,美元第二次贬值,欧洲国家及其他主要资本主义国家纷纷退出固定汇率制,布雷顿森林体系终告彻底瓦解。

(三)固定汇率制度的作用

1.固定汇率对国际贸易和投资的作用

与浮动汇率相比较,固定汇率为国际贸易与投资提供了较为稳定的环境,降低了汇率的风险,便于进出口成本核算,以及国际投资项目的利润评估,从而有利于对外贸易的发展,对某些西方国家的对外经济扩张与资本输出有一定的促进作用。

但是,在外汇市场动荡时期,固定汇率制也易于招致国际游资的冲击,引起国际外汇制度的动荡与混乱。当一国国际收支恶化,国际游资突然从该国转移,换取外国货币时,该国为了维持汇率的界限,不得不拿出黄金外汇储备进行市场供应,从而引起黄金的大量流失和外汇储备的急剧缩减。如果黄金外汇储备急剧流失后仍不能抑制汇价,该国最后有可能采取法定贬值的措施。一国的法定贬值又会引起与其经济关系密切的国家同时采取贬值措施,从而导致整个汇率制度与货币体系的极度混乱与动荡,影响国际贸易和投资活动的正常进行。

2.固定汇率对国内经济和国内经济政策的影响

在固定汇率制下,一国很难执行独立的国内经济政策。

(1)固定汇率制下,如果一国需要紧缩投资、治理通货膨胀,该国就要提高利率,却可能因此吸引了外资的流入;相反,为刺激投资而降低利率,却又会引起资金的外流。

(2)固定汇率使一国国内经济暴露在国际经济动荡之中,由于一国有维持固定汇率的义务,因此当其他国家的经济出现各种问题而导致汇率波动时,该国就必须进行干预,从而也会受到相应的影响。例如,外国出现通货膨胀而导致其汇率下降,本国为维持固定汇率而抛出本币购买该贬值外币,从而增加本国货币供给,诱发本国的通货膨胀。

(四) 固定汇率制度的优缺点

固定汇率制度的主要优点是固定汇率制有利于国际经济交易和世界经济的发展。其缺点主要有以下几方面：第一，汇率基本不能发挥调节国际收支的经济杠杆作用；第二，固定汇率制有牺牲内部平衡之虞；第三，固定汇率制削弱了国内货币政策的自主性；第四，易引起国际汇率制度的动荡与混乱；第五，造成实际资源的浪费。

二、浮动汇率制度

(一) 浮动汇率制度的概念

所谓浮动汇率制度，即对本国货币与外国货币的比价不加以固定，也不规定汇率波动的界限，而听任外汇市场根据供求状况的变化自发决定本币对外币的汇率。外币供过于求，外币汇率就下跌，求过于供，外币汇率就上涨。

(二) 浮动汇率制度的类型

全球金融体系自1973年3月以后，以美元为中心的固定汇率制度不复存在，代之而行的是浮动汇率制度。实行浮动汇率制度的国家大都是世界主要工业国，其他大多数国家仍然实行钉住的汇率制度，其货币大都钉住美元和日元等。

在实行浮动汇率制后，各国汇率体系趋向复杂化、市场化。在浮动汇率制下，各国不再规定汇率上下波动的幅度，各国中央银行也不再承担维持汇率波动上下限的义务，各国汇率根据外汇市场的外汇供求状况，自行浮动和调整。同时，一国国际收支状况所引起的外汇供求变化成为影响汇率变化的主要因素——国际收支顺差的国家，外汇供给增加，外国货币价格下跌、汇率下浮；国际收支逆差的国家，对外汇的需求增加，外国货币价格上涨、汇率上浮。汇率上下波动是外汇市场的正常现象，一国货币汇率上浮，就是该国货币升值，下浮就是贬值。

随着全球国际货币制度的不断改革，IMF于1978年4月1日修订《IMF协定》并正式生效，实行"有管理的浮动汇率制"。由于新的汇率协议使各国在汇率制度的选择上具有很强的自由度，所以现在各国实行的汇率制度多种多样，有单独浮动、钉住浮动、弹性浮动、联合浮动等。

（1）单独浮动指一国货币不与其他任何货币固定汇率，其汇率根据市场外汇供求关系来决定，目前包括美国、英国、德国、法国、日本等在内的30多个国家实行单独浮动。

（2）钉住浮动指一国货币与另一种货币保持固定汇率，随后者的浮动而浮动。一般通货不稳定的国家可以通过钉住一种稳定的货币来约束本国的通货膨胀，提高货币信誉。当然，采用钉住浮动的方式，也会使本国的经济发展受制于被钉住国的经济状况，从而蒙受损失。目前全世界上约有100多个国家或地区采用钉住浮动方式。

（3）弹性浮动是指一国根据自身发展需要，对钉住汇率在一定弹性范围内可自由浮动，或按一整套经济指标对汇率进行调整，从而避免钉住浮动汇率的缺陷，获得外汇管理、货币政策方面更多的自主权。目前巴西、智利、阿根廷、阿富汗等十几个国家采用弹性浮动方式。我国自1994年汇率并轨以来，目前实行的也是以市场供求为基础的、单一的、有管理的浮动汇率制度。

（4）联合浮动指国家集团对成员方内部货币实行固定汇率，对集团外货币实行联合的浮动汇率。欧盟（欧共体）8国1979年成立了欧洲货币体系，设立了欧洲货币单位，各国货币与之挂钩建立汇兑平价，并构成平价网，各国货币的波动必须保持在规定的幅度之内，一旦超过汇率波动预警线，有关各国应共同干预外汇市场。1991年欧盟签订了《马斯特里赫特条约》，制定了欧洲货币一体化的进程表。1999年1月1日，欧元正式启动，欧洲货币一体化得以实现。

（三）浮动汇率制度的作用

1. 浮动汇率对金融和外贸的影响

一般来讲，实行浮动汇率在国际金融市场上可防止国际游资对某些主要国家货币的冲击，防止外汇储备的流失，使货币公开贬值或升值的危机得以避免。从这个角度看，它在一定程度上可保持西方国家货币制度的相对稳定。一国货币在国际市场上被大量抛售时，因该国没有维持固定比价的义务，一般也无须立即动用外汇储备大量购进本国货币，这样本国的外汇储备就不至于急剧流失，外汇市场也不至于发生重大动荡。但是，浮动汇率波动的频繁与剧烈，也会增加国际贸易的风险，使进出口贸易的成本加大或不易核算，从而影响对外贸易的开展。

2. 浮动汇率对国内经济和国内经济政策的影响

与固定汇率相比，浮动汇率下一国无义务维持本国货币的固定比价，因而一国政府得以根据本国国情，独立自主地采取各项经济政策。同时，由于在浮动汇率下，为追求高利率的投机资本往往受到汇率波动的打击，因而减缓了国际游资对一国的冲击，从而使其货币政策能产生一定的预期效果。

由于各国没有维持固定汇率界限的义务，所以在浮动汇率下一国国内经济受到他国经济动荡的影响一般相对较小。

（四）浮动汇率制度的优缺点

浮动汇率制度的主要优点是：①汇率能发挥调节国际收支的经济杠杆作用；②有利于各国自主决定货币政策；③只要国际收支失衡不特别严重，就没有必要调整财政货币政策，从而不会以牺牲内部平衡来换取外部平衡的实现；④减少了对储备的需要和资源的浪费，并使逆差国避免了外汇储备的流失。浮动汇率制度的主要缺点是：①汇率频繁与剧烈的波动，使进行国际贸易、国际信贷与国际投资等国际经济交易的经济主体难以核算成本和利润，并使它们面临较大的汇率波动所造成的外汇风险损失，从而会对世界经济发展产生不利影响；②为外汇投机提供了土壤和条件，助长了外汇投机活动，这必然会加剧国际金融市场的动荡和混乱。

三、联系汇率制度

联系汇率制度是介乎固定汇率制度与浮动汇率制度之间的混合体制。中国香港特别行政区政府于1983年10月15日宣布两项措施，其中一项措施是重新安排发钞的程序，发行银行在发钞前，必须以1美元兑7.8港元的汇率向外汇基金交纳等值美元，以换取"负债证明书"作为法定的发行准备；同时，发行银行可以"负债证明书"同样基准价（7.8）向外汇基金赎回美元，这项措施于同年10月17日起生效。

联系汇率制度对香港地区的经济稳定与发展起到过积极的作用。联系汇率制度曾在1983年最危急的关头挽救了香港经济，稳定了港元汇率。金融体系稳定后，香港经济开始迅速复苏。联系汇率制度具有极大的承受突发事件冲击的能力。在1987年的股灾、1990～1991年的海湾战争、1997年的东南亚货币危机等诸多事件的冲击下，港元对美元的汇率均能保持在7.8左右水平，没有出现持久或大幅度的偏离，这都表现了联系汇率制度对突发事件冲击的承受力。在十几年的运作中，联系汇率制度基本实现了最初的目标——稳定港元汇价，进而稳定整个金融体系，这也是联系汇率制度最本质、最主要的作用。

当然，联系汇率制度也有其不足之处。联系汇率实际上是港元对美元的固定汇率，联系汇率制度的最大代价在于它失去了利率和货币量两大货币政策工具，不能通过控制利率和货币供应增长率来达到调节香港经济的目的：面对高通货膨胀，政府缺乏有效的金融工具加以控制；要维持联系汇率制度的稳定，港元价值必须随美元升降，港元不能国际化。表面看来港元与美元的兑换率有如铁钩一样，牢不可破，但联系汇率制度确有弱点，若处理不好，港元汇价有发生危机的可能。

中国香港的流通货币稍多于800亿港元，联系汇率制度规定每发行7.8港元必须存款1美元在外汇基金，外汇基金现有资产超过4 500亿港元，绝大部分是以外币为单位的资产，其中包括政府历年存放在外汇基金积蓄下来的财政盈余。有这样庞大的储备，5倍于流通领域的资产做后盾，外国炒家很难攻破中国香港的联系汇率。不过中国香港的总存款额已有2.4万亿港元，其中大约1万亿港元早已被转为外币存款，剩下的存款差不多有1.4万亿港元。如何防止港元被大量兑换成外币是联系汇率制度能否维持的焦点所在。首先，需保持一定的外汇储备；其次，政府的收支不仅要平衡，而且应稍有盈余，使存放在外汇基金的财政储备丰厚，政府的财政储备越丰厚，对港元产生信心危机的机会便会越低；最后，应进一步加强香港金融管理局的作用。

尽管现行的联系汇率制度不是完美无缺的制度，但迄今为止，这种制度已证明经受住了金融危机的冲击，发挥了稳定港元汇价的作用，对中国香港经济的稳定繁荣做出的贡献，特别是面临金融危机时的作用，显然超出了实行该制度所付出的代价。近年来，随着中国内地、中国香港地区和美国的经济实力的变化及一系列非经济因素的影响，联系汇率制度本身存在的问题有升温趋势，中国香港是否应继续实行联系汇率制度成为国际金融领域需要思考的一个问题。

【阅读专栏3-2】

香港联系汇率制度的困境与出路

正如哈佛大学教授弗兰克尔所说，"没有任何一种汇率制度在任何时候、任何地方都是最优的"，联系汇率制度对于中国香港亦是如此。联系汇率制度消除了港元兑美元的汇率风险，支撑了香港自由港和国际金融中心的发展，但牺牲了利用自主利率政策调节内需的功能。随着经济社会发展和外部环境变化，之前支持香港维系联系汇率制度的条件发生了变化，继续维持联系汇率制度的成本和风险增加。

特别地，2018年以来，港元持续走弱并多次触及弱方兑换保证（以下简称"触弱"），引发市场对联系汇率制度崩溃的担忧。2020年暴发的新冠肺炎疫情缓解了香港的货币体制危机，并提供了一个反思联系汇率制度运行条件和发展前景的窗口。

联系汇率制度不可持续的风险上升

对于中国香港这样的小型开放经济体，没有持续、稳定地赚外汇的能力，也没有避免货币动荡的能力，除了把货币与主要贸易伙伴挂钩以外别无选择。一方面，港元货币基础的任何变动都必须有美元资产按固定汇率计算的相应变动完全配合。另一方面，香港金融管理局透过自动利率调节机制及履行兑换保证的坚决承诺，维持港元汇率稳定。

作为一种硬钉住汇率制度，联系汇率制度的运行有赖于良好的经济、法治和制度条件。经济条件包括：和锚定对象的经济结构与面临的冲击类似，以降低汇率维持成本；经济高度开放且贸易部门是重要构成部分，进而锚定主要贸易伙伴；灵活的要素、产品与资产市场，能透过价格、工资和收入变动应对外来冲击；拥有充足的外汇储备以稳住汇率。法治和制度条件包括：由于最后贷款人能力的缺乏或受限，需要一个健康和监管良好的金融体系；严格的财政纪律，避免过度支出，且服从货币发行局的稳定努力；连贯的法律框架，宪法或法律支持，以提高汇率可信度。

随着时间的推移，中国香港的经济、法治和制度条件发生了变化，使得继续维持联系汇率制度的风险上升、挑战增加。一是中国香港与美国的经济周期出现分化，维持联系汇率制度的成本增加。二是中国香港、中国内地和美国的贸易关系转变，联系汇率制度实施的经济基本面出现偏离。三是香港价格周期受内地因素驱动，使其货币政策容易出现与当地经济和社会发展不相适应的情况，进而影响联系汇率制度的稳定运行。四是香港金融市场中的内地主体增加，同时境外非市场主体对香港金融体系的干预增加，使得货币发行局制度运行所需要的金融条件扩大化和复杂化。

联系汇率制度改革的可行方案

中国香港联系汇率制度已处于进退两难的境地。一方面，支持联系汇率制度的条件发生变化，继续维持的成本和风险增加。特别地，打击中国香港联系汇率制度可能成为美国对付中国的手段之一。另一方面，在中美关系充满不确定性的情况下，如果香港自发调整汇率制度，变换货币发行锚，不仅转换的存量金融成本非常高，同时港元的信用也可能急剧下降，甚至招致全球资本做空。因此，当前有必要提前谋划香港汇率制度的改革方向。

尽管没有十全十美的替代方案，但香港既要为货币体制的长期调整做好准备，也要未雨绸缪防范外部突发冲击。在长期转向钉住人民币的道路上，香港的汇率制度调整存在两种情景。

第一种情景，在没有外部压力的情况下，香港可维持当前的汇率制度安排，待时机成熟后直接转向钉住人民币，甚至在制度允许的条件下探讨香港和内地货币整合的可能性。这里的时机成熟包括两点：一是待人民币汇率清洁浮动和资本账户开放之后；二是在外汇市场相对平静期，港元既无升值压力又无贬值压力，如果外汇市场几乎没有平静期，次佳时期是资本流入、经常账户顺差、港元面临升值压力的时期。

第二种情景，当外部突发冲击危及联系汇率制度时，港元和美元硬脱钩风险激增。此时，港元要么主动与美元脱钩，要么由于无法维持而被动与美元脱钩。参考国际经验，港元与美元脱钩后，如果还不具备钉住人民币的条件，可先引入港元对人民币或美元汇率的宽幅波动机制。直接转向对人民币汇率的宽幅波动机制，有助于对接后续钉住人民币的汇率制度改革，但能否实现受制于人民币国际化的情况。当然，对于香港这样的小型开放经济体而言，宽幅波动机制只是过渡安排，长期来看港元最终还应转向钉住人民币。

需要强调的是，无论是主动脱钩还是被动脱钩以及转换货币锚，必将会给香港经济带来较大的短期损失，但这是避免长期风险积聚和应对外部突发冲击的次优选择。同时，货币大幅贬值也不一定会触发危机，还取决于经济的基本面情况。而改善香港经济的基本面，一是要着力解决内部失衡压力，适度增进货币体制的灵活性和适应性，如扩宽兑换保证范围、改变港元流动性供应、设立新的政策利率等。二是牢牢把握内地经济发展方向，尽快融入并做大做强人民币金融活动（包括证券市场、债券市场、人民币业务等领域），巩固香港作为离岸人民币枢纽和资金进出内地的中介角色。

资料来源：《银行家》杂志，2021 年 3 月 22 日。

【阅读专栏 3-3】

"三元悖论"与人民币汇率制度选择

"三元悖论"理论是由克鲁格曼提出的。克鲁格曼在其著作《萧条经济学的回归》中详细阐明了该理论。

"三元悖论"理论的观点

该理论认为，要同时达到本国货币政策的独立性、汇率的稳定性以及资本的完全流动性，在理论上是不能实现的，最多只能选择其中两个，而必须放弃另外一个。

基于"三元悖论"的政策组合

"不可能三角"（见图 3-5）形象地说明了"三元悖论"。图中不可能三角的三个顶点就是三个政策目标：货币政策的独立性、汇率的稳定性和资本的流动性，三条边表示三种政策组合。

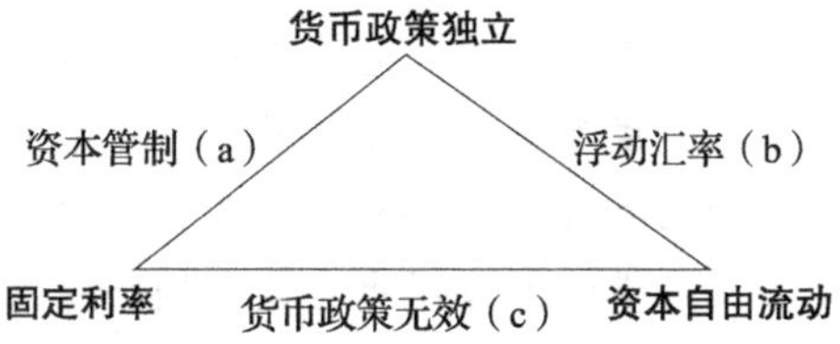

图 3-5 "三元悖论"图解

第一种组合（边 a）：表示货币当局追求货币政策的独立性、实行固定汇率制度，因此货币当局必须进行严格的资本管制。我国在 2005 年汇率改革以前基本属于这种情况。但这种管制也是有代价的，它在保证经济不受投机资金冲击的同时也将自己的资本市场与国际资本市场隔绝开来，不能充分地利用两个市场两种资源。

第二种组合（边 b）：表示货币当局追求货币政策的独立性并允许资本自由流动，这种情况下货币当局必须放弃固定汇率制度，转而实行浮动汇率制度。该政策意味着国家要承担浮动汇率带来的风险，如各种交易的不确定性提高，从而给贸易和投资都带来较高的交易成本。需要指出的是，目前美国等许多发达国家都倾向于这种政策组合。

第三种组合（边 c）：表示货币当局实行资本自由流动和固定汇率制度，在这种组合之下，货币政策将趋于无效，这种情况下，国内利率水平的高低不由本国市场上的货币供给和需求决定，因为存在资本的自由流动，任何利率上的微小差异都会引起国内外资金的套利行动，因此国内利率和国际市场利率保持一致。

"三元悖论"对我国汇率制度选择的启示

1994～2006 年，我国政府采用财政、货币政策的搭配来实现经济增长、物价稳定、促进就业的内部经济目标；同时，通过买卖外汇储备来稳定因国际收支失衡而引发的人民币汇率波动。我国现行的汇率制度存在的问题主要有以下几点。

（1）存在较多的资本管制。由于我国外汇供求的市场机制不包括用于资本账户内的外汇，这使得外汇供求的市场机制受到很大程度的削弱。不仅如此，在我国鼓励外资、吸引外资的政策引导下，事实上只对资本的流出实施了管制，国内对外国资本主要采取行政性指引的措施，缺乏市场化的操作，不利于外国资本流入结构的优化，无法利用外资的进入促进国内经济结构的转变和优化。

（2）产生升值预期。由于汇率涉及的问题很复杂，小幅度升值在与市场预期存在较大差异的情况下，必然会导致进一步升值的市场预期，造成人民币升值，这将意味着外汇储备缩水，政府将要为这一损失买单。特别是近几年来，美国金融危机恶化，为拯救美国经济，美国政府启动了将近万亿美元的救市计划，而这些计划的支出最终要通过增发美元来实现，由此美元未来贬值预期强烈，对我国外汇储备的贬值风险无疑是巨大的。

（3）影响货币政策的独立性。当外汇储备规模的变动影响到国内经济目标的实现时，当前的汇率制度下往往通过冲销操作来缓解这一矛盾。从冲销干预的效果来看，冲销干预并没能协调政策目标之间的冲突。经济发展带来的国际收支失衡必然通过外汇储备的变动，对基础货币投放产生影响，从而削弱货币政策的独立性，影响稳定国内物价目标的实现。

资料来源：《财税金融》。

本章要点

1. 广义的外汇是指把一国货币兑换成另一国货币，并借以清偿国家同债权债务关系的一种专门性经营活动。它分为贸易外汇、非贸易外汇，自由外汇、记账外汇，即期外汇、远期外汇等。
2. 汇率又称汇价，即以一国货币表示的另一国货币的价格。汇率可以分为固定汇率、浮动汇率、基础汇率、套算汇率、买入汇率、卖出汇率、中间汇率、即期汇率和远期汇率等。

3. 实际汇率是能够反映国际竞争力的汇率，反映了物价因素对汇率的影响，可用价格水平或价格指数加权求得。
4. 影响汇率变动的因素有国际收支情况、通货膨胀水平、利率水平等。汇率变动对一国的国内经济、国际收支以及整个世界经济都有重大影响。所以，汇率的频繁波动会造成经济的不稳定。
5. 汇率制度是指一国货币当局对本国汇率水平的确定、汇率变动的基本方式等问题所做的一系列安排或规定。汇率制度可分为固定汇率制度、浮动汇率制度和联系汇率制度。不同的汇率制度对干预一国货币汇率的形式和效果有着很大的差异。

重点难点

外汇和汇率的概念及其主要分类；直接标价法、间接标价法及其转换；固定汇率制度与浮动汇率制度的利弊分析。

CHAPTER 4
第四章

汇率决定理论

汇率决定理论专门研究汇率是由哪些因素决定的，这些因素之间又是如何相互影响的。对汇率决定的研究尽管已有相当长的历史，但目前仍是国际金融理论研究中较新的领域。因为在20世纪的绝大部分时间里，汇率不是由市场行情决定，而是被政府人为固定的。第一次世界大战前的金本位制下，世界上主要货币的价值均与黄金形成固定比值；第二次世界大战后形成的布雷顿森林体系，使大部分货币的价值与美元形成固定比值；1973年布雷顿森林体系崩溃后，浮动汇率制开始推行，汇率波动异常剧烈，对汇率决定的研究才又重新活跃起来。

▎学习目标

（1）熟练掌握和运用购买力平价理论。
（2）熟练掌握和运用利率平价理论。
（3）掌握资产市场理论中汇率的货币论和汇率的超调模式。

▎引导案例

美国创纪录通胀重创全球市场，美联储会超预期加息吗

2022年6月10日，美国劳工部公布的5月通胀数据再次震撼全球市场。8.6%的同比涨幅不仅超出市场预期，更一举刷新了1981年12月以来的通胀纪录。

在市场对于美联储即将加大加息幅度的预期刺激下，6月10日美股全线收跌。其中道琼斯指数下跌2.73%，报收31 393点；标普500指数下跌2.91%，报收3 901点；纳斯达克指数下跌3.52%，报收11 340点。

债市方面，美国国债收益率全线上升，其中10年期美债收益率已高达3.16%，处于十年以来最高位。而对于联邦基金利率更加敏感的2年期美债和5年期美债收益率则分别升至3.06%和3.23%，与10年期收益率相比再次出现国债收益率倒挂。一般而言，收益率的倒挂意味着短期的高利率将抑制经济增长，或者经济长期增长潜力将难以支撑短期高利率。

市场对于美联储加息的强烈预期也推动美元指数再次突破104关口。美元指数主要用于衡量美元兑欧元、日元、英镑等6种主要国际货币的汇率变动。2022年年初以来，

在美联储与欧洲央行的利率政策差异推动下，美元指数从95一路单边上涨至104左右，强势美元既削弱了美国的出口竞争优势，国际资本的流入也使得美联储收紧流动性的努力更加艰辛。

8.6%这个数字背后更大的意义在于扭转了市场对于通胀的主流预期。尤其是美国劳工部公布的4月通胀数据（8.3%）一度较3月（8.5%）有所改善之后，外界对于通胀仍将处于高位运行、但已经见顶的观点多持肯定态度。即便是美国财长耶伦在6月7日听证会上辩护时也表示，通胀未来可能将仍在高位运行，但对于通胀恶化只字未提。当时市场普遍预计5月的通胀数字将在8.2%至8.3%之间。

5月通胀数据发布后，一些经济学家表达了更为悲观的通胀预期。"通胀（显然）远未见顶，未来还会有更高的数字"，证券经纪公司Ava Trade首席市场分析师Naeem Aslam表示。富国银行高级经济学家Sarah House则表示："我们怀疑，强劲的通胀趋势将持续整个秋季，并最早可能在之后月份中将通胀数字向9%进一步推高。"

5月创新高的通胀也暗示着，单纯的供应链问题以及俄乌冲突造成的国际能源价格短期冲击已经越来越难以解释蔓延至全行业的价格上涨，关于美国即将迈入工资－通胀螺旋的推断正在变得愈发有市场。而诸如美联储"稳定的通胀预期"的含蓄表达也显得愈发无力。

虽然能源大类（同比上涨34.6%）依然是价格上涨的主要推手，但是美国的物价上涨已经明显从能源行业蔓延到了几乎所有行业。其中食品类价格同比上涨10.1%，新车以及二手车价格分别同比上涨12.6%和16.1%，服饰类价格同比上涨5%，住房成本同比上涨5.5%，即便是价格相对稳定的医疗服务和医疗保健品价格也分别同比上涨了4%和2.4%。

伴随着迟迟无法见顶的通胀而来的则是大幅下滑的消费者信心。6月10日，密歇根大学公布的6月消费者信心指数初值仅为50.2，创下历史新低，不仅远低于5月终值58.4，也大幅低于外界预期的58.2，而公众对2023年的预期通胀率也上升至5.3%。负责制定该系列数据的密歇根大学调查主任Joanne Hsu在一份声明中表示，虽然目前为止美国消费者支出仍保持强劲，但消费者们普遍强烈担心通胀将侵蚀收入，88%的消费者预计美联储利率2023年将继续上升，该比例同样创下历史新高。

超预期的通胀引发了市场对于美联储进一步快速加息的猜测。荷兰国际集团ING的首席国际经济学家James Knightley表示，5月通胀的攀升加大了美联储大幅加息以抑制通胀的压力。

美联储此前已经于3月16日和5月4日两次分别加息25个和50个基点，目前联邦基金利率区间为0.75%～1%。5月4日公布的联邦公开市场委员会货币政策会议（即FOMC议息会议）的会议纪要显示，包括美联储主席鲍威尔在内的多数联储官员均认为需要在6月和7月分别再次加息50个基点，以将联邦基金利率进一步提高至1.75%～2%区间。6月和7月的议息会议将分别于6月14～15日以及7月26～27日举行。

虽然美联储的会议纪要以及美联储主席鲍威尔在多个场合下的加息表态都显得美联储"鹰味十足"，尤其是相比于欧洲央行直到7月才决定首次加息的"鸽派操作"，但是在5月通胀数据出炉之后，美联储显然需要再次向市场释放新信号。

资料来源：界面新闻，2022年6月11日。

第一节　国际收支理论

国际收支理论考虑了贸易收支对汇率的影响，认为国际收支的状况决定着外汇供求，进而决定汇率。国际收支理论分为传统国际收支理论和现代国际收支理论两个流派。

一、传统国际收支理论

传统国际收支理论也称为**国际借贷理论**（theory of international indebtedness），是由英国经济学家戈申（G.J. Goschen）1861年在《外汇理论》一书中提出的，在第一次世界大战前颇为流行。

（一）国际借贷的含义

所谓国际借贷，是指国际收支账户的广义概念，即由商品的进出口、劳务、服务及资本交易等引起的国际收支活动或国际借贷。由于"国际借贷"实际上就是国际收支的主要内容，所以其学说又被称为国际收支理论。

国际借贷可分为国际流动借贷和国际固定借贷两部分。国际流动借贷，是指已经进入实际收支阶段的债权和债务，即进入支付阶段的交易，是指国际收支中已发生外汇收支的部分，即国际收支狭义概念的内容；国际固定借贷，是指借贷或交易关系虽已发生，但尚未进入实际支付阶段的那部分交易。

（二）国际借贷学说的主要观点

一国货币汇率的变动，由外汇的供求决定，而外汇的供求取决于该国对外流动借贷的状况。国际流动借贷活动会产生国家间流动债权和流动债务的关系，进而影响对外汇的供求关系，导致汇率的变动。

- 当一国对外流动债权或外汇收入大于对外流动债务或外汇支出时，其外汇供给大于需求，因此外汇汇率下降。
- 当一国对外流动债务或外汇支出大于对外流动债权或外汇收入时，其外汇需求大于供给，因此外汇汇率上升。
- 当一国对外流动借贷平衡时，外汇收支相等，于是汇率处于均衡状态。

简单地说，国际借贷理论的基本观点是，一国汇率的变动取决于外汇市场的供给和需求对比。

二、现代国际收支理论

国际借贷理论的缺陷是，没有说清楚是哪些因素具体影响了外汇的供求，这限制了该理论的应用价值。这一缺陷在凯恩斯提出的现代国际收支理论中得到了弥补。第二次世界大战后，许多学者应用凯恩斯模型来说明影响国际收支的主要因素，进而分析了这些因素如何通过国际收支作用到汇率，从而形成了国际收支理论的现代形式。

该理论认为，外汇汇率取决于外汇的供求。由于国际收支状况决定着外汇的供求，因而汇率实际取决于国际收支。经常账户收支是影响外汇供求的决定性因素。一国经常账户收支状况取决于该国国民收入状况（国民收入下降，进口需求缩减，贸易收支改善，本币汇率上升；国民收入上升，进口需求扩大，贸易收支恶化，本币汇率下降）。资本金融账户收支也会影响汇率（本国利率相对高于外国，由于本国资产与外国资产之间具有相互替代性，这会导致资本内流，外汇供给增加，对本币的需求增大，从而本币汇率上升；反之，本国利率相对低于外国利率，则会导致资本外流，市场上本币供给增加，对外币的需求增大，从而本币汇率下跌）。其理论的特点在于，特别强调经常账户的作用，而且还强调国民收入与外汇供求及汇率之间存在密切联系。对发展中国家来说，由于经济增长严重依赖进口，因而经济增长和国民收入的增加会导致其国际收支出现逆差，从而引起本币汇率下跌。

1981 年，美国经济学家 V. 阿尔吉（V. Argy）在其出版的著作中对凯恩斯主义汇率理论做了改进和深化，从而形成新凯恩斯主义汇率理论。后者对前者的改进之处主要包括：①它不仅分析了本国国民收入变化对经常账户收支的影响，而且还分析了外国国民收入的变化、本国与外国价格水平对经常账户收支的影响；②它还进一步分析了汇率预期，以及本国货币政策、财政政策与工资水平对汇率的影响。

三、对国际收支理论的评价

国际收支理论不能被视为完整的汇率决定理论，只是进行更深入的分析时可利用的一种重要工具。其主要特点是具有浓厚的凯恩斯主义色彩，是从宏观经济角度，而不是从货币数量角度研究汇率，是现代汇率理论的一个重要分支。国际收支的两种理论都说明了短期内汇率波动与外汇供求、国际收支的关系，并且现代国际收支理论还分析了汇率波动与国民收入的关系，有重要的理论意义和现实意义。但它是一种局部静态分析，只解释了一种因素的作用；同时，其中的假设不符合实际，对汇率波动与外汇供求之间关系的描述，只适用于市场机制发达的国家。有发达的外汇市场，才会有真正的外汇供求关系。另外，凯恩斯主义则过分强调经常账户收支的作用，而且对经济增长与汇率之间的关系的分析也不一定符合实际。

第二节 购买力平价理论

购买力平价理论（theory of purchasing power parity，PPP）是国际金融学中历史最为悠久的汇率理论之一，是李嘉图古典经济理论的一个组成部分。购买力平价理论中包含了一价定律（the law of one price）的思想，该思想最早在 16 世纪由西班牙人提出。该思想认为，同种商品的价格应该相等。购买力平价理论所包含的则是开放经济条件下的一价定律，涉及多个开放经济体，因此需要考虑不同国家之间的汇率因素。可以说，一价定律是购买力平价的理论基础，也是后者的一种外在表现形式。

自瑞典经济学家卡塞尔（G. Cassel）于 1916 年系统性发展和充实购买力平价理论，并在其 1922 年出版的《1914 年以后的货币与外汇》一书中进行详细阐述后，该理论就在不断遭受各种批判。即使从当今的国际市场中看，购买力平价理论仍然不足以解释全部商品的国际价格差异。但是，它至今仍构成开放宏观经济研究中的基本假设之一，其在不断发展过程中显示出很强的生命力。

为系统性了解购买力平价理论，首先需要分别对封闭经济和开放经济中的一价定律进行了解。

一、封闭经济中的一价定律

一价定律是购买力平价的理论基础。

一价定律假设交易成本为零。这里的交易成本是指商品交换过程中的各种代价，如搜寻信息成本、谈判成本、履约成本以及运费成本和运输过程中的利息成本等。

一价定律指在不考虑交易成本的条件下，相同物品在不同市场上出售，按同一货币计量的商品价格应该是相同的。该价格理论可表述为

$$P_a = P_b \tag{4-1}$$

式中，P_a 和 P_b 分别为某物品在 a、b 两地的价格。若 $P_a > P_b$，则会出现套利机会，这会刺激人们到 b 地购买并将商品运到 a 地出售。这样的行为又会改变两地的供求关系，最终使两地价格相等。

一价定律只适用于贸易物品。非贸易物品无法实现空间转移，故同一非贸易物品在两地可存在不同价格。

若考虑到交易成本 c，则一价定律可修正为

$$P_a = P_b + c \tag{4-2}$$

式中，交易成本 c 包括收集信息成本、谈判成本、履约成本、运输成本以及销售期间的人力成本和利息负担等。它可能大于 $0(P_a > P_b)$，也可能小于 $0(P_b > P_a)$。

二、开放经济之间的一价定律

这里的开放经济指不存在贸易壁垒的经济。由于各国使用各自货币，一价定律可表示为

$$P_i = eP_i^* \tag{4-3}$$

式中，P_i 为用本币表示的价格；P_i^* 为用外币表示的价格；e 为外币汇率（直接标价法表示的汇率）。

在固定汇率制下，它的成立依靠商品套利。若 $P_i > eP_i^*$，人们就会将外国商品运进国内，这会使该商品外币价格上升，本币价格下降，直至该等式成立。

在浮动汇率制下，若 $P_i > eP_i^*$，商品套利还会使外币汇率上升。因为购买外国商品，就需要购买外国货币，从而改变外汇市场的供求关系。

在现实生活中，一价定律经常会遇到挑战，这主要是因为该理论的假设条件（完全开放和交易成本为0）有悖于现实。当然，这不能否认一价定律存在理论价值。

三、绝对购买力平价

将式（4-3）变形，得到

$$e = P/P^* \tag{4-4}$$

该式被称为**绝对购买力平价**（absolute purchasing power parity），即汇率取决于两国商品绝对价格的比值。由于一个国家生产多种商品，绝对购买力平价的精确表达式为

$$e = \sum_{i=1}^{n} W_i P_i \Big/ \sum_{i=1}^{n} W_i^* P_i^* \tag{4-5}$$

式中，W 为权数，通常用该商品在销售额中的比重来衡量；n 为商品种类，为分析简化，这里设两国商品种类相同。

绝对购买力平价是由一价定律推导出来的，然而一价定律和购买力平价是存在差别的，一价定律适用于单个商品的情况；购买力平价理论适用于价格水平，即一篮子基准商品的组合价格水平。所以即使一价定律不成立，绝对购买力平价也可能成立。例如，甲国有一半商品价格高于乙国，另一半商品价格低于乙国，这样所有商品价格都不符合一价定律。但是，绝对购买力平价所针对的是价格的加权平均数，它存在成立的可能性。又如，只要存在贸易壁垒，一价定律便不能成立。但是，只要各国对进口和出口的限制程度相同，绝对购买力平价仍有成立的可能。

四、相对购买力平价

对式（4-4）取对数微分

$$d \ln e = d \ln P - d \ln P^* \tag{4-6}$$

该式即**相对购买力平价**（relative purchasing power parity），即汇率变动率等于两国通货膨胀率之差。

相对购买力平价还有另一种表述方法，由式（4-4）可以得到

$$e_t = P_t / P_t^*$$

$$e_{t+1} = P_{t+1} / P_{t+1}^*$$

从而有

$$\frac{e_{t+1}}{e_t} = \frac{P_{t+1}/P_{t+1}^*}{P_t/P_t^*} = \frac{P_{t+1}/P_t}{P_{t+1}^*/P_t^*} \tag{4-7}$$

该式是相对购买力平价的另一种表述。对式（4-7）两边减 1，可以得到式（4-6）的离散形式。

相对购买力平价可以突破交易成本对一价定律的限制。只要交易成本与商品价格成正比，就可得到

$$P = eKP^* \tag{4-8}$$

式中，K 等于 1 表示一价定律成立。但是，只要 K 不等于 1，无论其大于 1 还是小于 1，一价定律都不能成立。对该式取对数微分，得到

$$d \ln P = d \ln e + d \ln K + d \ln P^* \tag{4-9}$$

只要 K 为常数，则 $d \ln K$ 为 0，相对购买力平价就能够成立。

虽然相对购买力平价由绝对购买力平价推导而来，相对购买力平价比绝对购买力平价更具有可操作性。一方面，一国政府通常不会采用国际标准的商品篮子来计量本国价格指数；另一方面，式（4-5）代表的绝对购买力平价要求两国采用相同的商品篮子进行比较。所以，当我们不得不使用政府公布的价格统计数据评估购买力平价时，绝对购买力平价将变得没有意义。相对购买力平价可直接用物价指数进行计算，而物价变动趋势有明显的经济学意义。

同时，交易成本的存在使得绝对购买力平价通常不会被满足，但只要那些使得实际

情形偏离绝对购买力平价的因素随时间基本不变，那么相对价格的变化率之差仍约等于汇率变动率，即相对购买力平价依旧成立。

五、购买力平价的理论基础和基本思路

（一）购买力平价的理论基础

卡塞尔的购买力平价有两个理论基础：其一是货币数量论，物价水平与货币数量成正比，因此汇率的变动归根结底取决于两国货币供给的情况；其二是货币中立原理，即货币量的变化不改变实际变量，如产出、就业、产业结构和生产率等，从而它只影响物价水平，而不改变商品的相对价格。

从形式上看，购买力平价与价值理论可以统一。但是，其提出者卡塞尔十分明确地主张放弃"空洞的价值学说"。抛弃价值来讨论汇率决定，削弱了其理论深度。然而，这也使人们更容易把握现象，具有使问题简化的优点。

（二）购买力平价理论的基本思路

购买力平价理论认为，人们之所以需要外币，是因为外币在外国具有对一般商品的购买力；外国人之所以需要他国本币，是因为他国本币在其国内具有对一般商品的购买力。所以，两国货币汇率主要是由两国货币在其本国具有的购买力来决定的。

六、对购买力平价理论的评价

（一）购买力平价理论的局限性

卡塞尔本人在提出购买力平价时，已经指出一系列可能使汇率偏离购买力平价的因素：①各国对进口和出口的限制不同；②国际贸易中运输成本的存在；③外汇市场可能出现大规模投机行为；④长期资本的国际流动；⑤人们对通货膨胀的预期；⑥实际因素可能引起相对价格的变动；⑦金融当局对外汇市场的干预等。卡塞尔本人的批判可以看成对货币因素购买力平价的补充和完善。

此外，问题还在于实际因素也可影响价格，忽略实际因素的作用是该理论的重大缺陷。其在理论上以货币数量论为前提，假定货币数量是影响物价的唯一因素，并认为货币供给决定物价水平，在本质上是因果颠倒的。而且，这一理论仍只是局部静态分析，只分析物价因素对汇率的影响，排除了非贸易收支、资本流动及政府干预等其他因素的作用。其对物价的计算也只包括贸易商品，只看到贸易商品价格对汇率的影响，显然失之偏颇。另外，其假定条件过于严格，即假定两国货币购买力具有可比性，这在现实中是很难做到的。实际上，一些国家之间的劳动生产率、价格体系及生产和消费结构有很大差异，其货币购买力很难真正具备可比性。此外，对绝对购买力平价的计算如何确定基期，在实践中也是很难操作的。尽管如此，购买力平价理论仍是世界各国估算汇率时所普遍接受和使用的一种最简便的方法，对西方国家汇率理论及其政策有重大影响。

（二）购买力平价理论的贡献

购买力平价理论说明在纸币流通条件下，纸币的购买力是汇率决定的基础。同时，购买力平价理论还分析了通货膨胀对汇率变动的影响，解释了汇率变动的长期趋势，从而为汇率的预测和调整提供了依据。

此外，购买力平价理论提供了一种非常经典的、有启发性的均衡汇率估计方法。该理论仅使用了简单的数学表达式，就对不同国家之间的通货膨胀率差异、汇率差异、物价差异等进行了最基本的描述，是一种有效的、低学习门槛的经济学估计方法，也成为学者和政府机构在深入研究汇率问题时的一个假设基础。

【阅读专栏4-1】
购买力平价显示低收入和中等收入经济体占全球经济半壁江山

国际比较项目（ICP）2020年5月20日发布经过对各经济体生活成本差异进行调整的以2017年为参考年的最新购买力平价。

根据《购买力平价与世界经济体规模：2017年国际比较项目成果》报告，按照新的PPP衡量，2017年全球经济总规模达到近120万亿美元，经济活动总量超过一半在低收入和中等收入经济体。

占全球人口17%的高收入经济体占按PPP计算的全球国内生产总值的49%。上中等和下中等收入经济体分别占全球人口36%和40%，贡献率分别为34%和16%。占全球人口8%的低收入经济体在按PPP计算的全球GDP中占比不到1%。中国和美国两个最大的经济体按PPP计算的2017年GDP分别略低于20万亿美元，加在一起占全球经济的1/3。

世界银行主管发展政策与伙伴关系的常务副行长冯慧兰指出："各国、地区性机构和国际组织之间强有力的伙伴关系使得ICP成为可能。新数据将有助于我们提高对全球经济的共同理解，在我们致力于取得更好的发展结果时作为衡量对全球经济体的经济影响的一个关键基准。"

通过采集多种商品和服务的价格数据及其总支出，ICP计算出PPP，使我们有可能在控制各国物价水平差异的情况下对经济体的相对规模、人均收入及消费进行比较。同时发布的还有物价水平指数和对以PPP计算的GDP及支出构成（如消费和投资）的估算。

ICP是世界最大的统计项目之一，由世界银行在联合国统计委员会主持下负责协调。ICP2017标志着该项目启动50多年来完成的第九次比较，涵盖176个参与经济体的以2017年为参考年的数据。

ICP技术顾问团主席、诺贝尔经济学奖得主安格斯·迪顿爵士说："在当前的困难岁月里，当我们面对一场全球大流行病时，很难专注于其他任何事情。但衡量仍很重要，或许甚至更加重要，特别是就这些来自世界最大国际统计合作项目全球性衡量指标而言。随着世界逐步复苏，这些新数据将为指导我们前进提供重要的基准。"

根据ICP2017，10个经济体按PPP计算的人均GDP超过6万美元，占世界人口0.5%。在收入组别中，低收入国家按PPP计算的人均GDP仅为世界平均水平的

1/10，高收入国家的人均 GDP 则高达世界平均水平的 3 倍。ICP2017 也比较了人均消费，发现美国消费水平最高，达 44 620 美元。

国家间的发展不平衡持续存在，世界人口中约 3/4 生活在人均收入和消费分别低于 16 596 美元和 10 858 美元的全球平均水平的国家。

ICP 理事会联合主席、印度首席统计师普拉文·斯里瓦斯塔瓦和奥地利统计局局长沃纳·霍兹纳表示："ICP 给政府提供了评估本国在全球经济中的竞争力的重要指标，有助于他们通过有意义的全球伙伴关系加强统计能力和机构知识。"

展望未来，ICP 将继续发展演变，适应不断变化的全球经济，不仅关注民众购买什么，也要关注他们通过哪些渠道和平台购买。项目将扩大国家参与，不让一个国家掉队，尤其不能让受脆弱性与冲突影响的国家掉队。

资料来源：世界银行网站，2020 年 5 月 20 日。

第三节 利率平价理论

利率平价理论（interest rate parity theorem）的基本思想可以追溯到 19 世纪下半叶，由凯恩斯于 1923 年在其《货币改革论》一书中首先提出，后来又经一些西方经济学家逐步发展而成。与购买力平价相比，利率平价是一种短期的分析。从短期来看，货币供给通过改变利率来改变汇率；从长期来看，货币供给将会导致价格的变化，并影响汇率。

利率平价理论分为两种：**非抵补利率平价**（uncovered interested-rate parity，UIP）和**抵补利率平价**（covered interested-rate parity，CIP）。

一、非抵补利率平价

与购买力平价关系的机制类似，利率平价关系的机制也是一价定律。因此，利率平价关系也是产生于寻求收益的套利活动。为了清楚地描述这一过程，我们分析一个案例。假设本国的利率水平为 i，外国为 i_f，即期汇率为 S（直接标价法）。

若投资者手中持有一笔可自由支配的资金，打算进行为期一年的储蓄投资。假设资金在国际上移动不存在任何限制与交易成本。如果投资于本国的金融市场，则 1 单位本国货币到期可增值为 $1+i$。

如果投资于外国资金市场，需分三步实施投资计划：第一步，将本币在即期外汇市场上换成外币。1 单位本币在即期外汇市场上可兑换为 $1/S$ 单位外币；第二步，将这 $1/S$ 单位的外币存入外国银行，存期一年，期满可增值为 $1/S \times (1+i_f)$；第三步，存款到期后，将外币存款本利和在外汇市场上换成本币。假定此时的汇率为 S_e，则这笔外币可兑换成的本币为 $(1+i_f) \times S_e/S$。由于一年后的即期汇率是不确定的，因此这两种投资方式的最终收益难以确定，取决于投资者对期末汇率的预期。

- 如果 $1+i > (1+i_f) \times S_e/S$，则投资于本国金融市场；
- 如果 $1+i < (1+i_f) \times S_e/S$，则投资于外国金融市场。

众多投资者面临同样的选择，导致外汇市场上资金的流动。在前一种情况下，资金从外国流向本国，外汇市场上因外国货币售卖增加而使 S 下降，同时人们预期未来将高利率的本国货币换回低利率的外国货币的行为将增加，从而使 S_e 上升，汇率的变动将最终导致两种投资的收益相同；在后一种情况下，资金从本国流向外国，外汇市场上 S 上升同时 S_e 下降，直至使不等式变为等式。外汇市场均衡时，将满足

$$1 + i = (1 + i_f) \times S_e/S \tag{4-10}$$

$$S_e/S = 1 + (S_e - S)/S = 1 + \Delta S_e \tag{4-11}$$

将式（4-10）代入式（4-11）可得到

$$1 + i = (1 + i_f)(1 + \Delta S_e) \tag{4-12}$$

由式（4-12）可以导出

$$i = i_f + \Delta S_e + i_f \Delta S_e \approx i_f + \Delta S_e$$

或

$$i - i_f = \Delta S_e$$

这就是非抵补利率平价条件。式中，i、i_f 分别表示本国与外国的利率；ΔS_e 表示本币预期贬值率。它的经济含义是：预期的汇率变动率等于两国货币利率之差。当非抵补利率平价成立时，如果本国利率高于外国利率，则意味着市场预期本币在远期将贬值，即期将升值。

值得指出的是，投资者将面临投资期内预期汇率变动造成的风险敞口，所以随着远期外汇市场的发展，根据对汇率的预期进行非抵补套利活动已经越来越少，更多的是抵补套利。所以下面我们着重讨论抵补套利，对抵补套利的情况进行详细的分析。

二、抵补利率平价

（一）抵补套利

抵补套利（covered interest arbitrage）指厌恶风险的投资者将套利与掉期结合起来的投资行为。**掉期**（swap）⊖是将买入（卖出）即期外汇和卖出（买入）远期外汇同时进行的外汇交易，它可避免未来即期汇率的不确定性给投资者带来的外汇风险。远期合约所规定的远期汇率是确定的，投资者可据此事先明确其投资收益。

投资者进行抵补套利的条件是能够获得**抵补利息差额**（covered interest differential），即投资收益将来值与其机会成本之差，表现为

$$CD = (1 + i^*)F_e/e - (1 + i) > 0 \tag{4-13}$$

式中，CD 表示抵补利息差额；F_e 为远期汇率。为理解该式，假设投资者打算用 1 元本币进行为期 1 年的抵补套利。在即期外汇市场上，1 元本币可换取 $1/e$ 的外币，该外币 1 年投资所获本利和为 $(1 + i)/e$。在远期外汇市场上，投资者按远期汇率将其售出，得到的 1 元本币对外投资的将来值为 $(1 + i^*)F_e/e$。式中，$1 + i$ 为 1 元本币在国内投资的收益，也是其对外投资的机会成本。鉴于抵补套利消除了外汇风险，只要 $CD > 0$，投资者便会对外投资。

将式（4-13）展开，可以得到

⊖ "swap"可以被翻译成"掉期"或"互换"，"掉期"常用于外汇市场，"互换"常用于债务市场。

$$CD = F_e/e - 1 - i + i^*F_e/e + (ei^*/e - ei^*/e)$$
$$= (F_e - e)/e - (i - i^*) + (F_e - e)i^*/e > 0 \quad (4\text{-}14)$$

在该展开式中，$(F_e - e)i^*/e$ 数值很小，人们通常将其忽略。因此，投资者对外投资的条件可简化为

$$(F_e - e)/e > i - i^* \quad (4\text{-}15)$$

该式左端表示外汇升水率。该式表明若升水率大于利率差，人们将对外投资。

同理，若 $CD < 0$，则会出现资本流入。

（二）抵补利率平价

上述推理说明，只要存在抵补利息差额，就会出现资本跨国流动。但是，资本流动本身会导致抵补利率平价（CIP），如图4-1所示。

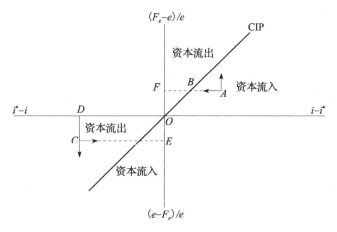

图4-1 资本流动与抵补利率平价

在图4-1中，CIP表示抵补利率平价线，它是一条向右上方倾斜的45°直线，线上任何一点都能使抵补利率平价成立。

抵补利率平价可表示为

$$(F_e - e)/e = i - i^* \quad (4\text{-}16)$$

该式表明升水率等于利率差。它说明在厌恶风险的前提下，资本停止跨国流动的条件。因为抵补利率平价成立意味着抵补利息差额为0，投资者完全丧失了跨国投资的动力。

为说明资本跨国流动会导致抵补利率平价成立，设经济处于CIP线右方任一点A。此时，升水率FO小于利率差FA，资本将会流入。投资者将资本转入本国，外国利率将会上升，本国利率将会下降，从而利率差将会变小，由A点向左箭头所示；同时，投资者要卖出即期外汇并买入远期外汇，引起即期汇率下降且远期汇率上升，从而升水率变大，由A点向上箭头所示。A点的两个箭头表示资本流动将使它移到抵补利率平价线上，即资本流动会使抵补利率平价成立。

如果经济处于CIP线左方，如C点，贴水率EO小于利率差DO（此时是外国利率高于本国利率）。在这种情况下，资本将会流出。这首先会使本国利率上升和外国利率下降，由C点向右箭头所示；同时，投资者购买即期外汇使即期汇率上升，卖出远期外汇

使远期汇率下降，由 C 点向下箭头所示。资本流动同样使 C 点移向 CIP 线。

上述分析也表明，在资本流动的作用下，高利率国家货币的远期汇率低于即期汇率，低利率国家货币的远期汇率高于即期汇率。

（三）套利资金供给弹性与抵补利率平价

在上述分析中，有一个隐含的假设条件，即套利资金的供给弹性无穷大。在当代国际金融市场上，该假设大体能够成立。但是，对于发展中国家来说，该假设未必能够成立。下面，分两种情况讨论套利资金供给弹性对抵补利率平价的影响。

1. 外国套利资金供给弹性与资本流入

外国套利资金供给弹性 E_S^* 指外国套利资金供给 K^* 对外国利率 i^* 的敏感程度，写成

$$E_S^* = (dK^*/K^*)/(di^*/i^*) \tag{4-17}$$

外国投资者到本国投资是为了获取利润，可表示为

$$\pi^* = \frac{K^* e(1+i)}{F_e} - K^*(1+i^*) \tag{4-18}$$

式中，$K^* e$ 为 K^* 的外国套利资金通过即期外汇交易获得的本币，$K^* e(1+i)$ 为 1 年投资的本币本利和，$K^* e(1+i)/F_e$ 为在远期外汇交易中可转换为外币收益将来值。$K^*(1+i^*)$ 为这笔套利资金的机会成本。

外国投资者将资金转移到本国，会通过改变资金供求关系而使外国利率上升

$$i^* = i^*(K^*), \quad di^*/dK^* > 0 \tag{4-19}$$

外国投资者的目标是追求利润最大化，令 π^* 对 i^* 的一阶导数为 0，由式（4-18）可以得到

$$e(1+i)/F_e - [(1+i^*) + K^*(di^*/dK^*)] = 0 \tag{4-20}$$

将式（4-17）代入式（4-20），经过整理，得到

$$\frac{F_e}{e} = \frac{1+i}{1+i^*+i^*/E_S^*} \tag{4-21}$$

将该式两边减 1，得到

$$\frac{F_e - e}{e} = \frac{i - i^* - i^*/E_S^*}{1 + i^* + i^*/E_S^*} \tag{4-22}$$

如果出于简化目的，令该式右端分母为 1，则

$$\frac{F_e - e}{e} = i - i^* - i^*/E_S^* \tag{4-23}$$

将该式与式（4-16）比较可以看到，若为无穷大，则两式相同。

2. 本国套利资金供给弹性与资本输出

本国套利资金供给弹性 E_S 的定义方程为

$$E_S = (dK/K)/(di/i) \tag{4-24}$$

式中，K 表示本国套利资金供给。本国投资者在对外投资中所能获取的利润 π 可表示为

$$\pi = K(1+i^*)F_e/e - K(1+i) \tag{4-25}$$

式中，K/e 表示本国套利资金在即期外汇市场上所能换取的外汇；$K(1+i^*)/e$ 为对外投资

1年所获取的外币本利和;$K(1+i^*)F_e/e$ 为该外币本利和在远期外汇市场上所能换回的本币收益将来值;$K(1+i)$ 表示本国套利资金的机会成本。

投资者对外投资会导致本国利率上升

$$i = i(K), \quad di/dK > 0 \tag{4-26}$$

令式(4-25)中 π 的一阶导数为 0,并考虑到 i 是 K 的增函数,可以得到

$$(1+i^*)F_e/e - [1 + i + K(di/dK)] = 0 \tag{4-27}$$

将式(4-24)代入式(4-27),经过整理,得到

$$\frac{F_e}{e} = \frac{1 + i + i/E_S}{1 + i^*} \tag{4-28}$$

将该式两边减 1,得到

$$\frac{F_e - e}{e} = \frac{i - i^* + i/E_S}{1 + i} \tag{4-29}$$

为简化起见,设该式右端分母为 1,则

$$\frac{F_e - e}{e} = i - i^* + i/E_S \tag{4-30}$$

如果本国是一个发展中国家,那么弹性 E_S 可能较小,它对资本流动构成较大约束。

在国际金融活动中,简单的抵补利率平价可以表现出较大的实用性。考虑到模型自身具有较多的假设条件,需要对该模型进行检验以考察环境变化是否影响该理论的现实价值。常用的检验方法有两种,分别是中性带分析和回归分析。中性带分析(neutral band analysis)是通过图形考察远期升水率和利率差的现实关系是否超越了某种界限,由此判定抵补利率平价是否成立的检验方法。回归分析(regression analysis)则是通过建立回归方程对抵补利率平价进行建模,观察系数是否显著。

三、利率平价理论的基本思路

利率平价理论研究了各国货币利率的差异对其即期汇率及远期汇率的决定与变动的影响,认为两国货币的利差不仅对其即期汇率的决定和变动有重要作用,而且还决定和影响其远期汇率。由于各国之间存在利率差异,投资者为了获得更大收益,总是将资本从利率低的国家转移到利率高的国家进行套利,因此增加了对利高货币的需求,导致其即期汇率上升。而在短期,资本流入利高货币国家赚取利差收益的同时,投资者往往会做一个对冲交易,即在远期外汇市场,按远期汇率卖空远期利高货币进行抵补,避免利高货币汇率下跌的风险,从而导致远期利高货币供给增加,使其远期汇率下跌。

其基本思路如图 4-2 所示。

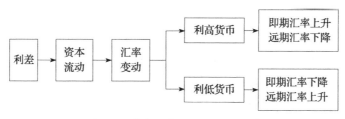

图 4-2 利率平价理论的基本思路

四、对利率平价理论的评价

利率平价理论阐明了利率和汇率之间的关系,合理解释了利率差异和资本流动对即期汇率及远期汇率的影响和作用,对西方国家利率政策的运用有很好的指导作用。但它把利率变动当作决定汇率的基础和影响汇率变动的唯一因素,则有失片面,也因此不能解释当两国利率并无差异时汇率变动的原因。一方面,利率平价理论并不是一个独立的汇率决定理论,而是描述了利率与汇率的相互关系,它们之间是相互影响的;另一方面,两国利差并不是决定汇率的基础。利率差异只会影响两国货币即期汇率发生变动,而无法说明均衡时即期汇率的决定,同时利差也不是影响汇率变动的唯一因素。

第四节 现代远期汇率决定理论

抵补利率平价只考虑了远期外汇交易中的套利者行为,而忽略了贸易者和投机者行为,这种理论缺陷削弱了其说服力。在此背景下,人们提出了现代远期汇率决定理论。

一、套利者行为

套利者即在国际货币市场上进行抵补套利的个人或法人。在抵补利率平价讨论中已考察了他们的行为,据式(4-15),有

$$CD = (F_e - e)/e - (i - i^*) \tag{4-31}$$

现在我们假设人们购买远期外汇的数量与抵补利息差额存在某种线性关系,即

$$Q = Q(CD), \ dQ/dCD < 0 \tag{4-32}$$

式中,Q 为人们购买远期外汇的数量。若 $CD = 0$,即抵补利率平价成立,套利者不会从事投资活动,从而不参与远期外汇交易;若 $CD > 0$,则对外投资有利可图,套利者可赚取升水率高于利率差的差额,于是,他将在即期外汇市场上购买即期外汇,并同时在远期外汇市场上卖出远期外汇。由于 Q 为买入远期外汇数量,故 $dQ/dCD < 0$。同理,若 $CD < 0$,他将把资本转入本国,出售即期外汇并购买远期外汇($Q > 0$)。

在图 4-3 中,设本国利率 i、外国利率 i^* 和当时的即期汇率 e_0 都是既定的,F_0 为能使抵补利率平价成立的远期汇率。套利者曲线 A 反映远期汇率与远期外汇交易量的对应关系,它必然过 F_0 点,因为抵补利率平价成立时,人们不会购买或出售远期外汇。

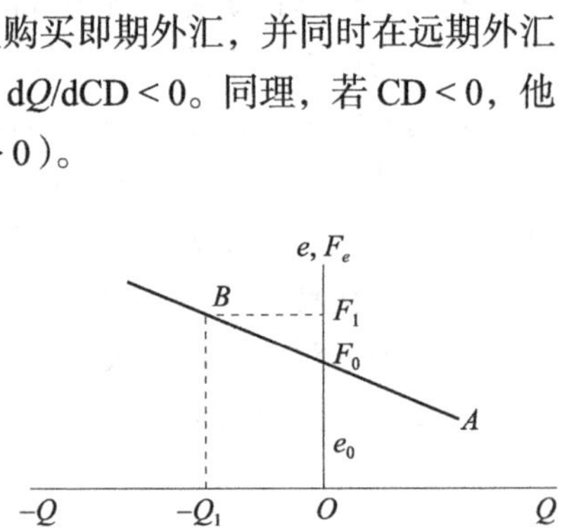

若远期汇率高于 F_0,如 F_1 所示,则套利者将对外投资,出售远期外汇(在掉期交易中与购买即期外

图 4-3 套利者曲线

汇同时进行),如 $-Q_1$ 所示。同理,若远期汇率低于 F_0,套利者将购买远期外汇。因此,套利者曲线从左上方向右下方倾斜。

二、贸易者行为

贸易者特指厌恶风险的进出口商。为简化分析,设进出口商均在1年期限付出或收到外汇。

(一)出口商的避险选择

设出口商有两种避免外汇风险的方法。第一种方法即出售远期外汇。由于远期汇率 F_e 是远期外汇合约加以规定的,其单位外币收入的本币将来值 TR_1 得以固定下来

$$TR_1 = F_e \tag{4-33}$$

出口商还可选择 BSI 法 (borrow-spot-invest),即先借入单位外币,按目前的即期汇率换成本国货币,然后用其进行国内投资。这种方法得到的本币将来值为

$$TR_2 = e(1+i)/(1+i^*) \tag{4-34}$$

式中,$1/(1+i^*)$ 为借入的外币数量,该借款的将来值正好与单位外币出口收入相等,不用再另外考虑偿还问题;$e/(1+i^*)$ 为外币借款的本币现在值。该式右端表示第二种方法可获得的本币将来值。

出口商进入远期外汇市场的条件是

$$F_e > e(1+i)/(1+i^*) \tag{4-35}$$

该式可简化为

$$(F_e - e)/e - (i - i^*) > 0 \tag{4-36}$$

在图 4-4 的左边,即 F_0T' 线表示出口商曲线。F_0 是能使抵补利率平价成立的远期汇率,这里也正好是出口商不进行远期外汇交易的远期汇率。若远期汇率 (F_1) 高于 F_0,则卖出远期外汇的方法可给出口商带来更多的本币收入,他将出售 $-Q_1$ 所示的远期外汇。

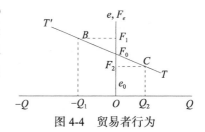

图 4-4 贸易者行为

(二)进口商的避险选择

设进口商也有两种避免外汇风险的方法。第一种方法是购买远期外汇,其1年后支付单位外币的本币成本将来值 TC_1 为

$$TC_1 = F_e \tag{4-37}$$

进口商也可选择 BSI 法,即他先借入本币,在即期外汇市场上把其换成外币,然后进行外币投资。1年后,他再用外币投资收益支付进口款项。这种办法的成本是

$$TC_2 = e(1+i)/(1+i^*) \tag{4-38}$$

式中,$e(1+i^*)$ 为他现在借入的本币数量;经过即期外汇交易,他可获得的外币为 $1(1+i^*)$;经过1年的对外投资,该外币的将来值正好为1,可归还单位外币的货款。但是,借取 $e(1+i^*)$ 的本币,在1年后要归还 $e(1+i)/(1+i^*)$ 的本币。

进口商进入远期外汇市场的条件是

$$F_e < e(1+i)/(1+i^*) \tag{4-39}$$

该式可简化为

$$(F_e - e)/e < (i - i^*) \tag{4-40}$$

在图 4-4 的右边，即 F_0T 线表示进口商曲线。若远期汇率低于 F_0，购买远期外汇的避险方法可降低进口商的成本；远期汇率为低于 F_0 的 F_2，进口商可购买 Q_2 的远期外汇。

在图 4-4 中，$T'T$ 表示贸易者曲线，它也和套利者曲线一样从左上方向右下方倾斜。

三、AT 曲线

AT 曲线反映套利者和贸易者在各种远期汇率下共同购买或出售远期外汇的数量，它是贸易者曲线与套利者曲线的水平相加。在图 4-5 中，F_0 表示能使抵补利率平价成立的远期汇率，贸易者和套利者都不会进入远期外汇市场。若远期汇率为 F_1，贸易者（进口商）购买的远期外汇为 Q_1，套利者购买的远期外汇为 Q_2，他们共同购买的远期外汇为 Q_3。AT 线经过 F_0 和 B 点，它也是从左上方向右下方倾斜的。其行为方程可表示为

$$Q = f(\text{CD}), \quad dQ/d\text{CD} < 0 \tag{4-41}$$

四、投机者行为

当套利者和贸易者进入远期外汇市场后，需要寻找另外的交易者。我们将承担外汇风险的交易者称为投机者。投机者根据自己对未来即期汇率的预期来决定是否进入远期外汇市场。他们不参与远期外汇交易的条件是

$$F_e = e^e \tag{4-42}$$

式中，e^e 为预期的未来即期汇率。若其与远期汇率 F_e 相等，则无论其选择买入还是卖出，都将无利可图。

在图 4-6 中 e^e 为投机者预期的未来即期汇率。若远期外汇市场上的远期汇率也正好等于 e^e，投机者将不进行远期外汇交易。但是，只要远期汇率不等于 e^e，投机者都会进入远期外汇市场。如果 F_1 大于 e^e，投机者将卖出远期外汇，因为到期时他可按 e^e 这种较低的即期汇率买入即期外汇以履行合同，并使自己有利可图。同理，若远期汇率为 F_2，低于其预期的未来即期汇率，他将购买远期外汇。这里需要注意的是，对投机者而言，Q 表示卖出远期外汇的数量，因为他们是贸易者和套利者的交易对手，一方的卖出就是另一方的买入。根据上述说明，投机者曲线 S 会向右上方倾斜。投机者卖出远期外汇的条件是

$$Q = Q(F_e - e^e), \quad dQ/d(F_e - e^e) > 0 \tag{4-43}$$

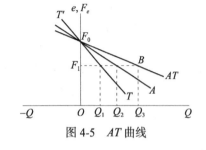

图 4-5 AT 曲线

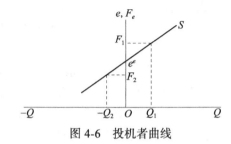

图 4-6 投机者曲线

五、均衡远期汇率的决定

均衡远期汇率是能够使远期外汇市场供求平衡的远期汇率。在图 4-7a 中，投机者预

期的未来即期汇率较低。在这种情况下,投机者将卖出 Q_1 的远期外汇,而贸易者(进口商)和套利者共同买入 Q_1 的远期外汇,均衡远期汇率为 F^*。显然,若远期汇率高于 F^*,投机者打算卖出的远期外汇将大于其他人打算购买的远期外汇,这会迫使远期汇率降到 F^* 的水平。

在图 4-7b 中,投机者预期的未来即期汇率较高。在这种情况下,投机者将买入远期外汇,贸易者(出口商)和套利者将卖出远期外汇,均衡远期汇率 F^* 将使远期外汇需求和供给量都是 $-Q_2$。

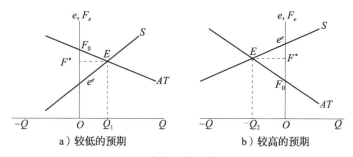

图 4-7 均衡远期汇率的决定

在这两种情况下,均衡远期汇率都会偏离能使抵补利率平价成立的远期汇率 F_0。

投机者预期的未来即期汇率与市场远期汇率之间的差额被人们看作**风险报酬**(risk premium)。与套利者和贸易者不同,投机者在远期外汇交易中承担了风险。如果某个投机者预期的未来即期汇率,被此后的事实证明是不准确的,他将会蒙受损失。这种风险报酬最终是由贸易者和套利者来支付的,他们付出了一定的代价,但是规避了外汇风险。

在正常情况下,预期的未来即期汇率对市场远期汇率的偏离不会很大。其一,远期汇率是投机者预期未来即期汇率的重要参照物;其二,在资本具有较大流动性的现代经济中,S 线和 AT 线都比较平缓。此外,或许最为重要的原因是,人们进行了多次检验,都证明了远期汇率大致满足抵补利率平价关系。

因此,现代远期汇率决定理论尽管具有明显的理论意义,但是它的现实意义并不明显。商业银行在公布其远期外汇交易的牌价时,基本上仍然在参照抵补利率平价。

第五节 资产市场理论

资产市场理论(the theory of portfolio market)是在国际资本流动迅速发展的背景下,于 20 世纪 70 年代中期以后发展起来的一种重要的汇率理论。同传统的汇率决定理论相比,资产市场理论的突出特点是将商品市场、货币市场和证券市场结合起来进行汇率决定的分析。

本节介绍的资产市场理论主要有以下三个假设:①外汇市场是有效的,也就是市场的当前价格反映了所有可能得到的信息;②分析对象是一个高度开放的效果,本国无法影响到国际市场上的利率;③资金是完全流动的,也就是说套补的利率平价始终成立。

根据对于本币资产与外币资产的可替代性的不同假定,资产市场理论可以分为货币分析法与资产组合分析法:货币分析法认为两种资产可以完全替代,而资产组合分析法则反之。在货币分析法下,根据本国价格水平弹性的不同假设,又分为弹性价格的货币分析法与黏性价格的货币分析法（即超调模型）。下面我们将逐一介绍。

一、弹性价格的汇率货币分析法

弹性价格的汇率货币分析法，或**汇率的货币论**（monetary approach to exchange rate），是由美国经济学家约翰逊和蒙代尔于20世纪70年代初创立的一种汇率理论。该理论实际是购买力平价理论的现代翻版。

（一）汇率的货币论的假设条件

汇率的货币论是现代货币主义主流思想在汇率理论方面的延伸，其假设条件也与其主流思想相适应，主要包括以下几个方面。

（1）具备高度发达的资本市场，即存在着资本的充分流动及本国和外国资产之间的充分可代替。

（2）具备高效率的商品市场，即商品的自由套购能保证购买力平价在国际市场有效发挥作用。

（3）具备高效率的外汇市场，即市场参与者能根据所有信息做出合理预期，其预期能较大地影响市场上的汇率。

除此之外，在价格的弹性假设下，我们认为总供给曲线是垂直的。

（二）弹性价格的货币分析法的基本模型

本国货币市场的平衡条件为

$$M_d^s = P_d Y_d^\alpha e^{-\beta i_d} \tag{4-44}$$

式中，M 为货币供给；Y 为总产出；i 为利率；e 为自然对数的底；d 代表本国。将式（4-44）两边取对数为

$$p_d = m_d^s - \alpha y_d + \beta i_d \tag{4-45}$$

式中，p、m、y 分别为 P、M、Y 的对数形式。同理可得国外货币供求的平衡条件为

$$p_f = m_f^s - \alpha y_f + \beta i_f \tag{4-46}$$

根据购买力平价条件有

$$e = p_d - p_f \tag{4-47}$$

将式（4-45）与式（4-46）代入式（4-47）中可得

$$e = (m_d^s - m_f^s) - \alpha(y_d - y_f) + \beta(i_d - i_f) \tag{4-48}$$

以上即为弹性价格的货币分析法的基本模型。可以看到，汇率由本国与外国货币供应量、总产出的差额以及利率的差额共同决定。

（三）汇率的货币论的基本观点

根据如上模型，我们看到汇率是由货币市场的存量均衡所决定的，并主要受名义货币存量、实际国民收入水平、实际利率和预期通货膨胀等因素的互动影响所制约，因此得出的主要结论有以下几点。

（1）当一国名义货币存量增加时，由于总供给曲线垂直，导致国内物价水平同货币

供应量等比例上涨，总产出与利率水平不发生变化。从式（4-47）来看，p_d 上升，则 e 上升，本币将会发生贬值。同理，如外国货币供应量增加时，则本币升值。

（2）一国实际国民收入增加，导致货币需求上升，在名义货币供应量不变的情况下，会引起国内物价下降，通过购买力平价作用，将会导致本币升值。从式（4-48）来看，y_d 上升，e 会下降，将得到相同结论。相反，当外国国民收入升高时，则本币贬值。

（3）一国名义利率上涨，导致该国实际货币余额需求下降，从而抑制物价上涨，则本币对外汇率趋向升值。从式（4-48）来看，i_d 上升，e 会下降，将得到相同结论。相反，当外国名义利率上涨时，本国货币趋向贬值。

（四）对汇率的货币论的评价

汇率的货币论强调货币市场及货币供求关系对汇率的影响，有重要的理论意义与实际价值。它正确指出了货币因素在汇率决定和变动过程中的作用，并指出一国货币供应量增多，会引起本国汇率的下跌，这是符合实际的，从而纠正了第二次世界大战后汇率研究中忽视货币因素的缺陷。同时，该理论把汇率问题的研究同货币政策的运作协调起来，从而对浮动汇率制度下汇率成为国家宏观调控政策的重要工具产生了重要作用。

需要指出的是，弹性价格的货币分析法可以看作长期的汇率决定理论：由于假定垂直的总供给曲线，所以货币供应量的变化不会导致总产出的变化；同样，长期的利率也不取决于货币供给。所以从式（4-47）与式（4-48）可以看出，货币供给的变化才会导致价格的同等变化（注意它们都是对数形式），即弹性价格的假设，从而导致了汇率的变化。

除上述各因素外，汇率的货币论还关注了预期对汇率的影响。认为预期的通货膨胀率对本币对外汇升降有重要影响，特别在短期内对汇率影响更大。为理解方便，我们将在超调模型中予以介绍。

但超调模型只考虑货币数量对汇率的影响，而未考虑其他诸多方面的因素，因而也是一种局部静态分析；并且由于该理论以购买力平价为基础，因此与购买力平价理论具有同样的缺陷。

二、汇率超调理论

黏性价格下的汇率货币分析法，即**汇率超调**（exchange rate overshooting）理论，是由美国经济学家鲁迪格·多恩布什在1976年提出的。他也强调货币市场均衡对汇率变动的作用，但他认为，从短期来看，商品市场价格由于具有黏性，对货币市场失衡的反应很慢，而证券市场的反应却很灵敏，因而利率立即发生变动。这样，货币市场的失衡就完全由证券市场来承受，从而形成利率的超调，即利率的变动幅度大于货币市场失衡的变动幅度。如存在资本在国际自由流动的条件，利率的变动必然引起套利活动和汇率的变动，而且汇率的变动幅度也大于货币市场失衡的变动幅度。这就是所谓的汇率超调现象。

（一）汇率超调理论的基本模型

超调模型中，货币需求和供给的基本公式与货币论中的公式是相同的。现在让我们将预期的作用引入到模型当中。根据利率平价条件，预期的汇率 E_e 满足以下条件

$$E_e - e = i_d - i_f \tag{4-49}$$

整理可得

$$e = E_e - i_d + i_f \qquad (4\text{-}50)$$

当货币供应量发生变动时，从长期看，价格水平的变化率（通货膨胀率）会等于货币供应量的变化率，远期汇率变动率将会等于通货膨胀率，即

$$\frac{E_e}{e_0} = M'_d/M_d^0 \qquad (4\text{-}51)$$

但是在短期内，由于价格水平是黏性的，短期内购买力平价不成立，且总供给曲线并不垂直。以货币增加为例，短期内总供给曲线变化如图 4-8 所示。

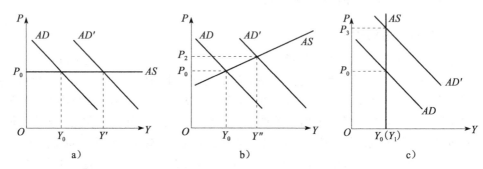

图 4-8　短期内总供给曲线的变化

如图 4-8 所示，长期价格水平会上升到 P_3，但是短期内只能从 P_0 变动到 P_1，再到 P_2。而在货币市场，短期内由于价格水平的黏性，导致货币供给曲线向右移动，利率下降，在短期内导致短期汇率的波动大于长期汇率，即汇率超调。所以在一次货币增加中，各变量的变动随时间的变化如图 4-9 所示。

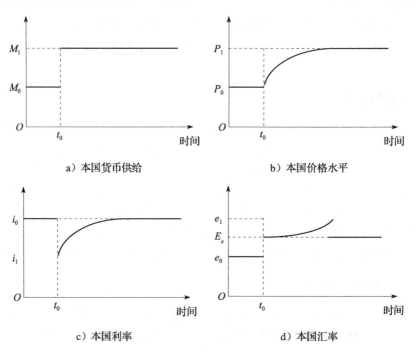

图 4-9　货币增加时各变量的变化

(二)汇率超调理论的基本观点

汇率超调理论的基本思路由以下几个方面的内容构成。

(1)汇率是由货币供求关系决定的。

(2)货币供求关系不仅影响物价,而且还影响利率。

(3)利率和物价的变动都会影响汇率。

(4)由于物价黏性,利率对货币供求关系的变化比物价更为敏感,货币供求关系变化对物价的影响作用迟缓,因而利率承受了过大的压力,所以利率变动幅度往往比货币供求关系变化的幅度更大,所引起的国际资本流动超过其应有的幅度,从而导致汇率变动的幅度也更大,出现所谓汇率超调。

(5)利率、汇率及商品价格的变动,引起套利、套汇及套购商品的活动,最终导致两国汇率的均衡。

其基本思路如图4-10所示。

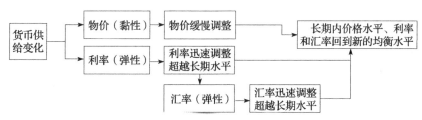

图4-10 汇率超调理论的基本思路

(三)对汇率超调理论的评价

汇率超调理论不仅说明了短期内汇率变动的原因,而且说明了变动的强度,汇率超调理论有利于人们认识短期内的汇率变动。它是货币主义的动态分析,但该理论也包括了货币主义理论的所有缺陷,它将汇率的变动完全归因于货币市场的失衡失之偏颇。

三、汇率的资产组合平衡模式

汇率的资产组合平衡模式(portfolio balance model of exchange rate)是托宾的资产选择理论的应用,由库里等人提出。该理论接受了多恩布什的价格在短期内具有黏性的看法,因而认为在短期内汇率取决于资产市场的均衡。

(一)汇率的资产组合平衡模式的基本观点

汇率的资产组合平衡模式的基本思路可以分为三个层次。

(1)汇率变动取决于市场上各种外汇流动资产的增减变化。

(2)各种外汇流动资产的增减变化,是由于投资者调整其外汇流动资产的比例或结构引起的。

(3)投资者对其外汇流动资产比例或结构的调整,往往引起资本在国际上的大量流动,以及市场上外汇供求关系的变化,从而对汇率变动产生影响。

其基本思路如图4-11所示。

图 4-11 汇率的资产组合平衡模式的基本思路

(二) 汇率的资产组合平衡模式的基本原理及概念

汇率的资产组合平衡模式所指的流动资产,既包括外国资产,也包括本国资产;既包括不能生息的手持现金,也包括可以生息但收益率各异的存款、有价证券等资产。它主要是指以本币或外币表示的有价证券和货币、存款等金融资产。

流动资产的选择,是指投资者调整其持有的本币资产和外汇资产,以及调整其持有的有价证券和货币等资产之间的比例与结构,以选择一套投资收益和风险对比关系最佳的方案和资产组合的行为。

由于不同币种、不同形式流动资产的收益和风险各异,且经常发生变动,因此投资者根据理性行为准则,不断调整其资产组合的比例与结构,直至各种资产的预期边际收益率相等,因而各种流动资产的预期边际收益率和相对风险的变动就会引起汇率的变动。因此,该理论强调资产市场对汇率的影响要比商品市场和劳务市场对汇率的影响重要。

从实际经济生活中也可以看到,自从 1973 年世界各国普遍实行浮动汇率制以来,受国际收支、通货膨胀、利率和经济增长等各种因素的影响,货币比价经常发生变动。不仅各国中央银行拥有大量的外汇储备,各大金融机构和跨国公司也拥有大量外币金融资产和欧洲货币存款,于是金融资产的选择变得越来越重要。持有哪种金融资产以获得最大收益就成为持有者或投资者需要慎重考虑的问题,因此流动资产市场理论应运而生。

(三) 对汇率的资产组合平衡模式的评价

汇率的资产组合平衡模式论证了短期内资产市场的均衡对汇率的影响,它有重要的实际意义。因为从实际情形看,投资者因选择和持有本国或外国金融资产而引起的国际资本流动,在很多时候都超过经常项目差额。所以在短期内,资产市场的均衡对汇率变动有重要作用。但该理论只分析资本项目,完全不考虑经常项目尤其是商品和劳务进出口对汇率的影响,显然是一种局部静态分析。另外,其限制条件严格。它要求的前提条件必须是在国内金融市场发达、对外开放程度很高、外汇管制宽松的情况下。因此,这一理论有很大的局限性。

【阅读专栏 4-2】

欧洲央行酝酿加息 欧元区负利率时代或将结束

2022 年以来,在全球通货膨胀持续高位运行的背景下,美联储"领衔"各国央行开启紧缩周期,"姗姗来迟"的欧洲央行也不得不采取行动。从 2021 年年底的"2022 年极不可能加息",到如今基本确立加息基调,欧洲央行行长拉加德近期堪称"180 度大转弯"的表态引发广泛关注。

5 月底,拉加德在欧洲央行官网发文称,为致力于恢复欧元区货币政策正常化,欧洲央行将在7月开启加息，并很可能在9月底之前退出负利率政策。这是欧洲央行首次对外发出明确的紧缩信号，同时意味着欧元区长达8年的负利率时代或将走到尽头。

能源价格是通胀飙升的主要推手

5月31日，欧盟统计局公布数据显示，5月欧元区通胀率按年率计算达8.1%，连续第7个月刷新历史高位，创下欧元问世23年以来的最高纪录，是欧洲央行2021年7月设定的2%中期通胀目标的4倍多。从细分项看，能源价格同比上涨39.2%，是推高通胀的主要原因。同时，剔除能源、食品和烟酒价格的核心通胀率，也从4月的3.5%升至3.8%，显示能源价格正向下游传导，欧元区通胀走势已形成一定黏性。

德法"两驾马车"是欧元区经济的主要风向标。5月德国通胀率达8.7%，法国为5.8%，均创历史新高。西班牙、意大利和希腊等"尾部国家"通胀率同样远超预期，加剧经济下行风险。高盛集团预计，欧元区整体通胀率9月将达到9%的峰值。

能源价格高热难退之际，供需失衡仍在加剧。6月3日，欧盟委员会公布第6轮对俄罗斯制裁措施，包括将在6个月内停止购买占欧盟进口俄罗斯原油2/3的俄罗斯海运原油，并在8个月内停止购买俄罗斯石油产品。欧委会此举让国际油价应声上涨，一度飙升至每桶120美元以上，为近3个月来的最高水平。

短期因素之外，拉加德还认为，过去10年里压制通货膨胀的结构性因素也已发生逆转。全球化退潮、地缘政治对供应链的影响，将在一段时间内降低供应链效率，欧盟加速绿色转型以摆脱对俄罗斯的能源依赖，也将在中短期提高价格水平。

欧央行内部对加息路径存在分歧

拉加德的财政立场向来温和。她在欧洲央行官网文章中暗示，7月和9月的政策会议上将分别加息25个基点。拉加德认为，"逐步采取行动是明智的，在利率上升时观察其对经济和通胀前景的影响"，食品和能源等推高通胀的因素不会永无止境地上涨。

欧洲央行首席经济学家菲利普·莱恩、意大利央行行长维斯科等，都对拉加德"渐进主义"的立场表示支持。莱恩认为，欧洲央行目前很难解决推高能源价格的外部因素，担心加息过早会造成经济严重衰退。欧盟委员会5月发布的经济展望报告预计，今明两年欧盟经济将分别增长2.7%和2.3%，增速低于2月展望报告中预测的4%和2.8%。欧盟委员会执行副主席东布罗夫斯基斯表示，尽管今明两年经济将继续增长，但增速将远低于此前预期。

但在一些"鹰派"官员看来，欧洲央行应该效仿美联储今年5月的做法，在7月以较为激进的步调一次性加息50个基点。奥地利、荷兰、拉脱维亚和斯洛伐克央行行长均表态说，加息50个基点应该成为一种选择。意大利罗马路易斯大学经济学教授彼得罗·莱西林指出："争论焦点在于，欧洲通货膨胀究竟是能源价格上涨还是其他原因造成的。美国的状况更加清晰，我们看到了那里的通货膨胀。欧洲可能正朝着这个方向前进，因此担忧是合理的。"

终结负利率时代会否重燃欧债危机

2008年后，为应对全球金融危机和欧洲主权债务危机，促进增长、鼓励借贷，欧洲央行在2012年7月首次将关键利率下调至0%，标志着欧元区开启了量化宽松的时代。

2014年6月，欧洲央行将关键利率进一步下调至-0.1%，开始对银行在央行的存款收取利息。在负利率时代，对冲基金等金融机构能以更低成本拆入欧元，转而投资处于加息周期的美元，通过美元兑欧元汇率的提升争取更大的出口份额。欧洲央行之后又连续4次降息至如今的-0.5%。如果今年7月的加息措施落地，将是欧洲央行十多年来首次加息。

被迫终结负利率时代虽然一定程度上将帮助储蓄存款回流欧洲，同时推动固定收益债券资金流入增加，从而推动欧元走强，但也有不少声音担忧，随着欧元区国家特别是意大利、希腊等"尾部国家"的融资成本和债务偿付压力增大，2011年至2012年的欧债危机可能重演。上周，德国10年期基准债券收益率与意大利债券收益率之间的价差——衡量欧元区金融压力的一个需密切关注的标准——升至2020年新冠肺炎疫情暴发以来的最高水平。

由此可见，欧洲央行强制性使货币政策正常化，难以彻底解决欧元区现在面临的经济问题。欧元区当前的通胀更多来自供应端的压力而非需求端，但欧洲央行无论采取怎样的政策，最后都只能作用于需求端。长远地看，只有依靠控制疫情、恢复产业链和供应链，才能有效缓解该地区的通货膨胀问题。

资料来源：《北京青年报》，2022年6月9日。

本章要点

1. 一价定律是购买力平价的理论基础，是指在不考虑交易成本的条件下，相同物品在不同市场上只能有相同的价格。
2. 购买力平价理论说明，在纸币流通条件下，纸币的购买力是汇率决定的基础。这一解释符合纸币流通条件下汇率决定的规律。
3. 利率平价理论分为抵补利率平价和非抵补利率平价。利率平价理论阐明了利率和汇率之间的关系，合理解释了利率差异和资本流动对即期汇率及远期汇率的影响和作用。
4. 资产市场理论特别强调金融资产市场均衡对汇率变动的影响，它将商品市场、货币市场和证券市场结合起来进行汇率决定的分析。

重点难点

购买力平价理论；利率平价理论；资产市场理论。

CHAPTER 5
第五章

国际金融市场与组织

在经济全球化背景下，国际金融市场在全球市场的重要性日益显著。尤其是自20世纪80年代以来，随着生产和投资的国际化，国际金融市场在世界经济的发展中发挥着越来越显著的作用，不仅推动了货币信用的国际化，同时也促进了国际资本、国际贸易乃至整个世界经济的日趋国际化。

▌学习目标

（1）熟悉国际金融市场的概念和构成，重点掌握国际货币市场、国际资本市场的组成部分，欧洲货币市场的概念、特点和作用，把握国际金融市场发展的趋势尤其是国际金融市场创新的内涵及方式，金融创新工具的特点及具体应用等。
（2）了解IMF、世界银行集团以及亚洲开发银行成立的背景与宗旨、组织形式，熟悉有关贷款的融资条件，把握与这些组织加强金融合作与业务联系的关键和流程。

▌引导案例

联合国：俄乌冲突造成全球成本危机

当地时间2022年6月8日，联合国秘书长全球危机应对小组（GCRG）发布第二份关于粮食、能源和金融系统的最新报告，称在新冠肺炎疫情和气候危机中，全球居民正面临着一代人都未曾经历的生活成本危机。俄乌冲突三个月以来，全球食品、能源和化肥市场遭受的价格冲击正不断升级。

报告称，估计94个国家的16亿人至少面临其中一项危机局面，其中约12亿人生活在最容易受影响的国家，这些国家在粮食、能源和金融这三个领域都极为脆弱。联合国秘书长古特雷斯警告称，弱势群体和弱势国家已经受到重创，但没有任何国家可以免受这场生活成本危机的影响。

为此古特雷斯再次呼吁必须依照国际法、《联合国宪章》找到政治解决方案。但在此之前，需要立即在两方面行动。首先，必须为全球粮食和能源市场带来稳定，打破价格上涨的恶性循环，纾解发展中国家压力；其次，要立即为最贫困国家和社区准备好资源，政府要准备好借款维持这些地区经济发展和人民正常生活。

古特雷斯还宣布，已要求联合国贸易和发展会议秘书长格林斯潘与联合国人道主义事务负责人格里菲斯协调两个工作组,以允许"通过黑海安全可靠地出口乌克兰生产的食品",并确保"俄罗斯食品和化肥不受阻碍地进入全球市场"。

格林斯潘表示,当前全球的粮食、能源和财政危机是累积发生的,各国本已受到新冠肺炎疫情冲击,加上长期气候危机的影响,而持续三个月的俄乌冲突对全球特别是发展中国家更是雪上加霜。在能源方面,她还呼吁各国释放能源储备,应对短期缺口。

格林斯潘还表示,虽然63国针对俄罗斯的制裁未包括粮食及肥料,但已经为其出口造成了难度。为确保俄乌粮食、化肥出口,格林斯潘在过去数周连续对莫斯科、华盛顿、布鲁塞尔、基辅、安卡拉等地进行了访问。联合国呼吁各方立即采取行动,避免"三重危机"演变成"三重灾难"。

资料来源:环球网,2022年6月9日。

第一节 国际金融市场概述

国际金融市场的概念通常涵盖了世界上所有国际金融中心,这些国际金融中心伴随着资本主义世界市场的发展,常以其所在地名称命名,如伦敦国际金融中心、纽约国际金融中心等,并由此构成了整个国际金融市场。在国际金融市场上经营的业务主要包括货币的国际借贷及证券交易等,据此可以划分为各种不同类型的市场。

一、国际金融市场的概念

(一)国际金融市场的广义和狭义概念

国际金融市场(international financial market)是指在国际上进行资金融通或金融产品的买卖的场所,也就是在居民与非居民之间,或者非居民与非居民之间进行国际性金融业务活动的场所。国际金融市场与国内金融市场的显著不同在于:资金借贷关系涉及非居民;业务活动范围跨越国境;交易中使用的货币为多国货币;业务活动比较自由开放,较少受某一国政策、法令的限制。

国际金融市场有广义和狭义之分。广义的国际金融市场,是指进行各种国际金融业务活动的场所,这些业务活动包括资金的借贷、外汇与黄金的买卖。因而,传统上的国际金融市场包括货币市场(一年以内短期资金的借贷)、资本市场(一年以上中长期资金的借贷)、外汇市场、黄金市场。另外,20世纪70年代以来形成和发展起来的国际金融期货和期权市场也是国际金融市场的组成部分。上述几类国际金融市场是紧密联系的。狭义的国际金融市场,仅指从事国际资金借贷活动的市场,又称国际资金市场,包括国际货币市场和国际资本市场。

(二)国际金融市场与国内金融市场的区别与联系

为了进一步理解国际金融市场的概念,有必要分析一下国际金融市场与国内金融市场的区别与联系。

1. 国际金融市场与国内金融市场的区别

(1)市场运作范围不一。国内金融市场的活动领域局限于一国领土范围内,市场的参与者限于本国居民；国际金融市场的活动领域则超越国界，其参与者涉及境外居民或多国居民。

（2）市场业务活动不一。国内金融市场的业务活动一般不使用外汇，也不必通过外汇市场进行；国际金融市场的业务活动必然涉及外汇交易活动，而且要通过外汇市场进行，外汇市场是国际金融市场的中心市场之一。

（3）市场管制程度不一。国内金融市场必须受到货币当局的直接干预（含暗地干预），市场运行在很大程度上受到行政力量的左右；发达的国际金融市场则基本不受所在国金融当局的管制，市场运行一般很少受到干预，甚至完全不受干预。

2. 国际金融市场与国内金融市场的联系

（1）国内金融市场是国际金融市场得以发展的基础。世界上一些主要的国际金融市场，都是在原先国内金融市场的基础上发展而成的，这些国际金融市场中的金融机构、银行制度以及涉外业务与国内金融市场都有着密切的联系。

（2）国内金融市场的货币资金运动与国际金融市场的货币资金运动互为影响。国内金融市场的利率发生变动，会通过各种方式影响到国际金融市场上利率的变化，即国内金融市场上由于货币流通发生币值变动，也同样会影响国际金融市场上汇率的变动。

（3）国内金融市场上的某些大型金融机构，同样也是国际金融市场运作的主要参与者。

二、国际金融市场的形成和发展

国际金融市场是随着国际贸易的发展与扩大而产生和发展的。从最早的国际清算中心，到国际金融市场的出现，直至今天的欧洲货币市场，这个过程持续了几个世纪。

（一）国际金融市场的形成

17世纪末，随着美洲大陆的发现，资本主义全球市场体系逐步形成。在这个过程中，英国成为世界经济的主要力量。为适应资本主义经济增长对资金的需求，为迅速发展的对外贸易提供国际汇兑和国际结算，英格兰银行于1694年正式成立。伦敦在成为世界经济中心、国际贸易中心的同时，也成为国际汇兑、国际结算和国际信贷中心，这标志着现代国际金融市场开始形成。伦敦国际金融中心建立以后，随着世界各国对外贸易和投资的快速增长，英国以外的主要资本主义国家的国内金融市场也相继发展成国际金融中心，如瑞士的苏黎世、法国的巴黎、意大利的米兰、德国的法兰克福、美国的纽约等。

国际金融市场在现代经济中的作用是非常重要的，国际贸易、国际资本借贷、外汇买卖及证券交易和保险业务都离不开国际金融市场。虽然各国都有一些大城市从事国际金融活动，但并非所有开展国际金融业务的城市都能称为国际金融市场。成为能够全面开展国际金融业务的国际金融市场需要具备一定的条件。

（1）稳定的政局。这是最基本的条件。如果一国政局动荡，经常发生政变或大的变革，就无法保证国内经济和金融的稳定，更谈不上建立一个国际金融市场了。

（2）自由开放的经济体制。它主要包括自由开放的经济政策与宽松的外汇管制。自由开放的经济政策，容易加强本国与世界各国的经济金融往来，并进行各种形式的经济金融合作；而宽松的外汇管制或取消外汇管制，充分保证了国际资金的自由出入，容易形成国际资金的集散地，进而形成国际金融市场。

（3）健全的金融制度和发达的金融机构。如果一国金融制度和法规不健全，就无法保障金融活动高效地进行，而量少质弱的金融机构，更没有能力担负从事国际金融业务的重任。因此，这个条件也是国际金融市场形成的必要条件。

（4）现代化的通信设施与交通方便的地理位置。一国或地区要成为国际金融中心，必须有完善的通信设施，并且具有不断吸收高新科技的能力，这样才能保证国际信息的通畅。良好的地理位置，容易吸引各种参与者，方便其交易，进而增加各种国际金融业务。中国香港之所以成为一个新兴的国际金融中心，就与它的地理位置有关。

（5）训练有素的国际金融人才。这是指一国或地区要拥有既具备现代国际金融专业知识，又具备丰富实践经验的国际金融专门人才。拥有这些人才，才能为国际金融市场提供高质量高效率的各种服务。

具备了这些条件，才有可能成为国际借贷、国际结算和外汇买卖及黄金交易的中心，从而形成国际金融市场。

（二）国际金融市场的发展

伦敦作为世界最主要的国际金融中心的时间长达200多年。第一次世界大战后，伦敦作为国际金融中心的地位开始衰落，第二次世界大战的爆发，加速了这种衰落。第二次世界大战后，全球国际金融市场发生重大演变，基本经历了三个阶段。

1. 纽约、苏黎世和伦敦的"三足鼎立"

第二次世界大战后，在伦敦国际金融中心地位不断下降的同时，美国经济实力迅速增强，以压倒性优势成为世界经济的领头羊，其经济实力主要表现在：占资本主义世界工业生产的1/2，占出口贸易额的1/3，占黄金储备的2/3，占发达国家资本输出额的1/3。美元因此成为最主要的国际结算货币，纽约成为世界最大的国际金融中心。因得益于"永久中立国"的特殊地位，瑞士避免了第二次世界大战战火的洗礼，瑞士法郎成为西欧国家中唯一保持自由兑换的货币，这一优势加速了苏黎世国际金融中心的发展。

2. 欧洲货币市场的形成和发展

欧洲货币市场是对离岸金融市场的概括和总称，离岸市场是从事境外货币存贷的市场，代表了国际金融市场新的发展阶段。20世纪60年代，西欧经济迅速崛起，美国经济地位相对下降，其国际收支出现持续的巨额贸易逆差，美元大量外流。流出的美元主要集中在伦敦，成为欧洲美元，伦敦也因此成为最大的欧洲美元市场。同时，随着西欧国家货币自由兑换和资本自由流动的恢复，境外货币的种类不断增加，出现了欧洲英镑、欧洲德国马克、欧洲法国法郎，于是欧洲美元市场演变成欧洲货币市场。欧洲货币市场逐步演变成国际金融市场的核心。

3. 发展中国家和地区国际金融市场的建立

第二次世界大战后，不少发展中国家取得了政治独立，走上了发展本国经济的道路，建立和发展金融市场成为发展国民经济的重要条件。经过长时期的发展，部分国家和地区的金融市场已具备了相当规模，并逐步成长为新兴的国际金融中心，如新加坡、巴林、科威特、中国香港等。发展中国家和地区国际金融市场的建立，促进了国际金融市场的全球化进程。

三、国际金融市场的类型

（一）按市场功能分类

（1）国际货币市场。国际货币市场是指以短期金融工具为媒介进行的期限在 1 年以内的融资活动的交易市场，是短期资金市场或短期金融市场，主要交易对象是商业票据、国库券、银行承兑票据、短期可转让存款单等准货币。因其流动性好、变现能力强、偿还期短风险性小，和货币有差不多的性质，所以将这些金融工具的交易市场称为货币市场。

（2）国际资本市场。国际资本市场是指借贷期限在 1 年以上的中长期资金市场，主要的交易对象有股票、债券、国债、中长期票据等。其作用主要是为各国政府、机构、企业提供经济建设所需要的资金，为已经发行的证券提供具有充分流动性的交易市场。

（3）国际外汇市场。国际外汇市场是以外汇银行为中心，由各类外汇供给者和需求者以及中间机构组成的，专门从事外汇买卖、外汇资金调拨、外汇资金结算等活动的场所或网络。

（4）国际黄金市场。国际黄金市场是指专门从事黄金买卖的市场。虽然 IMF 在 1976 年已开始了黄金非货币化的过程，但由于黄金同货币的传统联系以及人们的传统观念，黄金市场还是被广泛地看作金融市场的一个组成部分。伦敦、苏黎世、纽约、芝加哥和香港的黄金市场是世界上最重要的黄金市场。

黄金市场可以分为实物黄金市场和期货期权市场两部分。实物黄金主要以金条和金块形式进行买卖，官方或民间铸造的金币、金质奖章、珠宝首饰也在市场上买卖。实物黄金市场基本上是即期市场，为套期保值而做的远期交易是它的补充。市场参与者由三部分组成：黄金交易商在市场上买入和卖出黄金；经纪人从中牵线搭桥，赚取佣金和价差；银行为这些活动融通资金。黄金期货交易是指在合同规定的某个时间内，承诺交割或者接受和购买特定数额的黄金；黄金期权交易是指期权购买者在协议价格（或实施价格）上买卖实物黄金或黄金期货合同的权利。

（二）按融资渠道分类

（1）国际信贷市场。国际信贷市场是指在国际金融市场上以金融机构为媒介融通资金的市场，是各国资金需求者通过银行进行资金融通的场所，它是早期融资的主要渠道。目前，国际信贷市场以银行同业拆借为主体，形成了多个国际信贷中心。

（2）国际证券市场。国际证券市场是指发行和交易各种有价证券的市场，包括国际债券和国际股票市场。20 世纪 80 年代后，国际金融市场的证券化趋势形成，国际证券市场的融资规模超过了国际信贷市场，成为国际筹资的主要渠道。

(三)按交易对象所在区域和交易币种分类

(1)在岸国际金融市场。**在岸**(on-shore)国际金融市场,是指居民与非居民之间进行资金融通及相关金融业务的场所,其中居民主要是国内投资者,非居民主要是外国筹资者,经营的货币是市场所在国货币,市场的资金一般由市场所在国提供,市场所在国是资本净提供国,它受市场所在国政府政策与法令的管辖。一般是由地方性和区域性市场逐步发展成为全球性的市场,是国内金融市场的延伸。它是传统的国际金融市场。

(2)离岸国际金融市场。**离岸**(off-shore)国际金融市场,又称为**境外市场**(external market),经营对象(交易货币)包括除市场所在国货币以外的西方主要货币;借贷关系涉及非居民与非居民之间的借贷;业务活动不受任何国家政府政策法令管辖。所有离岸市场结合成整体,就是通常所说的欧洲货币市场,它是第二次世界大战后形成并发展起来的新兴国际金融市场。20世纪60年代以来,原来的一些传统国际金融中心出现了脱离当地法规管理的倾向,而一些以前并没有国际金融服务设施基础的地区,由于政府为繁荣本地经济,实行了非常宽松的金融管制政策,或者根本不加以管制,征税较低或者免税,加上地理位置适中,往往能吸引大批金融实业家的大量资金流入,迅速发展成新兴的国际金融市场。离岸市场是目前最主要的国际金融市场,它是既不受货币发行国政府法令管制,又不受市场所在国政府法令管制的金融市场。

四、国际金融市场发展的新趋势

(一)国际金融市场一体化程度不断加强

随着资金全球流动频率的提高和广度的增加,积极使用国际资金已经成为开放国家维持经济高质量发展的重要途径。随着各国金融监管水平在实践中日趋完善,各国在国际金融市场中的关系逐渐密切,金融一体化程度逐渐加深。

国内金融市场的发展离不开畅通的国际融资环境。在国际金融市场的产品种类不断发展、国际环境不断变化的情况下,包括人民币在内的更多主权货币逐渐被赋予国际货币的重任。为满足国际资本流动的现实需要,世界各国在保障国内金融秩序稳定的大前提下,逐步放松金融管制措施,减少对金融市场的行政干预,积极将国内市场与国际市场相融合,切实保障国际融资的畅通化,以最大化发挥国际金融市场在资源配置中的优势。

(二)发展中国家的金融管制逐步减少

20世纪70年代以来,西方国家政府和金融监管当局为增强各类金融机构的竞争能力和金融制度的活力,已逐渐减少对金融业的管制措施。当前,除保留必要的反恐、反洗钱、反垄断等监管手段外,西方国家对金融机构和金融活动的监管环境已较为宽松。近年来,随着以中国为代表的发展中国家的经济实力和金融治理能力的提升,发展中国家的金融监管也逐渐呈现出"建制度、不干预、零容忍"的总体特点。

当前发展中国家对金融管制的减少主要体现在以下三个方面:
(1)放宽对金融机构业务限制。通过完善顶层设计和配套法律法规,从制度层面完善金融机构的权责边界，提高金融机构的抗风险能力。在此背景下，金融机构经营业务之间的限制逐渐被放宽，不同类别的金融机构之间的业务合理交叉逐渐增加。同时，为提高行业国际竞争地位，发展中国家将鼓励业绩好、能力强的金融机构兼并业绩差的金融机构，提高行业整体执业能力。

（2）放宽对外汇的管制措施。随着发展中国家国内经济韧性的提升，正常跨境资本流动对经济的影响逐渐降低，非正常跨境资本流动的识别能力显著增强。为进一步促进跨国交易和投资便利度，发展中国家对外汇的管制措施也正在适度、可控地放宽。发展中国家通过稳步放松实需原则，积极扩大外汇市场的交易主体，增强市场自主平衡、自我出清的能力，进而理顺市场化外汇供求关系。

（3）扩大开放国内资本市场。一个双向流动通畅的资本市场要比仅局限于国内的资本市场更加健全，要素更加充沛。因此，发展中国家正通过逐渐放宽对外国银行在本国设立分行及经营业务的限制，放宽外资控股证券公司、基金公司、保险公司的股权比例限制，允许国外投资者投资更多种类的金融产品等多种方式，鼓励外国资金进入本国市场，同时适度培养国内金融机构的良性竞争，提高危机意识，推动国内金融机构海外业务的发展。

（三）资本流向从单向转为双向趋势

早期的国际金融市场中的资金流动往往是"自北向南"，即资金由发达国家流向发展中国家，为后者的国内投融资项目注入动力，带去更好的管理经验、技术水平，并从发展中国家广阔的市场中获得丰厚的回报。而目前，国际金融市场一定程度出现了"由南向北"的趋势，这一现象一方面是由于发达经济体经过前期高速发展后，经济高速增长动力不足，现有技术创新水平不足以维持更高的投资回报率，需要外部资金带来的经验和技术"反哺"。另一方面则是由于新兴经济体股市与发达国家资本市场相比回报率不确定性更大，资金为寻求更高收益率，根据国际资产配置的策略需要流入发达国家市场。

（四）国际金融市场的信贷环境出现结构性分化

在世界不同经济体的经济增速和货币政策逐渐分化的情况下，利率水平的结构也发生了变化。这一分化不仅出现在期限上，也出现在不同国家间。由于金融市场的一体化程度加深，不同国家信贷环境的变化既有主动的调整，也有被动的影响。

（1）不同期限利率水平产生新变化。正常情况下，由于受到中长期流动性限制等因素的影响，一国中长期利率水平总是高于短期利率水平。而在 2004 年至 2006 年期间，美国金融市场出现了"格林斯潘长期利率之谜"，期间短期利率随着加息区间一路上涨，但长期利率未发生显著变化，长短期利差收窄甚至倒挂的现象动摇了人们根据流动性偏好理论形成的固有印象。到了 2020 年，受新冠肺炎疫情带来的经济冲击和美联储量化宽松政策影响，美国国债利率持续下行，3 个月期和 10 年期国债收益率水平出现倒挂，10 年期国债收益率历史上首次跌至 0.5% 以下。

长短期美国国债收益率倒挂现象出现的频率增加，反映出国际投资者对美国长短期经济发展水平和货币政策的态度不再像过去一样持续稳定。在对经济乐观时，投资者投资标的选择空间较大，作为无风险资产的国债需求减少，价格下行压力增加导致国债收益率水平较高，利差趋于正常；而对经济悲观时，股票、基金、房地产等其他投资标的收益较差，资金避险需求高企，集中投资于国债等无风险资产，抬升国债特别是长期国债需求，造成国债价格水平上行动力增加，此时供给量明显偏小的中长期国债收益率水平下行速度明显快于供给量大的短期国债利率降低速度，极端情况下便导致收益率倒挂。投资者对美国经济的态度变化，正在从利率期限结果的变化中改变国际金融市场的整体融资环境。

（2）不同国家间利率水平分化加剧。尽管发达国家和发展中国家的货币政策均保持了一定的独立性，但由于发达国家的货币在国际市场上的需求更旺盛，发达国家的货币政策更容易产生外溢效应。在美国经济受到新冠肺炎疫情带来的严重影响时，美联储采取了大规模量化宽松政策，导致美国国内利率水平大幅降低至零利率附近，极大拉高了其他国家国债与美国国债之间的利差，国际资金也因此进行了更多的跨市场调整。发展中国家承担了较多的超发美元，在引发国内输入型通货膨胀的同时，进一步降低了实际利率水平，也影响了发展中国家货币政策目标的实现。

此外，当美国等发达国家进入量化宽松的退出阶段时，发达国家与发展中国家的利差水平相应减小，资金有流回发达国家市场的趋势。此时，发展中国家面临了较大的资本流出压力，央行为避免国际资本大规模外流引发系统性金融风险，或将被迫进入加息区间，提高国内资金成本，进而影响本国经济政策的正常独立运作。由此可见，发达国家货币政策的影响范围不再仅仅局限于本土之内，而是很可能引发全球金融市场的共振效应。

【阅读专栏5-1】

美联储公布新通胀目标制，货币政策新框架面临诸多挑战

事件：

2020年8月27~29日，在美国堪萨斯城联储主办的素有"全球央行政策晴雨表"之称的杰克逊霍尔全球央行年会上，美国联邦储备委员会宣布对长期通胀目标和货币政策策略声明进行更新，将寻求实现2%的平均通胀率长期目标。此前，美联储相关政策表述是致力于实现通胀率位于"对称性的2%目标"附近。

点评：

当前全球经济所处的宏观环境与美联储2012年启用2%的通胀目标时已截然不同，一个典型案例是菲利普斯曲线"失效"，劳动力市场表现强劲也无法带动物价水平显著上升。不仅如此，持续的低通胀引发潜在通缩的风险还在逐渐加大。实施平均通胀目标制，意味着美联储可用未来通胀的"余额"补偿过去和当下的"差额"，在有限的降息空间里通过提高通货膨胀的容忍度为货币政策提供额外的空间，以应对逐渐增大的通缩风险。不过，此次货币政策新框架能否实现美联储设定的预期效果，仍是一个问号，而且还可能带来副作用。

第一，新的货币政策框架调整幅度不大，短期作用不明显。

相较原有框架，此次调整既没有引入新的货币政策工具，也没有直接触及利率调整，而是力求通过引导通胀预期超过2%来间接实现政策目标。金融市场对此次框架调整反应较为平淡也就不足为怪了。自上一轮经济扩张周期开启以来，通胀在大

部分时间低于美联储2%的通胀目标,这也在一定程度上降低了市场对美联储未来通胀超调的预期和控制通胀能力的信心。

第二,美联储货币政策的不可预见性更强,操作不当或削弱美联储信誉。

美联储在本次声明中虽然明确地引入平均通胀目标概念,但并未披露该目标制的具体计算公式等更多相关细节。这意味着美联储可以主观地选取特定时期进行估计,"技术性"地调整出符合美联储期望的平均通胀水平,而原本明确的泰勒规则被可主观调整的新规则所替代。这样做的结果是增加了美联储政策的不可预见性,降低了新框架下货币政策操作的透明度,将不可避免地削弱美联储的信誉。

第三,美联储的"独立性"可能受到损害,货币政策效用渐弱。

新冠肺炎疫情发生后,为了向市场释放充裕的流动性,美联储的资产购买标的进一步扩大至企业债、商业票据等,其行为已超越了"最后贷款人"的职能。为了保证财政救助所需资金,美联储一方面大规模进行国债购买;另一方面通过维持低利率降低债务成本。这样一来,货币政策便与财政政策深度捆绑,从而使美联储货币政策的独立性受到一定削弱,货币政策对市场的调控能力下降。美联储货币政策能否推动美国经济实现内生增长性恢复,这是在评估美联储新货币政策框架作用时所面临的最大挑战。

点评人:张宇燕(中国社科院世界经济与政治研究所所长、国家全球战略智库首席专家)

资料来源:《金融时报》,2020年12月30日。

五、国际金融市场的作用

在市场经济条件下,金融往往是一国国民经济的命脉和血液,这同样也适用于国际金融与世界经济的关系。

(一)国际金融市场促进了世界经济的发展

国际金融市场是世界各国资金的集散中心。国际金融市场上的各种贸易融资方式为国际贸易提供了充足的资金融通,也为资金短缺国家利用外资扩大本国生产提供了便利。例如,欧洲货币市场促进了当时的联邦德国和日本经济的复兴;亚洲美元市场对亚太地区的经济建设也起了积极作用;发展中国家的大部分资金也都是在国际金融市场上筹集的。可以说,某些国家或地区就是通过在国际金融市场上的借贷来筹集资金,推动经济发展的。

(二)国际金融市场推动经济全球化的发展

第二次世界大战以后,世界经济一体化程度不断发展,在这个过程中,跨国公司扮演了重要的角色。跨国公司的典型特征就是在世界范围内实现资源的有效配置,包括生产组织形式、经营活动方式和市场营销手段的国际化。跨国公司的所有这些活动都或多或少地依赖于国际金融市场的存在。因此,国际金融市场是跨国公司在全球范围内获取外部资金的最重要来源,并由此推动了世界经济全球化的巨大发展。

（三）国际金融市场有利于调节各国国际收支

国际收支既是一国经济对外开放程度的客观反映，又会反作用于一国的经济发展与稳定。各国的国际收支总是处于一种不均衡状态。国际金融市场的产生与发展，为国际收支逆差国家提供了一条调节国际收支的渠道，即逆差国可以到国际金融市场上举债或筹资，能在很大程度上缓和国际收支失衡造成的压力，从而更灵活地规划经济的发展。

（四）国际金融市场提供规避风险的场所

随着国际金融市场自由化趋势的发展，利率、汇率和股票价格的波动越来越剧烈，由此导致各种金融资产的价格也在不断波动。国际金融市场以及实体经济市场的参与者，为了管理各种金融风险，必然寻求规避风险的新途径。国际金融市场中的期货、期权等衍生产品为投资者提供了有效的风险管理手段。

（五）国际金融市场促进了全球资源的合理配置

国际金融市场是一个高度竞争的市场，资金总是流向经济效益最好、资金收益最高的国家或地区，这就使国际金融市场上的资金利用效率大大提高。国际金融市场上的各种金融资产的价格，如利率、汇率等的形成，是基于众多的交易者对未来市场走势的预期，这些价格信息不仅充分反映了金融资产的供求关系，而且也对全球真实资源的最优配置发挥着重要的调节作用。

当然，国际金融市场同样不可避免地存在一些消极影响。国际金融市场在缓和国际收支严重失衡的同时，向广大逆差国家提供了大量的贷款，由此埋下了国际债务危机的隐患。近年来，拉丁美洲、墨西哥的债务危机给国际信贷带来了强烈冲击。巨额短期国际游资的投机性流动，也会对有关国家独立执行货币政策产生较大的制约作用，常常会造成一国乃至世界外汇市场的剧烈波动。日益加强的国际金融市场的一体化趋势，使国际不稳定因素的传播更加迅速，增大了加深世界经济动荡的可能性。这些问题，需要我们在积极利用国际金融市场的同时加强防范。

第二节 欧洲货币市场

欧洲货币市场（Eurocurrency market）不同于传统的国际金融市场，它是不受市场所在国法令管辖、真正国际化的金融市场。其借贷货币包括市场所在地国家境外的所有可兑换货币。这些货币统称为"欧洲货币"或"境外货币"。借款人可以在这个市场上任意选择借贷货币的种类。借贷关系为外国借款人与外国放款人的关系，欧洲货币市场是非居民可以自由参与交易的市场，因而常被称为"离岸金融市场"或"境外金融市场"。欧洲货币市场的主要业务是从事中长期货币借贷和欧洲债券业务。

一、欧洲货币市场概述

欧洲货币并非欧洲国家的货币，"欧洲"不是一个地理概念，而是"境外""离岸"的含义，只是由于境外存放和借贷业务开始于欧洲，故习惯上称为**欧洲货币**

（Eurocurrency）。欧洲货币也称境外货币，指在货币发行国境外流通的货币。欧洲货币市场也称作离岸金融市场，是指在一国境外进行该国货币的流通、投资、借贷、证券发行等业务的市场。但需注意的是，"在岸金融市场"和"离岸金融市场"的区别主要不是境内和境外，而是市场管理体制，即欧洲货币市场的经营活动可以不受任何国家金融法规条例的制约。例如，为了适应欧洲货币市场发展的趋势，美国于1981年在境内设立了"国际银行设施"（International Banking Facility，IBF），开办欧洲货币业务。虽然在国际银行设施里存贷的美元在美国境内，但是它按欧洲货币市场的规则运行，因而也被叫作欧洲美元。IBF不是一个具有实体的独立的银行体系，而是在美国境内的美国或外国银行开立的经营欧洲货币和欧洲美元的账户，此体系的资产独立，与总行的账户分开。IBF准许上述银行吸收非居民存款，同时准许贷款给非居民，因此IBF也属于离岸金融市场。设立IBF的意义在于吸引巨额资本流入美国，改善美国国际收支状况。

欧洲货币市场是国际金融的核心和主体，是一个真正意义上的国际金融市场，它向全世界各国的政府、企业和居民开放。市场内可以经营各种自由兑换货币，开展各种类型的金融业务，不受任何政府、法令的限制。欧洲货币市场的特点如表5-1所示。

表5-1 欧洲货币市场的特点

特点	具体表现
独特的利率体系	以LIBOR[①]为基准形成独特的利率体系，其存款利率略高于货币发行国的存款利率；贷款利率略低于其国内贷款利率
资金调度灵活，手续方便	资金不受管辖，周转极快，调度十分灵便
交易额大，是批发交易市场	以银行间交易为主，银行同业拆借占很大比重。市场上的存款人和借款人是大客户，也有整存整取的特点
不受任何国家金融法规的限制	它是一个超国家或无国籍的资金市场。一方面，货币在发行国境外借贷，货币发行国无权施以管制；另一方面，市场所在国无权也无法对其进行管理，而且还采取优惠措施
不以所在国经济实力为基础	只要市场所在国或地区政治稳定、通信发达、政策优惠、管制放松，即使本身没有巨额的资金积累，也可能发展成一个离岸的国际金融中心，如卢森堡、开曼群岛、巴哈马等
借贷关系发生在非居民之间	外国投资者和外国筹资者之间的关系

① 2021年9月，英国无风险利率工作组确认从2022年1月1日起，将美国替代参考利率委员会（ARRC）推荐的芝加哥商业交易所的前瞻性担保隔夜融资利率SOFR应用于伦敦市场的美元业务，取代了实施半个世纪之久的LIBOR。

"欧洲货币"指"境外货币"，已不限于市场所在国货币，而是包括所有可自由兑换的货币。

（1）欧洲货币市场分布于全世界，是通过现代化的通信手段，将各个国际金融中心的经营活动结成统一不可分割的整体，由经营境外货币的国际银行网络构成。经营欧洲货币的银行称为"欧洲银行"，通常是大型的跨国银行，除了经营欧洲货币借贷业务，也经营国内银行业务。欧洲货币市场的最大特点是其经营活动可以不受任何国家金融法规条例的制约。

（2）通常意义上的货币市场是短期资金借贷市场，而欧洲货币市场不仅经营短期资金借贷，也经营中长期资金借贷，具有很强的信贷创造机制。进入该市场的存款，经过银行之间的辗转放贷使信用得到扩大。据美国学者弗雷德·克劳普斯托克估计，欧洲美元的扩张倍数为 1.05～1.09。

（3）具有独特的利率结构。一般说来，国际金融市场利率是以该货币国内金融市场利率为基础的。但是，欧洲货币市场的存款利率略高，贷款利率略低，存贷款利率差额较小。这是因为不受法定准备率的限制，银行可以减少准备金的负担；同时，税费负担少，可以降低融资者的成本。

（4）具有调拨方便和选择自由的特点。在欧洲货币市场上存在大量跨国银行，且境外货币的调拨不受市场所在国外汇管制的约束。由于它很少受到管制，这里迅速出现各种各样的金融工具创新，使人们可以根据自己的需要，更为灵活地选择借贷方式。

二、欧洲货币市场的产生和发展

欧洲货币市场最早的经营活动是在 1957 年出现的，20 世纪六七十年代迅速发展起来。它最初发源于欧洲，但随着欧洲货币市场的形成和发展，其业务不断增加，范围不断扩大，分布地区也早已不限于欧洲，还包括亚洲、北美洲、拉丁美洲及中东等地区，目前已扩展到全球。

（一）欧洲货币市场产生与发展的原因

欧洲货币市场是在 20 世纪 50 年代后期产生、60 年代发展起来的。促成其产生和发展的原因很多，主要包括以下几个方面。

（1）生产和资本的国际化发展是促成欧洲货币市场产生和发展的最深刻的经济根源。第二次世界大战后，由第三次科技革命带动所引起的生产和资本的国际化，以及技术、市场和经济的全面国际化，以跨国公司的海外投资和全球扩张及国际贸易的空前发展为主要表现。尤其是跨国公司的经营活动，不仅要求公司内部资金调拨有较大弹性，而且要求有更加国际化的国际融资支持和全面的金融服务，这就必然导致国际金融市场的进一步国际化和全球化。因此，欧洲货币市场是适应跨国公司全球扩张的经营活动及国际贸易空前发展的要求而产生的。

（2）大量游离于境外的美元资金的存在，为欧洲货币市场的形成提供了前提条件。欧洲美元早在 20 世纪 50 年代初期就已经出现了。在当时的国际背景下，苏联及东欧部分国家为避免其存储在美国境内银行的美元被美国政府冻结，就将其持有的美元余额存入欧洲国家的银行，形成了最早的一笔欧洲美元。同时，美国发动的侵朝战争及后来为维持其庞大海外军事基地的消耗，在欧洲和亚太地区积存了相当数量的美元游资。第二次世界大战结束后，美国实施"欧洲复兴计划"，对西欧进行大量援助，从而导致了美元外流。到 20 世纪 60 年代以后，美国出现大量国际收支逆差所导致的美元外流，这也是欧洲美元形成的一个因素。此外，20 世纪 70 年代的两次石油涨价形成的巨额石油美元，又回流到欧洲市场，也为欧洲美元借贷提供了大量的资金来源。

（3）西方各国货币政策的实施是直接触发和促进欧洲货币市场的形成和发展的导火线。1957 年英国发生英镑危机，英国政府加强了外汇管制。为限制英镑外流，英国货币当局一方面提高了英镑利率，另一方面禁止其银行对非英镑区的居民提供英镑贷款。因此，英国商业银行纷纷转而经营美元存贷款业务。这样，一个在美国境外专门经营美元存贷款业务的资金市场在伦敦出现，此为欧洲货币市场的雏形。

20世纪60年代以后，美元危机频频发生。美国政府为限制美元外流，也实行金融管制。1963年，美国政府采取了征收利息平衡税的政策，规定美国居民购买外国债券所获得的高于本国债券的利息收益，必须作为税款无偿交给美国政府。这等于关上了美国的大门，迫使外国筹资者转向欧洲货币市场。1965年美国又实行"自动限制贷款计划"，限制其银行和金融机构对非居民的贷款能力。1968年进一步加强对对外直接投资的限制，颁布"国外直接投资规则"，限制资金外流。这些措施，不但没能阻止美元大量外流，反而促使美国企业和金融机构将资金调往海外营运，使海外分行的海外经营活动加强，推动了欧洲货币市场的发展。同时，由于美国坚持执行《1933年银行法》中的"Q条例"对活期存款不付息、定期存款规定利率最高上限的政策，利息偏低，限制了银行吸收存款的能力，也导致国内资金外流到利率较高的国际金融市场，从而加速了欧洲货币市场的发展。

到20世纪70年代初，当时的联邦德国、日本及瑞士等国为防止本币升值，也采取限制性措施，如对非居民的本币存款采取不付息甚至倒收利息等办法进行管制。另外，当时日、欧对美贸易的巨额顺差导致日元和德国马克产生升值压力。为了减轻这种压力，同时也为了维护布雷顿森林体系和美元汇率的稳定，西欧、日本等国被迫采取抛售本币购进美元的措施，导致其本币外流，因而产生了境外德国马克、境外日元及境外瑞士法郎等境外货币，从而起到为欧洲货币市场增加币种、扩大规模的作用。

此外，自20世纪50年代后期以来，西方各国放松或取消了外汇管制，一些发展中国家也对离岸金融中心的业务施以各种优惠政策。例如，跨国银行外币借贷业务可以不受国内金融法令法规管制，可以享受各种税收优惠，可以自由汇出利润，以及货币可以自由兑换，允许资本自由流动等政策的实施，都为欧洲货币市场的产生提供了必要条件，为其发展铺平了道路。

(二) 欧洲货币市场发展的进程

欧洲货币市场的发展过程大致可分为三个阶段。

第一阶段是1957～1973年，为其早期发展阶段。在这一阶段，英美两国的金融政策及严厉的金融管制是导致欧洲货币市场产生和发展的重要原因。

第二阶段是1974～1980年，为其市场迅速扩展阶段。在这一阶段，其经营的货币种类及规模，以及资金供给和需求进一步扩大。主要原因是由于布雷顿森林体系的崩溃和国际经济关系发生的结构性变化，即由过去的美国独霸世界转变为当时美、日、西欧的三足鼎立及后来的多元化结构。

在这一阶段，美国持续巨额贸易逆差，导致美元继续大量外流。同时，日本、西欧则迫于本币升值压力，不断采取抛本币购美元的措施，导致日元、德国马克及西欧其他国家货币大量外流。再加上石油美元的形成，为欧洲货币市场提供了更多的资金供给。而石油提价使非产油国家的石油进口费用猛增，不得不向欧洲货币市场借贷，发展中国家则急于利用外资发展民族经济而大量对外举债，从而为欧洲货币市场提供了更多的资金需求。美国政府在1974年被迫取消"利息平衡税",并允许其银行跨国经营,加强了跨国银行在欧洲货币市场中的作用。另外,跨国公司的全球发展战略,促进了拉丁美洲和亚洲及中东一些新的离岸金融中心的形成,从而形成密布全球的欧洲货币市场网络。

第三阶段从1981年开始,是欧洲货币市场在调整中不断向纵深发展的阶段。这一阶段现在仍在继续。其主要表现或特点为欧洲货币市场发生的结构性变化及经营范围的不断扩大和深化。

在这一阶段中,美国实行高利率、高汇率政策,曾一度造成国际金融市场的剧烈动荡,使欧洲货币市场发生结构性变化。受国际债务危机的影响,欧洲银行信贷收缩,但欧洲债券市场则迅速发展,出现金融市场证券化发展趋势。

另外,金融市场国际化发展的新变化使欧洲货币市场经营的范围得以不断扩大和深化。1981年美国纽约开辟了金融业自由区,建立国际银行业设施,允许跨国银行在美国境内经营欧洲美元业务。1986年日本东京建立国际金融离岸市场,使欧洲日元信贷和欧洲日元债券在东京离岸金融市场和欧洲货币市场广泛开展起来。由此,欧洲货币也发生了结构性变化,出现了"治外货币"。欧洲货币不仅可以在境外经营,而且可以在境内经营。

(三)欧洲货币市场与离岸金融市场

欧洲货币市场形成后范围不断扩大,它的分布地区已不限于欧洲,很快扩展到亚洲、北美洲和拉丁美洲。欧洲货币市场最大的金融中心是伦敦,加勒比海地区的巴哈马、欧洲地区卢森堡的业务量略逊于伦敦,其他各大金融中心也分散地经营其境外货币的业务。

欧洲货币市场与离岸金融中心同为经营境外货币市场,前者是境外货币市场的总称或概括,后者则是具体经营境外货币业务的一定地理区域,吸收并接受境外货币的储存,然后再向需求者贷放。根据业务对象、营运特点、境外货币的来源和贷放重点的不同,可分为四种离岸金融中心:功能中心,指集中诸多的外资银行和金融机构,从事具体的存储、贷放、投资和融资业务;名义中心,指纯粹记载金融交易的场所,这些中心不经营具体的金融业务,只从事借贷投资业务的转账或注册等事务手续,因此也称为"记账中心",其目的是逃避税收和金融管制;基金中心,主要用来吸收境外资金,放贷给本地区借款人;收放中心,主要用来筹集本地区多余的境外货币,放贷给世界各地的借款人。

三、欧洲货币市场的构成

欧洲货币市场按借贷方式、借贷期限和业务性质,可分为欧洲货币信贷市场与欧洲债券市场。

(一)欧洲货币信贷市场

1. 欧洲货币短期信贷市场

该市场主要进行1年以内的短期资金拆借,最短的为日拆。但随着国际金融业务的不断拓展,有的期限也延至1~5年。该市场借贷业务主要靠信用,无须担保,一般通过电话或电传即可成交,成交额以百万或千万美元为单位。这个市场的存款大多数是企业、银行、机关团体和个人在短期内的闲置资金，这些资金又通过银行提供给另一些国家的企业、银行、私人和官方机构做短期周转。例如，英国政府多年来就是从该市场借入欧洲货币，换成英镑，用于正常开支。

欧洲货币短期信贷市场的业务有四个特点。

（1）期限短，一般多为3个月以内。

（2）批发性质，一般借贷额都比较大，有的年份有1亿美元甚至更大的交易。

（3）灵活方便，即在借款期限、借款货币种类和借款地点等方面都有较大的选择余地，这也是欧洲货币市场对借款人的最大吸引力之一。

（4）利率由双方具体商定，一般低于各国专业银行对国内大客户的优惠放款利率，但比伦敦银行同业拆借利率高，由经营欧洲货币业务的大银行于每个营业日按伦敦银行同业拆借利率商定公布。

2. 欧洲货币中长期信贷市场

这个市场与欧洲债券市场合称为欧洲资本市场。该市场信贷期限都在1年以上。这个市场的筹资者主要是世界各地企业、社会团体、政府以及国际性机构。资金绝大部分来自短期存款，少部分来自长期存款。该市场贷款额多在1亿美元以上，往往由几家或十几家不同国家的银行组成银团，通过一家或几家信誉卓著的大银行牵头贷款，即辛迪加贷款。由于这类贷款期限较长，贷款人与借款人都不愿承担利率变动的风险，因此该种贷款利率多为浮动利率，并根据市场利率变化每3个月或半年调整一次。利率一般以伦敦银行同业拆借利率为基础，根据贷款金额、时间长短以及借款人的资信，再加上不同幅度的附加利息（一般为0.25‰～0.5‰）。由于中长期信贷金额大、期限长，因此借贷双方还需签订合同，有的合同还需经借款方的官方机构或政府担保。

欧洲货币中长期信贷市场的业务也有四个特点。

（1）期限长，数额大，一般为1～3年，有的是5年或更长，最长的可达10年以上。

（2）以辛迪加贷款为主，分散了提供中长期贷款的风险。

（3）吸引力强，它对贷款人和借款人都非常方便，从而极具吸引力。

（4）必须签订贷款协定，有的还需政府担保，协定内容主要包括币种、期限、数量、利率、货币选择权条款、违约和保证条款等。

（二）欧洲债券市场

1. 欧洲债券市场的概念

欧洲债券市场是指发行欧洲货币债券进行筹资而形成的一种长期资金市场。它是国际中长期资金市场的重要组成部分，也是欧洲货币市场的重要组成部分。

目前，欧洲债券市场上的债券种类主要有五种。

（1）普通固定利率债券，其特点是债券发行时，利率和到期日已做明确规定。

（2）浮动利率债券，其特点是利率可以调整，多为半年调整一次，以半年期的伦敦银行同业拆借利率或美国商业银行优惠放款利率为准，加上一定的附加利息。

（3）可转换债券，其特点是购买者可按发行时规定的兑换价格，把它换成相应数量的股票。

（4）授权证债券，其特点是购买者可获得一种权利（而非责任），并据此按协定条件购买某些其他资产，类似对有关资产的买入期权。

（5）合成债券，它具有固定利率债券和利率互换合同的特点。

2. 欧洲债券市场的特点

欧洲债券是一种新型的国际债券，是一种境外债券，像欧洲货币不在该种货币发行国交易一样，欧洲债券也不在面值货币国家债券市场上发行。

欧洲债券市场有以下几个特点。

（1）债券的发行者、债券面值和债券发行地点分属于不同的国家。例如，A国的机构，在B国和C国的债券市场上，以D国货币为面值发行的债券，即为欧洲债券。这个债券的主要发行人是各国政府、大型跨国公司或大商人银行。

（2）债券发行方式以辛迪加为主。债券的发行方式，一般由一家大专业银行、大商人银行或投资银行牵头，联合十几家或数十家不同国家的大银行代为发行，大部分债券是由这些银行买进，然后转到销售证券的二级市场或本国市场卖出。

（3）高度自由。债券发行一般不须经过有关国家政府的批准，不受各国金融法规的约束，所以比较自由灵活。

（4）不影响发行地国家的货币流通。发行债券所筹措的是欧洲货币资金，而非发行地国家的货币资金，故这个债券的发行，对债券发行地国家的货币资金流动影响不太大。

（5）货币选择性强。发行欧洲债券，既可在世界范围内筹资，同时也可安排在许多国家出售，而且还可以任意选择发行市场和债券面值货币，筹资潜力很大。例如，借款人可以根据各种货币的汇率、利率和其他需要，选择发行欧洲美元、英镑、法郎、日元等任何一种或几种货币的债券，投资者也可选择购买任何一种债券。

（6）债券的发行条件比较优惠。其利息通常免除所得税或者不预先扣除借款国家的税款。此外，它的不记名发行方式还可使投资者逃避国内所得税。因此，该债券对投资者极具吸引力，也使筹资者能以较低的利息成本筹到资金。

（7）安全性高，流动性强。欧洲债券市场的主要借款人是跨国公司、各国政府和国际组织，这些借款机构资信较高，故对投资者来说比较安全。同时，该市场是一个有效的和极富有活力的二级市场，持券人可在该市场转让债券取得现金。

（8）市场反应灵敏，交易成本低。欧洲债券市场拥有两个大型清算系统，从而使该市场能够准确、迅速、及时地提供国际资本市场现时的资金供求、利率和汇率的动向，缩小债券交割时间，减少交割手续。世界各地的交易者可据此快速进行交易，极大地降低了交易成本。

（9）金融创新持续不断。欧洲债券市场是最具有活力的市场之一，它可以根据供求情况，不断推出新的或组合产品，并以此把国际股票市场、票据市场、外汇市场和黄金市场紧密地联系在一起，有力地推动了国际金融一体化与世界经济一体化。

四、欧洲货币市场的作用及其未来发展趋势

欧洲货币市场的产生有着深刻的经济根源，是适应世界经济发展的要求而生的。而且，欧洲货币市场的产生及其发展对促进整个世界经济及各国经济的发展都起到了重要

作用。但同时，由于它本身所具有的一些特点，也给世界经济和国际金融领域带来一些负面影响。而在其未来发展中，这些负面影响的存在可能会引起更多的关注，因而影响到其未来的发展趋势。

（一）欧洲货币市场的影响

随着欧洲货币市场的产生和发展，它在国际金融市场中的重要性越来越强，给世界经济也带来了重大影响。

1. 积极影响

（1）欧洲货币市场使国际金融市场联系更紧密，促进了生产、市场、资本的国际化。随着生产国际化的发展，国际经济关系不断扩大，这就要求加强各国之间的货币金融联系。过去由于国界的分割，传统上国际金融市场实际上是相互隔绝的。欧洲货币市场在很大程度上打破了这种隔绝状态，将大西洋两岸甚至全球的金融中心联系在一起，从而促进了国际资本的活动。

（2）欧洲货币市场促进了一些国家的经济发展。欧洲货币市场作为最大的国际资金市场，对发达国家特别是发展中国家的经济发展做出了巨大贡献。据世界银行统计，20世纪七八十年代，发展中国家从国际货币市场上借入的资金，绝大部分是从欧洲货币市场借来的。依靠欧洲货币市场的资金，很多国家解决了国内生产建设资金不足和外汇短缺的难题，使经济得到迅速恢复和发展，而且外资的流入往往伴随着一些先进技术和生产设备的引入，对发展中国家加快发展意义重大。

（3）欧洲货币市场促进了国际贸易和国际投资活动的开展。从世界各国经济发展的历史看，对外贸易是刺激经济增长的重要途径。第二次世界大战后，工业国家的国民生产总值与对外贸易额都有较大幅度的增长。而欧洲信贷的支持，对外贸易融通资金的便利，是国际贸易迅速发展的重要推动力。

（4）欧洲货币市场帮助一些国家解决国际收支逆差问题。欧洲货币市场方便了短期资金的国际流动，特别是促进了石油美元的再循环。据 IMF 统计，1974～1981 年，世界各国经常项目逆差总额达 8 100 亿美元，而各国通过国际金融市场筹集的资金总额达 7 530 亿美元，此期间，欧洲货币市场所吸收的石油输出国的存款达 1 330 亿美元。可见，在解决国际收支失衡问题上，欧洲货币市场发挥着重要的媒介作用。

2. 消极影响

（1）欧洲货币市场使国际金融变得更加脆弱，导致国际金融市场的动荡。欧洲货币市场的借贷业务有一个突出特点，就是"存短放长"，欧洲货币存款绝大部分是一年以下的短期资金，有时比例高达 95%。但自 20 世纪 70 年代以来，借贷期限却趋于长期，跨国公司和其他国际客户对中长期资金的需求增加很快，使欧洲货币放款多半是中长期的。这种信贷结构存在着明显的不平衡，金融市场一有风吹草动，就会造成资金周转不灵的问题，而且这些资金通过银行的多次转存，形成锁链式的借贷关系，特别是辛迪加贷款涉及的银行很多，加上欧洲货币市场是高度自由的市场，缺乏中心领导机构，不像国内金融系统有中央银行做后盾，一旦客户集中挤兑存款，就会造成许多银行出现流动性危机，很可能会引发金融灾难。

（2）欧洲货币市场使外汇投机增加，对外汇市场产生重大影响。由于欧洲货币市场的大部分短期资金几乎全部用于外汇投机交易，套汇套利相互结合，规模庞大，大量资金通过这类活动在几种货币之间频繁移动，往往使汇率发生剧烈波动，甚至造成大规模的国际金融动荡。1995年以来，美元兑日元大幅贬值，就与国际金融市场抛售大量美元、抢购日元及其他硬通货有关，欧洲美元对金融危机起了推波助澜的作用。

（3）欧洲货币市场破坏了各国金融政策的推行。例如，西方国家为了控制国内通货膨胀而采取紧缩政策，提高利率、限制货币投放、紧缩信贷，但由于欧洲货币市场的存在，该国的银行、工商企业可以在这个市场借到利息较低的欧洲货币，从而削弱或抵消了政府所实行的紧缩货币政策效果。20世纪60年代，美国政府曾通过提高利率来抑制通货膨胀，但美国银行却大量借入欧洲美元贷给工商企业，使得政府的紧缩政策效果不明显。一些国家为刺激经济而放松银根，但大量国内资金又会为追求高利率而流向欧洲货币市场，导致金融当局为了防止资本外流而又不得不提高利率、收缩银根。

（4）欧洲货币市场加剧了世界性的通货膨胀。欧洲货币市场为一国的闲置资金转化为另一国的经营资金提供了大量新增的信贷扩张手段，增加了货币流通速度。一些国家由于大量输入资金，而扩大了国内的货币供给，因此引起所谓"输入性通胀"。此外，欧洲银行的贷款条件往往很宽松，导致借款人因较易借得款项而借贷过多，造成经济过热，使通货膨胀加剧。因此，有人指责欧洲货币市场是20世纪60年代后期70年代初期世界性通货膨胀的重要原因之一。

（二）欧洲货币市场的未来发展趋势

欧洲货币市场在发展过程中，进一步表现出其彻底的国际化特点。这一特点对世界经济和国际金融的积极作用是很明显的，但其消极作用也很突出。如何扬长避短是其未来发展趋势预测的主要内容。

一方面，未来的欧洲货币市场仍将获得进一步的发展，其原因如下。

（1）欧洲货币市场营运资本和借贷业务空前的国际化，符合国际经济一体化的需要。跨国公司的国际化经营，需要欧洲货币市场这样高度国际化的融资场所和金融服务；跨国银行的业务活动需要在这一市场上调剂其资金余缺；发展中国家也需要从这个市场上为本国经济发展筹资，发达国家也需要这样一个市场为其过剩资金寻找出路。

（2）西方各国继续推行金融自由化政策也将促进欧洲货币市场的进一步发展。西方各国大都实行资本自由流动、货币自由兑换及利率市场化政策，这些都是欧洲货币市场继续存在和发展下去的有利条件。尤其是美国国际银行设施的建立和日本东京离岸金融市场的开放，对欧洲货币市场的发展更是产生重大促进作用。

（3）金融工具的不断创新也将对欧洲货币市场的发展起到促进作用。金融工具的不断创新使国际融资活动更加便利，投资选择的机会更多，资金的流动性更强，从而刺激欧洲货币市场资金供求的增加，促进其进一步的发展。

另一方面，欧洲货币市场的发展今后将受到较多的管制，其主要原因是其消极影响越来越受到国际金融界的关注。从20世纪70年代以来，一些西方国家和国际金融机构就不断提出要求管理欧洲货币市场的建议和措施。1971年，国际清算银行成员方的代表就通过了这些国家或地区将不再继续在欧洲货币市场安排存款的决议,以减少国际游资的数量。1978年年底,由十国集团、瑞士、卢森堡等国代表组成的巴塞尔委员会提出采取集中平衡的办法对银行活动加以管制,即要求银行将其国外分行的业务纳入其全面的资产负债表中,提高其法定的资本充足率,以达到减少游资的目的。

1979年,同欧洲货币市场有关的一些国家提出,用行政办法做出规定或签订相应的国际协定,限制各国中央银行在欧洲货币市场上的业务活动,并提出应对各国欧洲银行实行统一的存款准备金制度、应互相协调各国对银行的管制政策及规定中长期贷款数额等政策建议。因此,欧洲货币市场今后会受到较多的管制。在欧洲货币市场上国际性银行之间的竞争今后将趋于更加激烈和复杂。美国国际银行设施的建立,影响了欧洲货币的资金流向和地区分布,使欧洲货币市场的结构产生了重大变动。美国的各大银行在激烈的国际银行业竞争中,依靠政府的支持提高了竞争能力,在欧洲货币市场上夺得了更大的市场份额。这使纽约国际金融中心的地位更加强化,而伦敦国际金融市场的中心地位则被削弱。其他各国政府也将逐步效仿,采取相应措施支持本国金融业开展欧洲货币业务。一方面,加强对欧洲货币市场的监管和控制,将其消极作用限制在尽可能小的范围内;另一方面,增强本国银行的竞争能力,支持其对国际金融市场份额的争夺。

五、欧洲货币市场与人民币国际化

2009年7月2日,国务院六部委发布跨境贸易人民币结算试点管理办法,中国跨境贸易人民币结算试点正式启动。经过几年的发展,人民币国际化形成了以跨境贸易结算为突破口,以香港地区等人民币离岸业务为依托的格局。这一发展思路和操作模式是任何主权国家货币国际化从未有过的新鲜探索。

之所以发展离岸人民币市场,是因为它有以下几点好处:首先,离岸市场可以为在岸市场资本账户的逐渐开放提供缓冲带;其次,离岸市场可以完善人民币汇率的定价机制,倒逼国内金融体制的改革;再次,离岸市场的存在与发展为部分机构和企业率先从事人民币跨境业务提供境外对接点;最后,离岸人民币市场的建立可以推进人民币国际化的进程。

然而应该看到,跨境贸易人民币结算量的增长和人民币离岸业务的繁荣只是人民币国际化的手段,而非最终目的,利弊权衡下决策的合理并不意味着对潜在风险的绝对免疫。离岸人民币市场存在着以下几个风险:首先,离岸人民币回流渠道的拓宽会增加中央银行货币调控的成本;其次,离岸市场可能为国际资本冲击在岸市场提供便利;最后,过度倚重离岸市场会给未来人民币定价权带来不确定性,如果在岸市场不能有效对接离岸市场,那么离岸市场的过度发展也有可能使得在岸市场逐渐边缘化。

所以说,建立和发展人民币离岸市场是一把"双刃剑",既能与在岸市场相互促进,助推人民币国际化进程,又可能对在岸市场产生潜在的不利影响。趋利避害的关键是要加快在岸市场金融体系改革,特别是利率、汇率等价格的形成机制,适度推进资本账户开放,保持两个市场的协调发展。而人民币国际化的进程,长远来看还是取决于国内金融制度的进一步完善和我国经济的长期发展。

【阅读专栏 5-2】

中国金融市场加速开放，人民币资产受全球资本青睐

事件：

2020 年 5 月，中国人民银行、国家外汇管理局制定了《境外机构投资者境内证券期货投资资金管理规定》（以下简称《规定》）。《规定》将落实取消 QFII 和 RQFII 境内证券投资额度管理的要求，并实施本外币一体化管理，允许境外合格投资者自主选择汇入资金的币种和时机。

点评：

近年来，中国金融市场对外开放的速度明显加快，资本市场互联互通不断深化，多项政策开始加速落地，包括提高沪港通、深港通每日额度，取消 QFII、RQFII 投资额度限制，提高境外机构投资者入市投资的便利性等。在金融市场逐步与国际接轨的背景下，明晟、富时罗素等国际主流指数继续把我国股票和债券纳入其指标体系，我国金融市场扩大开放的努力得到国际认可。《规定》的发布将落实取消境外合格投资者境内证券投资额度管理的要求，方便境外投资者的资金汇入，为境外投资者更好地参与我国金融市场提供便利，这将持续增强我国金融市场对境外资本的吸引力。

金融市场对外开放持续加速，叠加 2020 年国内外经济表现的差异，境外资本对我国金融市场的关注度不断提升，人民币资产备受青睐。2020 年 1~9 月，境外机构持有股票和债券资产共计 5.7 万亿元，同比增长约 45%。从外部看，新冠肺炎疫情导致世界经济遭遇严重冲击，全球金融市场出现震荡，欧美股市波动加大，新兴市场国家汇率风险上升。疫情的反复导致未来经济形势仍面临较大的不确定性。从内部看，由于疫情防控到位，中国经济已经率先企稳，供需关系逐步改善，市场活力增强。前三季度经济增长由负转正，第 3 季度国内生产总值（GDP）同比增长 4.9%，进出口贸易稳中向好。随着经济基本面持续改善，金融市场逐步稳定，股票市场明显回暖，国债收益率震荡上行。2020 年 1~11 月，上证综合指数上涨 11% 左右。在全球疫情尚未结束的背景下，相较于其他经济体的金融市场，中国金融市场仍然具有较大的优势，外资对人民币资产的持有意愿继续增强。

金融开放也对我国金融风险的管理能力提出了新挑战。未来，在继续推动金融市场开放、便利境外投资者使用人民币投资境内债券和股票的同时，应同步做好风险防范工作，确保金融安全。一方面，协同推进金融市场开放、人民币国际化与人民币汇率形成机制改革，更好地发挥汇率在宏观经济稳定和国际收支平衡中的"自动稳定器"作用；另一方面，建立健全跨境资本流动"宏观审慎+微观监管"两位一体管理框架，不断完善和优化宏观审慎管理机制，创新风险管理工具，提升金融风险识别、预防和处置能力，使监管能力与开放水平相适应，筑牢风险防控体系，守住不发生系统性风险的底线。

点评人：王信（中国人民银行研究局局长）

资料来源：《金融时报》，2020 年 12 月 30 日。

第三节　全球性国际金融组织

国际金融组织泛指从事国际融资业务、协调国际金融关系、维持国际货币及信用体系正常运作的超国家机构,是国际金融制度发展的必然产物。国际金融组织大体分为两种类型:一类是全球性的国际金融组织,如 IMF、世界银行等;另一类是区域性的国际金融组织,如亚洲开发银行、非洲开发银行等。国际金融组织的主要业务是给其成员方提供用于进行工业、农业等项目建设的优惠性贷款。不同机构的贷款条件是不同的,但都具有援助性质。使用贷款采购物资则多要求采用国际招标方式。历史上最早建立的国际金融组织是 20 世纪 30 年代成立的国际清算银行。第二次世界大战后,由于国际金融领域的动荡混乱严重阻碍了国际贸易的发展和世界经济的稳定,为了协调各国之间的货币金融关系,加强国际金融合作,各种不同形式的国际金融组织纷纷建立。

第二次世界大战末期,为了结束国际货币金融领域的动荡混乱局面,由西方主要国家牵头组织着手筹建国际金融组织。1944 年 7 月召开的布雷顿森林会议达成《国际货币基金协定》(简称《IMF 协定》)和《国际复兴开发银行协定》(两协定于 1945 年 12 月 27 日生效),由此建立起全球性的国际金融组织——IMF 和世界银行集团。

一、国际货币基金组织

国际货币基金组织(International Monetary Fund,IMF),是联合国管理和协调国际金融关系的专门机构。我国是 IMF 创立国之一。1980 年 4 月,IMF 恢复了中华人民共和国在该组织的合法席位后,我国开始派出自己的代表参加 IMF 的活动。

(一)成立的背景与宗旨

IMF 成立于 1945 年 12 月 27 日,它是特定历史条件下的产物。鉴于金本位制崩溃之后,国际货币体系长期混乱及其所产生的严重后果,进行新的国际货币制度安排日益成为突出的问题。为此,在第二次世界大战期间,英美两国政府就开始筹划战后的国际金融工作。1943 年,英美两国先后公布了国际货币问题的凯恩斯计划和怀特计划。1944 年 2 月,又发表关于建立 IMF 的专家联合声明。1944 年 7 月,英美等国利用参加筹建联合国会议和机构的机会,在美国新罕布什尔州的布雷顿森林召开了具有历史意义的联合国货币与金融会议,并通过决议成立"国际货币基金组织"作为国际性的常设金融机构。1945 年 12 月 27 日,代表该基金初始份额 80% 的 29 国政府,在华盛顿签署了《国际货币基金协定》,自此,IMF 宣告正式成立。IMF 的成立,为第二次世界大战后以美元为中心的国际货币体系的建立与发展奠定了组织基础。

1946 年 3 月,IMF 在美国佐治亚州萨凡纳召开首次理事会创立大会,选举了首届执行董事,并决定总部设在华盛顿。同年 5 月,IMF 召开第一届执行董事会,会上选出比利时人戈特(G.Gutt)为总裁兼执行董事会主席。同年 9~10 月,IMF 和世界银行理事会第一届年会于华盛顿召开。12 月,IMF 公布当时 32 个成员的货币对黄金和美元的平价。1947 年 3 月,IMF 宣布开始办理外汇交易业务,同年 11 月 15 日,IMF 成为联合国的一个专门机构。IMF 成立之初有创始成员 39 个，目前拥有 180 多个成员，遍布世界各地。IMF 现已成为名副其实的全球性国际金融组织。

根据《IMF 协定》第一条的规定，IMF 有 6 条宗旨：

（1）设立一个永久性的就国际货币问题进行磋商与合作的常设机构，促进国际货币合作。

（2）促进国际贸易的扩大与平衡发展，借此提高就业和实际收入水平，开发成员方的生产性资源，以此作为经济政策的主要目标。

（3）促进汇率的稳定，在成员方之间保持有秩序的汇率安排，避免竞争性的货币贬值。

（4）协助成员方建立经常性交易的多边支付制度，消除妨碍世界贸易发展的外汇管制。

（5）在有适当保证的条件下，向成员方提供临时性的资金融通，使其有信心且利用此机会纠正国际收支的失衡，而不采取危害本国（地区）或国际经济的措施。

（6）根据上述宗旨，缩短成员方国际收支不平衡的时间，减轻不平衡的程度。

IMF 成立以来，已对协定做过三次修改，但这些宗旨并没有改变。由此可见，半个多世纪以来虽然世界经济与政治格局发生了巨大变化，但是国际货币合作的重要性并未随时间的推移而减弱。相反，随着新成员的不断增加，各国经济依赖性的不断增强以及国际金融危机的时常爆发，这种国际货币、汇率政策的合作与协调将显得更加重要。IMF 本身，随着各种新情况的出现与复杂化，其改革也势所必然。

（二）组织形式

IMF 是一个以成员方入股方式组成的经营性组织。与一般股份公司不同的只是在于它不以营利为经营的直接目的。

IMF 的管理机构由理事会、执行董事会、总裁、副总裁及各业务机构组成。最高权力机构是理事会，由成员方各选派一名理事和副理事组成。负责日常工作的机构是执行董事会，董事会由当时认缴份额最多的美国、英国、德国、法国、日本五国各委派一名执行董事，我国和最大的债权国沙特阿拉伯各单独委派一名执行董事，以及按国家或地区推选出的 15 名执行董事，共 22 人组成。IMF 的最高行政领导人是由执行董事会推选出的总裁。总裁任期 5 年，同时兼任执行董事会主席，但总裁平时并无投票权，只有在执行董事会进行表决双方票数相等时，总裁才拥有决定性的一票。总裁之下设副总裁协助总裁工作。

另外，IMF 还设有"临时委员会"，负责有关国际货币体系的管理和改革问题，并且还与世界银行一起共同设立了"发展委员会"，专门研究和讨论向发展中国家提供援助转移实际资源的问题。

IMF 的重大决议和活动，要由成员方投票决定。凡是重大问题，都要有 80%~85% 的赞成票才能通过。各成员方都有 250 票的基本投票权，然后在基本投票权的基础上，再按认缴份额每 10 万美元增加一票。所以，各国投票权的多少主要是根据各成员方在 IMF 的认缴份额来决定，认缴份额多则投票权就多。美国认缴份额最大，所以其拥有的投票权最多，在 IMF 拥有最大的表决权和否决权。

（三）资金来源

作为一个以成员方入股方式组成的经营性组织，IMF 的资金来源主要有三个渠道，分别是份额、借款和信托基金。

1. 份额

份额构成 IMF 资金的基本来源。根据《IMF 协定》，成员方都必须向 IMF 缴纳一定份额的基金。1975 年以前，成员方份额的 25% 是以黄金缴纳，但在 1976 年牙买加会议以后，IMF 废除了黄金条款，这 25% 的份额改成以特别提款权或可自由兑换货币缴纳。份额的 75% 可以用本币缴纳，即以本国（地区）货币缴纳存放于本国（地区）货币当局，但在 IMF 需要时可以随时动用。各成员方认缴份额的大小，由基金理事会决定，主要综合考虑成员方的国民收入、黄金与外汇储备、平均进出口额及其变化率以及出口额占 GNP 的比重等多方面的因素。根据 IMF 的规定，对成员方的份额，每隔 5 年重新审定和调整一次。份额的单位原为美元，后改以特别提款权计算。IMF 最初创立时各成员方认缴的份额总值为 76 亿美元。此后，随着新成员方的不断增加及份额的不断调整，份额总数不断提高。

根据 2021 年 4 月 IMF 网站成员方份额及投票权数据，IMF 最大的成员方是美国，其份额约为 830 亿特别提款权，约合 1 181 亿美元（USD1 = SDR0.702 5），最小的成员方是图瓦卢，其份额为 250 万特别提款权，约合 356 万美元。

我国是 IMF 的创始国之一，与 IMF 的关系于 20 世纪 80 年代后逐渐密切。1980 年 3 月，IMF 派团来中国谈判；1980 年 4 月 17 日，IMF 的执行董事会通过了由中华人民共和国政府代表中国的决议，恢复了中华人民共和国在 IMF 的合法席位；同年 9 月，IMF 通过决议，把中国份额从 5.5 亿特别提款权增加到 12 亿特别提款权；11 月，中国份额又随同 IMF 的普遍增资而进一步增加到 18 亿特别提款权。

进入 21 世纪后，2001 年 2 月 5 日，中国份额增至 63.692 亿特别提款权，占总份额的 2.98%，升至第 8 位，投票权也增加至 2.95%，中国也由此获得了在 IMF 单独选区的地位，从而有权选举自己的执行董事。2008 年 IMF 通过改革增加 54 个国家的份额，提高了有活力经济体的代表权，并通过将基本票（basic votes）增加至原来的近 3 倍，提高了低收入国家的发言权和代表权。而中国份额增至 80.901 亿特别提款权，所占份额仅次于美、日、德、英、法五大股东国，投票权上升到 3.65%。

2015 年 12 月 1 日凌晨，IMF 宣布把人民币纳入特别提款权（SDR），在 SDR 货币篮中的权重被最终定为 10.92%（美元 41.73%、欧元 30.93%、人民币 10.92%、日元 8.33%、英镑 8.09%），这也被视为人民币国际化过程中的里程碑事件。2016 年 1 月 27 日，IMF 宣布 2010 年份额和治理改革方案已正式生效，这意味着中国正式成为 IMF 第三大份额国（6.394%），仅次于美国（17.407%）和日本（6.464%）。按照改革后的最新份额比重，IMF 十大成员将依次分别为美国、日本、中国、德国、法国、英国、意大利、印度、俄罗斯和巴西。

近年来，中国在 IMF 中的份额较为稳定。2021 年 4 月，中国在 IMF 中的份额为 304.829 亿特别提款权，约合 434 亿美元，在全部会员中占比 6.41%，与日本的占比 6.48% 之间相差 0.07%。

2. 借款

借款是 IMF 另一项重要的资金来源，但借款总额有限度规定，一般不得超过基金份额总量的 50%～60%。IMF 可以通过与成员方协商，向成员方借入资金，作为对成员方提供资金融通的来源。它可以选择任何货币和任何来源寻求所需款项，不仅可以向官方机构借款，也可以向私人组织借款，包括向商业银行借款。

3. 信托基金

1976 年 IMF 决定，在市场出售一部分成员方原来缴纳的黄金，将其所得利润作为信托基金，向最贫穷的成员方提供信贷。这是一项新的特殊的资金来源。

（四）业务活动

1. 汇率监督与政策协调

为了保证有秩序的汇兑安排和汇率体系的稳定，取消不利于国际贸易的外汇管制，防止成员方操纵汇率或采取歧视性的汇率政策以谋求竞争利益，IMF 对成员方的汇率政策进行监督。这种监督有两种形式：第一，在多边基础上的监督。IMF 通过分析发达国家的国际收支和国内经济状况，评估这些国家的经济政策和汇率政策对维持世界经济稳定发展的总体影响；第二，在个别国家基础上的监督。主要是检查各成员方的汇率政策是否符合《IMF 协定》所规定的义务和指导原则。近年来，随着成员方经济往来中依赖性的增强、国际经济一体化和国际资本流动的加速以及国际金融市场的动荡，第一种形式显得越来越重要。

根据《IMF 协定》第四条第三款，汇率监督有三个主要的指导原则：第一，成员方应避免为了调整本国（地区）的国际收支，或为了取得对其他成员方的不公平的竞争优势而操纵汇率或国际货币体系；第二，成员方在必要时应干预外汇市场，以应付混乱局面，尤其是本国（地区）货币汇率出现的破坏性的短期波动；第三，成员方在采取干预政策时，应考虑其他成员方的利益，包括其货币受到干预的国家（地区）的利益。

除了对汇率政策的监督外，IMF 在原则上每年与各成员方进行一次磋商，以对成员方经济和金融形势以及经济政策做出评价。这种磋商的目的是使 IMF 能够履行监督成员方汇率政策的责任，并且有助于使 IMF 了解成员方的经济发展状况和采取的政策措施，从而能够迅速处理成员方申请贷款的要求。IMF 每年派出经济学家组成的专家小组到成员方搜集统计资料，听取政府对经济形势的估计，并同一些特别重要的国家（地区）负责人进行磋商。

2. 贷款业务

根据《IMF 协定》的规定，当成员方发生国际收支不平衡时，IMF 为成员方提供短期信贷。这些贷款具有下列特点：①贷款对象限为成员方政府，IMF 只同成员方的财政部、中央银行及类似的财政金融机构往来；②贷款用途只限于解决短期性的国际收支不平衡，用于贸易和非贸易的经常项目的支付；③贷款期限限于短期，属短期贷款；④贷款额度是按各成员方的份额及规定的各类贷款的最高可贷比例，确定其最高贷款总额；⑤贷款方式是根据经磋商同意的计划，由借款成员方使用本国（地区）货币向 IMF 购买其他成员方的等值货币（或特别提款权），偿还时，用特别提款权或 IMF 指定的货币买回过去借用时使用的本国（地区）货币（一般称为购回）。

IMF发放贷款的条件比较严格，贷款成员必须向IMF阐明其为改善国际收支状况而采取的政策措施，并接受IMF的监督，以保证实施。其贷款种类主要有以下几种。

（1）**普通贷款**（normal credit tranche），即"普通提款权"（GDR），是IMF最基本的贷款，也称为**基本信用贷款**（basic credit facility），主要用于成员方短期国际收支逆差的资金需求。它是IMF利用各成员方缴纳的份额形成的基金，对成员方提供的短期信贷，贷款期限一般不超过5年，利率随期限递增。IMF对成员方的普通贷款采取分档政策，即将成员方的普通提款权划分为储备部分贷款和信用部分贷款，后者又分为四个不同的档次，并且对每个档次规定宽严不同的贷款条件。贷款额度最高不超过成员方缴纳份额的125%，其中的25%即储备部分贷款，又称作"成员方在IMF的储备头寸"。由于有成员方以黄金或外汇及特别提款权缴纳的份额做保证，所以成员方可自动提取，不必经过专门批准。其余贷款即信用部分贷款，分四个档次，每档占25%，被IMF分别采取不同的政策加以对待。贷款条件的严格程度逐级递增，贷款档次越高，贷款条件越严。

（2）**出口波动补偿贷款**（compensatory financing facility），是于1963年2月IMF为稳定原料出口价格，缓和与发展中国家的矛盾，对以初级产品出口为主的发展中国家由于出口收入暂时下降或谷物进口支出增大以至发生国际收支困难而设立的一项专用贷款，贷款期限为3~5年。贷款额度最初规定为成员方缴纳份额的25%，1966年9月提高到50%。后经IMF同意，最高限额可达份额的100%。1989年1月，IMF以"**补偿与应急贷款**"（compensatory & contingence facility）取代出口波动补偿贷款，贷款最高额度为份额的120%。贷款条件是借款国出口收入下降或谷物进口支出增加应是暂时性的，而且是成员方本身无法控制的原因造成的，同时借款国必须同意与IMF合作执行国际收支的调整计划。

（3）**缓冲库存贷款**（buffer stock financing facility），是于1969年6月IMF为稳定成员方初级产品出口价格建立国际商品缓冲库存的资金需要，而向初级产品出口国提供的一种专项信贷。其作用是在初级产品价格波动时，通过所设立的国际商品缓冲库存来抛售或购进该初级产品，以稳定其价格，保证出口国的收入。该贷款期限为3~5年，贷款最高限额不超过成员方缴纳份额的50%。IMF认定的只用于缓冲库存贷款的初级产品有锡、可可、糖、橡胶等。

（4）**石油贷款**（oil facility），是于1974年6月IMF为帮助成员方克服因石油涨价引起的国际收支困难而设立的临时性专项信贷。贷款期限为3~7年，贷款最高额度最初为成员方缴纳份额的75%，1975年提高到125%。其资金来源主要是从产油国和发达国家的借款，到1976年5月全部发放完毕。

（5）**中期贷款**，又称**扩展贷款**（extended fund facility），是于1974年9月IMF为帮助成员方克服长期国际收支逆差的困难而设立的专项贷款，主要用于满足成员方长期国际收支逆差的资金需求。贷款期限为4~10年，贷款最高限额为借款成员方缴纳份额的140%。贷款采取分期发放与分期偿还的方式。

（6）**信托基金贷款**（trust fund facility），是于1976年1月IMF以出卖黄金的收入，为支持最穷的发展中国家的经济发展而设立的专项信贷。信托基金是用IMF出卖黄金时的市场价格超过成员方缴纳份额时所规定的黄金官价的那部分收入建立起来的。贷款期限为 5 年。贷款主要是面向 1973 年人均国民收入不超过 360 美元的国家。

（7）**补充贷款**（supplementary financing facility），是于 1977 年 IMF 所设立的在成员方国际收支严重不平衡出现持续性逆差时，用于弥补普通贷款和中期贷款的不足设立的专用信贷。由于此项贷款根据 IMF 第五任总裁约翰内斯·维特芬的建议而设立，因此又被称为"维特芬贷款"。其资金主要由石油生产国与发达国家提供。贷款期限为 0.5~7 年，备用安排期为 1~3 年。1981 年 4 月已全部发放完毕。

（8）扩大贷款，这是在补充贷款的发放完成后，IMF 以同样条件对那些份额少而经济面临严重困难，需要大规模调整的，而且出现持续性巨额国际收支逆差的成员方提供的一项贷款。

（9）结构调整贷款与加强的结构调整贷款，是分别于 1986 年 3 月和 1987 年 12 月 IMF 为了帮助低收入发展中国家解决长期性国际收支不平衡而进行经济结构调整所设立的贷款项目。其资金来源为信托基金贷款的还款及 IMF 的利息收入与对外借款。其贷款条件较为优惠，期限较长，利率较低。贷款额度主要取决于借款国与 IMF 的合作态度及其为改善经济结构所做的努力。

（10）制度转型贷款，是于 1993 年 4 月 IMF 为了帮助苏联解体后的国家和东欧国家解决由计划经济向市场经济转变过程中所引起的国际收支困难而设立的专项贷款。贷款期限为 4~10 年，贷款最高限额为成员方缴纳份额的 50%。此项贷款的获得与否及其额度多少主要取决于借款国与 IMF 的合作态度及其为经济转型所做出的切实有效的努力。

除上述各项贷款外，IMF 还设置了突发情况下的紧急贷款机制。这一机制可以保证当成员方国际收支账户出现危机或受到威胁可能引发危机时，IMF 能够立即做出反应，迅速进行相应的贷款安排，以使危机尽快得到解决。

IMF 在安排成员方贷款额度时，掌握的一般原则是：1 年内安排的额度最多为成员方缴纳份额的 150%；3 年内安排的额度最多为份额的 450%；在规定情况下，累计最高限额可达份额的 600%。但实际上，单个成员方是不会同时借到上述各类款项的。另外，IMF 发放贷款时，除按规定收取不同形式及不同比例的贷款利息外，还要收取贷款手续费和承诺费。

IMF 贷款与其他商业性贷款有很多区别，其中一个重要区别在于它的条件。IMF 通过发放各类贷款，对成员方克服国际收支出现的困难及稳定汇率等方面，无疑有积极的一面，但其附加的条件及贷款所带来的负面效果，至今仍招致不少议论与批评。IMF 对成员方的贷款申请，始终是很慎重的，对那些已陷入危机而需巨额援助的成员方，更会附上严厉的贷款条件。一般来说，当一成员方向其申请贷款时，IMF 首先会组织"专家小组"直接赴借款国和地区实地考察，分析该国和地区的经济形势尤其是国际收支方面存在的问题，并由"专家小组"制定一组综合的经济政策和经济目标，即经济调整计划，借款国和地区只有同意并接受该调整计划，才能获得贷款资格。而且，IMF 对贷款的发放也不是一步到位，而是以一定的时间间隔分期发放，如果借款国和地区没有履行贷款条件，IMF 便停止发放新的贷款。这种经济调整计划一般都会包括以下几项内容：减少财政赤字，削减各种开支，实行紧缩的货币政策，增加出口或减少进口及扩大金融市场开放度等。从 IMF 来讲，它可能会认为所有这些措施都是为了维护国际金融秩序，降低贷款风险，帮助成员方渡过难关。但对具体的受援国和地区来讲，这些条件和措施是良药还是劣药，可能还得做具体分析。

二、世界银行集团

世界银行集团（World Bank Group）是若干全球性金融机构的总称。目前由世界银行本身即国际复兴开发银行（International Bank for Reconstruction and Development，IBRD）、国际开发协会（International Development Association，IDA）、国际金融公司（International Finance Corporation，IFC）、多边投资担保机构（Multinational Investment Guarantee Agency，MIGA）和解决投资争议国际中心（International Center for Settlement of Investment Disputes，ICSID）五个机构组成。世界银行集团的主要职能是促进成员方经济长期发展、协调南北关系和稳定世界经济秩序等。下面对世界银行、国际开发协会和国际金融公司这三个主要机构做具体分析。

（一）世界银行

1. 世界银行的宗旨与职能

世界银行是 1944 年 7 月布雷顿森林会议后，与 IMF 同时产生的两个国际性金融机构之一，也是联合国下属的一个专门机构。世界银行于 1945 年 12 月正式宣告成立，1946 年 6 月开始办理业务，1947 年 11 月成为联合国的专门机构。该行的成员方必须是 IMF 的成员方，但 IMF 的成员方不一定都参加世界银行。

世界银行与 IMF 两者起着相互配合的作用。IMF 主要负责国际货币事务方面的问题，主要任务是向成员方提供解决国际收支暂时不平衡的短期外汇资金，以消除外汇管制、促进汇率稳定和国际贸易的扩大。世界银行则主要负责经济的复兴和发展，向各成员方提供发展经济的中长期贷款。

按照《国际复兴开发银行协定》的规定，世界银行的宗旨如下。

（1）通过使投资更好地用于生产事业的办法以协助成员境内的复兴与建设，包括恢复受战争破坏的经济，使生产设施恢复到和平时期的需要，以及鼓励欠发达成员生产设施与资源的开发。

（2）利用担保或参加私人贷款及其他私人投资的方式，促进外国私人投资。当私人资本不能在合理条件下获得时，则在适当条件下，运用本身资本或筹集的资金及其他资源，为生产事业提供资金，以补充私人投资的不足。

（3）用鼓励国际投资以发展各成员生产资源的方式，促进国际贸易长期均衡地增长，并保持国际收支的平衡，以协助各成员提高生产力，改善生活水平和劳动条件。

（4）就本行所贷放或担保的贷款而与通过其他渠道的国际性贷款有关者做出安排，以便使更有用和更迫切的项目，不论大小都能优先进行。

（5）在执行业务时恰当地照顾到国际投资对各成员境内工商业状况的影响，在紧接战后的几年内，协助促使战时经济平稳地过渡到和平时期的经济。

世界银行在成立之初，主要是资助西欧国家恢复被战争破坏了的经济，但在 1948 年后,欧洲各国开始主要依赖美国的"马歇尔计划"来恢复战后的经济,世界银行于是转向主要向发展中国家提供中长期贷款与投资,促进发展中国家经济和社会的发展。

2. 世界银行的组织机构

世界银行是具有股份性质的一个金融机构,设有理事会、执行董事会、行长及具体办事机构。理事会是世界银行的最高权力机构,由每一成员方委派理事和副理事各一名组成。执行董事会负责银行的日常业务,行使理事会授予的职权。银行政策管理机构由行长、若干副行长、局长、处长及工作人员组成。世界银行对我国的贷款业务,由东亚及太平洋地区国家三局负责,国家三局也称中国和蒙古国家局,简称"中蒙局"。

3. 世界银行的资金来源

世界银行的资金主要来自三个方面。

(1)成员方缴纳的股金。世界银行成立之初,法定股本为100亿美元,分为10万股,每股10万美元。后经几次增资,截至1993年6月,法定股本为1 530亿特别提款权。根据《国际复兴开发银行协定》原来的规定,成员方认缴的股金分两部分缴纳:第一,成员方参加时应缴纳认缴股金的20%,其中的2%必须用黄金或美元支付,这一部分股金,世界银行有权自由使用,其余的18%用成员方的本国(地区)货币支付,世界银行须征得该成员方的同意才能将这部分股金用于贷款。第二,成员方认缴股金的80%是待缴股本,它可在世界银行因偿还借款或清偿债务而催缴时,以黄金、美元或世界银行需用的货币支付。但在1959年增资时,成员方实缴股金降为10%,以黄金、美元缴纳的部分降为1%,成员方以本币缴付的部分降为9%,其余部分为待缴股金。

(2)发行债券取得的借款。在实有资本极其有限而又不能吸收短期存款的条件下,世界银行主要通过在各国(地区)和国际金融市场发行债券来筹措资金。在世界银行的贷款总额中,约有80%是依靠发行债券借入的。世界银行在借款方面的基本政策是:借款市场分散化,以防止对某一市场的过分依赖。世界银行发行债券的方式主要有两种:一是直接向成员方政府、政府机构或货币当局出售中短期债券;二是通过投资银行、商业银行等中间包销商向私人投资市场出售债券。用后一种方式出售的债券的比重正在不断提高。由于世界银行信誉优良,其发行的债券一直被评为AAA级,因而在国际资本市场上获得了比较优惠的融资条件,并成为世界上最大的非居民借款人。

(3)留存的业务净收益和其他资金来源。世界银行从1947年开始发放贷款以来,除第一年有小额亏损外,每年都有盈余。世界银行将历年业务净收益大部分留作银行的储备金,小部分以赠款形式拨给国际开发协会做贷款资金。

世界银行还有两种辅助的资金来源:一是借款国偿还的到期借款;另一是银行将部分贷款债权转让给私人投资者(主要是商业银行)而收回的资金。

4. 世界银行的主要业务活动

向成员方尤其发展中国家提供贷款是世界银行最主要的业务。世界银行贷款从项目的确定到贷款的归还,都有一套严格的条件和程序。

(1)贷款条件。第一,世界银行只向成员方政府,或经成员方政府、货币当局担保的公私机构提供贷款。第二,贷款一般用于世界银行审定、批准的特定项目,重点是交通、公用工程、农业建设和教育建设等基础设施项目。只有在特殊情况下,世界银行才考虑发放**非项目贷款**（non-project loan）。第三，成员方确实不能以合理的条件从其他方面取得资金来源时，世界银行才考虑提供贷款。第四，贷款只发放给有偿还能力且能有效运用资金的成员方。第五，贷款必须专款专用，并接受世界银行的监督。世界银行不仅在使用款项方面，而且在工程的进度、物资的保管、工程管理等方面都可进行监督。

（2）贷款的特点。第一，贷款期限较长。按借款国人均国民生产总值，将借款国分为4组，每组期限不一。第一组为15年，第二组为17年，第三、四组为最贫穷的成员方，期限为20年。贷款宽限期3～5年。第二，贷款利率参照资本市场利率而定，一般低于市场利率，现采用浮动利率计息，每半年调整一次。第三，借款国要承担汇率变动的风险。第四，贷款必须如期归还，不得拖欠或改变还款日期。第五，贷款手续严密，从提出项目、选定、评定，到取得贷款，一般要1.5～2年时间。第六，贷款主要向成员方政府发放，且与特定的工程和项目相联系。

（3）贷款的程序。第一，借款成员方提出项目融资设想，世界银行与借款国洽商，并进行实地考察；第二，双方选定具体贷款项目；第三，双方对贷款项目进行审查与评估；第四，双方就贷款项目进行谈判、签约；第五，贷款项目的执行与监督；第六，世界银行对贷款项目进行总结评价。

（4）贷款的种类。第一，项目贷款。这是世界银行传统的贷款业务，也是最重要的业务。世界银行贷款中约有90%属此类贷款。该贷款属于世界银行的一般性贷款，主要用于成员方的基础设施建设。第二，非项目贷款。这是一种不与具体工程和项目相联系的，而是与成员方进口物资、设备及应付突发事件、调整经济结构等相关的专门贷款。第三，技术援助贷款。它包括两类：一是与项目结合的技术援助贷款，如对项目的可行性研究、规划、实施，项目机构的组织管理及人员培训等方面提供的贷款；二是不与特定项目相联系的技术援助贷款，也称"独立"技术援助贷款，主要用于资助为经济结构调整和人力资源开发而提供的专家服务。第四，联合贷款（co-financing）。这是一种由世界银行牵头，联合其他贷款机构一起向借款国提供的项目融资。该贷款设立于20世纪70年代中期，主要有两种形式：一是世界银行与有关国家政府确定贷款项目后，即与其他贷款者签订联合贷款协议，而后它们各自按通常的贷款条件分别与借款国签订协议，各自提供融资；二是世界银行与其他借款者按商定的比例出资，由前者按贷款程序和商品、劳务的采购原则与借款国签订协议，提供融资。第五，"第三窗口"贷款（the third window facility），也称中间性贷款（intermediate financing facility），是指在世界银行和国际开发协会提供的两项贷款（世界银行的一般性贷款和开发协会的优惠贷款）之外的另一种贷款。该贷款条件介于上述两种贷款之间，即比世界银行贷款条件宽松，但不如国际开发协会贷款条件优惠，期限可长达25年，主要贷放给低收入的发展中国家。第六，调整贷款（adjustment facility）。包括结构调整贷款和部门调整贷款。结构调整贷款的目的在于：通过1～3年的时间促进借款国宏观或部门经济范围内政策的变化和机构的改革，有效地利用资源，5～10年内实现持久的国际收支平衡，维持经济的增长。结构调整问题主要是宏观经济问题和影响若干部门的重要部门问题，包括贸易政策（如关税改革、出口刺激、进口自由化）、资金流通（如国家预算、利率、债务管理等）、资源有效利用（如公共投资计划、定价、刺激措施等）以及整个经济和特定部门的机构改革等。部门调整贷款的目的在于支持特定部门全面的政策改变与机构改革。

1984年，世界银行对贷款方式做了新的分类，它们是：①特定投资贷款；②部门贷款；③结构调整贷款；④技术援助贷款；⑤紧急复兴贷款；⑥联合贷款。其中，"特定投资贷款"的全部和"部门贷款"的一部分，属项目贷款，其余基本上属非项目贷款。

（二）国际开发协会

国际开发协会是一个专门从事对欠发达的发展中国家提供期限长和无息贷款的国际金融组织。世界银行的成员方均可成为国际开发协会的成员方。在1959年10月IMF和世界银行年会上，通过了建立专门资助最不发达国家的国际开发协会的决议，1960年9月24日正式成立了国际开发协会，并于1961年开始营业。

1. 国际开发协会的组织形式

国际开发协会是世界银行的附属机构，它的组织机构和管理方式与世界银行相同，甚至相应机构的管理和工作人员也是同一套人员兼任，而且也只有世界银行成员方才能参加该协会。但是，国际开发协会又是一个独立的实体，有自己的协定、法规和财务系统，其资产和负债都与世界银行分开，业务活动也互不相关。

国际开发协会的最高权力机构是理事会，下设执行董事会处理日常业务。协会会员通过投票参与决策活动，成员方的投票权与其认缴的股本成正比。成立初期，每一会员具有500票基本票，另外每认缴5 000美元股本增加一票。在1975年第四次补充资金时，每个成员方已有3 850基本票。

2. 国际开发协会的资金来源

（1）成员方认缴的股金。协会成立时的法定资本为10亿美元，协会的成员方分为两组：第一组为发达国家和地区共21个，这些国家认缴的股金必须全部以黄金或可兑换货币缴纳；第二组为发展中国家和地区，其认缴资本的10%必须以可兑换货币缴纳，其余90%可用本国和地区货币缴纳。协会要动用这些成员的货币发放贷款时，必须先征得各成员的同意。

（2）成员方提供的补充资金。因成员方认缴的股金极其有限，远远不能满足贷款需求，1965年以来，国际开发协会已经多次补充资金。在全部资金中，美、英、德、日、法等国占大部分比例。

（3）世界银行的赠款。从1964年开始，世界银行每年将净收益的一部分以赠款形式转拨给协会，作为协会的资金来源。

（4）协会本身经营业务的盈余。协会从发放开发信贷收取小比例的手续费及投资收益中可以得到业务收益。

3. 国际开发协会的主要业务

国际开发协会的主要业务活动，是向欠发达的发展中国家的公共工程和发展项目，提供比世界银行贷款条件更优惠的长期贷款。这种贷款也称开发信贷，有如下特点：第一，期限长。最初可长达50年，宽限期10年。1987年协会执行董事会通过协议，将贷款划分为两类：①联合国确定为最不发达的国家，信贷期限为40年，包含10年宽限期；②经济状况稍好一些的国家，信贷期限35年，也含10年宽限期。第二，免收利息。对已拨付的贷款余额免收利息，只收取0.75%的手续费。第三，信贷偿还压力小。第一类国家在宽限期过后的两个 10 年每年还本 2%，以后 20 年每年还本 4%；第二类国家在第二个 10 年每年还本 2.5%，其后 15 年每年还本 5%。由于国际开发协会的贷款基本上都是免息的，故称为软贷款，而条件较为严格的世界银行贷款，则称为硬贷款。

国际开发协会贷款的条件包括：①借款国人均国民生产总值须低于 635 美元；②借款国无法按借款信誉从传统渠道获得资金；③所选定的贷款项目必须既能提高借款国的劳动生产率，又具有较高的投资收益率；④贷款对象为成员方政府或私人企业（实际上都是贷给成员方政府）。

（三）国际金融公司

国际金融公司，是世界银行的另一个附属机构，但从法律地位和资金来源来说，又是一个独立的国际金融机构，它也是联合国的专门机构之一。国际金融公司的建立，是由于 IMF 和世界银行的贷款对象主要是成员方政府，而私人企业的贷款必须由政府机构担保，从而在一定程度上限制了世界银行业务活动的扩展。因此，1951 年 3 月美国国际开发咨询局建议在世界银行下设国际金融公司，1956 年 7 月 24 日国际金融公司正式成立，世界银行的成员方均可成为该公司的成员方。

国际金融公司的宗旨是向发展中国家尤其是欠发达的成员方的生产性企业，提供无须政府担保的贷款与投资，鼓励国际私人资本流向这些国家，促进私人企业部门的发展，进而推动成员方经济的发展。

1. 国际金融公司的组织机构

国际金融公司设有理事会、执行董事会和以总经理为首的办事机构，其管理方法与世界银行相同。与国际开发协会一样，公司总经理和执行董事会主席由世界银行行长兼任，但与协会不同的是，公司除了少数机构和工作人员由世界银行相关人员兼任外，设有自己独立的办事机构和工作人员，包括若干地区局、专业业务局和职能局。按公司规定，只有世界银行成员方才能成为公司的成员方。

2. 国际金融公司的资金来源

国际金融公司的资金主要来自成员方认缴的股金和外部借款，另有一部分是公司各项业务积累的收入。根据协定，公司成立时的法定资本为 1 亿美元，分为 10 万股，每股 1 000 美元，必须以黄金或可兑换货币缴付。40 多年来公司进行了多次增资。为了补充自有资本的不足，国际金融公司还从外部筹借资金，在国际资本市场上发行国际债券是借款的主要方式，约占借款总额的 80%；其次，国际金融公司还从世界银行及成员方政府那里取得贷款。此外，国际金融公司对贷款和投资业务管理得力，基本上年年有盈利，积累的净收益成为公司的一部分资金来源。

3. 国际金融公司的营运特点

（1）贷款对象是成员方的私人企业，贷款无须有关政府担保，但它有时也向公私合营企业以及为私人企业提供资金的国有金融机构发放贷款。

（2）公司除长期贷款外，还可以对私人企业投资直接入股，也可以既贷款，又入股。

（3）贷款期限较长，一般为 7~15 年，如确属需要还可延长。从贷款到开始还本之前，有 1~4 年宽限期。贷款利率视资金投放风险、预期收益、国际金融市场的利率变化情况和每一项目的具体情况而定,但利率一般高于世界银行的贷款利率。对未提用部分的贷款每年征收1%的承担费,还款时须以原借入货币偿还。

(4)贷款具有较大的灵活性,既提供项目建设的外汇需要,也提供本地货币开支部分,既可作为流动资金,又可作为购置固定资产之用。

(5)公司贷款通常与私人投资者、商业银行和其他金融机构联合提供。

4. 国际金融公司的主要业务

国际金融公司的主要业务活动,是对成员方的私人企业或私人同政府合资经营的企业提供贷款或协助其筹措国内外资金。还从事其他旨在促进私人企业效率和发展的活动,如提供项目技术援助、政策咨询以及一般的技术援助。贷款发放的部门主要是制造业、加工业、开采业以及公用事业与旅游业等。

国际金融公司的贷款政策是:①投资项目必须对所在国的经济有利;②投资项目必须有盈利前景;③必须是无法以合理条件得到足够私人资本的项目;④所在成员方政府不反对投资的项目;⑤本国投资者必须在项目开始施工时就参与投资。

国际金融公司贷款还考虑以下因素:政府所有权和控制的程度、企业性质和管理效率,以及将来扩大私人所有权的可能性。

【阅读专栏5-3】

世界银行助推中国食品安全

世界银行执行董事会批准向中国食品安全改善项目提供4亿美元,用于协助中国在国家和地方层面加强食品安全管理,减少食品价值链的安全风险。

据估计,食源性疾病对中国人力资本生产率造成的损失每年逾300亿美元,占亚洲地区食源性疾病经济负担的近一半。

新冠肺炎疫情进一步加剧了食品安全带来的挑战,特别是在农产品加工、包装和运输方面。此外,提高食品安全标准对于中国的贸易伙伴以及农产品出口竞争力都很重要。改善食品安全也有助于中国减少食品损失和浪费,并产生巨大的气候协同效应。

世界银行中国局局长芮泽表示:"这个项目采取综合性和基于风险的方式,与全球良好实践保持一致,可以有助于中国减少不安全的食品生产、加工和贸易做法带来的公共健康风险,降低经济和环境成本。由于中国是食品出口大国,也是暴发食源性疾病的热点地区,因此这个项目也具有重要的全球效益。"

项目加强了食品价值链(包括海鲜、猪肉、水果、蔬菜等)全程的食品安全法规、执法与合规,与全球实践保持一致。项目采用基于风险的方法,促进了省市级食品安全法规的科学和基于证据的执法。

项目通过协助农业和食品企业加强食品安全法规的合规性,以达到食品安全认证标准,主要采取以下方式:①推广农业良好实践,包括有关安全性、气候智慧性和环境可持续性的良好实践;②鼓励使用生物降解塑料薄膜、生态环保食品包装和塑料回收利用;③公共基础设施升级改造,加强水质和垃圾管理、点源污染防控和减少农贸市场的生物危害;④确保基于风险的预防措施,维护从农田到餐桌的食品安全环境。

项目还帮助农业和食品企业获得采用食品安全技术所需资金，组织开展促进食品安全和倡导健康生活方式的防范食品安全风险宣传活动，配合改善监管环境和加强执法，并采取措施支持对健康食品的需求，鼓励提升合规水平。除了有助于改善食品安全外，项目还助力于减少食品损失和浪费。

项目由中国国家市场监督管理总局和农业农村部负责在国家和省级层面的实施，广东省和山东省提供食品安全执法和监督支持，主要通过在项目城市整合食品价值链涉及从农田到餐桌各个环节的地方标准和法规，使其达到与国家法规一致。

项目支持约 7 500 个农户、合作社以及农业和食品行业中的大中小企业更好地管控食品安全风险，实现企业可持续经营。项目还直接惠及广东省佛山、广州、惠州、江门、肇庆等市以及山东省烟台市的消费者约 60 万户，防范食品安全风险宣传活动影响这些城市的居民约 300 万人。

资料来源：世界银行网站，2021 年 3 月 26 日。

第四节　区域性国际金融组织

20 世纪 60 年代前后，欧洲、亚洲、非洲、拉丁美洲及中东等地区先后建立起区域性的国际金融组织，为支持和促进本地区经济发展提供金融服务。其中，亚洲开发银行、非洲开发银行和泛美开发银行是服务于亚非拉广大地区的区域性国际金融组织。此外，还有其他一些区域性国际金融组织。

一、亚洲基础设施投资银行

（一）亚洲基础设施投资银行成立的背景及宗旨

亚洲基础设施投资银行（简称"亚投行"），作为支持基础设施发展的多边金融机构，旨在通过与现有多边开发银行开展合作，更好地为亚洲地区长期的巨额基础设施建设融资缺口提供资金支持。亚投行的设立将有助于从亚洲域内及域外动员更多的急需资金，缓解亚洲经济体面临的融资瓶颈，与现有多边开发银行形成互补，推进亚洲实现持续稳定增长。

2014 年 10 月，首批 22 个意向创始成员国在北京签署了《筹建亚投行备忘录》。随后，先后有 35 个域内外国家作为意向创始成员国加入了亚投行。2015 年 6 月 29 日，《亚洲基础设施投资银行协定》（以下简称《协定》）签署仪式在北京举行，亚投行 57 个意向创始成员国的财长或授权代表出席了签署仪式，其中已通过国内审批程序的 50 个国家正式签署《协定》。各方商定将于 2015 年年底之前，经合法数量的国家批准后，《协定》即告生效，亚投行正式成立。

（二）亚投行的成员资格及结构

亚投行的法定股本为 1 000 亿美元，分为 100 万股，每股的票面价值为 10 万美元。初始法定股本分为实缴股本和待缴股本。实缴股本的票面总价值为 200 亿美元，待缴股本的票面总价值为 800 亿美元。

域内外成员出资比例为 75∶25。经理事会超级多数同意后，亚投行可增加法定股本及下调域内成员出资比例，但域内成员出资比例不得低于 70%。域内外成员认缴股本在 75∶25 范围内以 GDP（按照 60% 市场汇率法和 40% 购买力平价法加权平均计算）为基本依据进行分配。初始认缴股本中实缴股本分五次缴清，每次缴纳 20%。

（三）亚投行的业务运营

亚投行的业务分为普通业务和特别业务。其中，普通业务是指由亚投行普通资本（包括法定股本、授权募集的资金、贷款或担保收回的资金等）提供融资的业务；特别业务是指为服务于自身宗旨，以亚投行所接受的特别基金开展的业务。两种业务可以同时为同一个项目或规划的不同部分提供资金支持，但在财务报表中应分别列出。

亚投行可以向任何成员或其机构、单位或行政部门，或在成员的领土上经营的任何实体或企业，以及参与本区域经济发展的国际或区域性机构的实体提供融资。在符合银行宗旨与职能及银行成员利益的情况下，经理事会多数投票同意，也可向非成员提供援助。亚投行开展业务的方式包括直接提供贷款、开展联合融资或参与贷款、进行股权投资、提供担保、提供特别基金的支持以及技术援助等。

（四）亚投行成立的意义

亚投行成立对于我国有着重要意义。首先，亚投行的成立将形成多边框架以支撑"一带一路"倡议。中国主导筹建亚投行的一个重要考量是为"一带一路"这一亚欧经济整合倡议提供金融支撑，通过邀请经验丰富的区域外发达国家参与亚投行筹建，中国得以吸收和借鉴其丰富的经验，并显著提高亚投行的操作水准和国际形象。其次，亚投行将助推新一轮的对内改革与对外开放。在美国曾经大力推行高标准的"跨太平洋伙伴关系协定"（TPP，2017 年特朗普政府当选后美国已退出该协定）等多边协定，佐以采用政治、经济等多重手段固化其经济利益，试图重塑全球贸易规则的大背景下，中国需要改变一段时期以来"以沿海带动内陆为基本格局、以吸收对外直接投资为主要方式、以建设'世界工厂'为主要目标"的传统开放策略，在百年未有之大变局的历史时期，需以"国内大循环为主体，国内国际双循环相互促进"作为宏观指导，一方面进一步提高对外投资精细化程度，另一方面制造条件更佳的营商环境，吸引长期资本进入国内特别是内陆地区，共享经济发展红利。最后，亚投行的成立有利于我国推进人民币国际化的进程，是走出"美元陷阱"的一次有益尝试。

二、国际清算银行

（一）国际清算银行成立的背景及宗旨

国际清算银行（Bank for International Settlement，BIS）是英、法、德、意、比、日等国的中央银行与代表美国银行界利益的摩根银行、纽约和芝加哥的花旗银行组成的银团，根据《海牙国际协定》于 1930 年 5 月共同组建的。刚建立时只有 7 个成员，现成员已发展至 45 个，遍布世界五大洲。国际清算银行最初创办的目的是处理第一次世界大战后德国的赔偿支付及其有关的清算等业务问题。第二次世界大战后，它成为经济合作与发展组织成员之间的结算机构，该行的宗旨也逐渐转变为促进各成员中央银行（货币当局）之间的合作，为国际金融业务提供便利，并接受委托或作为代理人办理国际清算业务等。国际清算银行不是政府间的金融决策机构，也非发展援助机构，实际上是西方中央银行的银行。

该行的宗旨是促进各成员中央银行（货币当局）之间的合作；为国际金融活动提供更多的便利；在国际金融清算中充当受托人或代理人。它是各成员"中央银行的银行"，并通过成员中央银行（货币当局）向整个国际金融体系提供一系列高度专业化的服务，办理多种国际清算业务。国际清算银行的主要任务是"促进各成员中央银行（货币当局）之间的合作并为国际金融业务提供新的便利"。因为扩大各成员中央银行（货币当局）之间的合作始终是促进国际金融稳定的重要因素之一，所以随着国际金融市场一体化的迅速推进，这类合作的重要性显得更为突出。因此，国际清算银行便成了各成员中央银行（货币当局）进行合作的理想场所，也是各成员银行家们的会晤场所。

（二）国际清算银行的业务活动

国际清算银行建立时的最初任务是办理第一次世界大战后德国战争赔款支付及协约国之间的债务清偿事务。1944 年，根据布雷顿森林协议的规定，该行应予以撤销，但为了贯彻美国援助西欧、日本的"马歇尔计划"而被保留了下来。1948 年该行成为欧洲经济合作组织的银行；1950 年和 1954 年，又先后成为"欧洲支付同盟"和"欧洲煤钢联营"的银行。

在美元危机频频爆发，布雷顿森林体系的稳定运行受到严重威胁的年代里，国际清算银行较好地发挥了其协调国际金融关系、维护国际金融秩序的作用。1961~1968 年，该行作为各成员中央银行（货币当局）和"十国集团"活动的中心，为挽救美元危机承担了"黄金总库"的代理。之后，随着美元地位的日益衰落，国际清算银行的业务不断扩大，对国际金融事务的影响力不断加深，逐步发展成为全球性的国际金融组织。其主要业务活动包括以下几方面。

（1）处理国际清算事务。第二次世界大战后，国际清算银行先后成为欧洲经济合作组织、欧洲支付同盟、欧洲煤钢联营、黄金总库、欧洲货币合作基金等国际机构的金融业务代理人，承担着大量的国际结算业务。

（2）办理或代理有关银行业务。第二次世界大战后，国际清算银行业务不断拓展，目前可从事的业务主要有：接受成员中央银行（货币当局）的黄金或货币存款，买卖黄金和货币，买卖可供上市的证券，向成员中央银行（货币当局）贷款或存款，也可与商业银行和国际机构进行类似业务，但不得向政府提供贷款或以其名义开设往来账户。目前，世界上很多中央银行（货币当局）在国际清算银行存有黄金和硬通货，并获取相应的利息。

（3）定期举办中央银行行长会议。国际清算银行于每月的第一个周末在巴塞尔举行西方主要国家中央银行的行长会议，商讨有关国际金融问题，协调有关成员的金融政策，促进各成员中央银行（货币当局）的合作。

(三)国际清算银行的组织形式

国际清算银行是一个股份公司性质的国际金融组织,其资金来源是靠发行股票筹集的。其中75%的股份是由相关成员中央银行(货币当局)持有,其余25%的股份则由私营银行或个人持有。

国际清算银行的最高决策机构是董事会。董事会下设经理部、货币经济部、秘书处和法律处等。董事主要由成员的中央银行(货币当局)负责人担任。

(四)国际清算银行的资金来源

国际清算银行的资金主要来自于三个方面:

(1)成员缴纳的股金。该行建立时,法定资本为5亿金法郎(gold franc),1969年增至15亿金法郎,以后几度增资。该行股份80%为各成员中央银行(货币当局)持有,其余20%为私人持有。

(2)借款。向各成员中央银行(货币当局)借款,补充该行自有资金的不足。

(3)吸收存款。接受各成员中央银行(货币当局)的黄金存款和商业银行的存款。

(五)中国与国际清算银行的联系

我国于1984年与国际清算银行建立了业务联系,此后每年都派代表团以客户身份参加该行年会。1996年9月9日,国际清算银行通过一项协议,接纳中国、巴西、印度、韩国、墨西哥、俄罗斯、沙特阿拉伯、新加坡和中国香港等九个国家(地区)的中央银行(货币当局)为该行的新成员。中国人民银行加入国际清算银行,标志着我国的经济实力和金融成就得到了国际社会的认可,同时也有助于中国人民银行与国际清算银行及其他国家(地区)的中央银行(货币当局)进一步增进了解,扩大合作,提高管理与监督水平。

三、亚洲开发银行

(一)亚洲开发银行的建立与宗旨

亚洲开发银行(Asian Development Bank,ADB)简称"亚行",是西方国家和亚洲及太平洋地区发展中国家联合创办的面向亚太地区的区域性政府间金融机构。它是根据联合国亚洲及太平洋经济与社会委员会的决议,并经1963年12月在马尼拉举行的第一次亚洲经济合作部长级会议决定,在1966年11月正式建立,并于同年12月开始营业的,总部设在菲律宾首都马尼拉。亚行初建立时有34个成员,目前其成员不断增加,凡是亚洲及远东经济委员会的成员或准成员,亚太地区其他国家(地区)以及该地区以外的联合国及所属机构的成员,均可加入亚行。到1995年,亚行的成员增加到56个。

亚行的宗旨是向成员国或地区提供贷款与技术援助,帮助协调成员在经济、贸易和发展方面的政策,同联合国及其专门机构进行合作,以促进亚太地区的经济发展。

(二)亚洲开发银行的组织机构

亚行的机构设置与IMF及世界银行大致相同,其管理机构由理事会、执行董事会、行长组成。理事会是最高权力机构,由成员方各选派一名理事和副理事组成。执行董事会是负责日常工作的常设机构,由 12 名董事组成。行长由董事长兼任,负责主持银行的日常工作。银行的重大事务由理事会和董事会投票表决。理事会和董事会中的投票权主要按成员方认缴股本的多少进行分配。日本和美国认缴的股本最多,其拥有的投票权也最多。

(三)资金来源

(1)普通资金(ordinary capital)。它是亚行业务活动的主要资金来源,由股本、借款、普通储备金(由部分净收益构成)、特别储备金和其他净收益组成。这部分资金通常用于亚行的硬贷款。

(2)特别基金(special funds)。这部分资金由成员认缴股本以外的捐赠及认缴股本中提取 10% 的资金组成,主要用于向成员提供贷款或无偿技术援助。目前该行设立了三项特别基金:①亚洲开发基金,用于向亚太地区贫困成员发放优惠贷款;②技术援助特别基金,为提高发展中成员的人力资源素质和加强执行机构的建设而设立;③日本特别基金,由日本政府出资建立,主要用于技术援助与开发项目。

(四)亚洲开发银行的业务活动

(1)提供贷款。亚行的贷款按贷款条件分为硬贷款、软贷款和赠款。如果按贷款方式划分,亚行的贷款可分为:项目贷款、规划贷款、部门贷款、开发金融贷款、综合项目贷款及特别项目贷款等。其中,项目贷款是亚行传统的也是主要的贷款形式,该贷款是为成员发展规划的具体项目提供融资,这些项目需经济效益良好,有利于借款成员的经济发展,且借款成员有较好的信誉,贷款周期与世界银行相似。

(2)联合融资,是指亚行与一个或以上的区外金融机构或国际机构,共同为成员的某一开发项目提供融资。该项业务始于 1970 年,做法上与世界银行的联合贷款相似,目前主要有平行融资、共同融资、伞形或后备融资、窗口融资、参与性融资等类型。

(3)股权投资,是通过购买私人企业股票或私人开发金融机构股票等形式,对发展中成员私人企业融资。亚行于 1983 年起开办此项投资新业务,目的是为私营企业利用国内外投资起促进和媒介作用。

(4)技术援助,是亚行在项目有关的不同阶段,如筹备、执行等阶段,向成员提供的资助,目的是提高成员开发和完成项目的能力。目前,亚行的技术援助分为:项目准备技术援助、项目执行技术援助、咨询性技术援助、区域活动技术援助。技术援助大部分以贷款方式提供,有的则以赠款或联合融资方式提供。

四、非洲开发银行

非洲开发银行(African Development Bank,AfDB)是非洲国家政府合办的互助性质的区域性国际金融组织,于 1964 年 9 月成立,1966 年 7 月开始营业,总行设在象牙海岸(今科特迪瓦)的首都阿比让。为了吸收更多资金,扩大银行的运营能力,1980 年 5

月非洲开发银行第 15 届年会通过决议，允许非洲区域以外的国家投资入股加入该行。我国于 1985 年入股成为该行成员。

（一）非洲开发银行的宗旨

非洲开发银行的宗旨是为成员的经济和社会发展提供投资和贷款，或给予技术援助，充分利用非洲的人力和资源，促进各国经济的协调发展和社会进步，协助非洲制定发展总体战略和各成员的发展计划，以达到非洲经济一体化。

（二）非洲开发银行的组织形式

非洲开发银行的管理机构由理事会、董事会、行长组成。理事会是最高权力机构，由成员各指派一名理事组成，理事一般由成员的财政部部长或中央银行行长担任。由理事会选出的董事会是常设的执行机构。行长由董事会选出，并兼任董事长，负责主持银行的日常工作。银行的重大事务由理事会和董事会投票表决。理事会和董事会中的投票权主要按成员认缴股本的多少进行计算。

（三）非洲开发银行的资金来源及业务活动

非洲开发银行的资金来源主要是成员认缴的股本。除此之外，还通过与私人资本及其他信用机构合资合作，广泛动员和利用各种资金以扩大银行的业务。

非洲开发银行的主要业务活动是向非洲区域内的成员发放贷款。贷款种类主要分为普通贷款和特殊贷款两种。特殊贷款不计息，条件优惠，贷款期限最长可达 50 年。

五、泛美开发银行

泛美开发银行（Inter-American Development Bank，IDB）是由美洲国家组织与欧亚其他国家联合共同创立的区域性国际金融组织。该行于 1959 年 12 月正式成立，1960 年 10 月开始营业，总行设在华盛顿。该行是拉丁美洲国家和其他西方国家联合组建的政府间国际金融组织。

（一）泛美开发银行的宗旨

泛美开发银行的宗旨是，动员美洲内外的资金向拉美成员的经济和社会发展项目提供贷款，以促进和协调成员社会进步和经济发展，促进拉美国家之间的经济合作，实现区域经济增长。

（二）泛美开发银行的组织形式

泛美开发银行的管理机构由理事会、执行董事会、行长、副行长组成。理事会是最高权力机构，由成员各指派一名理事和候补理事组成。执行董事会是负责银行日常工作的常设机构；行长是银行的最高行政领导人；银行的重大事务由理事会和董事会投票表决。理事会和董事会中的投票权主要按成员认缴股本的多少进行计算。美国认缴份额最多，投票权也最多。

（三）泛美开发银行的资金来源及业务活动

泛美开发银行的资金来源主要是成员认缴的股本。另外，还通过借款和发行短期债券的形式来筹集资金。

泛美开发银行的主要业务活动是向拉美成员政府及其他公私机构的经济项目提供贷款。贷款种类主要分为普通业务贷款和特种业务贷款两种。普通业务贷款的利率高于特种业务贷款，而贷款期限则比特种业务贷款短，且必须用借款货币偿还。特种业务贷款可全部或部分用本币偿还。此外，该行还设立了条件优惠的信托基金贷款。

本章要点

1. 国际金融市场是指在国际进行资金融通或金融产品买卖的场所，也就是居民与非居民之间，或者非居民与非居民之间进行国际性金融业务活动的场所。
2. 国际货币市场指以短期金融工具为媒介进行的期限在 1 年以内的融资活动的交易市场，是短期资金市场或短期金融市场。国际资本市场指借贷期限在 1 年以上的中长期资金市场。
3. 欧洲货币市场也称离岸金融市场，是指在一国境外进行该国货币的流通、投资、借贷、证券发行等业务的市场。欧洲货币并非欧洲国家的货币，"欧洲"不是一个地理概念，而是"境外""离岸"的含义。
4. IMF 是联合国管理和协调国际金融关系的专门机构。我国是 IMF 创立国之一。
5. 世界银行是与 IMF 同时产生的两个国际性金融机构之一，也是联合国下属的一个专门机构。
6. 国际开发协会是一个专门从事对欠发达的发展中国家提供期限长和无息贷款的国际金融组织。
7. 亚洲开发银行是西方国家和亚洲及太平洋地区发展中国家联合创办的面向亚太地区的区域性政府间金融机构。

重点难点

国际货币市场和国际资本市场的构成；欧洲货币市场的概念、特点和经济影响；金融创新的内涵及各种工具的应用；IMF、世界银行集团、亚洲开发银行等国际金融组织的业务活动组织形式和贷款类型。

第六章

外汇市场业务

外汇交易是外汇的买卖或兑换活动。由于国际经济交易的需求，产生了不同的货币兑换，形成了不同类型的外汇交易。虽然外汇交易是伴随着国际贸易的产生而产生的，但今天的外汇交易已不再仅仅是国际贸易的工具，而且90%以上的外汇交易是为了回避利率和汇率风险进而进行的保值和投机。基础性的外汇交易以即期外汇交易和远期外汇交易为主，在此基础上衍生的外汇业务有外汇择期交易、外汇掉期交易、外汇期货交易、外汇期权交易等。

▍学习目标

（1）了解外汇市场的组成、发展及其作用。
（2）熟练掌握不同类型的外汇交易的操作原理和特点。

▍引导案例

寄钱回家的那些事儿

两百多年前，在荷属东印度首府巴达维亚城（即今天的雅加达，当年也简称"巴城"），海外的华人辛苦劳作积攒下的钱款是如何寄回家的呢？

在当时的巴城要寄钱回国，还真不是一件容易事。不要说没有今天这样便捷的汇款方式，连面向一般个人提供小额存款和汇款服务的银行都不存在，更不用说跨国汇款了。所以寄钱回家的方法只有一种——人肉搬运。根据由谁来搬运，还可以分成自己带钱回家和托别人带钱回家两种方法。用这样的方式寄钱回家会碰到什么样的烦心事？让我们从巴城华人公馆（当时荷兰人任命处理华人之间民事纠纷的华人官员组成的行政机构）档案的故纸堆中，来还原寄钱回家的故事。

案子的两位主人公叫李摇振和刘高辉，他们闹上公堂，是为了乾隆五十一年（1786年，也就是案卷中的丙午年）李摇振托刘高辉带钱回家的旧事。公堂案卷中的记载相对简单，二人的陈述和官方的判决合起来不过寥寥数行。

李摇振叫刘高辉

李摇振供谓：丙午年振有交刘高辉花边贰拾贰员，托为代带回家。去岁无接家信，及本年接家母来信云，只有接双烛银贰拾壹员，比花边银水换钱太少。付乞追究。

刘高辉云：摇振前对买檀香来吧，钱叁拾文，以此钱作批银托带回家。至家，经已交双烛银贰拾壹员、铜钱五百文。

列台曰：在巴花边与双烛同价，如是交寄巴钱，则不得比唐山花边价，当就巴钱论价。兹谕处高辉再措花边壹员，凑还摇振。

1788 年 11 月 12 日

这里所说的"花边"和"双烛"是什么钱币呢？

双烛，是当时华人对西属美洲地球双柱银元的称呼。在 18 世纪末的巴城，流通的大型银币除了荷兰人的马剑之外，最主要是来自于西属美洲的银币。除了更早的 COB 银币，就是 18 世纪早期开始制造的地球双柱银币和 18 世纪晚期更改设计之后的人像双柱银币。在华人之间，因为银币上地球两侧的两根柱子形似蜡烛，地球双柱也被称为"双烛银"。

相应来说，花边则是当时华人对西属美洲人像双柱银元的称呼。因为正面有西班牙国王人像的关系，人像双柱也被称作"番头银""佛头银"或是"佛面银"。花边的得名与钱币边缘的加工有关。早期西属美洲的 COB 银币为手工锤制，是形制并不规整的银块，自然也说不上什么钱币边缘的加工。

从地球双柱银币开始，作为形制规整的机制银币，开始在边缘上压制花纹以防止剪边偷银。人像双柱也同样有压制花纹，只是采用的花纹有所不同。

既然地球双柱和人像双柱都带有边缘的花纹，那么为什么花边是特指人像双柱银币呢？这其中具体的缘由我们尚不知晓。从当时的文献记录来看，花边和双烛所指的是明显不同的钱币，而不是可以互换的代称。

除了花边 22 元和双烛 21 元之外，这个案子里还提到了 500 文和 30 文两个数字。其实这是两种不同的货币单位，在中国"文"指的是小平铜钱的单位，也即刘高辉在中国交给李摇振家人的是 21 枚地球双柱银币和 500 枚铜钱；在巴城"文"是指荷兰人所用的记账单位"rijksdaalder"，相当于 48 stuiver，这是一个相当大的货币单位，比中国铜钱的"文"要大得多。

30 文在当时的巴城不算一个很小的数目，但也不是特别大的金额。普通工作的月薪在 3~5 文，包吃住的相对会少些，有一定技术含量的工种会多一些。30 文大约也就是半年多一年不到的薪金。按照 1 石合今天 70 千克，以米价 4 元 1 千克来折算，30 文差不多相当于 8 400 元人民币。考虑到当年的恩格尔系数（食品支出占总支出的比例）要比如今高得多，这笔钱对当时一般人的重要性大致相当于今天的数万元。

在巴城，花边与双烛是按同等价值流通，但是在中国较新的西属美洲人像双柱银元对老旧的地球双柱有一定的溢价。同样带钱回中国，自然是带在中国价值较高的人像双柱比较合算。但刘高辉向李摇振家人转交的却是地球双柱，李摇振的不满就是来自于此。

当年的大多数人每年都会寄钱回家供养家庭，李摇振能寄 30 文这样一个金额的钱回家，说明他的经济情况属于中等。他应该能有一些自己的小生意，毕竟单凭工薪不太可能一年攒出 30 文这么多钱。但是他显然也不是大富大贵之身，要不然寄回家的金额应该不止于此，也不至于为了花边与双烛的溢价而走上公堂。

从刘高辉的叙述中，李摇振与他其实是生意往来的关系。李摇振并不是交给他实物的银币托带回家，而是以之前檀香买卖当中刘高辉的欠款 30 文抵当。

当时从巴城往返来回中国一次，哪怕不考虑坐船途中的风险，单是船费就需要大约 30~40 文。对于李摇振来说，他能寄回家的金额有限，不值得自己特地带钱回国。获知与自己有生意往来的刘高辉（很可能还是同乡）要回国，恰好对方还有欠项，故而想到请对方将这笔钱带回家。

站在李摇振的角度上，应该是没有想到刘高辉带回给家里的是相对价值低一些的地球双柱银币，所以感觉自己吃了亏。反过来，刘高辉觉得自己带的应该是相当于30文的银币，并不认为自己有义务特意为李摇振备好价值较高的人像双柱。实际上，刘高辉很可能并不是携带现金返回中国，考虑到往返中国一次的船费成本，尽可能顺便做些生意带货回中国售卖才是更合理的选择。而檀香，很可能就是他携带回国的货物之一。在中国售卖货物后，同样算是完成约定，从收到的银元中挑出价值更低的地球双柱交给李摇振家人对刘高辉来说显然更加合算一些。

从常理来说，如果托带人提供了银币而被受托者中途调换，会觉得受托者的行为不妥。而托带人仅仅是按照巴城记账单位的债务作为资金的话，受托者转交了按巴城兑换率相当的银币确实已经无可厚非。相信这就是华人官员说"如是交寄巴钱，则不得比唐山花边价，当就巴钱论价"的原因。

按照西属美洲银元折合66 stuiver 的比价来算的话，30文大约相当于21.8枚西属美洲银元。李摇振收到母亲来信中所说是21元，而刘高辉所说的则是21元加上500文铜钱。当时中国银贵钱贱的问题尚不明显，大体上还是1两银子相当于1 000文铜钱。按此计算500文铜钱相当于5钱银子，与零头的0.8枚银元相比其实大体一致。

之所以最后的判决中还是让刘高辉再还给李摇振一元花边银币，一方面是与寄钱回家相关的实际证据上，家信毕竟有实物佐证，而受托者实际付给对方家人多少钱只是口述，比较起来还是家信的说法更能取信。另一方面，相信也有如巴城华人公堂上所描绘的那样"惟期政简讼平满堂和气引春风"，以和事佬的态度让刘高辉再出一元，也多多少少可以抵消李摇振家人收到地球双柱的损失。

公堂案卷中的记录就到此为止，不知道下一次李摇振会用什么样的方式寄钱回家呢？

资料来源："南洋钱币志"微信公众号，2021年4月11日。

第一节 外汇市场

一、外汇市场的概念

外汇市场（foreign exchange market）是指从事外汇交换、外汇买卖和外汇投机活动的场所，是国际金融市场的重要组成部分。现在的国际金融市场上，外汇交易都是通过电脑和通信网络来完成的。外汇市场已经成为一个遍及全世界的国际交易网络。

在全球外汇市场上进行买卖的货币主要是美元、日元、欧元、英镑、瑞士法郎、加拿大元、港元等发达国家或地区的货币，其中美元是最为活跃的币种。

二、外汇市场的类型

（一）有形外汇市场和无形外汇市场

外汇市场按照有无固定交易场所可以划分为有形外汇市场和无形外汇市场。

有形外汇市场，又称欧洲大陆式外汇市场，是指有固定的交易场所，参加外汇交易的双方按照规定的营业时间和交易程序在交易所内进行交易的市场。欧洲的德国、法国、荷兰、意大利等国的外汇市场就属于这一类，如德国的法兰克福外汇市场、法国的巴黎外汇市场、荷兰的阿姆斯特丹外汇市场等。目前这种外汇市场的交易十分有限，一般只做部分当地现货交易。

无形外汇市场，又称英美式外汇市场，是指没有具体的交易场所，也没有一定的开盘和收盘时间，而是由参加外汇交易的银行和经纪人，通过电话、电报、电传或计算机终端等组成的通信网络达成交易的市场。英国、美国、加拿大等国家的外汇市场属于这一类。世界上最大的外汇市场都是无形市场，如伦敦、纽约、东京、苏黎世等外汇市场。

（二）客户与银行间外汇市场、银行与银行间外汇市场、中央银行与银行间外汇市场

外汇市场按照交易对象可以分为三种类型，这也反映了外汇市场的三个层次。

客户与银行间外汇市场，也称**商业市场**（commercial market）、**客户市场**（customer market）。客户可以是个人，也可以是厂商，包括进出口商、跨国公司以及出国旅游者等外汇的供给者和需求者。客户出于各种动机同银行买卖外汇，在此过程中，银行实际是在外汇终极供给者和外汇终极需求者之间起中介作用，赚取外汇的买卖差价。这是外汇市场的第一层次。

银行与银行间外汇市场，也称**同业市场**（interbank market）。其存在起源于弥补客户与银行交易产生的买卖差额的需要，目的在于避免由此引起的汇率波动风险，调整银行自身外汇资金的余缺。同业市场的交易金额一般都比较大，每笔至少100万美元。银行同业间的外汇交易占外汇市场交易总额的90%以上。因此，同业市场也被称为批发市场，它是外汇市场的第二层次。

中央银行与银行间外汇市场，是外汇市场的第三层次。各国中央银行通过与银行的外汇交易干预市场，以稳定本国货币的汇率和调节国际收支。

（三）官方外汇市场和黑市

外汇市场按照政府的外汇管制程度可以划分为官方外汇市场和黑市。

官方外汇市场（official foreign exchange market）是指由政府批准设立的按照政府的外汇管制法令来买卖外汇的市场，参与交易者要按照官定汇率进行外汇交易。由于一个国家的外汇数量以及汇率水平的波动会影响该国的经济，所以各国政府都会在一定程度上对外汇交易进行限制。

黑市是指政府限制或法律禁止的非法外汇市场，是由于官方汇率偏离实际外汇市场汇率水平，造成外汇的供需不平衡，为满足外汇交易者的需要而产生起来的场外外汇交易市场。它虽是不合法的，但政府又很难取缔它，它是政府外汇管制的产物。

三、外汇交易的参与者

一般而言，凡是在外汇市场上进行交易活动的人都可定义为外汇市场的参与者。但是，外汇市场主要由外汇银行、外汇经纪人、中央银行和客户四部分组成。

（一）外汇银行

外汇银行（foreign exchange bank）是外汇市场的主体，它是指由各国中央银行指定

或授权经营外汇业务的银行。它包括专营或兼营外汇业务的本国商业银行和其他金融机构，设在本国的外国银行分支机构、代办处或其他金融机构。外汇银行从事的外汇交易主要分为两个部分：一是为客户提供服务，通过代客户买卖外汇，赚取差价，同时从为客户提供的各种服务中收取一定的手续费；二是为自身利益进行外汇交易，为平衡自身的外汇头寸进行同业间的外汇交易，并进行一定的外汇投机活动。

（二）外汇经纪人

外汇经纪人（foreign exchange broker）是指介于外汇银行之间或者银行与客户之间，为交易双方提供迅速而准确的信息，促成外汇交易并从中赚取佣金的中介人。外汇经纪人必须经中央银行批准方可参加外汇交易。目前，这项业务已经由大的交易商垄断。

（三）中央银行

外汇的变动会极大地影响一国的进出口贸易和国际收支。为维护外汇市场的正常秩序，保证经济的稳定发展，各个国家的**中央银行**（central bank）都经常地参与外汇市场交易，对外汇市场的买卖活动进行干预。当外汇市场上外汇短缺时，中央银行大量抛售外汇，购买本币；当外汇市场上外汇过多时，中央银行大量购买外汇，抛售本币，从而影响外汇市场上外汇的供求，达到外汇市场的均衡。目前许多国家都设立了外汇平准账户，用来干预外汇市场。

（四）客户

在外汇市场上从事外汇交易的客户主要有以下几种类型。

（1）交易性的外汇买卖者，如进出口商、国际投资者、旅游者等。

（2）出于保值的外汇买卖者。

（3）投机性的外汇买卖者。

（4）跨国公司。跨国公司已经成为外汇市场上的主要客户，它拥有雄厚的资金和广泛的经营业务。其经营活动涉及大量的进出口结算、直接投资以及证券投资，因而会经常性地参与外汇交易。

国际部分货币的交易份额如表 6-1 所示。

表 6-1　国际部分货币的交易份额　　　　（单位：10 亿美元）

货币	2010 年		2013 年		2016 年		2019 年	
	金额	占比（%）	金额	占比（%）	金额	占比（%）	金额	占比（%）
美元（USD）	3 371	85	4 662	87	4 437	88	5 824	88
欧元（EUR）	1 551	39	1 790	33	1 590	31	2 129	32
日元（JPY）	754	19	1 235	23	1 096	22	1 108	17
英镑（GBP）	512	13	633	12	649	13	844	13
澳元（AUD）	301	8	463	9	349	7	447	7
加元（CAD）	210	5	244	5	260	5	332	5
瑞士法郎（CHF）	250	6	276	5	243	5	327	5

(续)

货币	2010 年		2013 年		2016 年		2019 年	
	金额	占比 (%)	金额	占比 (%)	金额	占比 (%)	金额	占比 (%)
人民币（CNY）	34	1	120	2	202	4	285	4
港币（HKD）	94	2	77	1	88	2	233	4
新西兰元（NZD）	63	2	105	2	104	2	137	2
瑞典克朗（SEK）	87	2	94	2	112	2	134	2
韩元（KRW）	60	1	64	1	84	2	132	2
新加坡元（SGD）	56	1	75	1	91	2	119	2
挪威克朗（NOK）	52	1	77	1	85	2	119	2
墨西哥元（MXN）	50	1	135	3	97	2	114	2
印度卢比（INR）	38	1	53	1	58	1	114	2
俄罗斯卢布（RUB）	36	1	86	2	58	1	72	1
南非兰特（ZAR）	29	1	60	1	49	1	72	1
土耳其里拉（TRY）	29	1	71	1	73	1	71	1
巴西雷亚尔（BRL）	27	1	59	1	51	1	71	1
新台币（TWD）	19	0	24	0	32	1	60	1
丹麦克朗（DKK）	23	1	42	1	42	1	42	1
波兰兹罗提（PLN）	32	1	38	1	35	1	41	1
合计	3 973	200	5 357	200	5 066	200	6 595	200

注：因为每笔外汇交易包含两种货币，因此所有货币交易量占比的总和为200%。因取整计算，交易额与百分比合计数存在部分出入。

资料来源：国际清算银行，https://stats.bis.org/statx/srs/table/d11.3。

【阅读专栏6-1】

通货膨胀达 32 714%，委内瑞拉发行新货币去掉 5 个"零"

委内瑞拉正在陷入一场新经济困局。

据《纽约时报》2018 年 8 月 16 日报道，截至 15 日，委内瑞拉的通货膨胀率已高达 32 714%。对此，委内瑞拉政府试图给出一个解决方案：发行一种新货币，起初是要划掉旧纸币上面值的"三个零"，并更换纸币颜色。而市场和经济学界并不买账，现行货币"强势玻利瓦尔"仍在持续贬值。随后，该国决定再划掉"两个零"。

7 月 25 日，委内瑞拉总统马杜罗宣布，名为"主权玻利瓦尔"（sovereign bolívar）的新货币将从下周一（30 日）开始流通。他同时宣布，1 主权玻利瓦尔将从原先计划的等于 1 000 现行货币强势玻利瓦尔，改为等于 100 000 强势玻利瓦尔。

8 月 16 日，委内瑞拉外长乔治·阿雷阿扎在 Twitter 上表示，发行新货币是政府经济复苏计划的一部分，并且将可以有效打击国际犯罪团伙的行为，"国内外一系列不正当的利益将被清除"。

据委内瑞拉南方电视台报道，人们普遍认为，金钱犯罪团伙走私货币的行为是造成该国货币贬值的原因，并进一步加剧了委内瑞拉的经济困境。此前，委内瑞拉政府官员曾指认跨国犯罪团伙走私大量委内瑞拉本币玻利瓦尔入境并操控"黑市"汇率。

7个月里咖啡提价40多次

诺瓦克在委内瑞拉首都加拉加斯开了一家咖啡店,在她看来,政府目前并没有明确的、行之有效的方法来解决通胀——政府甚至无法降低一杯咖啡的价格。诺瓦克告诉《纽约时报》的记者,2018年以来的七个多月,她已不得不为售卖的咖啡提价至少40次,当前,一杯咖啡的价格高达200万玻利瓦尔。

咖啡价格的高涨,映射出委内瑞拉政府所面临的恶性通货膨胀中经济学家所称的"手推车问题"(Wheelbarrow Problem)——当货币贬值到一文不值时,人们需要花费一整个手推车的纸币来进行交易。

因而,简单地更换货币并无法从根本上解决通胀问题,过往的许多历史经验表明,没有合适的计划,货币中被划去的"零"将很快涨回来。

"我们预计最低工资将会上涨至少1 000%,当然,通货膨胀也会如此。"诺瓦克悲观地预计道。诺瓦克的咖啡价值20主权玻利瓦尔,但在新货币正式发行的下周一,她将不会开门营业。

加拉加斯的建筑工人加西亚则正试图计算他的新收入究竟是多少。"我被搞糊涂了。"他说。

现在,首都加拉加斯城内许多商店仅用美元报价,以避免混淆。

同样面对难题的,还有委内瑞拉一座郊区加油站的负责人玻利瓦尔,他告诉《纽约时报》的记者,政府还没有派人将收银机货币重置为新货币,也没有向他们解释从何时起需要验证买家的政府认证卡。

他提到的"政府认证卡",关系到委内瑞拉政府为阻击通货膨胀而出台的另一项政策——提升油价。

在盛产石油的委内瑞拉,人们目前享受着极低的汽油价格,政府承诺将继续为那些注册过政府认证卡并向政府登记过车辆的人提供燃料补贴,但那些没有注册过的委内瑞拉人则只能遵照较高的国际价格进行支付。

委内瑞拉的纸币依赖进口

划掉货币强势玻利瓦尔上的"零"的个数和提升油价,正是委内瑞拉总统马杜罗试图力挽狂澜的一系列经济变革的做法之一。分析认为,更重要的是引发这场危机的缘由。委内瑞拉政府依靠国有石油公司出售原油来偿还债务。但政府的管理不善导致委内瑞拉7月日产油量下降至120万桶。

面对石油短缺的现状,政府转向中央银行,准备发行更多钞票。报道称,虽然在短时间内,这种做法可以缓解政府的燃眉之急,但这样做以牺牲所有持有强势玻利瓦尔的民众的利益为代价——过度印钞会导致现存货币大幅贬值。

经济学家认为,印钞并无力解决委内瑞拉的难题。对此,约翰斯·霍普金斯大学应用经济学教授史蒂夫·汉克以其曾经提供过咨询服务的、同样面临恶性通货膨胀、目前已解体的南斯拉夫为例:

该国于1990年在其纸币上去掉了4个"零",两年后又去掉了1个"零",1993年10月和12月再度分别去掉了6个和9个"零",次年初又去掉了7个"零"。当时,南斯拉夫印钞厂的印刷速度已完全跟不上该国通货膨胀的变化。

然而，汉克指出，马杜罗却连印钞厂都没有，委内瑞拉的纸币都依赖进口。"我完全没法想象这个场面。"汉克说，"除非改变经济政策，否则没有任何意义。"

指望新货币能稳定金融市场

除了专业经济学家的不认可，市场对于马杜罗简单粗暴的货币换新政策同样不买账。

起初，委内瑞拉政府表示会从钞票上去掉3个"零"。但7月25日，黑市上美元兑强势玻利瓦尔的价格达到1比350万，且强势玻利瓦尔还在持续贬值，政府又表示会将"零"减少的个数增加到5个。但这并没有缓解强势玻利瓦尔的跌势。目前，1美元的兑换价格已接近600万强势玻利瓦尔。

更让人摸不着头脑的，还有新货币背后的支撑体系。《纽约时报》称，当某种货币陷入困境时，汇率通常会在以下情况下获得稳定，即政府承诺该货币可以被兑换成诸如美元或欧元等更强势的货币。与此相反，马杜罗表示，主权玻利瓦尔将得到"石油币"的支持。"石油币"是他的政府在2月所推出的一种虚拟货币。关于"石油币"，他提到，这种货币本身也得到了石油储备的背书。

祸不单行的是，8月初，马杜罗还经历了一场刺杀风波。8月4日，两艘无人机在马杜罗出席的阅兵式上爆炸。政府宣称此事为暗杀未遂。在马杜罗赢得总统大选后，他面对的是日益严峻的经济孤立局势。马杜罗的任期将一直持续到2025年。

尽管面临争议，马杜罗对于新货币的发行仍充满期待，他认为，此次货币改革将有助于稳定委内瑞拉的金融市场和财政状况。

资料来源：澎湃新闻，2018年8月18日。

第二节　即期外汇交易

一、即期外汇交易的概念

即期外汇交易（spot exchange transaction）又称为现汇交易，是指外汇买卖成交后，交易双方于当天或两个交易日内办理交割手续的一种交易行为。即期外汇交易是外汇市场上最常用的一种交易方式，即期外汇交易占外汇交易总额的大部分，主要是因为即期外汇买卖不但可以满足买方临时性的付款需要，也可以帮助买卖双方调整外汇头寸的货币比例，以避免外汇汇率风险。

交易双方进行资金交割的日期称为**交割日**（delivery date）或**起息日**（value date）。根据交割日期的不同，即期外汇买卖可以分为以下三种类型。

（1）**当日交割**（value today），即在交易达成的当日办理货币的收付，如港元对美元的即期交易。

（2）**次日交割**（value tomorrow），是在成交的第一个营业日办理交割，如港元对日元、新加坡元、马来西亚林吉特、澳元就是在次日交割。

（3）**标准日交割**（value spot），是在成交的第二个营业日办理交割。目前大部分的即期外汇交易都是采用这种方式。

即期外汇交易的交割日根据不同市场的习惯而不同。在欧美市场上,交割日是成交后的第二个营业日。即期外汇交易中所指的"日"是指营业日,即两个清算国的银行均开门营业的日子,以保证交易双方同时完成货币的收付。例如,2005 年 6 月 1 日成交的英镑对美元的即期交易,一般应在 6 月 3 日交割,如果遇到其中一国的法定休息日(周末或者节假日),则交割日期应向后顺延,遇周末则要顺延至下一周。

二、外汇交易的报价

即期外汇交易是外汇市场上最常见、最普遍的交易,而即期交易的报价是达成交易的基础。在即期外汇市场上,一般把提供交易价格(汇价)的机构称为报价者,通常由外汇银行充当这一角色;与此相对,外汇市场把向报价者索价并在报价者所提供的即期汇价上与报价者成交的其他外汇银行、外汇经纪、个人和中央银行等称为询价者。表 6-2 为 2021 年 4 月的一天,中国银行对个人或机构外汇持有者在货币兑换时的外汇报价。

表 6-2 外汇报价

货币名称	货币代码	现汇买入价	现钞买入价	卖出价	中行折算价
英镑	GBP	9.050 9	8.769 7	9.157 9	9.082 1
港币	HKD	0.842 6	0.835 9	0.846 0	0.844 4
美元	USD	6.552 7	6.499 4	6.580 4	6.564 9
瑞士法郎	CHF	6.940 4	6.726 3	7.019 1	6.969 3
新加坡元	SGD	4.861 4	4.711 4	4.920 0	4.881 5
日本元	JPY	0.059 131	0.057 294	0.059 658	0.059 352
加元	CAD	5.203 2	5.038 9	5.264 7	5.232 8
澳元	AUD	4.980 2	4.825 5	5.039 1	5.001 8
欧元	EUR	7.696 5	7.457 3	7.778 2	7.730 8
新西兰元	NZD	4.602 9	4.460 9	4.699 0	4.611 0

资料来源:CSMR,2021 年 4 月 4 日。

在即期外汇交易中,外汇银行在报价时都遵循一定的惯例。

(1)外汇银行的报价一般都采用双向报价方式,即银行同时报出买入价和卖出价。买入价和卖出价的差额称为差价。所报的汇率一般用 5 位有效数字表示,由大数和小数两个部分组成。**大数**(big figure)是汇价的基本部分,通常交易员不会报出,只有在需证实交易的时候,或是在遇到变化剧烈的市场时才会报出。**小数**(small figure)是汇价的最后两个数字。例如,某银行的即期外汇报价为:

$$EUR/USD = 1.198\ 1/86$$
$$GBP/USD = 1.744\ 6/52$$
$$USD/JPY = 118.41/46$$

公式斜线左边的货币称**基准货币**(base currency);斜线右边的货币称**标价货币**(quoted currency)。在 EUR/USD = 1.198 1/86 中,欧元是基准货币,美元是标价货币。1.19 是大数,81 和 86 是小数,81 和 86 之间的差额 5 称为差价。

一般外汇市场上汇率的小数变化非常活跃，而大数相对稳定。在报价时采用省略方式，力求简练，只要熟知行情的人能听懂就可以。因此，外汇银行之间报价通常只报最末两位数，即两位基本点。如上述报价可以简单报为：

EUR/USD：81/86

GBP/USD：46/52

USD/JPY：41/46

即期外汇交易中，报价的最小单位，市场称**基本点**（basic point），是标价货币最小价格单位的1%。例如，美元兑换日元的汇率从120.53上升到120.63，则称外汇市场的汇率上升了10个基本点或10个点。

（2）除特殊标明外，所有货币的汇价都是针对美元的，即采用以美元为中心的报价方法。在外汇市场上，外汇交易银行所报出的买卖价格，如果没有特殊标明，均是指所报货币与美元的比价。

（3）除英镑、爱尔兰镑、澳元和新西兰元单位的汇率报价是采用间接标价法以外，其他可兑换货币的汇率报价均采用直接标价法表示。

（4）在通过电信（如电话、电传等）报价时，报价银行只报汇价的最后两位数。

三、即期外汇交易的应用

即期外汇交易可以满足临时性的支付需要。通过即期外汇交易业务，可以将一种货币兑换成另一种货币，用来支付进出口贸易、投标、海外工程承包等的外汇结算或归还外汇贷款。

即期外汇交易可以调整所持有的不同货币的比例，规避外汇风险。例如，某国家外汇储备中美元比重较大，但为了防止美元下跌带来的损失，可以卖出一部分美元，买入日元、欧元等其他货币，调整外汇储备结构。同样投资者也可以通过即期外汇交易调整手中外币的币种结构，优化投资组合。

另外，投资者还可以通过即期外汇交易进行外汇投机。外汇市场上汇率的频繁波动为投机行为创造了条件，但是投机行为有很大风险性，可以带来丰厚利润，也可能造成巨额亏损。

四、即期套汇汇率的计算

国际外汇市场习惯以美元为货币汇率中心，如果要知道两种非美元货币之间的即期汇率，就要运用套汇汇率。套汇汇率的计算规则有以下几点。

（1）如果报价方报出的两个即期汇率都是以美元为基准货币，则采用交叉相除的方法进行套算。

（2）如果报价方报出的两个即期汇率都是以美元为标价货币，也采用交叉相除的方法进行套算。

（3）如果报价方报出的两个即期汇率中，一个是以美元为基准货币，另一个是以美元为标价货币，则采用同边相乘的方法进行套算。

【例6-1】 已知某日中国香港外汇市场上的报价：USD/EUR = 1.011 4/24；USD/HKD =

7.792 0/30。求 EUR/HKD。

解：因为两个报价都是以美元为基准货币，所以采用交叉相除的方法。

$$EUR/HKD = USD/HKD \div USD/EUR$$

欧元买入价（港元卖出价）：$7.792\ 0 \div 1.012\ 4 \approx 7.696\ 6$

欧元卖出价（港元买入价）：$7.793\ 0 \div 1.011\ 4 \approx 7.705\ 2$

所以，EUR/HKD = 7.696 6/7.705 2。

【例 6-2】 已知 GBP/USD = 1.582 0/30，AUD/USD = 0.732 0/25。求 GBP/AUD。

解：因为两个报价都是以美元为标价货币，所以采用交叉相除的方法。

$$GBP/AUD = GBP/USD \div AUD/USD$$

英镑买入价（澳元卖出价）= $1.582\ 0 \div 0.732\ 5 \approx 2.159\ 7$

英镑卖出价（澳元买入价）= $1.583\ 0 \div 0.732\ 0 \approx 2.162\ 6$

所以，GBP/AUD = 2.159 7/2.162 6。

【例 6-3】 某外汇市场上的汇率报价为：USD/JPY = 120.10/90；GBP/USD = 1.481 9/30。某客户要将 1 000 万日元兑成英镑，按即期汇率能够得到多少英镑？

解：因为一个即期汇率是以美元为基准货币，另一个是以美元为标价货币，所以采用同边相乘的方法进行套算。

英镑买入价（日元卖出价）= $120.10 \times 1.481\ 9 = 177.98$

英镑卖出价（日元买入价）= $120.90 \times 1.483\ 0 = 179.29$

则 GBP/JPY = 177.98/179.29，所以该客户 1 000 万日元可以兑换 5.58 万英镑（1 000 ÷ 179.29 = 5.58）。

在外汇买卖中，银行的收益来自卖出价和买入价的汇价差，汇价差越大，银行的收益越大。因此，银行要实现收益最大化，就会选择最大汇价差来报价。根据银行收益最大化规则，在计算套汇汇率时，选择最小金额为买入价，最大金额为卖出价。

五、即期外汇交易的操作

一般每笔即期外汇交易都需要经过询价、报价、成交（或放弃）和证实四个步骤来完成。下面举例说明交易程序。

A：SP YEN 5 Mio	A：即期交易，美元兑换日元，金额 500 万美元
B：76/80	B：报价 76/80
A：I sell USD	A：我方卖出美元
B：5 Mio agreed	B：500 万美元成交
To confirm at 108.037 6 I buy 5 Mio USD AG YEN value 10 July 2005 my USD to B band NY for our account thanks and bye	证实我方在 108.037 6 买入 500 万美元兑德国马克，起息日为 2005 年 7 月 10 日，美元付我行纽约分行账户。谢谢，再见
A：Ok agreed my DEM to A bank FFT thanks and bye	A：同意，日元付我行法兰克福账户。谢谢，再见

询价（asking price）：询价方在询价时需要报出所询价格的交易类型、交易币种和交易金额，所询汇率使用美元标价法。例如，以缩写 SP 或 SPOT 来表示即期交易类型，DEM 表示交易币种为美元兑换德国马克，YEN 分别表示美元兑换日元，GBP 表示英镑兑换美元的交易。交易金额通常以百万为单位，以 million 表示，可以缩写为 Mio 或 M，甚至可以省略。在国际外汇市场上，正常的交易金额为 500 万～1 000 万美元，1 000 万美元以上称为大金额，而 200 万美元以下是小金额，25 万美元以下是微小金额。

报价（quotation）：接到询价的外汇银行的交易员应迅速完整地报出所询问有关货币的现汇买入价和卖出价。由于交易双方对汇价的大致水平都比较清楚，因此报价时通常只需要报出汇率的小数。特殊情况下，将汇率的大数也同时报出，以免造成误会。

成交（done）或**放弃**（noting）：当报价方报出询价方需要的汇价后，询价方应迅速做出反应，或者成交，或者放弃。如果询价方略有迟疑，报价方通常会说 UR RISK，表示刚才的报价已经取消，询价方还想交易就必须再次询价。如果询价方对报价满意，可以用 BUY、I BUY 等来表示买入的意愿，或者 SELL、I SELL 等来表示卖出的意愿。如果询价方对报价不满意，可以先用 MY RISK 表示原报价不再有效，并在数秒内再次请求报价，或是用 SORI NTH 表示不继续询价，放弃。一旦成交，汇率水平、交易金额、交易币种等细节就都已经确定，对交易双方有约束力。

证实（confirmation）：成交后，交易双方就交易的内容进行一次完整的重复证实。在上例中可以看到，交易的内容包括汇率水平、交易金额、交易币种、起息日和收付账户。交易结束后，如果发现原证实有错误或遗漏，交易员则应尽快与交易对手重新证实。重新证实后的内容必须得到交易双方的同意才可以生效。

第三节 远期外汇交易

一、远期外汇交易的定义

远期外汇交易（forward exchange transaction），又称期汇交易，是指外汇交易双方成交后签订合同，规定交易的币种、数额、汇率和交割日期，到规定的交割日期才办理实际交割的外汇交易。远期外汇交易的期限一般按月计算，通常为 1 个月、2 个月、3 个月、6 个月，也可以长达 1 年，通常为 3 个月。超过 1 年的远期外汇交易称为超远期外汇交易。远期外汇交易的交割日是指合同到期日后的第二个营业日。例如，2022 年 2 月 22 日签订的 2 个月远期外汇交易合同，则合同到期日为 4 月 22 日，交割日为 4 月 24 日。

远期外汇交易按照交割日期是否固定，可以分为两类：固定交割日的远期交易和选择交割日的远期交易。

固定交割日的远期交易（fixed forward transaction）是指外汇交易合同规定某一固定日期作为外汇交易履行的交割日，既不能提前也不能推迟。例如，2021 年 3 月 2 日，美国公司 A 与日本一家银行签订了一份购买日元的、期限为 3 个月的远期外汇合约。那么，交割日期为 6 月 4 日，在这天美国公司 A 交付美元，银行交付日元。

选择交割日的远期交易（optional forward transaction），又称择期交易，指交割日期不确定，交易的一方在合约有效期内任何一个营业日内有权要求另一方按双方约定的远期汇率进行交割。如上例，签约日为3月2日，则交割日可以是3月4日～6月4日期间的任何一个营业日。由于在择期外汇交易中，客户可以在约定的期限内选择交割日，这就使得银行要承受较大的汇率风险。

二、远期外汇交易的标价

（一）直接标价法

直接标价法是指银行按照期限的不同直接报出某种货币的远期外汇交易的买入价和卖出价。例如，表6-3是中国银行人民币远期外汇牌价。

表6-3 中国银行人民币远期外汇牌价

日期：2021年4月9日 星期五 （单位：1人民币/100外币）

	美元		欧元		日元		港元		英镑	
	买入	卖出	买入	卖出	买入	卖出	买入	卖出	买入	卖出
1周	654.66	657.78	776.01	784.46	5.96	6.02	83.939	84.712	894.45	903.34
1个月	655.74	659.03	777.60	786.43	5.97	6.03	84.084	84.885	895.85	905.08
2个月	657.27	660.56	779.94	788.71	5.98	6.05	84.280	85.085	897.86	907.13
3个月	658.65	662.00	782.07	790.96	6.00	6.07	84.464	85.279	899.70	909.03
4个月	659.80	663.14	784.00	792.88	6.01	6.08	84.622	85.434	901.30	910.64
5个月	661.38	664.72	786.69	795.77	6.03	6.10	84.859	85.678	903.97	913.33
6个月	662.94	666.28	788.70	797.68	6.04	6.11	85.015	85.834	905.51	915.02
7个月	664.29	667.83	791.03	800.28	6.05	6.12	85.189	86.034	907.53	917.23
8个月	665.47	669.01	793.06	802.31	6.07	6.14	85.342	86.187	909.27	918.94
9个月	666.87	670.41	795.50	804.75	6.08	6.15	85.520	86.372	911.30	921.04
10个月	668.30	671.94	797.56	807.38	6.10	6.17	85.703	86.568	912.96	922.85
11个月	669.60	673.24	799.75	809.25	6.12	6.19	85.868	86.735	914.67	924.53
1年	670.99	674.63	802.08	811.45	6.13	6.21	86.040	86.909	916.54	926.40

资料来源：https://www.bankofchina.com/sourcedb/ffx/，中国银行。

（二）差额报价法

差额报价法是指银行只报出货币远期汇率和即期汇率的差价，这个差价称为**远期汇水**（forward margin），通常表现为升水、贴水和平价。**升水**（premium）是指某种货币的远期汇率大于即期汇率。**贴水**（discount）是指某种货币的远期汇率小于即期汇率。**平价**（par）是指某种货币的远期汇率等于即期汇率。

升水和贴水是两个相对的概念，甲货币相对于乙货币的远期汇率是升水，则乙货币相对于甲货币的远期汇率是贴水。例如，某日某外汇市场远期汇率报价如表6-4所示，该报价是以差额报价法表示的。

表 6-4 外汇市场远期汇率报价

	EUR/USD	USD/JPY	USD/AUD
即期汇率	1.184 6/1.185 7	118.03/118.07	1.356 4/1.357 3
1 个月	18/20	117.59/117.65	1.357 2/1.358 5
2 个月	39/42	117.126/117.194	1.358 0/1.359 5
3 个月	63/63	116.636/116.71	1.358 7/1.360 3
6 个月	127/133	115.197/115.293	1.360 1/1.362 2
12 个月	253/257	112.417/112.543	1.362 5/1.365 7

远期外汇交易时，银行通常只报远期汇率的升水或贴水"点数"（汇率表达的基本单位），并不标明是升水还是贴水。判断远期是升水还是贴水可以用以下规则。

（1）在直接标价法下，所报点数的小数在前，大数在后，表示远期汇率升水；相反，如果点数的大数在前，小数在后，表示远期汇率贴水。

（2）在间接标价法下，所报点数的小数在前，大数在后，表示远期汇率贴水；相反，如果点数的大数在前，小数在后，表示远期汇率升水。

远期汇率是在即期汇率的基础上加减远期差额得到的，但是由于汇率的标价方法不同，计算远期汇率的方法也不同。

在直接标价法下：

$$远期汇率 = 即期汇率 + 升水$$
$$远期汇率 = 即期汇率 - 贴水$$

在间接标价法下：

$$远期汇率 = 即期汇率 - 升水$$
$$远期汇率 = 即期汇率 + 贴水$$

【例 6-4】 某日香港外汇市场的外汇报价是：
即期汇率　　　　　　　　USD/HKD = 7.781 0/20
3 个月远期　　　　　　　　　　　30/50

因为香港外汇市场采用直接标价法，且所报点数的小数在前，大数在后，所以美元远期升水，远期汇率 = 即期汇率 + 升水。3 个月远期：USD/HKD = 7.784 0/70。

【例 6-5】 某日纽约外汇市场的外汇报价是：
即期汇率　　　　　　　　USD/DEM = 1.841 0/20
6 个月远期　　　　　　　　　　　20/8

因为纽约外汇市场采用间接标价法，且所报点数的大数在前，小数在后，所以德国马克远期升水，远期汇率 = 即期汇率 - 升水。6 个月远期：USD/DEM = 1.839 0/1.841 2。

（三）用年率表示升水率和贴水率

升水率或贴水率一般都用年率来表示，也就是升水年率或贴水年率。升水年率是指远期汇率的升水率以年率的形式来表示；贴水年率也就是指远期汇率的贴水率以年率的形式来表示。

【例 6-6】 某日美元和澳元的即期汇率为：USD/AUD = 1.359 0。
（1）如果 3 个月后美元升值，其升水年率为 2.3%，求 3 个月后美元的远期汇率？
（2）如果 3 个月后美元贬值，其贴水年率为 3.3%，求 3 个月后美元的远期汇率？

解：（1）若美元升值，3 个月后的远期汇率是：

$$1.359\ 0 \times (1 + 2.3\% \times 3/12) = 1.366\ 8$$

所以，USD/AUD = 1.366 8。

（2）若美元贬值，3 个月后的远期汇率是：

$$1.359\ 0 \times (1 - 3.3\% \times 3/12) = 1.347\ 8$$

所以，USD/AUD = 1.347 8。

通过比较两种货币的升水（贴水）年率和利差，可以判断投资机会。如果远期汇率的升水年率小于两种货币的利差，那么投资者可以投资利率较大的货币来获利。

三、远期汇率的决定

一般情况下，远期汇率取决于两种货币利率的差异。利率高的货币远期汇率贴水，利率低的货币远期汇率升水。之所以有这样的规律，是因为银行经营外汇业务必须遵守买卖平衡原则，即银行卖出多少外汇，同时就要补进相同数额的外汇。当银行卖出远期外汇时，为避免风险敞口，将会在即期买入外汇。假设本币利率高于外币，那么如果远期汇率等于即期汇率，则银行会因为这笔远期交易损失掉一部分利息，所以银行要调整远期汇率以弥补因利率差导致的利息损失。

下面举一个例子来具体说明。假设港元利率为 6%，美元利率为 8%，外汇市场上的即期汇率为：USD/HKD = 7.781 0。如果一个客户向银行购买 3 个月远期港元，外汇银行就会按照即期汇率用美元购买港元，存放在银行 3 个月，以便 3 个月后进行交割。这样的操作会使银行放弃高利率的美元而存放低利率的港元，银行将遭受损失。但是银行不会自己承担这个损失，而是通过影响远期汇率将它转移到客户身上。因此远期外汇汇率下跌，即美元贬值。

远期汇率的变动就要求投资于美元和港元在 3 个月内的获利状况是一样的。可知每投资 1 美元，银行 3 个月内港元投资可以获得港币利息：

$$7.781\ 0 \times 6\% \times 3/12 = 0.116\ 7\ (港元)$$

现在我们考虑银行的损失（即机会成本），如果没有这笔业务，银行每持有 1 美元，3 个月后会获得（如果远期汇率等于即期汇率的话）：

$$(1 \times 8\% \times 3/12) \times 7.781\ 0 = 0.155\ 6\ (港元)$$

所以当考虑银行的损失时，3 个月后银行获得的实际港元本金加利息应当是：

$$7.781\ 0 + 0.116\ 7 - 0.155\ 6 = 7.742\ 1\ (港元)$$

即银行为进行这笔远期交易，实际上是以更贵的价格，即 1 : 7.742 1 而不是即期汇率显示的 1 : 7.781 0 购买的港元。所以，为弥补银行因远期交易遭受的损失，该客户必须以同银行实际购买价相同的价格，即以 1 : 7.742 1 的汇率购买远期港元，这也是市场均衡的 3 个月远期汇率。可见，利率高的美元远期汇率是贴水的，利率低的港元远期汇率是升水的。

根据利率平价理论方程式推导和实际计算都表明,在其他因素不变的情况下,利率对远期汇率的影响是:利率高的货币远期汇率贴水,利率低的货币远期汇率升水;远期汇率的升贴水率大约等于两种货币的利率差。但是这只是在一般情况下,因为在固定汇率制度下,有时某些国家实行货币法定贬值、升值政策;在浮动汇率制度下,远期外汇供求的因素会对远期汇率的起伏产生影响。这些影响会使得远期汇率的贴水、升水数字很大,与利率差异没有直接关系。

四、远期汇率的计算与套算

(一)利率与远期汇率

在远期外汇交易中,外汇银行远期汇率的报价原则主要是遵循一价定律。所谓一价定律,是指在完全竞争的市场上,相同的交易产品或金融资产,经过汇率调整后,在世界范围内其交易成本一定是相等的。远期汇率由两种货币的利率差决定,又因为远期汇率是在即期汇率的基础上加减升贴水得到的,所以升贴水的计算公式为

$$升水(贴水)数 = 即期汇率 \times 两种货币的利率差 \times 天数/360$$

判断是升水还是贴水的规则是:根据利率平价理论,利率高的货币远期贴水,利率低的货币远期升水。

【例 6-7】 英国某银行向客户卖出远期 3 个月美元,设即期汇率 GBP/USD = 1.962 0,伦敦市场利率为 9.5%。纽约市场利率为 7%。3 个月英镑远期汇率为多少?

解:英镑利率高于美元利率,所以英镑远期汇率贴水。

$$贴水的数字 = 即期汇率 \times 两种货币的利率差 \times 天数/360$$
$$= 1.962\,0 \times (9.5\% - 7\%) \times (90/360) = 0.012$$

所以伦敦市场 3 个月远期汇率是:GBP/USD = 1.950 0(= 1.962 0 - 0.012)。

(二)远期汇率的套算

远期套汇汇率(forward cross rate)的计算方法与即期套汇汇率的原理基本一致,只是在计算远期套汇汇率时,首先要先分别计算远期汇率,然后按照即期汇率套汇的方法(交叉相除或者同边相乘)计算远期套汇汇率。

【例 6-8】 已知:即期汇率　USD/HKD = 7.781 0/20
　　　　　　　3 个月　　　　　　　　10/30
　　　　　　　即期汇率　USD/JPY = 120.25/35
　　　　　　　3 个月　　　　　　　　30/45

计算 HKD/JPY 的 3 个月远期汇率。

解:第一步先计算美元兑港元和美元兑日元的 3 个月的远期汇率

$$USD/HKD = 7.782\,0/50$$
$$USD/JPY = 120.55/80$$

第二步计算港元兑日元的 3 个月远期汇率:因为两个汇率都是以美元作为基准货币,

所以套汇汇率应该交叉相除。

港元兑日元的远期买入价是：120.55÷7.785 0 = 15.48

港元兑日元的远期卖出价是：120.80÷7.782 0 = 15.52

所以3个月远期汇率是：HKD／JPY = 15.48/15.52。

五、远期外汇交易的作用

（一）套期保值，规避汇率风险

远期外汇交易是国际上最常用的避免外汇风险的方法。从事国际贸易的进出口商，可以通过远期外汇业务规定交易时的汇率或外汇数量，事先固定贸易的外汇成本和收益，便于经济核算，避免外汇波动风险。下面分别从进口商和出口商的角度来讲远期外汇交易的作用。

出口商可以通过远期外汇交易锁定出口收汇成本。一国出口商与外国进口商签订以外币结算的贸易合同后，从签约日到收回货款需要几个星期，甚至几个月的时间。这段时间内，如果结算货币汇率下跌，就会给出口商带来损失。所以，出口商可以与银行签订远期外汇交易进行套期保值。

【例6-9】 美国出口商向英国出口价值200万英镑的货物，预计3个月后才收汇。假如3个月后英镑兑美元的汇率下跌为GBP/USD = 1.511 5/45。

假设当天外汇市场行情是：

即期汇率　　　　　GBP/USD　　　　1.552 0/30

3个月远期　　　　　　　　　　　　　20/10

如果美国出口商不进行套期保值，3个月英镑贬值将会损失多少？如果采取套期保值措施，该出口商应该如何操作？

解：（1）美国出口商不采取措施，3个月后收到200万英镑，按3个月后GBP/USD的即期汇率兑换可以收到：

200万×1.511 5 = 302.3万（美元）

而即期收到200万英镑可以兑换的美元是：

200万×1.552 0 = 310.4万（美元）

由于汇率变动，美国出口商的损失是：

302.3万 −310.4万 = −8.1万（美元）

（2）美国出口商采取远期外汇交易来套期保值，在外汇市场上卖出3个月远期英镑，汇率是GBP/USD = 1.550 0，3个月后收到进口商的200万英镑可以兑换美元：

200万×1.550 0 = 310万（美元）

310万 −302.3万 = 7.7万（美元）

这种方法比不采取套期保值措施多获得7.7万美元。

但是，汇率的波动是双向的，可能上升，也可能下降。如果3个月后英镑汇率上升了，此时进行套期保值的美国出口商就不能够获得英镑汇率上升时兑换较多美元的好处。

所以，在利用远期外汇交易套期保值时，也可能因为预期失误而不能获得因汇率变动而带来的好处。

同理，进口商也可以通过远期外汇交易锁定进口付汇成本。

（二）调整外汇银行外汇持有额和资金结构

从事外汇业务的银行，可以通过远期外汇市场调整外汇持有额和资金结构。进出口商同外汇银行进行远期外汇买卖后就将汇率风险转嫁给了外汇银行。外汇银行在买卖某种外汇时，或是买入大于卖出（多头），或是卖出大于买入（空头），这样外汇银行就处于汇率变动的风险中。此时，外汇银行可以远期外汇交易来规避外汇风险。

【例6-10】 伦敦某银行在3月1日卖出6个月远期瑞士法郎200万。

假设当天外汇市场行情是：

即期汇率 GBP/CHF = 13.750/70

6个月远期 GBP/CHF = 13.800/20

如果6个月后瑞士法郎交割日的即期汇率为GBP/CHF = 13.725/50，那么该银行听任外汇敞口存在，其盈亏状况如何？

解：如果该银行按6个月后的即期汇率买进瑞士法郎，需支付英镑是：

$$200 \div 13.750 \approx 14.545 \text{ 万（英镑）}$$

同时银行履行6个月期的远期合约，获得英镑是：

$$200 \div 13.800 \approx 14.493 \text{ 万（英镑）}$$

所以，银行如果听任外汇敞口存在，将会亏损：

$$14.545 - 14.493 = 0.052 \text{ 万（英镑）}$$

所以，银行应该将超卖部分的远期外汇买入、超买部分的远期外汇卖出。

（三）远期外汇交易为外汇投机者提供了机会

投机与套期保值不同，套期保值是为避免汇率变动风险而轧平对外债权债务的头寸，而投机活动的目的则是通过有意识地持有外汇多头或空头，从汇率变化中赚取差价收益。外汇投机包括现汇投机和期汇投机。利用现汇市场进行外汇投机，由于现汇交易要求立即进行交割，投机者手中必须持有足够的本币或者外币；利用期汇市场进行期汇投机，投机者手中不必持有很多资金，因为期汇投机在到期时并不需要真正进行现汇买卖，双方只需要交割汇率变动的差价。

利用远期外汇买卖进行投机是基于投机者对汇率变化的正确预测，可以分为买空和卖空两种形式。**买空**（buy long），即先买后卖的投机交易，投资者预期某种货币未来升值，而在外汇市场上买入远期合同。如果在合约到期时即期汇率高于远期合约汇率，则投机者按照远期合约交割，然后再到现汇市场上卖出，获取差价形式的投资利润。**卖空**（sell short），即先卖后买的投机交易，就是如果投机者预期某种货币未来贬值，在外汇市场上卖出远期合同。若到交割日时即期汇率低于远期合约汇率，则投机者可在现汇市场上买入现汇来交割远期合约。但是，实际汇率的变动可能与投机者预测的汇率变化相反，那么投机者就会受到损失。

【例 6-11】 加拿大某投机商预期 6 个月美元对加元的汇率将会较大幅度下跌，于是做了 100 万美元的卖空交易。在纽约外汇市场上，6 个月期美元期汇的汇率为 USD/CAD = 1.368 0/90。假设预期准确，6 个月后美元的即期汇率下降到 USD/CAD = 1.353 0/50，该投机商可以获得多少利润？如果预期错误，6 个月后美元的即期汇率上升到 USD/CAD = 1.377 0/90，则该投机商的获利状况如何？

解： 加拿大投机商在预测美元远期贬值的基础上，通过先卖后买的卖空交易来获利。6 个月后在即期市场上买入 100 万美元，需要支付 135.5 万加元（100×1.355 0 = 135.5）。按照远期合约卖出 100 万美元，可以获得 136.8 万加元（100×1.368 0 = 136.8），则通过卖空交易，该投机商可以获得的利润为 1.3 万加元（136.8 − 135.5 = 1.3）。

但是，如果预测错误，6 个月后美元汇率上升。该投机商 6 个月后在即期市场上买入 100 万美元，需要支付 137.9 万加元（100×1.379 0 = 137.9）；而履行远期合约，他可以获得 136.8 万加元。由于错误预期，该投机商将遭受损失 1.1 万加元。

六、择期外汇交易

（一）择期外汇交易的定义

择期外汇交易是指在做远期外汇交易时，不规定具体的交割日期，只规定交割的期限范围。在规定的交割期限范围内，客户可以按预定的汇率和金额自由选择日期进行交割。交割的范围可以从成交后的第二个工作日至到期日的整个期间，也可以定于该期间内某两个具体日期之间，或具体的月中。交割的期限越长，银行所承受的风险越大。

择期外汇交易使得客户可以选择合适的起息日进行资金的交割，为资金安排提供了较大的灵活性。进出口商在国际贸易中，签订了买卖商品的合同，但往往不能明确付款日期或收款期，如果签订了固定的远期合约，一旦到期不能付款或收款，都需承担违约责任，择期外汇交易不仅能够稳定贸易成本，而且可以避免外汇风险。

（二）择期外汇交易的定价

择期外汇交易的定价过程是：第一步确定择期外汇交易交割期限内的第一个和最后一个工作日；第二步计算出第一个和最后一个工作日的远期汇率；第三步比较这两个工作日的远期汇率，选择一个对银行最有利的报价。

【例 6-12】 即期汇率   USD/DEM = 1.841 0/20
　　　　　　3 个月远期   120/140
　　　　　　6 个月远期   260/300

客户向银行要求做一笔美元兑德国马克的择期外汇交易，请计算外汇银行报出 3～6 个月的任选交割日的远期汇率。

解： 首先，确定择期交割期限内第一天和最后一天的远期汇率。第一天的远期汇率，即 3 个月交割的远期汇率是：

$$USD/DEM = 1.853\ 0/1.856\ 0$$

最后一天的远期汇率，即 6 个月交割的远期汇率是：
$$USD/DEM = 1.867\,0/1.872\,0$$
最后选择对银行有利的报价。

根据以上分析，如果客户要求买入美元卖出德国马克，当银行卖出美元时，可供银行选择的汇率有 1.856 0 和 1.872 0，此时选择 1.872 0 对银行更有利。如果客户要求卖出美元买入德国马克，当银行买入美元时，可供选择的汇率有 1.853 0 和 1.867 0，此时选择 1.853 0 对银行更有利。所以，3～6 个月美元兑德国马克的择期远期交易，最有利于银行的报价为 1.853 0/1.872 0。

从以上实例可以总结出银行在进行择期业务报价时依据的原则：

（1）银行卖出择期远期外汇，当远期外汇升水时，银行按最接近择期期限结束时的远期汇率计算；当远期外汇贴水时，则银行按最接近择期期限开始时的远期汇率计算。

（2）银行买入择期远期外汇，当远期外汇升水时，银行按最接近择期期限开始时的远期汇率计算；当远期外汇贴水时，则银行按最接近择期期限结束时的远期汇率计算。

（三）择期外汇交易

【例 6-13】 2013 年 4 月 2 日，美国 A 公司与德国 B 公司签订了一份贸易合同，进口一套设备，金额为 180 万欧元，货款结算日期预计在 1～3 个月。A 公司预测欧元会升值，于是在 4 月 2 日与银行签订了一份 1～3 个月的择期远期外汇交易合同，用美元买入 180 万欧元，外汇银行的外汇报价如下：

即期汇率	EUR/USD = 1.080 0/10
1 个月远期	15/20
3 个月远期	30/40

请计算 A 公司在 1～3 个月的期间履行合同需要支付多少美元？

解：首先确定该外汇银行的择期外汇交易报价。根据外汇报价，1 个月远期汇率的欧元卖出价是：
$$1.081\,0 + 0.002\,0 = 1.083\,0$$
3 个月远期汇率的欧元卖出价是：
$$1.081\,0 + 0.004\,0 = 1.085\,0$$
所以 1～3 个月的择期远期外汇交易合同的汇率是：
$$EUR/USD = 1.085\,0$$
因而，A 公司在 1～3 个月期间执行合同需支付的美元金额是：
$$180\,万 \times 1.085\,0 = 195.3\,万（美元）$$

【阅读专栏 6-2】

泰铢狙击战

在亚洲金融危机中，泰国成为国际投机资本首选的攻击对象，主要根源在于其自身。在 1997 年泰国货币危机爆发前十年里，泰国经济高速增长背后存在过度依赖外贸、贸易逆差过大等结构性问题。开放资本账户后，资本大量流入催生股市和楼市泡沫，加剧信贷扩张。跨境借款几乎不受限，造成短期外债过高。由于泰铢对美元汇率保持稳定，1996年美元升值带动泰铢升值，同时日元发生了贬值，二者都重创泰国出口，造成经济下滑。经济外部失衡、资产价格泡沫、金融部门脆弱、基本面负面冲击，给国际炒家以可乘之机。政局动荡、政府频繁更迭也削弱了泰国应对危机的能力。

国际炒家早就嗅到攻击的机会。他们的惯用手法是，一旦发现不可持续的资产价格泡沫，就卖空估值过高的有关资产或者货币使其贬值，进而牟取暴利。如果市场恐慌情绪和投资者的悲观心理形成后，引发"羊群效应"，他们的火力就足以对被攻击对象形成猛烈冲击。索罗斯和他旗下的"量子基金"是对冲基金的重要代表，1992年9月做空英镑令其一战成名，被《经济学人》杂志称作"战胜了英格兰银行的人"。此后，固定汇率也成为备受对冲基金"青睐"的攻击目标。

火力侦察

狙击泰铢是蓄谋已久的。索罗斯在其著作中承认，他的基金公司至少提前6个月就预见到亚洲金融危机。当1995年1月中旬泰国的房地产价格开始下跌时，对冲基金就对泰铢进行了试探性进攻，在即期外汇市场大量抛售泰铢，但是在泰国央行入市的干预下未酿成危机。当时墨西哥危机刚刚发生，各方包括世界银行和国际货币基金组织都对泰国有信心，认为除了贸易逆差大以外，泰国经济比墨西哥要健康得多，并不具备发生货币危机的条件。

虽然首战受挫，但投机资本没有放弃，"量子基金"的情报部门通过各种渠道一直在收集情报，对泰国经济金融方面的信息进行分析。索罗斯本人则坐镇后方，一边积极存入保证金、囤积货币，一边在市场上散布泰铢即将贬值的消息。随着泰国经济下行，资产价格泡沫破裂，金融部门问题显现，国际投机资本开始展开大规模的进攻。

短兵相接

1997年2月，以"量子基金"为代表的国际投机资本大量做空泰铢，借入泰铢（包括通过曼谷国际银行的便利借入泰铢）并抛售。2月14日，泰铢汇率跌至10年来最低点的1美元兑26.18泰铢。泰国央行进行了坚决反击，在外汇市场上大量购入泰铢，同时提高短期利率，使投机资本的资金成本大幅提高。在这两项措施的作用下，泰铢即期汇率很快得到了稳定，泰国央行暂时打退了国际投机资本的攻击。但泰国方面也付出了代价，外汇储备消耗很快，高利率对国内经济的负面影响逐渐显现，银行和企业的坏账问题开始暴露。国际炒家此役虽然遇挫，但是他们由此断定泰国政府会死守固定汇率且实力不足，坚定了攻击的决心。

关于事后广为诟病的死守固定汇率的问题，事实上早在1996年4月泰国央行就开始考虑放弃固定汇率，但当时已陷入两难：由于外债过高，如果泰铢贬值，企业的负债升值而资产贬值，许多企业会马上变得资不抵债，进而导致银行坏账攀升甚至引发银行危机，泰铢贬值的宏观经济后果难以预计。加上政局动荡，泰国央行和财政部负责人怕担责任。种种原因导致泰国在放弃固定汇率的问题上一直举棋不定。

焦灼阶段

国际炒家进一步逼近，把战场延伸到远期市场。早在 1997 年年初，国际炒家就开始大量买美元、卖泰铢的远期外汇交易，"明修栈道、暗度陈仓"，分阶段抛空远期泰铢，泰国对此全然不知，还在大量提供远期合约。到了 2 月和 3 月，银行间市场上类似的远期外汇合约需求量激增，高达 150 亿美元，此举引发投资者纷纷效仿。到了 5 月中，国际炒家又开始在即期市场上大量抛售泰铢，5 月底，泰铢受压下跌至 1 美元兑 26.6 泰铢的低点，泰国央行这才采取反击行动：一是干预远期市场，大量卖出远期美元，买入泰铢；二是联合新加坡、中国香港和马来西亚货币当局干预即期市场，耗资 100 亿美元购入泰铢；三是严禁国内银行拆借泰铢给国际炒家；四是大幅提高隔夜拆借利率。此外，泰国政府甚至采取许多非常手段，包括威逼利诱泰国的银行提供远期外汇合约的客户资料，并扬言要打击刊登不利消息的媒体，警察开始追踪发布负面新闻的人。但为时已晚，泰铢已经落入炒家布置好的圈套。

国际炒家针锋相对，在 6 月继续出售美国国债筹集资金，对泰铢进行最后的扑杀，同时散布泰国已经黔驴技穷的消息。一些外资银行开始在报纸上刊登广告，表示可以帮助投资者将外汇汇出泰国，泰国国内的贸易商也开始做出安排，加快将泰铢兑换成美元，加速了泰国外汇储备的消耗。

失去抵抗

泰国政府一直坚守固定汇率，又没有更好的办法来反击国际炒家。经过几轮交锋，泰国的外汇储备消耗殆尽。1997 年 6 月，泰国央行的外汇储备仅剩下 60 亿～70 亿美元。6 月 19 日，泰国总理仍宣称泰铢绝不贬值，但随后泰国财政部部长辞职，市场恐慌情绪加剧。6 月 28 日，泰国外汇储备减少到 28 亿美元，干预能力几近枯竭，完全失去了抵抗，只好于 7 月 2 日宣布放弃固定汇率，泰铢暴跌。7 月 28 日，泰国向 IMF 发出救援请求。泰铢贬值标志着东南亚货币危机全面爆发，国际炒家大获全胜，并挟得胜之威横扫东南亚，菲律宾比索、印度尼西亚盾和马来西亚林吉特相继贬值，新加坡也受到冲击，逐渐演变成席卷全球新兴市场的亚洲金融危机。

资料来源：管涛. 汇率的本质[M]. 北京：中信出版集团，2016.

第四节　外汇掉期

一、外汇掉期的定义

外汇掉期交易（swap transaction）是指买进或卖出某种货币的同时，卖出或买进期限不同的同种货币。这两笔外汇交易中，币种相同、交易金额相等，但是交易方向相反、交易期限不同。掉期交易的主要目的包括两个方面：一是轧平外汇头寸，避免汇率变动引起的风险；二是利用不同交割期限汇率的差异，通过贱买贵卖，牟取利润。

二、外汇掉期的分类

根据起息日的不同，外汇掉期可以分为以下三类。

1. 即期对远期的掉期交易

即期对远期的掉期交易（spot-forward swap）是掉期交易中最常见的形式，指买进或卖出一笔现汇的同时，卖出或买进一笔期汇的掉期交易。在短期投资中，通常运用掉期交易将一种货币转换成另一种货币，固定换汇成本，规避风险。在实际操作中常见的即期对远期的掉期交易有以下三种。

（1）**即期对次日掉期**（spot/next，S/N），第一个交割日在即期，后一个交割日安排在次日的掉期交易。

（2）**即期对一周掉期**（spot/week，S/W），第一个交割日在即期，后一个交割日是一周的远期。

（3）**即期对整数月掉期**，如1个月、2个月、3个月和6个月等，第一个交割日在即期，后一个交割日是1个月或2个月等整数月远期。

2. 即期对即期的掉期交易

即期对即期的掉期交易（spot against spot）是指买进或卖出一笔即期外汇的同时，卖出或买进另一种同种货币的即期。这两笔即期交易的区别在于它们的交割日期不同，可以用来调整短期头寸和资金缺口。常见的几种交易如下：

（1）**今日对明日掉期**（today-tomorrow swap），指将第一个交割日安排在成交的当天（即"今日"），并将后一个交割安排在成交后的第一天（即"明日"）的掉期，又称为隔夜交易（over-night，O/N）。

（2）**明日对后天掉期**（tomorrow-next swap），指将第一个交割日安排在成交后的第一个工作日（即"明日"），将后一个交割安排在成交日后的第二个工作日（即"后天"），又称为隔日交易（tom-next，T/N）。

今日对明日和明日对后天掉期交易的时间跨度都是一个交易日。

3. 远期对远期的掉期交易

远期对远期的掉期交易（forward against forward），是由两笔交易金额相等、交易方向相反、不同期限的远期外汇交易组成。这种交易有两种方式：一是买进较短交割期的远期外汇，卖出较长交割期的远期外汇；二是买进期限较长的远期外汇，而卖出期限较短的远期外汇。根据交易的买卖对象不同，可以分为以下两类。

（1）**纯粹掉期**（pure swap），是指对某交易者而言，如果掉期交易中的两笔方向相反、期限不同、金额相同的交易是与同一个交易对手进行的。例如，甲向乙卖出了100万30天远期美元的同时，又从乙处买进100万90天远期美元。

（2）**制造掉期**（engineered swap），是指掉期交易中的两笔方向相反、期限不同、金额相同的交易是与不同的交易对手进行的。例如，甲向乙卖出了100万30天远期美元的同时，又从丙处购买了100万90天远期美元。

三、外汇掉期的报价

掉期率（swap rate）是掉期交易的价格，在外汇市场上一般只报出掉期率。掉期率的报价通常采用双向报价，即同时报出买入价和卖出价。掉期率一般用基本点来表示买入价和卖出价。买入价表示即期卖出基准货币与远期买入基准货币的汇率差额；卖出价表示即期买入基准货币与远期卖出基准货币的汇率差额。

外汇掉期交易中，判断升水或贴水的方法：如果掉期率是按照左小右大排列，则表示升水，远期汇率等于即期汇率加上掉期率；如果掉期率是按照左大右小排列，则表示贴水，远期汇率等于即期汇率减去掉期率。

【例6-14】 某外汇市场上：

即期汇率　　　　　　　　　GBP/USD = 1.563 5/50
3 个月远期　　　　　　　　　　20/45
所以 3 个月的远期汇率是：

$$GBP/USD = 1.565\ 5/95$$

掉期汇率，因为掉期率是按照左小右大排列，所以表示升水，远期汇率等于即期汇率加上掉期率。20 买入价表示即期卖出基准货币与远期买入基准货币的汇率差额；45 卖出价表示即期买入基准货币与远期卖出基准货币的汇率差额。

即期买入英镑　　　　　　　1.563 5
3 个月远期卖出英镑　　　　　1.568 0（= 1.563 5 + 0.004 5）
即期卖出英镑　　　　　　　1.565 0
3 个月远期买入英镑　　　　　1.567 0（= 1.565 0 + 0.002 0）

四、外汇掉期交易的应用

掉期交易是由两笔币种相同、交易金额相等但是交易方向相反、交易期限不同的交易构成的。它可以用来套期保值，规避由于汇率波动带来的风险；转换货币，满足客户对不同货币资金的需求；利用汇率差异获得利润等。

（一）进行套期保值

中国出口商与美国进口商签订合同，规定 3 个月后支付 100 万美元货款。中国出口商将在 3 个月后获得 100 万美元。但是在这期间，如果美元汇率下跌，中方将遭受损失。为了规避外汇风险，中方卖出 3 个月远期美元给银行。银行如果不做相反的交易，3 个月后会出现 100 万美元的多头风险。银行可以用掉期交易来规避风险，银行即期卖出 100 万美元，加上远期从客户买入的 100 万美元，这样美元一买一卖相互抵消转移了客户带给银行的外汇风险。

（二）货币转换

掉期交易可以使投资者将闲置的货币转换为所需要的货币，并得以运用，从中获取利益。现实中，许多公司和银行及其他金融机构利用这项新的投资工具，进行短期的对外投资，在进行这种短期对外投资时，它们必须将本币兑换为另一国的货币，然后调往投资国或地区，但在资金回收时，有可能发生外币汇率下跌使投资者蒙受损失的情况，为此，就利用掉期交易避开这种风险。例如，某银行因为业务需要，提前 3 个月以日元购入欧元。为了防止 3 个月后欧元汇率下跌，该银行利用掉期业务，在买入欧元的同时，卖出 3 个月远期的欧元，实现了货币转换，避免了风险。

（三）轧平交易中的资金缺口

例如，某出口企业收到国外进口商支付的货款 100 万美元，该企业需要将货款换成人民币，但同时该企业 3 个月后需要支付进口原材料 100 万美元的货款。此时，该企业就可以与银行办理一笔掉期业务，即期卖出 100 万美元，取得相应的人民币，3 个月远期以人民币买入 100 万美元。通过掉期交易，该出口企业可以轧平交易中的资金缺口，达到规避风险的目的。

（四）投机性的掉期业务，获得利润

外汇掉期交易中的远期汇率在掉期交易进行时已经确定，考虑到未来的市场利率与汇率都可能发生变化，人们可以根据对利率变化的预期，做出对未来某个时刻市场汇率的预期，并根据这种预期进行投机性的掉期交易，从中获得利润。

五、外汇掉期交易

【例 6-15】 某香港公司从欧洲进口设备，1 个月后将支付 100 万欧元。同时该公司也向欧洲出口产品，3 个月后将收到 100 万欧元货款。香港公司做了笔掉期交易来规避外汇风险。假设外汇市场上的汇率报价是：

即期汇率　　　　　　　EUR/HKD = 7.790 0/05
1 个月远期　　　　　　　　　　10/15
3 个月远期　　　　　　　　　　30/45

香港公司如何进行远期对远期掉期交易以保值？其收益状况如何？

解： 香港公司可进行 1 个月对 3 个月的远期对远期掉期交易：买入 1 个月远期的 100 万欧元，同时卖出 3 个月远期的 100 万欧元。

1 个月后香港公司买入 100 万欧元，需支付港币：
$$100 \text{ 万} \times 7.792\ 0 = 779.20 \text{ 万（港元）}$$

3 个月后香港公司卖出 100 万欧元，可获得港币：
$$100 \text{ 万} \times 7.793\ 0 = 779.30 \text{ 万（港元）}$$

通过远期对远期的掉期交易可以获得港元收益是：
$$779.30 \text{ 万} - 779.20 \text{ 万} = 1\ 000 \text{（港元）}$$

如果香港公司是通过做两笔即期对远期的掉期交易来规避风险的，则操作是：对于 1 个月后支付的货款，在远期市场上买入 1 个月 100 万欧元，同时在即期市场上卖出；对于 3 个月后将收到的货款，在即期市场上买入 100 万欧元，同时卖出 3 个月远期的 100 万欧元。收益状况如下。

- 1 个月支付的货款：香港公司买入 1 个月远期欧元需要支付 100 万 × 7.791 5 = 779.15 万港元，在即期市场上卖出获得 100 万 × 7.790 0 = 779.00 万港元，损失 1 500 港元。
- 3 个月收到的货款：香港公司在即期市场买入欧元需要支付 100 万 × 7.790 5 = 779.05 万港元，卖出 3 个月远期欧元可获得 100 万 × 7.793 0 = 779.30 万港元，其收益为 2 500 港元。

所以通过两笔即期对远期的掉期交易可以获得 1 000 港元。

第五节 套汇、套利和进出口报价

一、套汇交易

从理论上来说，尤其是在当今电信业如此发达的情况下，世界范围内某种货币的汇率应该是趋向同一的。然而，各个不同的外汇市场上，由于外汇供求或者其他关系的变动，以及信息交流不够充分等因素，会使不同的外汇市场在同一时刻的货币汇率存在差异。这种短暂的外汇差异为套汇人提供了投机的机会。

套汇（arbitrage），是指套汇人利用两个或两个以上外汇市场在同一时刻货币的汇率差异进行外汇交易，在汇率较低的市场上买入一种货币，在汇率较高的市场上卖出该货币，从中赚取差价利润的活动。

套汇交易结束后，原先汇率较低的外汇市场上，该种货币的需求大于供给，从而该货币的汇率上升；原先汇率较高的外汇市场上，该种货币的供给大于需求，使得货币汇率下降，这样各个市场的汇率差异减小，趋于消失。

套汇交易一般可以分为直接套汇和间接套汇。

（一）直接套汇

直接套汇（direct arbitrage），又称两角套汇或两点套汇、两地套汇，是套汇者利用两个外汇市场之间在同一时间的汇率差异，同时在两个市场上买卖该货币，赚取汇差利润的外汇交易。例如，在某一时刻，香港和纽约外汇市场上的汇率如下。

香港外汇市场上：USD1 = HKD7.818/28

纽约外汇市场上：USD1 = HKD7.801/11

显然美元在香港外汇市场上的汇率高于在纽约外汇市场上的汇率，套汇者根据直接套汇的原则，在纽约外汇市场上以 USD1 = HKD7.811 买入美元，在香港外汇市场上以 USD1 = HKD7.818 卖出美元。如果套汇资金为 781.1 万港元，那么获得的套汇收益为 781.8 万 – 781.1 万 = 0.7 万港元。

但是，上面的交易中未考虑电话、电传、佣金等费用，所以套汇利润必须大于套汇费用，否则套汇者便无利可图，套汇活动就不会发生。

（二）间接套汇

间接套汇（indirect arbitrage），又称三地套汇，是利用三个或三个以上外汇市场同一时间的汇率差异，在多个市场间调拨资金，贱买贵卖，从中获取利润的外汇交易。由于间接套汇涉及多个外汇市场，情况复杂，所以必须判断是否存在套汇机会。判断的方法是：将三地的汇率换算成同一标价法（都换成直接标价法或间接标价法）下的汇率，然后将三个汇率连乘起来，若乘积等于1，则不存在汇率差异；若乘积不等于1，则存在汇率差异，可以进行套汇。

【例6-16】 同一时间，纽约、伦敦、香港外汇市场上的汇率如下。

纽约外汇市场：USD1 = HKD7.850 8/18

伦敦外汇市场：GBP1 = USD1.651 0/20

香港外汇市场：GBP1 = HKD12.490/500

判断三地是否存在套汇机会？如果存在套汇机会，某港商有 200 万港元投资成本，如何进行套汇，获利多少？不考虑其他费用。

解： 首先将三地的汇率换算成同一标价法下的汇率，由于纽约和伦敦外汇市场都采用间接标价法，则须将香港外汇市场的汇率换算成间接标价法。HKD1 = GBP0.080 0/01
将三个汇率同边相乘得到：

（0.08×1.651 0×7.850 8）/（0.080 1×1.652 0×7.851 8）≈ 1.036 9/1.039 0

由此可以看出套汇机会，图 6-1 演示了该套利业务的操作过程。

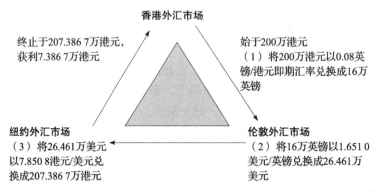

图 6-1　间接套汇

套汇的方向为：先在香港外汇市场上卖出港币买入英镑，然后在伦敦外汇市场上卖出英镑买入美元，最后在纽约外汇市场上卖出美元买入港元。

该港商获得的套汇收入是：

200 万 ×（0.08×1.651 0×7.850 8）= 207.386 7 万（港元）

207.386 7 万 - 200 万 = 7.386 7 万（港元）

二、套利交易

套利交易（interest arbitrage transaction）也叫利息套汇，是指投资者利用不同国家或地区短期利率的差异，将资金由利率较低的国家或地区转移到利率较高的国家或地区进行投资，以从中获得利息差额收益的外汇交易。按照套利者在套利的同时是否做远期外汇交易进行保值，套利交易可分为无抵补套利和抵补套利。

（一）无抵补套利

无抵补套利（uncovered interest arbitrage），是指套利者把短期资金从利率较低的市场调到利率较高的市场进行投资，以谋取利息差额收入。由于套利者在套利的同时没有做远期外汇交易进行保值的套利交易，因而要承担汇率波动产生的风险。

【**例 6-17**】 假设即期汇率 GBP/USD = 1.500 0，美元年利率为 8%，而同期英镑年利率为 6%，在预期 6 个月后市场汇率为 GBP/USD = 1.504 0 的基础上，英国某套利者以 100 万英镑进行为期 6 个月的套利。如果预期准确，可获得多少套利净收入？

解： 如果预期准确，投资者先将 100 万英镑换为美元投资，6 个月后按照预期的汇率将获得的本利兑换成英镑：

$$100 万 \times 1.5000 \times (1 + 8\% \div 2) \div 1.5040 = 103.72 万（英镑）$$

如果不进行套利，100万英镑6个月可以获得的本利是：

$$100 万 \times (1 + 6\% \div 2) = 103 万（英镑）$$

套利者可以获得的净收益：

$$103.72 万 - 103 万 = 0.72 万（英镑）$$

但是如果套利者预测不准确，也不做远期外汇交易进行保值，就要承担外汇风险。如果6个月后的汇率为GBP/USD = 1.5610，那么套利后获得的本利是：

$$100 万 \times 1.5000 \times (1 + 8\% \div 2) \div 1.5610 = 99.94 万（英镑）$$

此时，套利者可以获得负的净收益，套利投资失败：

$$99.94 万 - 103 万 = -3.06 万（英镑）$$

从上面的计算可以看出，当6个月后的汇率为GBP/USD = 1.5146时，套利所得的收益与不进行套利获得的收益相同。如果实际汇率低于该汇率，则美元相对于英镑的高利差收入大于美元远期贴水所带来的损失，进行套汇是有利的。

（二）抵补套利

抵补套利（covered interest arbitrage）是指套利者在套利的同时，通过远期外汇交易进行保值的套利交易。这种做法就是将套利交易和掉期交易相结合，避免外汇风险。抵补套利是比较常见的投资方法。

援引上例，假设6个月远期英镑对美元的汇率为GBP/USD = 1.5096，那么套利者在做套利的同时做掉期，卖出远期美元收入，可以避免汇率波动带来的风险。

$$100 万 \times 1.5000 \times (1 + 8\% \div 2) \div 1.5096 - 103 = 0.34 万（英镑）$$

值得注意的是，套利活动存在的条件是，两个地区的利率差异大于两种货币的即期汇率和远期汇率的差异。如上题，当远期汇率为GBP/USD = 1.5040时，英镑的年升水率为

$$(1.5040 - 1.5000) \div 1.5000 \times (12 \div 6) = 0.005$$

两国的年利差为8% - 6% = 2%，大于英镑的年升水率，所以套利成功。

当远期汇率为GBP/USD = 1.5610时，英镑的年升水率为8%，大于两国的年利差，所以不能进行套利。

利率的差异使得资金从一国流向另一国会出现恢复利率平价的趋势。这是根据利率平价理论，外汇的远期差价是由两国利率的差异决定的。套利者买入即期高利率货币，卖出即期低利率货币。同时为了避免外汇风险，卖出远期高利率货币，买入远期低利率货币。这样必然使得高利率的货币远期贴水，低利率的货币远期升水，直至即期汇率和远期汇率的差异等于两地利率差异，套利活动才会停止。

三、汇率折算与进出口报价

国际贸易活动中，经常会发生需要改变进出口报价的情况：出口业务中，外国进口商要求我国出口商改用另一种货币报价；进口业务中，我国进口商需要比较同一种商品

以两种不同货币的报价。这些问题涉及汇率的折算和套算，熟练掌握汇率的计算以及进出口报价的原则，能提高企业效益，规避风险。

（一）汇率折算

外汇市场通常采取双向报价，即同时报出买入价和卖出价，但是汇率的买入价与卖出价之间一般相差10‰～50‰。进出口商在货价折算对外报价或者比较进口货物报价时，一定要选择恰当的汇率，否则会遭受损失。一般在运用汇率的买入价与卖出价时，应遵循以下原则。

（1）本币折算外币时，应该按买入价折算。
（2）外币折算本币时，应该按卖出价折算。

【例6-18】 我国某出口商品原以美元报价，每件80美元，现客户要求以英镑报价。当日纽约外汇市场的汇率报价为1英镑 = 1.744 0/50美元，则我国出口商品的英镑报价为多少？

解： 因为在纽约外汇市场，所以美元视为本币，英镑视为外币。要求把美元报价改为英镑报价，就是将本币报价折算为外币报价，应使用买入价。纽约外汇市场上的英镑是直接标价法，所以汇率报价的前一个数是买入价，英镑报价应为 $80 \div 1.744\,0 = 45.87$ 英镑。

如果以当日伦敦外汇市场的牌价为依据，则美元视为外币，英镑视为本币。把美元报价改为英镑报价，就是外币报价折算为本币报价，应使用卖出价折算。如果当日牌价也为1英镑 = 1.744 0/50美元，伦敦外汇市场是采用间接标价法，汇率报价的前一个数是卖出价，则英镑报价也为45.87英镑。

由此可知，一种外币改为另一种外币报价时，无论以哪个外汇市场作为基准，只要不同的外汇市场的汇率相同，折算出的同一货币表示的进出口报价是相同的。

进出口报价原则，既适用于即期汇率，也适用于远期汇率。

（二）即期汇率与进口报价

在进口贸易中，外国出口商如果以两种货币对同一商品报价，进口商应尽力选择较低支付的方式接受报价。我国公司确定接受哪种货币报价的经济依据与方法有以下几种。

1. 将该进口商品的两种货币报价均按人民币汇价折算成人民币进行比较

【例6-19】 我国某公司从德国进口商品，德国出口商给出了两个报价：以欧元报价的单价为500欧元，以美元报价的单价为600美元，该公司应接受欧元的报价，还是美元的报价？

当日外汇市场的即期汇率是：

$$美元 / 人民币 = 8.038\,0/8.070\,0$$

$$欧元 / 人民币 = 9.603\,0/9.680\,6$$

解： 将德国出口商的两个报价折算成人民币报价进行比较：

美元报价折算为人民币：$8.070\,0 \times 600 = 4\,842$（元）

欧元报价折算为人民币：9.680 6×500 = 4 840.3（元）

可见，欧元报价的人民币成本低于美元报价的人民币成本。因此中国该公司应接受欧元的报价。

2. 将同一商品不同货币的进口报价，按国际外汇市场的即期汇率统一折算进行比较

如上述例题中德国商品的欧元和美元报价，如果以当天纽约外汇市场的美元与欧元的比价进行折算，也可得出应该以何种货币报价较为合理。

假设同日，纽约外汇市场的报价是：

EUR/USD = 1.185 3/1.186 4

按照此汇价，欧元的报价折算为美元：500 × 1.185 3 = 592.65 美元，但是美元的报价单价为 600 美元。所以，在不考虑其他因素的情况下，该中国公司应接受欧元的报价。

（三）远期汇率与进出口报价

1. 汇率表中远期贴水（点）数，可作为延期收款的报价标准

我国公司在出口贸易中，国外进口商在延期付款条件下，要求我国公司以两种外币报价，假如甲币为升水，乙币为贴水，如以甲币报价，则按原价报出；如以乙币报价，应按汇率表中乙币对甲币贴水后的实际汇率报出，以减少乙币贴水后的损失。

【例 6-20】某日纽约外汇市场汇价：

	即期汇率	远期汇率
美元/瑞士法郎	1.603 0—40	贴水 135—140

我国公司向美国出口机床，如即期付款每台报价 2 000 美元，现美国进口商要求我国公司以瑞士法郎报价，并于货物发运后 3 个月付款，应报多少瑞士法郎？

解：（1）计算瑞士法郎对美元的 3 个月远期汇率，由于贴水 135—140，故其远期实际汇率是：

1.603 0 + 0.013 5 = 1.616 5（卖出价）

1.604 0 + 0.014 0 = 1.618 0（买入价）

（2）考虑到 3 个月后方能收款，故将 3 个月瑞士法郎贴水的损失加在货价上，故应报瑞士法郎价 = 原美元报价 × 美元/瑞士法郎 3 个月远期汇率。

（3）考虑到根据纽约外汇市场汇价表来套算，美元视为本币，瑞士法郎为外币，根据本币折外币按买入价折算的原则，应报的瑞士法郎价 = 美元原报价 ÷ 美元/瑞士法郎 3 个月远期汇率买入价，即 2 000 × 1.618 0 = 3 236 瑞士法郎。

2. 汇率表中的贴水年率，也可作为延期收款的报价标准

远期汇率表中的贴水货币的贴水年率，即贴水货币（对升水货币）的贬值年率。如某商品原以较硬（升水）货币报价，但国外进口商要求改以贴水货币报价，出口商根据即期汇率将升水货币金额换算为贴水货币金额的同时，为弥补贴水损失，应再将一定时期内贴水率加在折算后的货价上。

出口商品原为即期收款以贴水货币报价，应国外进口商要求，改为延期收款以升水货

币报价。在这种情况下，我国公司的报价原则应该是按即期收款的升水货币报价来报价。

【例 6-21】 我国公司对欧洲某出口商品原报即期付款价 485 美元/箱，应外国进口商要求改用英镑报价，并延期三个月付款。该出口商品应报每箱多少英镑？已知伦敦市场汇价是：

	即期汇率	3 个月远期
美国	1.579 0—1.580 6	200—240

解：（1）外商如果即期付款，由于是外币折算为本币，应按卖出价折算，我国公司报价应是：

$$485 \div 1.579\ 0 = 307.16（英镑）$$

（2）外商如延期 3 个月付款，由于远期差价前小后大，在间接标价法下，远期汇率为贴水，远期汇率 = 即期汇率 + 贴水；外币折算为本币，又是延期付款，就应按远期汇率的卖出价折算，这样我国公司报价应是：

$$485 \div (1.579\ 0 + 0.02) = 303.31（英镑）$$

（3）与即期收款相比，延期收款不利于我国公司资金周转，而报价又低了 3.85 英镑（303.31 − 307.16 = 3.85）。所以，我国公司报价的标准应是按即期收款的升水货币报价，即 307.16 英镑/箱。

第六节　外汇期货交易

一、外汇期货交易概述

外汇期货（foreign exchange futures），是一种交易双方在有关交易所内能通过公开叫价的拍卖方式买卖在未来某一日期，以既定汇率交割标准数量外汇的期货合同的外汇交易。

现代期货交易始于 1972 年美国芝加哥商业交易所（Chicago Mercantile Exchange，CME）的国际货币市场（International Monetary Market，IMM）。20 世纪 70 年代以前，期货交易仅限于农矿产品；20 世纪 70 年代以后，由于世界经济不稳定，利率、汇率经常大幅度波动，人们开始尝试将商品期货交易的机制移植到外汇交易和金融凭证交易上。1972 年芝加哥商业交易所正式成立国际货币市场分部，推出了 7 种外汇期货合约，将商品期货交易的经验运用于外汇交易，使得从事与外汇交易有关的国际经济交易的经济主体能够规避外汇风险，从而揭开了期货市场创新发展的序幕。

外汇期货是金融期货中最早出现的品种，它不仅为广大投资者和金融机构等经济主体提供了有效的套期保值工具，也为套利者和投机者提供了新的获利手段。

二、外汇期货交易的特征

（一）交易合约标准化

1. 合约规模标准化

外汇期货交易对合约单位有严格的要求。特定货币的每份期货合约的数量相等、金额固定，这一特定数量由各交易所根据各标的货币与结算货币的正常平均汇率确定。如表 6-5 所示，根据芝加哥商业交易所的规则，国际货币市场上每份英镑期货合约的交易单位为 62 500 英镑，欧元期货合约的交易单位为 125 000 欧元。

表 6-5 芝加哥国际货币市场外汇期货合约概况

合约种类	交易单位	基本点数	最小价格变动（USD）	一张合约最小价格变动（USD）	合约时间（月）
欧元（EUR）	125 000	0.000 1	0.000 1	12.5	3、6、9、12
英镑（GBP）	62 500	0.000 2	0.000 2	12.5	3、6、9、12
瑞士法郎（CHF）	125 000	0.000 1	0.000 1	12.5	3、6、9、12
加元（CAD）	100 000	0.000 1	0.000 1	10	3、6、9、12
澳元（AUD）	100 000	0.000 1	0.000 1	10	3、6、9、12
日元（JPY）	12 500 000	0.000 001	0.000 001	12.5	3、6、9、12

2. 交割日期标准化

交易合约时间是每 3 个月为一个周期，即交易届满月为每年的 3、6、9、12 月，合约到期的月称为**即期月**（spot month）。

IMM 外汇期货合约的交割日为即期月的第三个星期三。若当天不是营业日，则顺延至下一个营业日。合约交易的截止日期为交割日之前的第二个营业日，最后一个交易日的汇率为结算价。

3. 价格波动限制

外汇期货交易合约的最小变动价位（minimum fluctuation tick），是指标的货币汇率变动一次的最小幅度，用基本点的倍数表示。如表 6-5 所示，英镑的基本点是 0.000 2，最小变动价位是 0.000 2 美元；欧元和加元期货的基本点都是 0.000 1 美元，最小变动价位也是 0.000 1 美元；日元期货基本点为 0.000 001，最小变动价位为 0.000 001 美元。

由于外汇期货交易市场单笔交易数额大，为防范汇率波动风险，主要外汇期货交易所都采取了一定程度的涨跌停板制度，即采取**每日价格最大波动限制**（daily limit moves）。一旦价格波动超过该幅度，交易自动停止，这样，交易者便不至于因价格的暴跌暴涨而蒙受巨大损失。IMM 规定，每日仅在开市的 15 分钟内对价格最大波动进行限制，之后没有任何限制。例如，在开市时，日元期货的每日价格最大波动为 200 点，每点的价位是 12.50 美元，所以日元期货每份合约的每日价格最大波动为 2 500 美元。

（二）交易与结算集中化

外汇期货交易是一种标准化的场内交易，必须在集中性的交易场所通过公开叫价的方式成交，对任何一种外汇期货合约公开叫价所形成的价格对所有投资者有效。这种交易规则称为外汇期货的**公开叫价制度**（open outcry）。

外汇期货结算，是指外汇期货清算机构根据交易所公布的结算价格，对客户持有外汇期货合约头寸的盈亏状况进行资金清算的过程。交易所在银行开设统一的结算资金账户。会员在交易所结算机构开设结算账户，会员在交易所的交易由交易所结算机构统一结算。

(三) 履约有保障

外汇期货交易采用**保证金制度**（margin system）和**逐日清算制度**（mark to market daily），起到防止交易各方违约的作用，为合约的履行提供了保障。

1. 保证金制度

为了防止投资者因为外汇期货市场汇率变动而违约，参加外汇期货交易的各方必须缴纳保证金。保证金是用来确保期货买卖双方履约并承担价格变动风险的一种财力担保金。

初始保证金（initial margin），有时也被称作原始保证金，是当交易者新开仓时必须依照各类合约的有关规定向清算所缴纳的资金，通常为交易总额的一定比例。在向交易所缴纳初始保证金后，交易所的清算机构根据外汇期货价格变化逐日清算未交割期货合约的盈亏，浮动盈利将增加保证金账户余额，浮动亏损将减少保证金账户余额。保证金账户在经过逐日清算（即逐日盯市）后必须维持一个最低余额，称为**维持保证金**（maintenance margin）。当保证金账面余额低于维持保证金时，交易者必须在规定时间内补充保证金，否则在下一交易日，交易所有权实施强行平仓。这部分需要重新补充的保证金被称为**追加保证金**（variation margin）。

2. 逐日清算制度

所谓逐日清算制度，又称逐日盯市制度，是指结算部门在每日闭市后对会员经纪商的保证金账户进行结算、检查，根据每日的收益与损失进行调整，并通过适时发出**保证金追加单**（margin call），使保证金余额维持在一定水平（即维持保证金）之上，从而防止负债发生的一种结算制度，其目的是控制期货市场的违约风险。

【例 6-22】IMM 英镑期货合约规模为 62 500 英镑，某交易者购入一个英镑期货合约，价格为 1.556 0，初始保证金为 2 800 美元，维持保证金为 2 100 美元。连续四个交易日保证金账户金额变化如表 6-6 所示。在交易者逐日清算后，根据浮动盈亏提领保证金或弥补亏损，在保证金账户余额低于维持保证金时需追加保证金。

表 6-6 保证金账户盈亏表

时间	交易日 1	交易日 2	交易日 3	交易日 4
头寸	+1（多头）	+1	+1	+1
持有价格	1.556 0	1.550 0	1.542 0	1.557 0
结算价格	1.550 0	1.542 0	1.557 0	1.558 6
浮动盈亏	−0.006 0	−0.008 0	+0.015 0	+0.001 6
保证金账户盈亏	−375（= −0.006 0 × 62 500）美元	−500（= −0.008 0 × 62 500）美元	+937.5（= +0.015 0 × 62 500）美元	+100（= +0.001 6 × 62 500）美元
保证金账户余额	2 425 美元	1 925 美元	3 737.5 美元	3 137.5 美元
操作	余额大于维持保证金，不需追加	余额小于维持保证金，追加 875 美元	余额大于维持保证金，提出 700 美元	余额大于维持保证金，不需追加

保证金制度是期货交易的灵魂，而其顺利实施又有赖于逐日盯市制度。这两项制度加之交易所和清算所作为交易保障，提高了外汇期货交易的效率和安全性，为活跃的外汇期货交易创造了公开、公正、公平的市场环境。

(四) 市场流动性高

由于期货合约的规模和交割日期都是标准化的，更容易实现各种交易者在期货市场上的匹配，进而增强了期货市场的流动性。此外，由于买卖期货合约后，可在交割日之前的任何一天进行交易（卖或买），交易方式更加灵活，从而增加了期货合约的交易量。

三、外汇期货交易与远期外汇交易的比较

外汇期货交易与远期外汇交易都是外汇买卖双方通过签订合同的方式，预定在未来某一日期按既定的汇率交割合同所规定的货币；两者都可以用来进行套期保值或外汇投机；价格计算公式也基本一致。但是，外汇期货市场和远期外汇市场也有着一系列不同的规则和要求，为了更好地把握外汇期货交易的特点，有必要对外汇期货交易与远期外汇交易的区别进行分析。

(一) 市场参与者不同

从事远期外汇交易虽然没有资格限制，但实际上远期外汇市场的参与者大多为专业化的证券交易商或与银行有良好往来关系的大厂商，而广大个人投资者与中小企业由于缺乏足够的信用，极难有参与交易的机会。但在外汇期货市场上，任何投资者只要按规定缴存保证金，均可通过具有期货交易所清算会员资格的外汇经纪商来进行外汇期货交易，不受所谓资格的限制。

(二) 交易场所与交易方式不同

传统的银行间远期外汇交易一般都是在场外进行，没有具体的交易场所。外汇期货交易只能在受政府管理的期货交易所内进行，交易的竞争性很强，而且有严格的交易规则和程序。

在交易方式方面，远期外汇交易是交易各方之间通过电话、电传、电报、电脑终端等通信网络来进行的，远期汇率通常是由买卖双方通过询价报价来确定的，价格的波动不受任何限制。外汇期货交易则是由场内经纪人、场内交易商在指定的交易栏旁通过公开喊价、竞争拍卖的方式进行的，价格的波动一般有上下限的限制。此外，期货交易所还对各种外汇期货规定了特定的交易时间。

(三) 报价方式不同

进行远期外汇交易时，价格一般由银行报出，而银行的报价是双向的远期汇率，既报买入价，又报卖出价。在期货市场上，买方或卖方都只报一种价格，买方只报**出价**（bid），卖方只报**开价**或**发价**（offer）。因此，外汇期货市场上，在任何一个时点上只存在单一价格，它是场内经纪人、场内交易商之间在交易所内讨价还价相互竞争的结果。竞争的结果确保期货合约能在目前报出的出价的最高价格（最高的出价）出售，或确保期货合约能在目前开出的开价的最低价格（最低的开价）购入。价格一旦形成，在该时点对交易所内全部交易者有效。

（四）有无标准化合约的不同

远期外汇交易合约是非标准化合约，它的交易金额是没有规定的，交易的数量可由客户与银行商定。外汇期货交易则是按标准化的数量（合约面额）进行，要在期货市场上进行套期保值或外汇投机，只能按合约标准化的数额或其倍数进行交易。

在交易期限方面，远期外汇交易的期限具有很大的选择余地，合约期限通常可以面议，不少银行还做远期择期交易。外汇期货合约则有标准化的交割期限，一般1年中只有4个固定的交割日期可供选择（在美国 IMM，交割日期已扩大到8个）。

（五）有无保证金的不同

远期外汇交易一般不收取保证金。而在外汇期货市场上，为确保每一份期货合约在生效后当事人能对因期货价格发生变化而造成的亏损及时进行支付，期货交易所要求买卖双方都存入保证金，而且在期货合约有效期内的每一天都进行结算，调整保证金。

（六）结算业务的不同

远期外汇交易的结算业务一般由经办这一远期交易的银行同经纪人直接进行，因而没有专门的结算单位。银行间远期外汇交易的盈亏只能由交易双方在协议的结算日自行结算，一般要到交割时才会有现金流动。在外汇期货交易中，结算业务统一由专门的结算机构办理，结算机构负责处理涉及未结算合约的现金支付。在每个交易日结束之时，结算机构根据当日结算价格计算盈亏并进行划账，所以外汇期货合约在其生效后的每一个营业日都可能发生现金流动。

四、外汇期货交易的操作

（一）外汇期货的套期保值交易

外汇期货的套期保值交易，是指按照期货市场中的套期保值的决策程序和方法，利用外汇期货交易，确保外币资产或外币负债的价值不受或少受汇率变动带来的损失。套期保值所依据的基本原理是：现货市场价格与期货市场价格受相同因素影响，二者价格变动呈同一趋势，即现货市场价格上涨或下跌，期货市场价格也升高或降低。具体做法是：在已经发生的一笔即期或远期外汇交易的基础上，为防止损失，同时做一笔相反方向的期货交易。这样如果原有交易受损，可通过所做相反方向的期货交易的获利来弥补或者抵消。对套期保值者来说，参与外汇期货市场不是为赚取利润，而是通过套期保值来转移汇率风险。

1. 空头套期保值

空头套期保值（short hedge），又称卖出套期保值。空头套期保值的特点是：即将有现货头寸的交易者，在期货市场上做一笔相应的空头交易，以防止现货头寸价格下跌而遭受损失。例如，出口商的应收外汇货款、个人或公司在外国银行的存款等，为避免外汇汇率波动造成此笔款项价格下跌，可以事先在外汇期货市场上卖出该种货币的期货合约，从而锁定其价格。

【例 6-23】 中国一家跨国公司在英国的子公司急需母公司提供 250 万英镑资金，5 个月后即可将该笔资金调回母公司。于是，母公司在现汇市场上用人民币购买了 250 万英镑汇给该子公司，即期汇率为 GBP/CNY = 13.7。为了避免由此产生的外汇交易风险，母公司要在外汇期货市场上进行空头套期保值，若此时的期货价格 GBP/CNY = 13.8，应如何操作？假设 5 个月后的汇率价格变为 GBP/CNY = 13.3，期货价格为 GBP/CNY = 13.35，母公司的损益如何？

解： 母公司需在现货市场上买入 250 万英镑，共支付：

$$250 \text{ 万} \times 13.7 = 3\,425 \text{ 万（元）}$$

利用期货进行空头套期保值，母公司可卖出 40 份 5 个月后到期的英镑期货合同，每份 62 500 英镑，共计 250 万英镑，可收入：

$$62\,500 \times 40 \times 13.8 = 3\,450 \text{ 万（元）}$$

5 个月后，母公司收到 250 万英镑，在现汇市场上卖出 250 万英镑，收入是：

$$250 \text{ 万} \times 13.3 = 3\,325 \text{ 万（元）}$$

亏损： $3\,325 \text{ 万} - 3\,425 \text{ 万} = -100 \text{ 万（元）}$

在期货市场上买入 40 份英镑期货合同平仓，支付：

$$62\,500 \times 40 \times 13.35 = 3\,337.5 \text{ 万（元）}$$

盈利： $3\,450 \text{ 万} - 3\,337.5 \text{ 万} = 112.5 \text{ 万（元）}$

由于英镑对人民币贬值，母公司在现汇市场上的交易亏损为 100 万元，在外汇期货市场上的交易盈利为 112.5 万元，套期保值最终盈利为 12.5 万元。如果母公司没有进行套期保值，当月在现汇市场上买入 250 万英镑，5 个月后收回英镑时将其在现汇市场上出售，母公司会因英镑贬值损失 100 万元。当然，如果英镑升值，母公司不进行套期保值将比进行套期保值盈利更多。但是，在买入现汇时，母公司并不知道 5 个月后英镑到底是升值还是贬值。升值固然有利，但万一英镑贬值，母公司在现汇市场上的交易必然蒙受损失。一旦采取了套期保值，英镑在现汇市场上贬值时，在期货市场上也会贬值，母公司在外汇期货交易中将获利，可以抵消现汇交易中的一部分损失。

2. 多头套期保值

多头套期保值（long hedge），又称买入套期保值，是指对国外负有债务的债务人或将来在某一时间内支付外汇货款的进口商将要以外汇支付的款项，为避免计价货币汇率上升造成损失，采取先在外汇期货市场上购进同等数量的外汇期货合约，等到将来在现货市场上购进所需外汇时，卖出购进的期货合约。

【例 6-24】 美国某进口商 6 月从德国进口一批设备，预计 3 个月后必须在现货市场买进 500 万欧元，以支付这批设备的货款。为避免 3 个月后因欧元升值而花费更多的美元，以稳定设备的购入成本，该进口商可先行在期货市场上买进欧元期货合约，该进口商在外汇市场上购进了 40 份 3 个月期交割的欧元期货合约，并按 EUR/USD = 1.010 0 的汇率成交，总额 500 万欧元。此时，现货市场上美元对欧元的汇率为 EUR/USD = 1.000 0。假设 3 个月后，欧元在现汇市场的汇率升至 EUR/USD = 1.060 0，期货市场的汇率为 EUR/USD = 1.070 0，该进口商的损益如何？

解：进口商购买的 40 份期货合约的成交额为 $1.010\,0 \times 12.5 \times 40 = 505$ 万美元。

假设 3 个月后，欧元升值为 EUR/USD = 1.060 0 美元，该进口商在现货市场上以升值后的欧元汇率购进 500 万欧元，需要 $1.06 \times 500 = 530$ 万美元，亏损 30 万美元。

与此同时，该进口商又在期货市场上把 3 个月前购进的 40 欧元期货合约卖出，可得到 $1.07 \times 500 = 535$ 万美元，盈利 30 万美元。由此可见，该进口商在现货市场上亏损的 30 万美元，又从期货市场上得到了补偿，其实际支付的金额被锁定在 500 万美元。

（二）外汇期货的投机交易

外汇汇率的不稳定性，一方面迫使商业交易者纷纷利用期货市场进行套期保值，以避免汇率波动的风险；另一方面，这种不稳定性也给投机者带来了获取利润的可能性。投机交易是没有现货市场做后盾的，外汇期货是利用期货市场价格的频繁变动，在期货市场上买进卖出，以赚取期货市场的差价，这提供了一种相对低成本的货币投机（speculation）途径。因为只要缴纳少额的保证金便可以进行大额的外汇期货合约的买卖，这样投机者用少量的资金就有可能获得高额的投机利润。

1. 买空交易

买空行为，又称多头投机，是投机者预测某种外汇期货合约的价格将要上涨，而采取购买某一交付月份的外汇期货合约，一旦预测准确，便立即将事先购买的合约卖出，以从中赚取差额。

【例 6-25】假设 2021 年 9 月 2 日市场行情如下。

即期汇率：USD/JPY = 120

日元期货价格：JPY/USD = 0.008 33

某投机者预测 12 月交割的日元期货价格呈上升趋势，所以他买入 100 份 12 月日元期货合约，每份期货合约价格为 1 250 万日元。假设 2021 年 11 月 2 日，日元期货价格上升为 JPY/USD = 0.009 33。该投机者可以获得多少利润？

解：该投机者立即平仓其日元期货合约，则他的获利为 $(0.009\,33 - 0.008\,33) \times 12\,500\,000 \times 100 = 1\,250\,000$（美元）。即在不计交易成本的前提下，该投机者从事日元期货的多头投机交易可获得 125 万美元。

2. 卖空交易

卖空交易，又称空头投机，是指投机者预测某种外汇期货合约的价格将下跌，事先出售外汇期货合约，待该合约的价格真正降低后再买进，从中赚取差额。

【例 6-26】假设 2021 年 2 月 1 日市场行情如下。

即期汇率：GBP/USD = 1.599 5

英镑期货价格：GBP/USD = 1.560 0

某投机者预测 3 月交割的英镑期货价格将会下跌，所以他卖空 20 份 3 月英镑期货合约，每份期货合约为 62 500 英镑。假设 2021 年 3 月 1 日，英镑期货价格下跌至 GBP/

USD = 1.515 7。该投机者可以获得多少利润?

解:该投机者立即平仓其英镑期货合约,则他的获利为(1.560 0 – 1.515 7)× 62 500×20 = 55 375(美元)。即在不计交易成本的前提下,该投机者从事英镑期货的多头投机交易可获得55 375美元。

要说明的是,买空卖空交易成功的关键是投机者能否正确地预测未来汇率变动的方向。如果预测准确的话,会因为期货交易的杠杆效应带来巨大的收益,但如果预测不准的话,将会带来难以估计的巨额损失,这正是外汇期货投机的巨大风险所在。

(三)外汇期货套利交易

外汇期货套利投机交易,是指投机者同时买入和卖出两种相关的外汇期货合约,然后再进行反向对冲,即卖出和买入其手中持有的合约,从这两种合约的相对价格变动中获利。外汇期货套利交易又分为跨市、跨期与跨币套利交易。

1. 跨市套利交易

跨市套利交易是指套利者在不同市场上预测同种外汇期货价格呈不同走势,在一个交易所买入一种外汇期货合约,在另一个交易所卖出同种合约,一段时间后再将合约同时平仓,从而获利。进行跨市套利投机的首要步骤,是判断同一种外汇期货价格在不同期货市场上的变化方向。

2. 跨期套利交易

跨期套利交易,又叫跨月买卖交易,它是指在同一个期货市场上同时买卖相同币种、不同交割月的期货合约,从中套取利润。其具体方法是利用不同交割月之间的差价,进行相反交易,从中赚取利润。跨期套利交易包括两种形式:一种是现货交易和期货交易相结合,即买入现货卖出期货,或者买入期货卖出现货;另一种是将两笔不同期限的期货交易相结合,即买入较近的期货卖出更远的期货,或者反向进行。在买入或卖出期货合约时,合约数量应该保持一致。

3. 跨币套利交易

跨市套利交易是指套利者预测交割月相同而币种不同的外汇期货合约价格将出现不同走势,买入预期价格上升的外汇期货合约,卖出预期价格下跌的外汇期货合约,以获取利润。

第七节 外汇期权交易

一、外汇期权的含义

外汇期权(foreign exchange option),又称**货币期权**(currency option),是一种选择权契约,其持有人即期权买方享有在契约期满或之前以**协定价格**(strike price,又称执行价格)购买或销售一定数额的某种外汇资产的权利。期权卖方收取期权费,有义务在买方要求执行时卖出(或买进)合约规定的特定数量的某种外汇资产。

当行市有利时，期权的买方有权买进或卖出该种外汇资产，如果行市不利，也可不行使期权，放弃买卖该种外汇资产，使其到期作废，损失的只是预付的**期权费**（premium），又称**权利金**或**期权价格**（option price）。在期权交易中，期权费是唯一的变量，其他要素都与期货交易相似，是标准化的。期权费是期权的买方为获取期权合约所赋予的权利而必须支付给卖方的费用。由于外汇期权提供的是一种选择的权利而非强制的担保，所以购买者在购买外汇期权时必须支付期权费。无论期权持有者是否行使期权，期权费都不得收回。

二、外汇期权合约

（一）外汇期权的特征

外汇期权合约标准化的主要内容包括以下几个方面。

（1）执行价格，即合同中规定交易双方未来行使期权买卖外汇的交割汇价。日元期权价格以 0.000 1 美元为最小单位，其他外汇期权则以 0.01 美元为最小单位。

（2）到期月固定。通常为每年的 3 月、6 月、9 月和 12 月。

（3）到期日固定。到期日是指期权买方有权执行期权的最后一天，通常定于到期月第三周的最后一个交易日，超过这一天未被执行的合同即自动作废。

（4）保证金。卖方在被买方要求执行期权权利时，有根据执行价格进行交割的义务，而为确保合同义务的履约，须在订约时缴付保证金。卖方所缴保证金通过清算所会员缴存到清算所的保证金账户内，随市价涨跌，并于必要时追加。

（5）期权费。订约时由买方支付给卖方以取得执行选择权的费用。由于买方除了支付期权费外，不承担任何义务，所以买方在订约时不必缴纳保证金。

（6）交割通常通过清算所会员进行。美国芝加哥证券交易所设有期权清算公司以保证交易的顺利进行，使买卖双方不必做对方的信用调查工作，期权清算公司同时负责期权合同的清算事宜。

（二）外汇期权合约与外汇期货合约的比较

外汇期权交易作为规避外汇汇率波动风险的有效保值工具，从某种意义上可以说是远期外汇抵补与期货交易保值的延伸，但它与后两者存在明显的差别。外汇期权交易与外汇期货交易在合约标准化和交易规则等方面有许多相似之处，但仍存在一些区别，表 6-7 将外汇期权、外汇期货与远期外汇交易三者的比较罗列如下。

表 6-7 外汇期权、外汇期货、远期外汇交易的比较

	外汇期权	外汇期货	远期外汇
交易币种	少数几种国际货币	少数几种国际货币	无限制
交易方式	以在交易所集中交易为主，以及银行间交易	在注册的交易所内以公开竞价的方式进行	买卖双方通过电话、电传等方式直接联系
交易者	被批准进行期权交易的证券交易所的参与者及其一般客户	注册的交易所会员及其一般客户	主要是银行和避险主体
合约单位	标准化	标准化	无限制，交易双方商定

（续）

	外汇期权	外汇期货	远期外汇
合约定价方式	公开竞价	公开竞价	无限制，交易双方商定
价格波动限制	无限制	有每日最高波动幅度限制	无限制
履约义务	买方无义务，卖方有义务履约	双方都有义务履约	双方都有义务履约
保证人	期权清算公司	清算所	无
保证金	期权买者只支付期权费，期权卖者依据每日行情支付保证金	买卖双方皆缴纳保证金，且每日计算盈亏	无保证金，但银行通常对客户限定承做金额
交割时间	固定的到期月	3月、6月、9月、12月	无限制，交易双方商定
交割与清算	买方无交割义务	实际很少交割，多为对冲了结合约	多数进行实际交割，客户也可以通过与银行签订冲销合约来冲销
交易成本	较大。对于买方：佣金＋期权费；对于卖方：佣金＋保证金－期权费	较大，对于买卖双方均包括保证金与佣金	很少，佣金隐含在买卖差价中

三、外汇期权交易的类型

外汇期权交易根据其交易场所、被赋予的权利、行使期权的时限以及执行价格与即期汇率的差距的不同，划分为以下几种主要类型。

（一）场内交易期权和场外交易期权

外汇期权根据其交易场所不同，可以分为在有组织的交易所交易的场内交易期权和场外交易期权。

（1）场内交易期权。它是指在被认可的交易所买入或卖出事先约定的合约。交易所期权可以是一定数量的即期货币交易，也可以是一个相似的货币期货合约交易，交易所期权是标准化的：到期日、名义本金、交割地点、交割代理人、协定代理人、协定价格、保证金、合约金制度、合约各方、头寸限制、交易时间以及行使规定都是交易所事先确定的，外汇期权交易者需要做的只是确定合约的价格和数量。在交易所交易的标准化期权可以进入二级市场买卖，具有很大的流动性。

（2）场外交易期权（也称为柜台交易）。柜台交易（OTC）的期权占期权交易总量的 90% 以上，是由银行出售给客户，可以满足客户在日期、数量和币种等方面有特定需求的外汇期权交易。场外期权的特点是：可以直接在交易者之间，也可以通过期权经纪商交易；不需要支付保证金；规模可以协商等。柜台交易的期权可以满足各种客户的需要，不像交易所交易期权那样标准化，可以根据客户的需要对期权进行定制。

这两个市场是相互连通的，场内交易市场在一定程度上扮演了批发市场和调剂市场的角色，而柜台交易市场则相当于零售市场。但是，两个市场的交易规则又不相同。场内交易的标准外汇期权合约在合约规格方面有严格的规定，而柜台交易市场所提供的合约规格具有很大弹性，可以完全按客户要求制定，同时也可以避免保证金的负担。

（二）看涨期权和看跌期权

外汇期权根据所赋予的权利不同，可分为**看涨期权**（call options）和**看跌期权**（put options）。

（1）看涨期权。看涨期权（又称买权），是指期权的买方享有在规定的有效期内按某一具体的执行价格（协定汇率），买进某一特定数量的某种外汇资产的权利，但不同时负有必须买进的义务。

（2）看跌期权。看跌期权（又称卖权），是指在到期日或在到期日为止的期间内，按照事先约定的执行价格，卖出某一特定数量的某种外汇资产的权利，但不同时负有必须卖出的义务。

例如，一张外汇期权合约内容是 USD CALL/CHF PUT，称为美元买权，瑞士法郎卖权，它表示外汇期权的持有者有权按协定汇率从卖方买入美元，同时卖出瑞士法郎。

订立期权合同的买卖双方分别为期权购买者和期权出售者。两种基本合同和合同双方组合起来，就有四种情况：买入看涨期权，卖出看涨期权，买入看跌期权，卖出看跌期权。外汇期权交易双方权利与义务之间的关系，如表 6-8 所示。

表 6-8　外汇期权买方和卖方权利与义务之间的关系

	看涨期权	看跌期权
外汇期权的买方	有权利在期权到期日或之前决定是否按执行价格买入某种外汇资产	有权利在期权到期日或之前决定是否按执行价格卖出某种外汇资产
外汇期权的卖方	有义务在期权到期日或之前应期权买方要求按执行价格卖出某种外汇资产	有义务在期权到期日或之前应期权买方要求按执行价格买入某种外汇资产

（三）美式期权和欧式期权

外汇期权根据其行使期权的时限不同可分为**欧式期权**（European options）和**美式期权**（American options）。所谓欧式期权，是指该期权合同的买方只能在合同到期的最后一刻，即期权到期日前的第二个工作日决定他是否要求卖方执行合同；美式期权的买方则可以在合同到期日前任何一天要求卖方执行合同，选择更加灵活，因而期权价格也相对贵一些。请注意，美式期权与欧式期权的划分并非地域上的概念。近年来，美式期权已经成为主流，并且交易量已经超过欧式期权。

（四）价内期权、平价期权与价外期权

按照外汇期权合约的执行价格与即期汇率的差距，可将外汇期权分为价内期权、平价期权和价外期权。

（1）**价内期权**（in-the-money option），也称实值期权，指外汇期权买方要求卖方履约时可以获利的期权。对于看涨期权，当外汇期权合约的协定汇率低于标的外汇的即期或远期汇率时，由于此时履约可使买方获利，该看涨期权就是价内期权。对于看跌期权，当外汇期权合约的协定汇率高于标的外汇的即期或远期汇率时，由于此时履约可使买方获利，该看跌期权就是价内期权。

（2）**平价期权**（at-the-money option），指外汇期权买方要求履约时标的外汇资产的市场价格等于期权合约协定价格的期权。

（3）**价外期权**（out-of the-money option），也称虚值期权，其定义与价内期权相反。对于看涨期权，当外汇期权合约的协定汇率高于标的外汇的即期或远期汇率时，该看涨期权就是价外期权。对于看跌期权，当外汇期权合约的协定汇率低于标的外汇的即期或远期汇率时，该看跌期权就是价外期权。

在期权市场上，价内期权的期权价格要高于平价期权和价外期权，因为价内期权的持有人盈利的机会大或卖方承担的风险损失大，故要求较高的转让价格。市场汇率并非静止不动，而是瞬息万变的，某种价内的外汇期权可能随时变为价外期权。

四、外汇期权交易的操作

（一）看涨、看跌期权的损益分析

（1）假定在外汇期权交易中不存在违约风险，即合约的卖方不存在不履行合约的可能，下面我们举例来分析说明外汇看涨期权交易中买方的损益。

【例6-27】 一位外汇交易者预测欧元将要升值，买入一份"欧元看涨期权"，合约基数是125 000欧元，支付的期权费为每欧元0.010 0美元，协定价格为EUR/USD = 1.246 1。当欧元即期汇率升为EUR/USD = 1.286 1时，期权合约买方的损益如何？若欧元即期汇率跌为EUR/USD = 1.206 1呢？

解：A. 当欧元即期汇率升为EUR/USD = 1.286 1，购买者有权按EUR/USD = 1.246 1的协定价格买入125 000欧元，届时他将获得5 000美元的汇差收益。扣除期权费1 250美元，净收益为3 750美元。

B. 当欧元即期汇率跌为EUR/USD = 1.206 1，则该投资者可以不行使他的权利，而让期权自动期满失效，因为从即期市场上可以买到价格更便宜的欧元。对他来说，他的损失也只限于付出的期权费1 250美元，而这一数额也就是期权持有者所承担的最大损失或最大风险。

显然，买入看涨期权在市场价格上涨时，持有者的收益是无限的；在市场价格下跌时，持有者的损失则是有限的（只限于期权费）。当市场价格 = 协定价格 + 期权价格时，期权持有者将处于不盈不亏的平衡点上。若市场价格高于这个平衡点，则看涨期权的买方将会获利；若市场价格低于这个平衡点，则看涨期权的买方将会遭受损失，但最大损失为期权费。

（2）看跌期权买方的损益，下面举例说明。

【例6-28】 一位交易者预测欧元将要贬值，买入一份"欧元看跌期权"，合约基数是125 000欧元，支付的期权费为每欧元0.010 0美元，协定价格为EUR/USD = 1.286 1。在合约到期日，即期汇率为多少时，这位交易者可以获利？即期汇率为多少时交易者会产生损失，损失最大为多少？

解：A. 当欧元即期汇率下跌至EUR/USD = 1.276 1以下时，该交易者买入的期权可以保证他仍按 EUR/USD = 1.286 1 的价格出售欧元，同时可以低于 EUR/USD = 1.276 1 的价格购买欧元，他将因此获得汇差收益，并且在扣除期权费后产生净收益。

B. 反过来，若欧元即期汇率上升至高于 EUR/USD = 1.276 1，则该交易者将欧元在即期市场上出售将会更有利。在这种情况下，期权持有者将放弃他的权利，损失一笔已支付的期权费。

因此，对看跌期权的购买者来说，市场价格下跌其收益可能是无限的，而他所付出的损失最多不超过期权费。

（二）外汇期权在国际贸易招标中的应用

外汇期权不仅具有保值和投资的功能，而且在国际贸易招标中也特别重要。外汇期权具有可执行也可放弃履约的优点，在应付投标所带来的不确定情况时作用更大。因为投标的中标率只有百分之几，如果用远期外汇买卖的办法保值，在不中标时会造成很多麻烦，而用期权的办法就方便得多。

【例 6-29】 德国某出口公司投标销售价值为 100 万美元的药材，9 月投标，12 月开标，8 月美元即期汇率 USD/EUR = 0.787 4。为避免中标时美元汇率下跌，该公司可以抛售远期美元。但万一不中标，则将承担美元抛空的风险，因此该公司决定向银行买入 12 月到期美元看跌期权，即买入美元的卖权。协定汇率 USD/EUR = 0.787 4，期权费为每美元 0.008 欧元。该出口公司到 12 月时可能面临下列四种情况。

情况一：公司中标，同时美元贬值。设期权到期时，市场上美元即期汇率为 USD/EUR = 0.775 0。由于市场汇率变动与预计相符，该公司选择执行期权，按协定汇率卖出 100 万美元，可得 78.74 万欧元。若公司投标时，未做期权交易保值，则其中标后的销售收入只能按 12 月的市场汇率 USD/EUR = 0.775 0 兑成 77.5 万欧元。可见做了期权交易，该公司从中获利 1.24 万欧元，扣除期权费 0.8 万欧元，净收益 0.44 万欧元。

情况二：公司中标，同时美元升值。公司中标后，假设此时市场美元的即期汇率为 USD/EUR = 0.795 9。由于此时市场美元汇率较之期权协定汇率更为有利，该公司可放弃执行期权，而将出口收入的 100 万美元直接在市场上抛售，此时可兑换 79.59 万欧元。扣除期权费 0.8 万欧元，公司净收回 78.79 万欧元，公司也比投标时多 0.05 万欧元的收益。

情况三：公司未中标，同时美元贬值。假设 12 月市场汇率为 USD/EUR = 0.775 0，美元下跌该公司仍可执行期权。该公司可以从现汇市场上按 USD/EUR = 0.775 0 的价格购买即期 100 万美元，支付 77.5 万欧元。同时，以 100 万美元向银行交割，即履行看跌期权合约，得到 78.74 万欧元。通过交易可赚取 1.24 万欧元的额外收入，扣除期权费 0.8 万欧元，净收益 0.44 万欧元。

情况四：公司未中标，同时美元升值。由于公司未中标，无法取得美元收入，而此时美元汇率又对履行合约不利（假设此时市场汇率为 USD/EUR = 0.795 9）。该公司放弃执行期权，则支付的期权费 0.8 万欧元就是该公司的全部损失。

从以上的四种情况分析可以看出，在国际贸易投标中，利用外汇期权方式保值，在其中的三种情况下，对公司都有利。

本章要点

1. 即期外汇交易也称现汇交易,是指交易双方以当天外汇市场的价格成交,并在当天或两个交易日内进行交割的外汇交易形式。即期外汇交易可以满足临时性的支付需要。通过即期外汇交易业务,可以将一种货币兑换成另一种货币,用来支付进出口贸易、投标、海外工程承包等的外汇结算或归还外汇贷款。
2. 远期外汇交易又称"期汇交易",是指外汇交易双方成交后签订合同,到规定的交割日期才办理实际交割的外汇交易。远期外汇交易可使用直接标价法和差额报价法。
3. 择期外汇交易指进行远期外汇交易时,不规定具体的交割日期,只规定交割的期限范围,客户对交割日在约定的期限内有选择权。
4. 外汇掉期交易是指外汇交易者在外汇市场上买入(或卖出)某种外汇时,同时卖出(或买入)相等金额,但期限不同的同一种外国货币的外汇交易活动。
5. 套汇交易是利用不同外汇市场的汇率差异来套取利润的交易方式。套汇交易分为直接套汇(两角套汇)和间接套汇(三地套汇)等。
6. 套利交易是利用不同市场利率的差异来套取利差。套利交易分为抵补套利和无抵补套利两类。
7. 在进出口业务中应灵活运用各种外汇交易实现利润最大化目标。
8. 外汇期货是一种交易双方在有关交易所内能过公开叫价的拍卖方式,买卖双方在未来某一日期,以既定汇率交割标准数量外汇的期货合同的外汇交易。外汇期货交易的保证金制度和逐日清算制度,使外汇期货的履约更有保障,也提高了期货市场的流动性。
9. 外汇期货交易与远期外汇交易在市场参与者、交易方式、结算业务和合约标准化等方面有所不同,可用于套期保值、投机和套利。
10. 外汇期权是一种选择权契约,期权买方享有在契约期满或之前以协定价格购买或销售一定数额的某种外汇资产的权利。而期权卖方收取期权费,有义务在买方要求执行时卖出(或买进)合约规定的特定数量的某种外汇资产。

重点难点

即期外汇交易的报价;远期汇率的标价方法及计算;远期汇率升贴水的计算;择远期外汇交易;掉期交易;外汇期货及期权业务的特点和原理;国际企业如何选择外汇衍生品。

CHAPTER 7

第七章

国际融资业务

国际融资是指经济主体在国际金融市场上的资金融通活动,其中既包括投融资主体通过金融中介居间接洽的间接融资行为,也包括投融资主体直接接触进行的直接融资交易。国际融资的经济主体即国际金融市场上的筹资人和投资人,包括从事跨国投融资的各国政府与中央银行、商业银行与经纪人、跨国公司与进出口商、各类国际金融机构以及各国居民与投机商等。国际融资形式包括传统的国际货币资金借贷、国际贸易融资、国际证券融资以及新型的国际租赁融资与国际项目融资等。

▍学习目标

(1) 深入掌握国际融资业务的主要类型、国际商业银行贷款的种类和使用方法。
(2) 熟悉保理业务、福费廷业务、买方信贷、卖方信贷等国际贸易融资方式的特点和使用原则。
(3) 了解国际租赁和项目融资的原理和操作程序,区分不同融资业务的特点和适用条件。

▍引导案例

美媒:日本正为历史性的美债崩盘做出贡献

据美国商品期货交易委员会在 2022 年 6 月 10 日公布的数据,自 5 月 29 日以来,对冲基金正在净做空美债,这暗示 10 年期美债收益率可能会持续维持在 3% 以上。6 月 10 日,10 年期基准美债收益率收报 3.041 8%,涨 2.04 个基点,在欧洲央行行长拉加德新闻发布会开始之前刷新日高。随着 10 年期美债收益率突破 3%,美国超过市场预期的 5 月 CPI 数据让对冲基金押注美债价格将进一步下跌做好准备,这暗示美债将会被市场持续抛售。

目前,美联储已经正式启动世纪大缩表,预计到 2022 年年底将收缩 1 万亿美元的基础流动性,资产负债表规模到 2025 年年中将由现在的接近 9 万亿美元最终缩减至 5.9 万亿美元。对此,高盛表示此举将严重损害美债市场流动性,导致美联储的超额准备金耗尽,加剧美债收益率的波动,并对美国金融市场产生压力,因为十年期美债收益率是全球资产价格之锚。这更意味着美联储正在向可能会出现衰退的美国经济火药桶里丢了根火柴,持续加息会迅速增加债务利息支出成本,使得美国债务泡沫在被投资者大幅抛售的背景下刺刀见红,开始暴露软肋,特别是,美元被当成限制政策的工具更是消耗了世界市场对美元这种储备货币的信任。

美国金融网站零对冲在 6 月 7 日表示,这些都将会减弱美债相对于替代品的吸引力,持续一年多处于负值的美债实际收益率(美债名义收益率扣除通胀)让投资者在购买美债时按月通胀计算会亏损。另外,持续高企的通胀预期让美联储转向更加鹰派的担心也会进一步给美债带来抛售压力。

最新调查显示,超过九成的受访者认为美国通胀持续处于高位是美债市场面临的最大尾部风险,随着美联储正式缩表,对冲成本上升以及外国债券收益率的增加会给全球央行提供更多分散美债风险的投资选择,投资需求会出现转向。高盛表示,美债的吸引力已经开始迅速减弱,应该会在未来几个季度中看到外国对美债需求的暴跌。最新的数据正在反馈这个趋势。

据美国财政部最新公布的国际资本流动报告,官方持仓报告会有两个月的延迟惯例,3 月,全球央行连续第二个月大幅减持美债,总额高达 809 亿美元,为 2020 年来的最大月度抛售规模。

2022 年 3 月以来至今,据彭博社在 6 月 8 日监测到的数据,日本大幅抛售了高达 1 370 亿美债,抛售力度为最大,且这个势头还在继续,这样的结果就是日本正在为历史性的美债崩盘做出贡献,但事情到此并没有结束。华尔街机构的最新观点认为,虽然美联储已经加息 75 个基点,并预计到年底将利率推高到 3%,但仍无法使得美债名义收益率扣除月度通胀数据后转化成为正值,这也意味着高通胀对冲了美债的部分利息成本。随着美国债务激增、通胀压力持续炙热,日本存在清零仓美债的可能。对此,有着里根经济学之父之称的大卫·斯托克曼对美国的高通胀、财政赤字状况及地区性的冲突风险发出警告称,这使得美国金融市场体系处于危险中,比如,6 月 9 日,美国三大股指大幅下跌就是最新的注脚。

据美联储 6 月 9 日公布的金融账户数据,股票持仓价值减少近 3 万亿美元,令美国家庭净财富第一季度缩水超过 5 000 亿美元。然而,这可能还只是个开端,美联储数据预示股市投资者或面临"失去的十年"。零对冲网站根据最近几周美国金融市场暴跌数据计算,美国家庭至少损失了 20 万亿美元的净资产,美国金融市场数十万亿美元蒸发。现在,包括美国的传统盟友日本和沙特在内,对美国债券的需求都在下降,它们开始远离或大幅抛售美债。

资料来源:BWC 中文网,2022 年 6 月 10 日。

第一节 国际信贷融资

利用国际信贷发展本国经济,是许多发达国家和新兴市场国家的共同历史经验。中世纪荷兰经济的发展、18 世纪英国工业的崛起、19 世纪美国经济的长足进步,以及 20 世纪不少国家和地区的经济发展,无一不与国际信贷有着密切的关系。

一、国际信贷短期融资业务

(一)国际银行短期贷款业务

国际银行短期贷款,是指一国银行向另一国筹资者提供的贷款期限为 1 年及 1 年以下的贷款安排。根据筹资人是否为金融机构，又可将其分为两种情况：银行间的借贷（银行同业拆借）和银行与非银行类客户（公司企业或政府）间的借贷。

1. 银行同业拆借业务

银行同业拆借指商业银行（不包括中央银行）之间相互借贷短期资金的行为。它主要表现为银行同业之间买卖在中央银行存款账户上的准备金余额，用以调剂准备金头寸的余缺。

中央银行为了控制货币流通量，并控制银行的信用扩张，规定所有接受存款的金融机构，都必须按存款的一定百分比在央行存入准备金（无利息），即法定准备金。法定准备金加上商业银行库存现金，构成了银行准备金。因此，银行吸收的存款按法定准备金率存入中央银行的法定准备金账户，剩余部分全部贷放出去，如果贷不出去，则形成超额准备金，导致资金闲置和利息损失；相反，如果法定准备金不足，必须用"立即可用的资金"补足。"立即可用的资金"既可来自向中央银行借款，即以贴现的票据向央行再贴现，也可来自向同业拆借超额准备金。通过贴现窗口向中央银行借款，容易被误认为财务状况有问题，因此银行更多地采用同业拆借的形式。

最主要的银行同业拆借利率是伦敦同业拆借利率（LIBOR），LIBOR因期限、货币不同而不同，形成一个系列。其他国际贷款经常把它作为基准利率，在此基础上，根据借款人的信誉和借款期限，增加一定幅度的**附加利率**（margin or spread）。伦敦同业拆借利率有两个价：**贷款利率**（offered rate）和**存款利率**（bid rate），两者一般相差0.25%～0.5%。银行同业拆借通常以批发形式进行，交易形式简便，不需要任何担保或抵押，完全凭借信誉，通过电话、电传、互联网进行。

银行同业拆借具有如下的特点。

（1）期限短。有日拆，周拆，1个月、3个月和6个月拆借等，无须提供担保品，仅凭信用。

（2）批发性。银行间同业拆借的每笔交易数额都比较大，至少在10万美元以上，典型的银行间借贷以100万美元为一个交易单位。

（3）利率低。由于银行类借款人的信誉一般而言要高于其他类型借款人，并且其每笔交易的数量较大，因此各个银行间各种期限的借贷所形成的利率水平往往就成为这种货币相应期限的基础利率，如伦敦银行间的各种短期拆借而形成的相应期限的LIBOR。除此之外，国际货币市场上的其他贷款的利率，经常在LIBOR的基础上根据借款人的信誉、借款期限等情况的不同，加上一个利息差，加息幅度一般在0.25%～1.25%。近年来由于国际金融中心的扩散，中国香港、新加坡以及其他一些金融中心的同业拆借率，也经常被作为国际金融市场的基础利率。

（4）灵活方便。由于市场资金充沛，能满足大规模借贷的需求，在借款地点、借款期限、借款货币、利率高低等方面有较大选择余地。

2. 银行对非银行类客户的贷款

商业银行一方面吸收工商企业、跨国公司等客户的闲散资金；另一方面对这些客户发放短期贷款。各国政府的短期信贷主要用于弥补收支赤字，工商企业则通常是为了满足短期流动资金的需要。使用的利率一般为LIBOR加上一个附加利率。

能够成为国际银行短期信贷借款人的非银行类客户，主要指大的跨国公司和政府机构。银行在向非银行类客户提供贷款时一般也不限定用途，可由借款人自由安排。公司企业借入短期国际资金的主要目的是满足其跨国经营中对流动资金的需要，特别是在进口支付时的需要；公司企业中的一类特殊的公司——基金公司，常常以投机者的角色借入国际短期资金，通过套汇、套利及期货期权等投机活动获取利润；而各国政府机构借入国际短期资金的主要目的是弥补本国国际收支的短期逆差。

（二）短期证券业务

1. 国库券

国库券指各国政府为满足季节性财政资金需要而发行的、以短期内的预算收入作为保证的短期政府债券，是国家公债的一种。国库券的发行一般不记名、不附息票、不载明利率，以折扣方式发行，到期按票面金额偿还，差额即为利息。其特点是：①低风险。期限短，且以国家信用为担保（政府具有税收能力）。②高流动性。由于风险低，可销性强，二级市场发达。③投资收益免交所得税。

基于国库券的以上特点，投资者在进行短期资产配置时，往往将本国的国库券作为最安全的资产纳入投资组合，以实现投资组合的整体风险水平与投资者风险偏好相适应的目的。相应地，在进行国际资产组合的配置时，也可以通过配置高信用评级国家的国库券实现整体风险水平的要求。国际上较为著名的有美国政府国库券、英国政府的"金边"债券和德国政府的"堤岸"债券。

全球主要经济体发行的短期政府债券均具有较高的信用评级，特别地，由于美国政府具有全世界最高的主权国家信用评级，美国国库券被誉为全世界"最安全的资产"。由于美国政府可以持续通过借新还旧的方式保障到期债权的兑付，国际上默认美国短期国债永远不会出现信用风险，因此美国国库券的收益率也被视为全球无风险资产短期收益率。

2. 商业票据

商业票据（commercial bill），指具有较高信誉等级的大企业和非银行金融机构凭自身信用发行的短期借款票据，属于本票。本票是指由债务人向债权人发出支付承诺书，承诺在约定的期限内支付一定数额给债权人。商业票据往往用于补充银行短期贷款的不足，其期限不超过270天，以30～90天为多，面值一般为10万美元。商业票据的利率一般稍高于国库券，低于银行优惠利率，具体取决于市场供求、发行人信誉、银行利率、期限及面额等因素，交易一般按票面金融贴现的方式进行。

3. 银行承兑汇票和商业承兑汇票

汇票是债权人向债务人发出的付款命令，汇票须经债务人银行承兑后才有效。"承兑"指债务人在汇票上签上承兑字样，表明愿意到期支付。如果对汇票承兑的是银行，就成为一张银行承兑票据。即使汇票的付款人到期无力支付，承兑银行也有责任进行付款，因此**银行承兑汇票**（bank acceptance bill）是以银行信用为担保的。通常由出口商签发，进口商银行为受票人。这种汇票的发行促进了国际贸易的发展，方便了信誉等级低的中小企业进入货币市场，汇票到期之前，还可在二级市场交易转售。期限一般为

30～180 天，90 天为多，面额一般没有限制。**商业承兑汇票**（commercial acceptance bill）由银行以外的付款人承兑。无论是银行承兑汇票还是商业承兑汇票，承兑后可以"背书"转让，到期可持票向付款人取款。由于银行信用较高，所以银行承兑汇票的流动性比商业承兑汇票强，既可以在承兑银行贴现，又可以在二级市场流通；承兑汇票多以贴现方式交易，差额即为持票人的利息。

4. 银行定期存单

银行定期存单（certificate of deposit，CD）是商业银行和金融公司吸收大额定期存款而发给存款者的存款单。它的期限不超过 1 年，通常为 3～6 个月；存单的利率与 LIBOR 大致相同，到期后方可向银行提取本息。这种存单不记名并可在市场上自由出售，因此也称为"可转让大额存单"，可转让是它与一般存款的不同之处，解决了定期存款缺乏流动性的问题。通过发行这种存单，银行可以获得稳定的短期资金；对于投资者而言，既可以获利，又可以转让，是短期投资的理想方式。

（三）贴现业务

贴现（discount）是银行对合格票据先扣除自贴现日至到期日的利息，付给持票人现款，待票据到期时，银行再持票向最初发票人或背书人等债务人兑回现款。它是国际货币市场上资金融通的一种重要方式。贴现的对象，除了国库券、短期债券外，主要是商业票据和银行承兑汇票。贴现利率一般高于银行贷款利率。贴现市场无固定交易场所，是由贴现银行或贴现公司组成的。以票据贴现来融通资金是贴现市场业务活动的基本内容。作为贴现业务经营者的贴现银行或贴现公司，一方面向其他银行和工商企业借入短期资金；另一方面把这些借入的资金用于贴现利息较高的政府国库券、商业票据和短期公债等信用证券，以从中获利。贴现银行和贴现公司还可以把这些证券向中央银行办理再贴现。通过再贴现，中央银行可以达到调节信用和控制市场货币资金的目标，贴现公司则可换取可用的资金。

二、国际信贷中长期融资业务：国际商业银行贷款

（一）国际商业银行贷款的概念

国际商业银行贷款是指借款人为了本国经济建设的需要，支持某一个建设项目或其他一般用途而在国际金融市场上向外国银行筹借的贷款。国际商业银行贷款的方式大致可分为三种：第一种是双边的，即由两国银行（或信托投资公司）之间签订协议；第二种称为联合贷款，即由 3～5 家银行联合向一个借款人提供贷款；第三种是由许多家银行组成的银团贷款（也称辛迪加贷款）。

（二）国际商业银行贷款的特点

（1）贷款用途比较自由。国际商业银行贷款的用途由借款人自己决定，贷款银行一般不加以限制。这是国际商业银行贷款区别于其他国际信贷形式，如国际金融机构贷款、政府贷款、出口信贷和项目贷款等的一个最为显著的特征。

（2）借款人较易进行大额融资。国际商业银行贷款资金供应，特别是欧洲货币市场

银行信贷资金供应较为充足，所以对借款人筹集大额长期资金较为有利。例如，独家银行贷款中的中长期贷款每笔的额度可达数千万美元，银团贷款中每笔数额可达5亿~10亿美元。

（3）贷款条件较为苛刻。在具有以上两点优势的同时，国际商业银行贷款的贷款条件由市场决定，借款人的筹资负担较重。这是因为，贷款的利率水平、偿还方式、实际期限和汇率风险等是决定借款人筹资成本高低的较为重要的因素，而与其他国际信贷形式相比，国际商业银行贷款在这些方面均没有优势。

20世纪90年代以后，国际商业银行贷款业务发生了明显变化。很多信用等级较高的公司、公共部门的企业和政府本身基本上都进入了证券市场进行融资。对于这类机构来说，在资本市场进行直接融资要比从银行申请贷款更有吸引力。直接融资在很大程度上取代了银行贷款，甚至那些规模较小、信用等级并不高的借款人也可以凭借各种信用和流动性支持以及资产结构的调整从资本市场取得融资。

国际商业银行贷款仍然一直是全球金融市场中的重要组成部分。每逢金融风暴来临，资本市场就会随之动荡收缩，有时甚至不再成为一种融资的有效来源，这使得借款人只能纷纷转向银行寻求融资。许多资信良好的企业借款人甚至在资金情况最好的时期也保留着数目可观的银行信用额度，这样做的目的是在一定程度上确保在急需时可以随时得到这些银行的支持。有一些特殊的融资，比如为金融兼并、收购和杠杆收购提供的短期贷款，以及为项目融资提供的长期贷款，这些传统的银行贷款都是无法被其他形式所替代的。

（三）银团贷款

1. 银团贷款概述

大多数国际借贷是以银团贷款的形式进行的。银团贷款作为第二次世界大战后国际资本市场上的一项重要金融创新，从20世纪60年代末兴起至今经历了几个发展阶段。60年代和70年代是银团贷款大发展的时期，银团贷款逐渐成为一项举足轻重的融资方式。80年代，受拉美债务危机的影响，以及各国管理部门对银团贷款管理的加强，银团贷款受到很大打击。80年代末，不动产投资的失败更令西方银团贷款业务雪上加霜。90年代，伴随着全球金融一体化的浪潮和银团贷款方式的日益成熟，国际银团贷款开始重新崛起。

所谓银团贷款，就是指一批银行为了向某一借款人发放一笔数额相对较大的贷款而联合起来，并由其中一家或数家银行作为牵头行所提供的贷款。

在银团贷款形式下，借款人所得到的好处就是能够借到一笔任何一家银行都不愿单独提供的大额贷款，而且要比他自己从多种渠道筹措同等数目资金的成本要低，也更加方便。此外，借款人获得过银团贷款也会使他日后更容易得到其他融资。参加重要银团贷款的许多银行都很看重借款人的"透明度"，这可能会使日后的融资变得更容易。银团贷款同时也能交易，对于最终的借贷者和投资者来说，这样就能使资金流动起来，其借款利率也有最大的优惠。

全球银团贷款的中心一直是伦敦，另外还有纽约和香港。而银团贷款的实际发放则是通过众多海外银行分支机构来完成的。

2. 银团贷款的当事人

银团贷款的当事人有借款人、(有时还有)担保人以及贷款人(包括牵头行、经理行、副经理行及一般参加行)。国际银团贷款的贷款人由各国银行组成,它们在一笔贷款中扮演着各不相同的角色。

(1)借款人。现在银团贷款的借款人绝大多数是政府、政府机关、国有企业、地方政府、公办企业等,国际机构有时也作为借款人出现在市场上。对私营企业的贷款,如果不是信誉良好、国际上有名的一流企业,就难以期待有众多的银行参加贷款。因此,成为银团贷款的借款人必须具备以下条件:①在客观上被判定为资金实力雄厚者;②知名度高。虽然没有债券市场那样高的要求,但还是需要达到一听到借款人的名字,就知道其地理位置、资金实力等的程度。

(2)牵头行。牵头行可以由一家以上的银行共同担任,接受借款人的委托在市场上物色贷款银行组成银团贷款。牵头行中有一家银行担任**代理行**(agent),负责管理合同签订后的债权事务。按理说,代理行以外的牵头行在合同签订后,和代理行一样要积极参与债权管理,但事实上,只要不发生不履行债务等异常情况或没有风险的话,其作用与一般参加行并无区别。

(3)经理行(manager)。地位次于牵头行。有时经理行也包销部分贷款,但大多在推销阶段参加贷款。

(4)副经理行(co-manager)。与一般参加行的区别仅在于贷款额的多少。大多是出于利用其威望进行宣传的需要而设立。

(5)一般参加行(participating banks)是指除牵头行外参与银团贷款的银行。这些参加行在宣传上的地位很低,其贷款额是贷款银行中最小的,贷款手续费收入也最少,但是它们得到的好处极多:①这些银行的规模较小,通常不可能单独与外国政府或超一流的跨国公司进行业务往来,而参加贷款后就可能做到;②参加行根据自己的资金实力贷款,形成自己最佳的资产结构,并且能根据市场形势的变化,采取灵活的行动,或积极贷款,或等待机会;③参加行本身不必管理事务,有代理行代办。

(6)担保人。在有担保的情况下,不仅借款人要有相当的资金实力,担保人也要有资金实力。一国的借款人中,信誉最好的是政府本身,其次是中央银行、政府机关、跨国公司等。

3. 银团贷款流程

银团贷款的流程主要可以分为四个步骤。

(1)贷款的发起。

首先,借款人发出贷款的投标邀请。投标邀请中写明借款人要求的最低贷款条件、金额、期限、**宽限期**(grace period,也称用款期)、偿还方法、利息、手续费和担保,有时还对贷款团的组织方案提出建议。投标期限一般是两星期左右。

其次,借款人将到期前收到的各包销团的贷款条件按内容区分,并制成一览表。首先检查是否达到了邀请规定的必要条件。如果未对全部贷款做确定的承诺,仅对其中部分贷款表示做最大努力,那么该投标就是不合格的。对于贷款条件,是期限越长、加息率越低、管理费用越少越好。此外，**代理费**（agent fee）等也要算入借款费用。贷款条件检查完毕后，对总经理团成员的构成要做分析。在贷款条件难以区别优劣时，包销团的市场推销能力、成员的地理分布就成为重要考虑因素。

接受委托的同时，牵头行就要召集参加联合投标的银行协商组织总经理团的方针。如果是中小型贷款，大多以当初的联合投标行组成总经理团；如果是大型贷款，大多要扩充。

总经理团组成后，要召开**总经理团会议**（managers meeting），制定招募一般参加行与推销的方针。同时，要决定各总经理行间的任务与时间上的安排。

推销方针一经确定，就要按此招募一般参加行。大型贷款需要打出数以百计的电传邀请（这是邀请参加贷款，不同于借款人的邀请）。在此期间，总经理行忙于电话、访问等。有时还要规定地区协调人，让他们分担美洲、欧洲、亚洲、阿拉伯等地区的推销。这时，总经理行的业务部门最为活跃。邀请电传的答复规定有期限，该期限到期推销也结束。推销极不顺利的时候，会非正式地拖延再拖延；推销顺利时，到期后就不再接受参加银行的申请。至此，包括一般参加行的银团贷款团组织完毕。

（2）贷款的构造。

一笔银团贷款发起成功之后，就面临着如何构造贷款的问题。构造贷款包括确定贷款的期限、加息率、费用和拟定贷款文件。

在开始计划组织银团时，未来的牵头行必须与借款人明确贷款的结构及其目的。贷款目的应有明确的表述，贷款必须与借款人按期偿债的能力相适应。如果借款人是私营部门，必须详细预测其现金流量，并充分考虑可能在拟议的贷款期间给借款人造成不利影响的外部因素。如果借款人是公营部门（如一国政府），一般不会进行清理。所以，要通盘考虑主权豁免、有关国家未来政局的动向、该国政府对于国际收支管制的可能以及债务规模等问题。所有这些有关的信息通常都纳入一份信息备忘录（information memorandum），以便于银团成员之间的交流。

（3）签订合同。

如果贷款结构较为复杂，那么在安排银团贷款时可能就已开始起草贷款协议并就各项内容与借款人进行协商。即便在银团成立之后，对贷款协议中要点的讨论还可能继续进行直至双方一致认可。在最终接受贷款协议的所有条款之前，银行是不会承诺发放银团贷款的，一旦在某一问题上不能达成一致，该银行就可能不愿参加这次贷款，从而退出银团。不过在大多数情况下，贷款文件大都是标准化的，能够影响参加行是否接受各项条款的都是些细枝末节的问题。在此环节上选择一个合格的法律顾问对银团贷款来说是非常重要的。

（4）合同的主要条款。

借款人与贷款银行来自世界各国，但通常纽约州法律或英国法律为合同的适用法律，贷款合同习惯上采用欧洲标准方式。

- 序言（preamble）。明确合同当事者姓名、借款人的借款意愿、贷款人的意愿以及代理行和总经理团。
- 定义（definition）。对合同中主要的术语加以说明、统一术语的使用。

- 贷款承诺（loan commitment）。原则上各贷款人的承诺是分别承诺（several commitment），而不是联合承诺（joint commitment）。
- 贷款前提条件（conditions precedent）。规定在满足某些条件后才能进行贷款，否则停止贷款。
- 贷款（drawdown）。规定提出或执行贷款所需要的事务性手续。
- 偿还（repayment）。规定贷款的偿还方法与手续。
- 利息（interest）。规定贷款利息的决定方法与支付方法。
- 提前偿还（prepayment）。规定可否提前偿还，及其方法和手续。
- 支付方法（payment）。规定本息及其他支付、结算的具体方法和手续。使用欧洲货币结算要做特殊规定。
- 代用利率与增加费用（alternative interest rates and increased costs）。规定原来的利率决定方法无法采用时，用作代用的利率的决定方法和手续以及筹款资金的增加费用。
- 不扣除租税和费用（no deductions）。规定本息及其他支付是未扣除的租税和费用。
- 借款人的陈述及保证条款（representations and warranties）。借款人要明确使合同在法律和契约上有效的必要基本条件；明确借款人的法人资格与当事者的能力，确立契约关系，承认法律的约束力与执行力，获得许可和财政情况无重大变化等，并须保证它们的真实性。
- 借款人的保证（covenants）。肯定的保证（affirmative covenants）包括资金用途、提供财务报表、保证平等对待债权人等；否定的保证（negative covenants）包括不向第三者提供担保、借款限于维持正常的财务状况。
- 违约（events of default）。不履行支付本息、违反合同上其他遵守义务的行为称为"违约"。在规定其内容的同时，还要规定实际发生时的法律后果。
- 债权债务的转让（assignments）。通常贷款银行的总行向分行或者分公司转让债权不需要借款人的承诺，但向其他银行转让要得到其承诺。原则上不允许借款人的变更，即债务的转让。
- 适用法律与司法管辖权（governing law/jurisdiction）。规定合同的解释依据哪一国或哪一州的法律。如果事先就诉讼的司法管辖权做了协商，就应标明具体的管辖法院。
- 放弃主权豁免（waiver of sovereign immunity）。借款人是政府时，事先声明放弃主权豁免。
- 代理行（agency）。规定代理行与各贷款银行之间的关系。
- 其他（miscellaneous）。包括通知方法、不行使权利不等于放弃权利等需要确认的内容。
- 签名（signatures）。借款人、担保人（若有）、代理行、总经理团、各贷款银行代表一一签名。

4. 定价

银团贷款的利率一般等于LIBOR加上一个利差或加息率。LIBOR体现了银行自身的筹资成本，利差取决于贷款风险的大小和当时市场对有关国家信用的评估。如果市场对资金需求旺盛，加息幅度就会较大。借款人可能会坚决要求降低加息率的幅度，部分原因是想借以提高其信用地位，部分原因是借款人一般认为只要降低利差的幅度就可以节省借款成本。但借款人和银团成员都不可忽视 LIBOR 本身的变化，有时这种变化会比加息幅度高出许多。利差可能是固定的，在整个贷款期内保持不变；也可能是分段的，就是说，在头几年采用某一固定利差，而在剩余时间内采用另一利差。

为了保护借款人和贷款人免遭利率风险，一般会考虑通过综合利率上限、下限或利率上下限来规定基准利率的最大变动范围。

5. 费用

如果一家银行计算其因维持贷款和银团组织所需的成本，会发现在加息幅度低于 1% 的情况下很难获利。为了确保盈利率，在贷款签约或分批支款时，银行会精心规定征收费用的结构。

费用包括管理费、参与费、承担费和代理费。借款人可能会向牵头行支付低于 2% 的管理费，牵头行又会提取该费用中的一部分作为参与费支付给银团的参与行，参与费的多少可以依据参与者贷款的多少而定。在任何情形下，费用的计算要保证牵头行为组织银团和管理贷款交易而得到相适宜的报酬。承诺费通常等于贷款协定下未支取的款项乘以略低于贷款利率的加息率。如果没有必要，许多借款人一般不会愿意提取贷款协议规定他们可以提取的全部款项。有关银行由于对贷款额度部分做出承诺而会丧失利润，所以绝大多数协议就会规定借款人必须支付一笔承诺费作为补偿。代理费则是付给代理行的特别款项。

6. 期限和结构

银团贷款通常是中期的，参与行可能还得用相对更长的时间来考察借款人的还款能力和意愿。这也是借款人要在市场上时不时以政府名义和政府担保借款的原因之一。

考虑到借款人的需要，贷款期限力求按照市场条件和借款人的信用情况设定，银团贷款一般会依据贷款签订的日期制订一个提款计划，借款人按照计划规定提取。本金的偿还期为 5~10 年，在贷款发放后可能会有几年的宽限期，在此期间不必偿还本金。本金的偿还可以在剩下的贷款期内分期偿付，也可以在到期日一次性偿还，或是采取经借贷双方协商同意的其他还款形式。对借款人来说，如果加息率不变，经理行手续费相同，则贷款期限越长越好。除了资金用途是特定项目、债务偿还等事先确定的用途之外，宽限期越长越好。

跟借款人和贷款人之间的普通贷款不同的是，银团贷款的条款通常在市场上是公开的。当贷款的相关信息必须披露给 20 家、50 家甚至更多的参与行时，价格、费用、贷款期限、法律条款和借款人资料就很难保密了。

【阅读专栏 7-1】

英吉利海峡隧道项目融资

早在 1753 年，英国和法国就曾经谋划建立一条穿越英吉利海峡的隧道，以避免恶劣天气等因素对英国和欧洲大陆之间的人员与商贸往来产生负面影响。受限于资金、技术等多种因素，隧道长时间内一直停留在可行性研究的阶段。20世纪80年代后，人们开始正式认真研究依靠私人投资修建英吉利海峡隧道或桥梁的可能性。

1984年5月，法国东方汇理银行（Banque Indosuez）、法国国家巴黎银行（Banque Nationale de Paris）、法国里昂信贷银行（Credit Lyonnais）和英国的米兰银行（Midland Bank）、国民西敏寺银行（National Westminster Bank）五家银行组成的银行团向英法两国政府提交了一份关于可以完全通过私人投资建立双洞海底铁路隧道的报告。随后，牵头银行团与英法两国的大建筑公司联合，分别在两国成立了海峡隧道工程集团（Channel Tunnel Group Limited，CTG）和法兰西－曼彻公司（France Manche S.A，FM），两家公司以合伙形式组成了欧洲隧道公司（CTG-FM）。

1985年5月，英法两国政府发出了无政府出资和担保情况下英吉利海峡连接项目的融资、修建及运营的联合招标。1986年1月，CTG-FM的26亿英镑双洞铁路隧道提案（即欧洲隧道系统）中标。同年2月，两国政府签署协议授权建立欧洲隧道系统，并授予中标者CTG-FM公司自协议通过之日起的55年（即截至2042年）内运营隧道系统的权利。中标者有权对隧道内通行的人员征税，并自主制定运营政策。为保障中标者收益，英法两国政府承诺在未得到CTG-FM公司的同意时，不会在2020年前建设竞争性的海峡连接项目。2042年协议期满后，欧洲隧道系统将会转让给两国政府。

根据欧洲隧道公司的预计，建设这一隧道系统大概需要花费48亿英镑（按1986年汇率计算，约合72亿美元或252亿元人民币）。公司计划融资60亿英镑以覆盖成本和可能的超支，其中10亿英镑为股权，50亿英镑为债权。英国资本市场较为发达，因此项目采取就地融资方法，英法两国政府不提供任何外汇风险担保。

欧洲隧道公司计划分阶段来筹集相关资金。

（1）中标前，牵头行已经收到了33家银行共计约43亿英镑的债务承销意向书。

（2）中标后，发起人股东向CTG-FM投入约5 000万英镑。

（3）牵头行在建筑合同签订后，计划进行一次50亿英镑的联合贷款（syndicate loan）。

（4）欧洲隧道公司计划在1986年6月进行第二次股票发行，计划融资1.5亿~2亿英镑。

（5）1987年上半年计划进行第三次股权融资，计划融资10亿英镑。

（6）1988年、1989年计划进行两次股票融资。

项目的债务融资主要由银行集团提供。1986年2月，牵头行组织了一个由40个二级银行组成的、价值50亿英镑的联合贷款承销团。在承销协议签订前，银行要求借款人必须保证达到下列条件。

（1）英法政府给予欧洲隧道公司自主经营权。

（2）英法两国议会必须通过有关协议，保障项目合同的合法性。

（3）完成1.5亿英镑的二期股权融资。

按照贷款协议，项目公司的债务责任有以下几点。

（1）欧洲隧道公司通过未来现金流偿还贷款，预计签订合同后的18年内付清。

（2）费用条款。欧洲隧道公司给予牵头行总贷款额的12.5%作为牵头费用。

（3）安全条款。欧洲隧道公司的所有资产用来作为还款的抵押。

（4）欧洲隧道公司保证未经贷款银行的允许，不进行欧洲隧道系统之外的其他工程。

（5）违约事件。如果以下任一事件发生，则欧洲隧道公司将被视为违约：一是欧洲隧道投入运营时间推迟一年以上；二是欧洲隧道公司违反责任造成无法补偿的后果；三是未按合同按时还款。

（6）币种选择权。贷款货币包括英镑、法国法郎、美元，但贷款银行团同意欧洲隧道公司有权选择其他的币种。

（7）建筑合同必须签订。

欧洲隧道系统最初计划1993年5月运行，但由于各种原因直到1994年3月6日才开始货物运营，客运服务于1994年11月4日开始运营。尽管最初计划成本是48亿英镑，最后实际发生金额为105亿英镑，严重超支带来纠纷的同时，也打乱了欧洲隧道公司先前的融资计划。

资料来源：FINNERTY J D. Project financing: asset-based financial engineering[M]. New York: John wiley & Sons, Ltd, 2012.

第二节 国际贸易融资

在进出口贸易中运用相应的资金融通技术，是现代国际贸易的发展方向之一。这些融资方式有：短期进出口贸易融资、远期信用证贸易融资、保理业务、福费廷业务、买/卖方信贷、混合信贷等。

一、短期进出口贸易融资

（一）进口押汇

进口押汇是贸易融资中的主要方式，它是由开立信用证的银行向开证申请人（即进口商）提供的一种短期资金融通。开证行和进口商之间需要通过协商，签订有关的进口押汇协议。在这一基础上，开证行在收到出口商通过议付行寄来的信用证项下单据后，向议付行先行付款，然后再根据进口押汇协议及进口商签发的信托收据，将单据交与进口商，进口商凭单提货并将货物在市场上销售后，将贷款连同这一期间的利息交还给开证行。这一过程如图7-1所示。

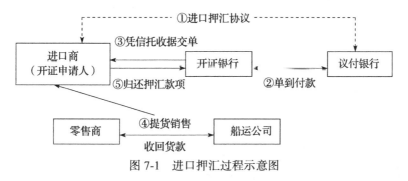

图7-1 进口押汇过程示意图

在进口押汇业务中,进口押汇协议和信托收据是它的两个主要文件。信托收据是进口商在向开证行付款前必须向该行出具的凭证,用以提取货物。该凭证说明进口商所提货物的所有权仍属银行,并由进口商代为保管和销售。

进口押汇的时间较短,一般在1~3个月,比较适用于市场好、销售快的商品的进口融资;开证行和进口商签订的进口押汇协议,通常会根据进口商的资信、经营业绩、财务状况等情况来确定押汇的金额。对经常进行进出口贸易的进口商来说,这个金额可以是一个总的额度,也可以是按单笔信用证业务确定的单项金额。

【例7-1】 现在假设,有一美国进口商与一英国出口商签订了某项进口合同,并指定用英镑进行结算,货款金额为100万英镑,单到付款,单据于成交后45天内到达开证行。该进口商与其开证行(一家美国银行)还签订了一个单项进口押汇协议。该协议规定,押汇金额的比例为70%,押汇期限60天,利率为10%。

押汇协议签订前,进口商面临的外汇风险是从成交日开始至结算日这45天内汇率变动的风险,敞口的金额为100万英镑。签订协议后,货款由开证行先垫付,但60天后,进口商一定要把这笔货款连同利息还付给开证行,也即相当于进口商推迟了60天付款。这样,进口商的整个受险期限就变为成交日后的105天。从金额上看,押汇金额为70万英镑,这就导致整个受险期间外汇敞口的金额不为定值,前45天为100万英镑,后60天为$70 \times (1 + 0.10 \times 60/360) = 71.17$万英镑。

面对这一复杂的敞口头寸,进口商可以采取如下套期保值措施:在成交日买入45天的远期英镑30万及105天的远期英镑71.17万。

需要指出的是,在进口押汇业务中,提供融资的银行要收取贷款利息和一定的费用。对进口商来说,如果不能在进口货物的销售过程中获得超过这一成本和费用的收入,这笔融资就显得毫无意义。从这个角度看,进口商实际上是在银行贷款利率和销售利润率之间做"套利交易",有关套利交易存在的前提是利率平价关系不成立。

(二)信用证打包放款

信用证打包放款也被称为"打包放款",是指在出口商出口之前,银行以出口商提供的由进口商开立的信用证为抵押,向出口商提供贷款。出口商获得的这项贷款,仅限于该信用证项下出口商品的备货和出运,不得挪作他用。

打包放款的期限自信用证抵押之日起,至出口商提供货运单据并向开证行寄单收回货款之日。借款期限的长短由银行与出口商根据收回货款的时间来商定,通常不超过3个月。打包放款的金额一般不是信用证的全额,而是信用证金额的70%~80%。银行在向开证行收回货款后,将从货款中扣除贷款本金和利息。在出口商不按期归还本息的情况下,银行还可从出口商在任何银行开立的账户中扣收,并加收罚息。

(三)出口押汇

出口押汇是银行在信用证、托收和出口保理项下的议付。出口商在货物发运后,将货运单据交给银行,银行在审核单证相符后,向出口商买单付款(即对单据或汇票付给对价)。之后,银行再向开证行寄单收款,冲回垫付的资金。

与打包放款一样,出口押汇也是银行对出口商提供的短期资金融通,且融通的金额均为信用证或单据金额的一定比例,而非百分之百。所不同的是,出口押汇不是在货物发运之前,而是在货物发出并备齐单证后;出口押汇的时间通常也较长,为3~6个月;此外,贷款利息在出口押汇中以贴现方式从贷款中扣除,而在打包放款中则从收回的贷款里直接扣除。

出口押汇对出口商外汇风险的抵补与打包放款类似,受险期从原来的"成交日—结算日"变为"成交日—议付日—结算日",外汇风险敞口缩小。

【例 7-2】 美国出口商向法国出口价值100万法郎的机械产品,180天后结算,结算货币为法国法郎。设成交后90天内由银行议付,议付的金额为80万法郎,贴现率为8%,实际付给出口商的金额为78.4万法郎,则该出口商应采用的套期保值措施是:在成交日卖出180天的远期法郎20万(=100万-80万)及90天的远期法郎78.4万。

二、远期信用证贸易融资

国际贸易中一些大宗的进出口交易,如大型机械设备进出口,往往需要进行中长期融资。远期付款贸易融资是比较常见的一种,它实质上是由出口商所在地银行所提供的对进口商的融资,远期信用证就是其中的工具之一。

在远期信用证结算方式下,进口商通过进口地银行开立此类信用证,出口商收到信用证后,装船发货,并通过议付行向开证行提交远期外币汇票及全套货运单据。开证行审核无误后,即承兑信用证项下的远期汇票。经承兑的远期汇票将退回议付行,由它于汇票到期日向承兑行(即开证行)提示,取得票款。

远期信用证项下的远期汇票可以有多张,每张汇票的付款期限均可不同。例如,进出口合同规定2年内分4次付清款项,则汇票到期日可分别为提单日期后180天、360天、540天和720天。议付行的汇票提示及收款依此日期进行。

出口商在远期信用证方式下可以和银行做出多种融资安排,图7-2所示的融资方案就是其中的一种。这些融资安排有:①出口商在取得进口商开立的信用证之后可以只做抵押,向银行申请打包放款;②远期汇票经开证行承兑并退还议付行后,议付行可向出口商进行议付或办理贴现,出口商则把取得的资金用来偿还打包放款的融资款项。

在上述融资安排下,出口商收取外汇,其风险情况如下:受险期为"成交日—议付或贴现日",考虑到打包放款,一部分(与贷款金额相等)外汇可视作在信用证抵押日即收回,即提前收汇,对这部分外汇而言,受险期则为"成交日—信用证抵押日"(见图 7-2)。需要指出的是,我们这里所考察的外汇风险,是站在出口商的角度来考察的,银行方面在融资安排中承担的风险未考虑在内。为说明这一点,图7-2中还特地指出了银行的外汇风险。从图中可以看到,出口商通过融资后,将部分外汇风险转移给了银行。

【例 7-3】 假设银行同意按信用证金额的80%抵押放款,并按100%贴现,我们就可得到关于出口商和银行在这一交易中所承担的风险情况。考虑到打包放款利息支出是在贴现收入中扣除,出口商在抵押日敞口的风险金额就要少于20%,而银行则因有利息收入,在抵押日敞口的风险金额就要多于80%。由于按全额贴现,出口商在该日即将所有外币资金都收回,而银行则出现了一笔在结算日才收到的外币应收账款,故而有百分之百的风险敞口。

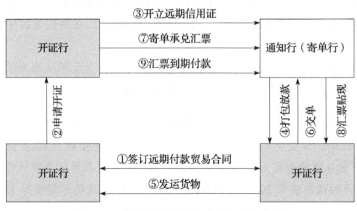

图 7-2　远期信用证结算过程与融资安排

在上述几种以信用证收付为基础的融资方式中,为保证融资过程的顺利进行,还应注意以下几个问题。

(1) 信用风险问题。信用风险在贸易融资中是一个十分重要的问题,进出口商可能会面临对方违约或有意刁难、欺诈等情况,因此交易者有时对信用风险的考虑更甚于对外汇风险。

(2) 出口商为便于在货物出口之前筹措资金,只能接受不可撤销信用证。

(3) 准备通过贴现方式融资的,应使用可转让性质的远期汇票。可转让汇票必须能随时或在指定日期内由开票人或承兑人向持票人或指定人无条件付款。

(4) 抬头是特定收货人的提单(即直交提单)不能作为借款抵押品,因为它只能由指定提货人提货,银行不接受转让。

三、保理

国际保理业务(international factoring)最早出现在工业革命成功后的英国纺织业,到 20 世纪初保理业务在美国得到了迅速发展,近二三十年保理业务已成为国际贸易短期融资方式的主力军。

(一) 保理业务的概念

保理业务是指国际贸易中在承兑交单、赊销方式下,由保理公司对出口商应收账款进行核准或购买,从而使出口商收款得到保证的一种结算方式。保理业务由专门的保理公司承办,保理公司负责对进口商的资信进行调查、核准信用额度、催收账款、向出口商融通资金和提供财务管理等。目前,国际上成立了国际保理联合会(Factors Chain International,FCI),公布了国际保理惯例条例。出口保理公司通过与进口保理公司签订代理合约,共同完成一项保理业务。由于许多商业银行也从事保理业务,因此这种结算方式也具有银行信用的性质。

（二）保理业务的流程

（1）签订有关的保理合约，如保理商代理合约和保理合同。

（2）由出口商按收款金额申请保理额度，并由保理商对进口商的资信和财务状况调查评估后核准这一额度。

（3）进出口商之间签订销售合同。

（4）出口商装运货物，并将货运单据和《应收账款转移通知书》等分别寄送进口商和出口保理商，取得资金融通。

（5）进口保理商凭受让应收账款向进口商催收货款。

（6）出口保理商收得账款后，扣除保理费用，向出口商支付账款余额，并处理有关账表。整个过程详见图7-3。

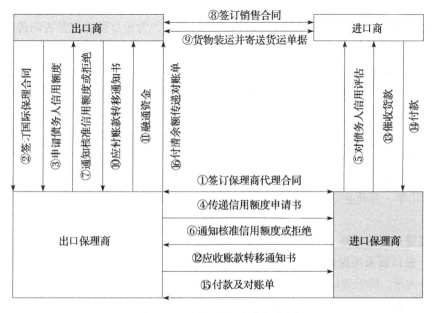

图7-3 国际保理业务流程简图

（三）保理业务的主要费用

（1）利率。利率可能是浮动利率，通常在基础借款利率上还要加约3%。

（2）融资费用。这取决于所融通资金的数量及期限。对信用自我控制的出口商一般为0.25%~0.75%，对提供全部销售账户管理的，收费标准通常为0.75%~2.75%。

（3）信用保险。在保理商承担全部进口商信用风险的情况下，需附加0.2%~1%的费用，这一费用在向信用较差国家的出口保理中有可能更高。

出口商将应收账款售予保理商后，可获得的资金通常为发票金额的80%~90%，而不是全部，期限多为90~180天，不超过360天。在出口保理商看来，保理业务的内部运作与出口押汇一样，即在购买应收账款时，以贴现方式，将有关的利息和管理费用从付给出口商的款额中扣除。

（四）保理业务的特点

（1）保理商承担了信贷风险。出口商将单据卖断给保理商后，如果到时进口商拒付货款或不按期付款等，保理商不能向出口商行使追索权，全部风险由保理商承担。

（2）保理商通常还提供资信调查、托收账款、催收账款，甚至代办会计处理手续等业务。因此，保理业务是一项综合性业务，既不同于议付业务，也不同于贴现业务。

（3）预支货款。典型的保理业务是出口商在出卖单据后立即收到货款，得到资金融通。但是，只要出口商资金雄厚，也可与保理商达成协议，在票据到期后再向保理商索要货款。

（五）保理业务的作用

1. 对出口商的好处

（1）保理业务代出口商对进口商的资信进行调查，为出口商决定是否向进口商提供商业信用以扩大商品销售提供信息和数据。保理商经常向出口商提出建议，使其获得很多贸易机会，促进了出口商竞争能力的提高。

（2）出口商将货物装运完毕后，通常可立即获得现金，加速了出口商的资金周转，促进了其利润的增加。

（3）只要出口商的商品品质和交货条件符合合同规定，在保理商无追索权地购买其票据后，出口商就可以将信贷风险和汇率风险转嫁给保理商。

（4）出口商如果通过银行贷款取得资金融通，会增加其负债的数额，提高企业负债/资产比率，恶化企业资产负债状况，对企业形象会产生负面影响，不利于其有价证券的上市。

2. 对进口商的好处

（1）进口商采用保理业务不需向银行申请开立信用证（L/C），免去交付押金，从而减少资金占压，降低进口成本。

（2）通过保理业务，进口商可减少交易中间环节，简化进口手续，适应多变的国际市场要求，提高市场竞争力。

四、福费廷

（一）福费廷的概念

福费廷（forfeiting）是一种中长期国际贸易融资（也称出口信贷）方式。在这一方式下，包买人从出口商那里以无追索权的方式购买远期票据，使出口商立即获得款项。这些远期票据是经进口商承兑，并通常由进口地著名银行保兑的远期汇票或本票，在票据到期日由包买人借以向进口商索偿。包买也就是包买人对出口商持有的债权凭证进行无追索权的贴现。

包买人通常由银行或专门的包买公司来承当，故又称"包买行"。伦敦因为有世界上500多家银行，作为国际金融交易中心，它也是主要的福费廷市场。福费廷与保理业务不同，保理业务主要适用于消费性商品的进出口，而福费廷则比较适合一些大中型设备的进出口，因为它们涉及金额大，付款时间长，一般的贸易融资很难满足这种需要。

在福费廷中，涉及的金额总数少至几十万美元，多达数千万美元，有些规模较大的业务还需要通过银团来承办。福费廷中的远期票据，期限多为3~7年，其中5年的居多，最长可达10年。

（二）福费廷的基本流程

福费廷的基本流程如图7-4所示。

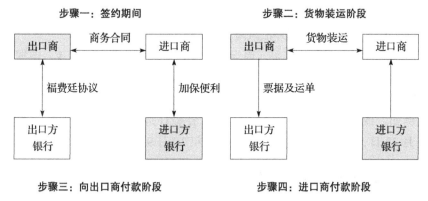

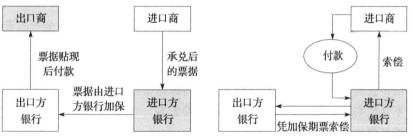

图7-4 福费廷的基本流程

（1）出口商与包买行接洽包买事宜，签订包买协议；进口商从当地银行获得信用支持，包括提供担保便利。之后，由进口商和出口商签订远期付款贸易合同。

（2）出口商装运货物，并将货运单据通过当地银行交与进口方银行。

（3）出口商出具远期汇票由进口商承兑，并由进口方银行加保，或者由进口商出具远期本票，再由进口方银行加保。加保后的票据转交出口商。转交前，一般由出口地银行代为加盖出票日期。

（4）货运单据交给进口商，由其凭以提货。

（5）出口商收到票据后，经背书，向包买行贴现。

（6）包买行贴入票据后，按不同到期日依次向进口方加保银行求偿。

在福费廷中，远期票据是由一系列等额但期限不同的汇票或本票构成。每张票据的金额按融资期限均分，通常每半年付款一次。因此，一项为期4年的福费廷需要8张远期票据，均注明面值和利率。

票据的面值为本金与利息之和。出口商以贴现方式将这些票据售给包买行时，包买行要从中扣除票据贴息率及其他包买费用，出口商收到的实际款额即为出口货物的实际售价。福费廷的主要成本是贴息率，其他的包买费用还包括选期费、承诺费和宽限期利息等。这些费用有的是一次性的，有的是按月支付的。它们与贴现息一样，均由进口商承担，都包含在出口商报给进口商的利率中。

票据贴现后，出口商就不须再承担外汇风险了，因为其外币货款业已收回。而且，出口商还不须承担进口方拒付的风险，因为包买行没有追索权。采用福费廷后，即使出现此类情况，包买行也不能向出口商追索。此时，出口商外汇风险的受险期仅为"成交日—贴现日"，其敞口为合同中货物的售价。需要指出的是，由于福费廷中使用的多是美元一类的自由兑换货币，因此，出口商并非完全没有风险。如果该出口商的本币为欧元，而贴现后的货币是美元，那么其外汇风险就仍未消除。

票据贴现的时间与出票日有关，因为出口商拿到票据后可立即贴现。票据的出票日即票据起息日，通常是装船日（不一定非如此）。票据一般由出口方银行代填。票据贴现常在装船后一段合理的时间内，比如两个星期，因为在这一段时间里，所有的单据都可备齐。例如，成交日是1989年10月9日，装船日是1990年7月1日，而贴现日是1990年7月23日，出口商的受险期即为1989年10月9日～1990年7月23日。

（三）福费廷对出口商和进口商的作用

1. 对出口商的作用

（1）在出口商的资产负债表中，可以减少国外的负债金额，提高企业的资信，有利于其有价证券的发行。

（2）能够立即获得现金，改善流动资金状况，有利于资金融通，促进出口的发展。

（3）信贷管理、票据托收的费用与风险均转嫁给银行。

（4）不受汇率变化与债务人情况变化的风险影响。

2. 对进口商的作用

对进口商而言，利息与所有的费用负担均计算在货价之内，即通常采用福费廷方式货价较高。但利用福费廷的手续却比利用其他出口信贷方式简便得多，不需要进口商多方联系、洽谈，使其能够有足够的精力进行贸易谈判。这一优势与费用成本需要进口商仔细权衡。

五、卖方信贷和买方信贷

（一）卖方信贷

1. 卖方信贷的概念

所谓**卖方信贷**（supplier's credit），是指由出口商所在地银行向出口商提供的期限为几个月到数年不等的信贷。前面提到的包买票据就是其中的一种。出口商在收到进口商承兑的远期汇票或本票后，通常会将票据贴现以融通资金。卖方信贷同样也可融通资金，却是在贷款合同下的资金融通。

2. 卖方信贷的基本流程

（1）出口商以延期付款或赊销的方式向进口商出卖设备。

（2）进口商与出口商达成协议，签订贸易合同，并确定进口商缴付现汇定金的比例。

（3）出口商向当地银行申请贷款，签订卖方信贷协议，并将其投保的保单转让给贷款银行。

（4）出口商签订三个法律文件：与进口商的贸易合同、与保险机构的保险合同、与银行签订的卖方信贷协议。

（5）在贸易合同中，一般要求进口商出具不同付款期限的本票，或有出口商开立的不同付款期限的汇票，并由进口商有关银行加保或承兑，贷款银行要求以此作为抵押担保。

（6）进口商随同利息分期向出口商支付以本票或汇票形式存在的货款后，出口商再用以偿还从银行取得的贷款。

图7-5给出的是卖方信贷的基本结构。从图中可以看出，卖方信贷有一个"背对背"的资金运作方式：出口商将信用风险及贸易所需资金转移给了贷款银行，进口商将承兑加保的票据交予出口商，再由出口商交予贷款银行，但这些票据项下的款额却由进口商直接向贷款银行支付，尽管有时要经由出口商转交，但直接交付是最常见的做法。

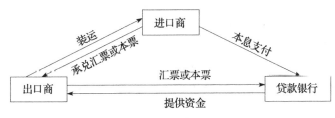

图7-5 卖方信贷结构

卖方信贷中作为将来付款的凭证的，通常是由进口商所在国银行出具的保函或由银行加保的汇票或本票。自20世纪上半叶以来，为了推动本国大型成套设备、装备的出口，多数情况下，出口国政府会配合出口商所在地银行在提供出口信贷时（无论是福费廷、买方信贷还是卖方信贷），均同时提供利息贴补和信贷担保。

3. 卖方信贷对进出口商的作用

出口商向银行借取卖方信贷，除按出口信贷利率支付利息外，还要支付信贷保险费、承担费、管理费等。这些费用都要附加在出口设备的货价之中，但进口商并不清楚每项费用的具体金额。对于进口商而言，卖方信贷条件下的货价一般高于以现汇方式支付的货价，有时甚至高出8%~10%。对于出口商而言，卖方信贷手续虽然简便，也便于出口商集中精力洽谈贸易合同和保证供货，但因进口商采用了延期付款的方式购买设备，故而加大了出口商的负债/资产的比率，不利于出口商有价证券的上市。

（二）买方信贷

1. 买方信贷的概念

所谓**买方信贷**（buyer's credit），是指一般由出口国的政府出口信贷机构（export credit agency，ECA）提供担保，由银行向进口商或进口商银行提供的用于大宗货物进口的优惠利率贷款。这里的进口商可以是企业、部门、政府等实体，它们用买方信贷来购买商品、设备或劳务等。这种贷款的期限少则 18 个月，多至 1～20 年，5 年期的情况最为常见。

2. 买方信贷的类型

（1）直接贷款给进口商的买方信贷。

（2）直接贷款给进口商所在地银行的买方信贷（绝大多数买方信贷的发放都采用此种方式）。

3. 买方信贷的作用

20 世纪 70 年代以后，由于买方信贷有着卖方信贷无法比拟的优越性，因而受到普遍欢迎并得以迅速发展。

（1）买方信贷对进口商的有利之处。

第一，由于在买方信贷条件下，进口商以现汇方式支付货款，因而货价清晰明确，不会掺杂其他因素。

第二，由于进口商能够集中精力谈判技术条款和商务条件，而他们对于产品的各项技术指标更加熟悉，使得进口商得以在谈判中居于有利地位。

第三，办理信贷的手续费用是由买方银行直接付款给出口商银行，相比卖方信贷条件下的手续费（因出口商要计入货价）要低廉许多。

（2）买方信贷对出口商的有利之处。

第一，使用卖方信贷时，出口厂商既要组织生产，又要筹集资金，而且还要考虑在原始货价之上以何种幅度附加利息及手续费等问题，工作量较大。而买方信贷条件下，由于进口商是现汇付款，所以出口商可集中精力按贸易合同的规定保证交货和组织生产。

第二，因进口商现汇付款，所以买方信贷下出口商收到货款后会立刻将企业的应收账款入账，有利于出口商资产负债状况的改善，有利于出口商有价证券的上市。

第三，出口商收到进口商的现汇付款后，能够加速资金的周转，增加利润，提高竞争力。

（3）买方信贷对银行的有利之处。相比其他信贷方式，由出口商银行直接贷款给进口商银行的买方信贷的发展最为迅速。一般而言，贷款给国外的买方银行，要比贷款给国内的企业风险小得多，因为一般来说，银行的资信要高于企业。因此，出口方银行更愿承做直接贷给进口商银行的买方信贷业务。

4. 买方信贷的基本流程

买方信贷有如图 7-6 所示的结构。与一般贷款支付方式不同，买方信贷方式下，贷款银行并不直接把款额付给进口商，而是将它视同进口商支付的货款付给出口商，同时，作为进口商的一项负债记录到银行账户中。为了确保款额的正确支付，贷款合同一般会对此做出明确规定，即在贷款银行收到货运单据后再付款。

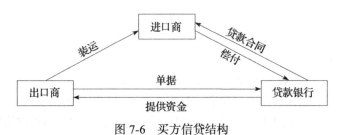

图 7-6 买方信贷结构

5. 买方信贷的贷款原则

（1）贷款的使用方向。接受买方信贷的进口商只能以其所得的贷款向发放买方信贷的国家的出口商或在该国注册的外国公司进行支付，不能用于第三国。

（2）使用贷款购买的商品。进口商利用买方信贷限于进口资本货物，如单机、设备和有关技术等，一般不能进口原材料、消费品等。

（3）资本货物的构成。提供买方信贷国家出口的资本货物大多数限于该国制造，如该资本货物的部件是由多国产品组装，则本国部件应占50%以上。各国规定标准不一。

（4）现金支付。贷款只能提供合同金额的85%，船舶为80%，其余要付现汇。

（5）信贷起始日。信贷起始日指偿还贷款的起始日，正式还款日期在信贷起始日后的6个月开始。信贷起始日的确定，视出口信贷标的物的不同而不同。

（6）最长还款期。根据国家富裕程度确定不同的最长还款期。

（7）本金偿还。本金偿还按等期还款方式，每隔6个月或少于6个月等额偿还一次。

（8）利息偿还。利息支付的间隔时间不得超过6个月，首次利息支付不得迟于信贷起始日后6个月。

（9）最低利率。一般按商业参考利率计算，商业参考利率均按各国5年期政府债券的收益率计收。

（10）当地费用。当地费用是指进口商为完成机械设备进口而必须在本国或第三国购买的商品或劳务支出；或出口商为完成机械设备的出口而必须购买的商品或劳务支出。申请当地费用的最高金额，不得超过设备贸易合同价款的15%；富裕国家当地费用限于支付保险费和担保费。

6. 买方信贷的贷款条件

（1）买方信贷使用的货币。

第一，使用提供买方信贷国家的货币；第二，提供卖方信贷国家的货币与美元共用；第三，使用美元，但也可使用提供买方信贷国家的货币，二者均可。

（2）申请买方信贷的起点。进口商利用买方信贷购买资本货物都规定有最低起点，如果购买的资本货物的金额未达到规定的起点，则不能使用买方信贷。这一规定的目的在于促进大额交易的达成，扩大资本货物的出口，但各国对使用买方信贷起点的规定不尽相同。

（3）买方信贷利息的计算方法。有的国家一年按365天计算，有的则按360天计算。国际通用的计息时间为"算头不算尾"，即当天借款当天计息，还款当天不计息。

（4）买方信贷的费用。使用买方信贷通常支付的费用包括利息和管理费。有的国家还要收取承担费和信贷保险费。

（5）买方信贷的用款手续。出口商与进口商银行签订贷款总协议，规定贷款总额，在进口商与出口商达成交易，签订贸易合同需动用贷款时，根据贸易合同向进口国银行申请，经批准后即可使用贷款。但有的国家规定在签订买方信贷总协议之外，根据贸易合同，还要签订具体协议。

六、混合信贷

(一)混合信贷的概念

混合信贷方式是卖方信贷和买方信贷形式的新发展。如上所述,在卖方信贷和买方信贷形式下,进口商都要向出口商支付一定比例的现汇定金。而近些年来,经济合作与发展组织(OECD)国家共同议定的出口信贷利率不断提高,与国际金融市场利率甚至形成倒挂局面,不利于某些国家设备的出口。一些发达国家在此情况下,为了加强本国设备出口的竞争力,在出口国银行发放卖方信贷或买方信贷的同时,出口国政府还从自己的预算中提出一笔资金,作为政府贷款,连同卖方信贷和买方信贷一起发放。根据OECD的规定,这部分政府贷款要含有35%的赠予成分,因此收取的利率一般比出口信贷更低,更加有利于促进本国设备的出口,并可加强与借款国的经济技术与财政合作关系。政府贷款占整个贷款金额的比率视当时政治经济情况及出口商或进口商的资信状况而有所不同。这种为满足同一设备项目的融通资金需要,卖方信贷或买方信贷与政府贷款或赠款混合贷放的方式即为混合信贷。

(二)混合信贷的类型

(1)对一个项目的融资,同时提供一定比例的政府贷款(或赠款)和一定比例的买方信贷(或卖方信贷)。两种信贷分别签订贷款协议,各自规定不同的利率、费率和贷款期限等融资条件。

(2)对一个项目的融资,将一定比例的政府贷款(或赠款)和一定比例的买方信贷(或卖方信贷)混合在一起,然后根据赠予成分的比例,计算出一个混合比例,利率、费率、贷款期限等融资条件只有一种。

【阅读专栏7-2】

美国现代保理的起源及其发展

除了借钱之外,还有许多方式可以取得资金融通,将应收账款卖出去是其中之一。出售应收账款以使经营活动"起飞",这种行为自有商业活动起就已存在,一些研究保理历史的人发现其历史可以追溯到5 000年前的巴比伦时代。但就现代保理而言,它的发展还是19世纪的事。

美国现代保理的起源

早期的保理商(factor agent),正如其英文名称所显示的那样,是指那些商业代理商。直到19世纪后半叶,也就是在交通和通信飞速发展的年代到来之前,绝大部分在异地销售产品的制造商或批发商,都要雇用商业代理,这是很普通的事。这些代理商(人们称之为保理商)收取其委托人的实物,以寄售的形式代其委托人推销并收款。作为回报,他们收取佣金,并可以从客户付款中扣除佣金及其他费用支出后再付款给委托人。这些保理商向委托人提供买方的付款担保。

在欧洲国家殖民统治北美时期,这些国家的出口商很自然地需要在殖民地建立一些代理关系来协助他们出口。出口商对异地的市场需求及客户情况知之甚少,而且为了及时供货，有必要在异地建立一些库存。美国东海岸人们生活水平的迅速提高使得对英国及欧洲的消费品需求量大增。许多大的保理商行在东海岸迅速崛起，甚至开始向其委托人提供寄售商品的预付款融资，这种融资的基础是保理商可以在货物售出后，有权扣下属于自己的部分。不久，保理商的这种权利受到了法律的明文保护，一些州颁布了"保理商法"，规定保理商享有对其委托人货物的留滞权作为对保理商提供的预付款及其他债权的一种保障。

保理商提供的服务基本上有6种：推销、储存和运输、管理、收款、坏账担保及预付款融资。到了19世纪末，运输和通信的迅速发展使得制造商和批发商不必采取寄售的方式经营，样品确认后货物可以直接发运给买主。同样，开发市场推销产品的工作也不必依赖保理商。但是，委托人仍然要享受保理商担保替他们收款而给他们带来的那份宽心。还有的需要保理商向他们提供融资。于是，卖方从保理商的委托人变成了保理商的客户，保理商从负责销售商品的商业代理变成了接受卖方转让应收账款的债权人，现代保理业务由此产生。作为债权人，保理商像以前作为商业代理时一样，享有收账的权利。他从买方收回的债款为他自己所有，这样他就可以收回承购应收账款付出的款项。保理商不必去寻找买方，但卖方会把买方的情况告诉保理商，从而使保理商可以做出信用评估。保理商做了多年的代理商，他们对当地商业情况的了解和熟悉依然对卖方有着巨大的帮助。

美国保理业务的发展

早期保理业务职能的改变，并没有相应的法律作为保护。从前是委托人和代理人之间的关系，现在是债权转让人和受让人之间的关系，这种关系的维系要靠法庭依据普通法的裁决。到20世纪40年代，纽约和新英格兰州已有丰富的案例，为保理行业提供了依据。根据这些案例，债券转让给第三者必须通知债务人，因此发票贴现（或不被债务人所知的暗保理）是不行的。后来，为了适应日益增加的商业对金融界的依赖，即商业行为产生的债权债务关系需要金融业参与协调，许多州政府颁布条例，允许以其他方式使债权转让具备法律效应，不必通知债务人。有时是以书面转让授权的形式使转让生效，有时是在卖方账面上显示。

更为重要的是，一些州对债权转让的登记做了规定。这些规定就是日后《统一商法典》第九条的雏形。该条商法解决的是关于如何确保无形权益（包括债权）受益者利益的问题。《统一商法典》规定，远期债权的转让经登记后可以使预付款方的利益得到保障。尽管保理业务依据的是一定货物的销售及其应收账款的承购，其协议必须登记，像一个保险权益一样，这样才能在第三者或卖方破产委托人提出争议时确保保理协议的法律效力。这样的规定为保理业务的开展提供了一个可靠的法律背景，特别是在20世纪50年代美国在部分州采纳《统一商法典》以后，保理，尤其是应收账款融资，迅速发展起来。60年代初，美国方式的保理业务被引进英国，它像一粒娇嫩的种子被种植在贫瘠的土地上，因为当时英国的法律和商业实务对保理业务的到来还未做好充分准备。法律上的不健全是造成许多疑难的原因，同时也是保理行业当时在英国开展业务遇到重重困难的原因。

资料来源：萨林格.保理法律与事务[M].刘园，叶志壮，译.北京：对外经济贸易大学出版社，1995.

第三节 国际租赁融资

租赁活动早在中世纪就已产生,并在资本主义时期得到发展和扩大。但与以往的租赁活动相比,现代租赁业务不仅仅是为了获得租用物品的使用权,更主要的是作为一种融资工具和手段。租用物品多为大型机器设备;出租人也更多的是由银行或专业金融机构来担任;租赁的范围也扩展到了国际,成为国际融资的一种工具。

一、国际租赁的概念

"租赁"是指一方(承租人)在一定时期内向另一方支付租金,以获取某项物件使用权的经济行为;也可以说是一方(出租人)以收取租金为条件,将所持有的物件定期出租给另一方使用的经济行为。

当上述租赁业务在不同国家当事人之间进行时,它就成为**国际租赁**(international lease)。国际租赁市场一般由如下租赁机构组成:租赁专业公司、银行保险等金融机构、融资租赁公司、制造厂商、经销商和租赁经纪人。

国际租赁具有鲜明的信贷融资性质,它还提供一般中长期信贷所不能提供的融资便利,是一种独特的融资方式,表现在以下几方面。

(1)租金支付方式灵活多样,以满足承租人的不同需要。
(2)租金在整个租期内一般是固定不变的,而期限比较长的贷款一般采用浮动利率。
(3)租用期一般较长,而贷款期限一般要短得多。
(4)租期结束,承租人一般可在退租、续租和留购中任选一种。

国际租赁的形式很多。按照租金是否完全支付来划分,国际租赁可分为融资租赁和经营租赁,而在这两种基本形式上发展起来的还有维修租赁、综合性租赁等形式。本书将对融资租赁做详细介绍。

二、融资租赁

(一)融资租赁的概念

融资租赁(financing lease),又称金融租赁,是指当企业需要添置某些技术设备而又缺乏资金时,由出租人代其购进或租进所需设备,然后再出租给承租企业使用,按期收取租金,租金的总额相当于设备价款、货款利息、手续费的总和。租赁期满时,承租人以象征性付款取得设备的所有权。在租赁期间,承租人按期向出租人偿付租金,并将设备保险。租赁设备的所有权属于出租方,承租方享有使用权。

融资租赁是资金形态和商品形态相结合的信用形式,它把"融物"和"融资"结合为一体,在向企业出租设备的同时,也解决了企业的资金需求,因此具有金融、贸易双重性。具体来说,融资租赁具有以下几个基本特征。

(1)租赁物件的所有权与使用权分离。在约定的租期内,设备的所有权仍属于出租人,承租人获得的是设备的使用权,并且承租人对租用设备负有维修、保养以使之处于良好状态的义务。租赁期满之后,承租人可享有留购、续租、退租等多种选择。

（2）租金的分期归流。这种租金分期归流的特征，对承租人来说，一是能以较少的投入，取得较大的经济效益；二是只需支付一定的租金，就可超前获得设备的全部使用价值，有利于企业提高效益。

（3）融资租赁至少涉及三个方面的关系，包括两个或两个以上的合同。三个方面的关系，是指出租方、承租方和供货方之间的关系。出租方向供货方购买设备，同时将其向承租方出租，由此而产生出租方与供货方订立的合同和出租方与承租方订立的合同。

（4）租赁合同的不可改变性。租赁合同一经签订，承租人不得中途要求退租，出租人也不得单方面要求撤销合同，这是由使用货物的专用性和租赁期限的长期性决定的。

正是由于以上基本情况决定了融资租赁不同于其他租赁方式，其承租的目的，不是短期使用，而是为了添置设备供长期使用，因此租赁物件也主要是寿命较长的大型专用设备。

（二）融资租赁的形式

融资租赁的具体形式如图 7-7 所示。

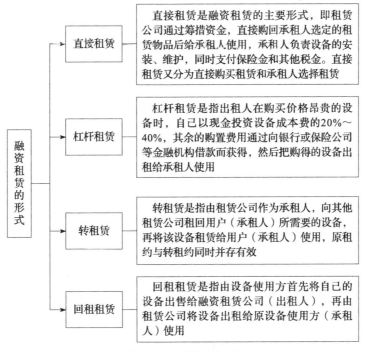

图 7-7　融资租赁形式

（三）融资租赁操作

融资租赁的具体业务形式不同，其操作程序及内容也不尽相同，但最基本的环节，一般有租赁项目决策、项目委托与受理、签订购货合同、签订租赁合同以及履行合同。现分别阐述如下。

1. 项目决策

对一个特定的项目，就融资这一点而言，企业有银行贷款、分期付款购买或融资租赁等多种融资渠道，企业究竟利用哪种渠道为好，要做具体的决策分析。企业在决定采用租赁方式后，还要选择恰当的具体形式。融资租赁虽然具有良好的经济功能，但并不是有百利而无一弊。其他租赁形式，如经营租赁，由于租期较短，可以中途解约，在某种程度上比融资租赁具有更大的灵活性。企业长期经济投资所要解决的问题主要有两个方面：一是从事哪项投资最为有利；二是如何筹集投资所需资金，即人们习惯上所说的投资决策和融资决策。

租赁项目决策一般要经过下列主要程序。

（1）选择项目。

（2）编制项目建议书。项目建议书的主要内容有：项目名称、主办单位及负责人、项目内容及申请理由、承办企业的概况、产品方案、资源情况、建设条件、协作关系、投资预算和资金筹措设想、项目的进度及安排、初步的技术以及经济分析、可行性研究工作计划、技术交流计划等附件。

（3）可行性研究。可行性研究报告的主要内容包括：总说明、承办企业的基本情况与条件、生产规划、物料供应规划、建厂条件和厂址选择、技术与设备、企业组织、劳动定员和人员培训及其费用估算、项目实施的建设工期和进度安排、环境污染的防治费用、预计资金的概算与来源、经济分析、敏感性分析等。此外，在报批可行性研究报告时，还要根据项目实际情况报送有关附件。

租赁项目决策是一项操作性和技术性极强的工作，决策者应掌握一些基本的分析工具与方法。现金流量是长期投资决策中运用的最基本的工具之一，它包括现金流入量和现金流出量。现金流量分析中最简单易行的是现金流量贴现分析，即将一个投资项目未来某一时间点上的现金流入量（产出的有效价值）和现金流出量（资金投入）折算成现值，从而使成本和收益的对比分析能得出符合客观实际的结论。现值的计算公式为

$$PV = \frac{R}{(1+r)^n}$$

式中，PV 为现值；R 为未来某现金流；r 为贴现率；n 为贴现次数。

2. 项目受理和签订购货合同及履行

选择一个适当的出租人对于承租人来说最为重要。一个可靠、理想的出租人应尽可能多地满足下列条件。

- 资金力量雄厚，筹资渠道多，与国内外金融机构联系广泛，资金来源充沛。
- 知名度高，在租赁业务方面经验丰富，有较好业绩。
- 诚实守信，出租机构的信用等级以及历史记录是重要的参考标准。
- 能提供期限较长、支付方式灵活、适应承租人现金流量状况的融资方式。
- 贸易渠道畅通，熟悉市场行情，有丰富的商务谈判经验，在订购设备时，能充分维护承租人的利益。
- 可提供一系列有关设备技术、经济、税收、法律、会计方面的咨询服务。
- 在国内外有分支机构，可提供迅捷、方便、有效的服务，加快项目进程。

承租人对出租人进行调查比较，择优选择，然后向选中的租赁机构提出委托，签订融资租赁委托书。租赁委托书是一种非标准合同，但在融资租赁交易中的作用非同小可，它标志着租赁项目的正式启动，而且确定了整个交易的基本内容。出租人接到承租人的租赁委托后，就要对租赁项目进行审查与评估，租赁项目审查的内容一般有企业的现时情况、承租企业的背景、社会影响以及资信程度等。

租赁公司在对各个租赁委托项目进行审查、评估和选择后，正式与被受理项目的委托人签订租赁委托书，并开始按照委托书规定的条件和要求办理融资、购货等事宜。

合同生效后，有关当事人就开始履行购货合同与租赁合同。租赁机构应在接到供货方按购货合同规定提交的全部文件并审核上述文件无误后，在购货合同规定的期限期满前几天付出定金。

在国际融资租赁中，租赁公司一般在接到卖方货已备妥的预备装船通知后，按合同规定开立信用证。

交付租赁物件应在租赁合同规定的起租日前，并且租赁机构应向承租人说明所发生的实际成本（货款、保险费、运输费及全部融资利息），对租赁合同中原估算成本进行调整，并对在此基础上计算出的租金做相应变更。

租赁期间，租赁机构一般应于每期租金支付日前两周，书面通知承租人及经纪担保人到期应付的租金金额；承租人做好付款准备，到时按租赁合同规定的租金支付方式付款。

租赁期满后，租赁公司根据承租人在签订租赁合同时的选择：购买（以名义价获得所有权）、续租、退租、对租赁物件做出相应处置。

整个流程如图 7-8 所示。

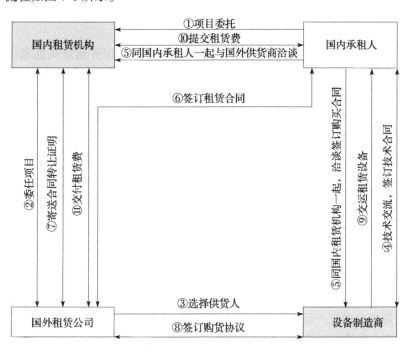

图 7-8　融资租赁流程

第四节　国际项目融资

项目融资是20世纪70年代以后，国际金融市场推出的一种新型融资方式，它对促进具有较大国际影响的大型项目的建成发挥了重要作用，如英国北海油田、中国香港九龙海底隧道等国际知名项目。国内广西来宾电厂二期工程、上海南浦大桥等也都是采用了项目融资的方式才得以建成的。

一、项目融资概述

项目融资业务的历史可以追溯到20世纪30年代。当时控制石油生意的"投机分子"既没有足够的资金开发新发现的油井，也很难获得大额银行贷款。但是，地下石油资源代表着一个有预期价值的未来的现金流，银行可以根据未来的资源销售收入来提供贷款服务。这个早期有效的贷款手段被称为"产品支付融资"，它以地下资源作为抵押，金融机构确信可以成功开采出足够的优质资源，并且可以将这些资源按预期的价格出售。

到了20世纪90年代，项目融资已经发展成为一个全球化的业务，并形成了以下五种模式。

（一）BOT

BOT的英文全称为build-operation-transfer，意思是建设—经营—转让，这种项目融资模式的基本思路是：由项目东道国政府或其所属机构将基础设施项目建设及经营的特许权授予项目公司，然后由项目公司负责项目融资、设计、建造和营运，项目公司在项目经营特许期内，利用项目收益偿还投资及营运支出，并获得利润。特许期满后，项目公司将项目无偿转让给政府。

BOT项目融资的特点有如下几点。

（1）无追索的或有限追索的，举债不计入国家外债，债务偿还只能靠项目的现金流量。

（2）项目公司在特许期内拥有项目所有权和经营权。

（3）BOT融资项目的收入一般是当地货币，若项目公司来自国外，对东道国来说，项目建成后将会有大量外汇流出。

（4）BOT融资项目不计入承包商的资产负债表，承包商不必暴露自身财务状况。

（5）名义上，项目公司承担了项目全部风险，因此融资成本较高。

（6）与传统方式相比，BOT融资项目设计、建设和运营效率一般较高，因此用户可以得到较高质量的服务。

（二）TOT

TOT的英文全称为transfer-operate-transfer，即转让—运营—转让，是通过出售现有投产项目在一定期限内的现金流量，从而获得资金来建设新项目的一种融资方式。具体来说，是东道国把已经投产运行的项目在一定期限内转让（T）给外商经营（O），以项目在该期限内的现金流量为标的，一次性地从外商那里融得一笔资金，用于建设新的项目；外商经营期满后，再把原来项目转让（T）给东道国。

（三）产品支付法融资

产品支付法融资（production payment）广泛而成功地用于英美等国石油、天然气和矿产品等项目的开发融资中。这一方法需要由项目发起人预先创立一个特定目的公司或特设信托机构（SPV），并由该 SPV 从有关项目公司购买未分割的石油、天然气、矿产品或其他产品的收益。其特点是：项目的产品是还本付息的唯一来源，贷款偿还期比项目预期可靠经济寿命短，贷款人对运营成本不提供资金。

（四）预先购买协议融资法

预先购买协议融资法（pre-take agreement）类似于产品支付法，但比其更灵活。贷款同样也需要设 SPV 来购买规定数量的未来产品或现金收益，并且项目公司支付产品或收益的进度被设计成与规定的分期还款、偿债计划相配合。同时，这里的购销合同通常也要求项目公司必须在以下两种方式中选择一种：第一，项目公司买回产品；第二，项目公司作为贷款人的代理人，在公开市场上销售该产品，或者根据与发起人之间的事先合同将产品卖给第三方。

二、项目融资的操作过程

一般来说，项目融资均要经历项目准备、招标、评标、谈判、建设和运营等几个阶段。

（1）确定项目。

（2）项目招标。主要工作包括如下两个部分：

第一，对投标人进行资格预审；

第二，准备和发投标邀请书。

（3）评标和决标。评标是根据招标文件的要求，对所有标书进行审查和评比的行为。

（4）谈判。在确定了项目的投资者后，必须和发展商进行实质性谈判，涉及项目的技术、经济、法律等方面。通过谈判，正式形成所有法律文件。

（5）建设。

（6）运营。

整个项目融资阶段的划分如图 7-9 所示。

为了更好地说明项目融资参与方之间的关系，图 7-10 提供了一个复杂的项目结构概况。与项目密切相关的主办方和代理银行合作建立融资结构，并注入资本以得到收益。承担建筑任务的合同承包商也作为一个股权投资者，以半成品或成品作为替主办方提供服务的报酬。图中有供应商（可能按照无论供应与否均须付款的协议提供服务），有按照运营和管理协议运作

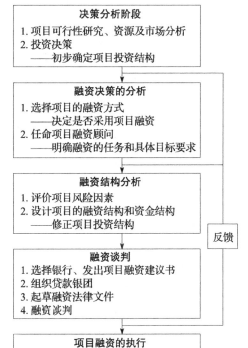

图 7-9　项目融资阶段划分图

的项目运营商，有按照无论提货与否均须付款的客户。图中还标明了作为项目贷方的国际机构，以及它们共同融资的可能性，还有提供担保或根据 BOT 协议允许项目进行的主办国政府。

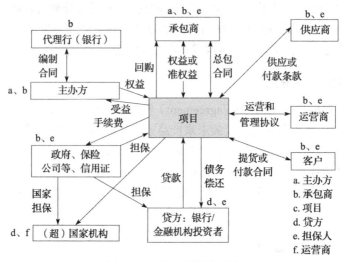

图 7-10　项目融资关系图

第五节　国际证券融资

国际证券融资是指在国际金融市场上通过股票、债券、资产支持证券等有价证券交易形式进行的融资活动。通过这种绕开金融中介直接进入国际资本市场，融资交易在不同经济主体之间直接发生的融资形式，不仅可以使筹资人节约筹资成本，而且还可以在一定程度上帮助投资人降低其投资风险。

从 20 世纪 60 年代以来，西方国家证券市场的国际化发展迅速，形成了规模庞大的国际证券市场，为世界各国的长期资金需求者提供了极大的便利。目前来看，国际上主流的融资方式除传统的银行商业信用外，包括通过债券融资、通过股权融资和通过资产证券化方式融资。不同的融资方式也分别形成各自相互独立又相互依存的市场。

一、国际证券市场的分类

（一）国际债券市场

国际债券融资是指通过发行国际债券来融通资金的一种融资行为。**国际债券**（international bond）是借款人（包括一国的政府机构、国际性组织、金融机构以及其他工商业企业等）为筹集外币资本在国际资本市场上发行的以外币为面值的债券。国际债券具备如下基本特征：国际债券的发行人与投资人分属于不同的国家或地区，其发行、交易与债务清偿受不同国家法律的支配；国际债券本质上是一种债权凭证，它体现了债券发行人与债券持有人之间的债权债务关系。

1963 年以前，国际债券融资是通过发行"**外国债券**"（foreign bond）来实现的，这类债券由发行人在外国以非居民的身份发行,以该国货币标价并按当地债券市场标准程序发行,通常以较高溢价来反映借款人的外来性质,且存在无法收到到期款项的可能性。

20世纪60年代以后,另一种形式的国际债券——"欧洲债券"得到发展,它使得国际投资者能够更好地选择货币、到期期限和那些更有信用的发行人,最大限度地减少不利因素。由于欧洲债券发行手续简便、费用低廉,许多借款人都乐于选择欧洲债券作为筹集外币资金的主要方式。今天,欧洲债券市场的规模已经远远超过外国债券市场。

(二)国际股票市场

国际股票是指外国公司在某个国家的股票市场上发行的以本币或外币交易的股票,它是外国发行人在国际资本市场上筹措长期资金的工具。国际股票市场就是这些股票发行和交易的场所与网络。

20世纪80年代中期以来,国际股票市场取得了巨大发展。金融自由化、资本管制放松和信息通信技术的进步为国际股票市场的发展创造了条件。由于国际性的多元化投资组合能更有效地分散风险或增加投资收益,投资者对外国证券投资的需求增加。同时,为了应对日趋激烈的市场竞争,公司需要寻求新的融资渠道。这些因素相互作用推动了国际股票市场的发展。

同国际债券市场一样,作为国际资本市场一部分的国际股票市场是由各主要国家股票市场向国际范围延伸而形成的,并无完整的单一市场存在形态。当今世界上一些发达国家和新兴工业化国家及地区都有规模不等的国际股票市场。这些股票市场不仅为市场所在地的国内企业提供了筹集资金的重要手段,而且也已逐渐成为跨国公司和外国企业扩大资金来源的重要渠道。

(三)国际资产证券化产品市场

20世纪80年代以前,资产证券化(securitization)一词主要用来描述通过发行证券置换银行存量贷款,从而实现为银行融资的过程。这一融资过程也被称为"金融脱媒"现象。资产证券化是结构化金融的一种,是将可以产生未来现金流的资产或合成创造的资产汇集成一个资产池,根据这个资产池整体的现金流情况进行结构化分级,根据不同的等级(tranches)发行信用风险不同的债券,等级高的债券收益率低但风险较小,等级低的债券收益率高但面临极高的本金损失概率。根据弗兰克·法博齐的定义,资产证券化是"同质但缺乏流动性的资产被汇集成资产池,其收益由池中资产的未来现金流和其他收益流入所担保,得益于较高的收益可靠性,资产池可被重新打包成证券,向第三方投资者发行"。

资产证券化与担保借贷(即贷款人根据借贷合约,要求借款公司以公司特定资产做抵押)有许多相似之处。但证券化的最终结果是,公司可以通过出售资产(实物资产或应收账款等)发行证券而不是借款来获得资金,并且由于有劣后级的损失吸收功能,发行的证券的优先级信用质量可以高于公司的有担保债务,从而能够以较低的融资成本获得高质量的融资。

资产证券化除了运用结构化金融的技术之外,还运用了证券化的技术,包括集中交易化、标准化、规模化、做市商等。证券化的目的在于提高资产的货币性，从而为融资提供便利，也使得证券与传统商业银行存款的边界越来越模糊。资产证券化形成的金融体系是"影子银行"的重要组成部分，是新型金融机构创造货币的过程。

从宏观上看，资产证券化就是通过结构化金融理念在金融市场的普及和结构化金融技术的广泛应用，使得原本不存在流动性的资产支持证券变得具有流动性。证券反过来以资产为依托，形成证券信用与银行信用展开竞争，进而形成金融市场的另一种区别于商业银行体系的投资银行体系。由此，企业也通过向国际投资者出售证券化产品的方式，增加一种全新的融资渠道。

从20世纪60年代到90年代末，美国国内分别以资产证券化、债务证券化、股权证券化为代表的三波证券化业务发展得轰轰烈烈，在1999年出台的《美国金融服务业现代化法案》中得到了肯定。但随后，1999年的纳斯达克崩盘造成证券化产品与实体经济完全偏离。在此背景下，时任美联储主席的格林斯潘启动不良资产证券化，试图通过金融手段拉升经济，为陷入泥潭的企业融资纾困。相关证券化产品的购买者并不局限于美国国内，还包括了大部分发达国家的商业银行，使得全球金融企业之间的关系错综复杂。最终，实体经济不堪重负，2007年次贷危机的爆发也直接导致了全球金融危机的出现。

金融危机后，时任美联储主席伯南克开启量化宽松政策，通过美联储购买MBS、次级贷款、垃圾债券等手段，强行以证券化的方式维持货币稳定。此举虽然使得美国未出现20世纪二三十年代那样的大萧条，但过于庞大的美联储资产负债表仍然在较长时间内产生了副作用。

可见，资产证券化虽然通过技术手段实现了流动性较差资产的快速变现，进而为企业融资活动提供了极大便利，但随着证券化技术带来的风险叠加和杠杆效应，全球经济也因此受到了一定的影响。

二、国际证券的发行

（一）国际债券的发行

国际债券顺利发行首先要满足一些发行条件，发行条件如何，对于发行人的筹集成本、债券能否发行成功有重要影响，这些条件包括：发行额、票面利率、偿还期限、发行价格、偿还方式以及付息方式。

满足上述的发行条件后，国际债券的发行还需要一些主要文件，这些主要文件包括：销售说明书、有价证券申请书、承销协议和其他一些信托或财务代理协议。具备了以上条件和手续以后，国际债券就可以按照相关的发行程序发行了，外国债券和欧洲债券的发行程序有所区别，欧洲债券是一种无国界债券，发行欧洲债券通常不需要申请注册，也没有发行资格限制，因此没有公募与私募的区别，发行程序也相对简单。

（二）国际股票的发行

在不同层次、不同地域的市场发行国际股票的程序不尽相同，但从企业的角度出发，国际股票的发行环节基本一致。一般而言，主要包括以下步骤：国际股票发行决策，选择国际股票发行市场，选择投资银行，拟定发行文件，资产评估，资产重组，提出发行股票申请，股票发行准备，股票发行。

依据国际惯例，股票发行上市必须具备一定的条件，遵照一定的程序取得发行资格，并在办理必要手续以后才能进行。股票发行的条件可以分为一般条件和特殊条件。一般条件是指发行人必须依照特定程序，向相关的机构报送有关的文件。这些文件包括：发行章程、发行申请书、发行说明书、承销协议、注册会计师报告、律师意见书、公证人报告以及发行人的财务报告等。特殊条件通常适用于初次发行股票的企业，是指法律规定发行人应具有的必要条件。与发行条件类似的上市条件，又称上市标准，是指各国证券交易所对申请股票上市的公司依据当地的情况所做的规定，只有符合这些规定和要求，公司股票才准许在交易所挂牌上市。上市条件通常包括资本额、资本结构、盈利能力、股权分散程度、公司规模等几个方面的内容。

从世界范围来看，股票首次公开发行的方式有以下几种：**累积订单发行**（booking-building）、**固定价格发行**（fixed price）、累积订单和固定价格相结合以及招标竞价发行等。

（三）国际资产证券化产品发行

当前面向国际投资者发行的资产证券化产品主要包括资产支持证券（asset backed securities，ABS）、抵押支持证券（mortgage backed securities，MBS）、担保债务凭证（collateral debt obligations，CDO）、信用违约互换（credit default swap，CDS）、房地产信托投资基金（real estate investment trusts，REIT）五种。

（1）ABS是一种信托产品，由信贷资产的受托机构向投资者发行，通过该标的财产产生的收益支付信托产品的收益。

（2）MBS则是ABS的一种特殊形式，也是最早的资产证券化产品，此时用以产生收益的资产是银行的住房抵押贷款。由于使用按揭贷款购买住房的消费者需要在较长的期限内按照一定的时间间隔向银行支付房屋贷款及利息，因此形成了较长时间内的稳定的定期现金流，用以支撑MBS产品的利息支付。

（3）在CDO中，可以用来作为资金池的被打包产品的种类十分丰富，既可以是债券、债务、保费，也可以是其他的证券化产品，通过对相关资产进行结构重组，重新分割收益回报和风险，以满足不同投资者的需要。在必要的时候，CDO的标的产品可以是另一个CDO，即产生"CDO的平方"甚至n次方。

（4）CDS类似于对于信用风险事件所购买的保险。在CDS中，该产品的购买者定期向产品的发售者支付一定的费用，并约定信用风险事件，一旦发生，该产品的购买者有权将CDS以面值出售给CDS发售方，从而规避信用风险。

（5）REIT是通过发行收益凭证的方式汇集特定多数投资者的基金，基金募集完毕后由专业的投资机构使用资金进行房地产的投资经营管理，并依靠经营收益按照投资者持有资金的比例进行分红。REIT的产生一方面通过"众人拾柴火焰高"的方式满足了广大中小投资者投资于房地产市场，特别是投资于商业物业的需求，也满足了广大房地产开发商的融资需求，使其可以通过将房产作为 REIT 标的的方式快速实现资金回笼。

三、国际证券融资的特点

证券交易是一种传统的市场投融资活动或行为。不考虑投资动机，则购买或持有证券主要是一种投资行为，而出售或发行证券主要是一种融资行为。证券主要包括股票和债券。发行股票和债券是股份制企业筹集长期资本的重要方式，同时也是各国政府和国际金融机构筹集国际长期资本的一种主要方式。目前国际上规模最大的国际证券交易市场是美国纽约和英国伦敦的证券交易中心。

国际市场上的证券融资活动，与国内市场相比具有不同的特点。

（1）国际市场的证券融资对融资人的要求标准高于国内市场。尤其是对证券上市的企业有较国内市场更为严格的规定，如企业资产规模、股东人数，以及税前年收益等方面都必须达到证券上市的国际标准，门槛较高。

同时，为了便于投资者对上市证券的选择，世界各地的大型证券交易市场还组织专门的知名评估机构对上市证券进行评定，并分出等级，以供投资者参考。例如美国的标准普尔公司（Standard & Poor）和穆迪公司（Moody）就是国际著名的评估机构。

（2）在国际市场进行证券融资，融资成本一般低于国际商业银行贷款。其原因主要是由于筹资方都是通过高标准筛选评估出来的，有较高信誉，发行条件优越，因此可以以较低成本发行证券。另一部分原因在于，不记名证券的持有人可以合理避税，可在国际市场上以较低利率发行不记名证券，降低发行成本。此外，在国际市场上融资的规模一般都比较大，平均成本较低。还有其他特殊原因，如欧洲债券的发行管制宽松，具有融资成本低的特点。

（3）国际证券融资的工具除了股票、公司债券、政府债券等，还包括外国债券和欧洲债券等形式。

四、国际证券融资的参与者

国际证券融资的参与者主要包括证券经营机构、股份公司、股东、债权人以及各国政府和国际金融机构。

1. 证券经营机构的组成

证券市场分为初级市场和二级市场。投资银行是初级证券市场的主要经营者，专营证券的发行和分销业务。二级市场一般是以证券交易所为特定交易场所的、对已发行的证券进行交易或转让的市场，其证券交易由证券管理机构、证券商及经纪人组成。

2. 国际证券融资者的构成

初级市场上的国际证券融资者主要是股份公司及各国政府与国际金融机构。它们是国际证券市场上主要的资金需求者，以发行不同类型、不同期限、不同币种的国际证券的方式获得中长期资金融通。二级市场上的融资者主要是股东和债权人。股票和债券是持有者所拥有的产权或债权，在他们有资金需求时，通过二级市场将其产权或债权变现，也属于一种资金融通的方式。

本章要点

1. 国际商业银行贷款是指借款人为了本国经济建设的需要,支持某一个建设项目或其他一般用途而在国际金融市场上向外国银行筹借的贷款。
2. 在进出口贸易中运用相应的资金融通技术,是现代国际贸易的发展方向之一。
3. 国际租赁具有鲜明的信贷融资性质,它还提供一般中长期信贷所不能提供的融资便利,是一种独特的融资方式。
4. 国际证券融资是指在国际金融市场上通过股票、债券、资产支持证券等有价证券交易形式进行的融资活动。

重点难点

银团贷款的程序和类型;国际贸易融资各种方式的作用;国际租赁和项目融资的操作程序。

PART 2 下篇

管理篇

第八章　国际货币制度
第九章　国际储备与管理
第十章　国际资本流动与外债
第十一章　金融监管

第八章

国际货币制度

国际货币制度也称国际货币体系，在国际金融领域内能够发挥基础性的作用，对国际贸易支付结算、国际资本流动、各国外汇储备、汇率的调整、国际收支都会产生重大影响，同时它也是各国国内金融稳定与否的重要保证。

■ 学习目标

（1）掌握国际货币制度的基本框架和内容、国际货币体系演变的不同历史阶段。
（2）了解国际金本位制的特征及作用，熟悉布雷顿森林体系的内容、作用及崩溃的原因，概括牙买加体系的内容及运行特征。
（3）了解欧洲货币体系的产生过程和欧元的作用，以及国际货币体系的发展趋势。

■ 引导案例

"欧元之父"去世

北京时间2021年4月4日，经济学领域的"巨星""欧元之父"罗伯特·亚历山大·蒙代尔在位于意大利的家中去世。其子比尔随后发布消息：

我父亲几小时前去世了，愿他安息。难以置信这是在复活节。更不可思议的是，我昨晚梦见他恢复了精神，神志清醒，就像我目睹了他的复活。

蒙代尔一生致力于经济学领域的研究，硕果累累，并于1999年获得诺贝尔经济学奖。在颁奖宴会上，他引用了弗兰克·辛纳屈的代表性歌曲，并献唱：我爱过，笑过，哭过；我获得过，我失去过……我只是走我自己的路。

正如歌词中唱的那样，蒙代尔始终走在自己认定的研究道路上，一往无前。而在这个过程中，他也与中国结下不解之缘。

蒙代尔其人

1932年，蒙代尔出生于加拿大安大略省的小镇金斯顿。在人生的前13年里，他生活在一个农场中，就读的学校只有一间教室，大约十几名学生。第二次世界大战结束后，他跟随家人搬到了英属哥伦比亚省，正是这里"对粗野个性的崇拜"滋养了他自由的经济观点，也正式开启他作为学术大佬的一生。

从不列颠哥伦比亚大学和华盛顿大学毕业后，蒙代尔前往伦敦经济学院读研，后在1956年拿下麻省理工学院的经济学博士学位，年仅24岁。此后，蒙代尔游走于学界和业界，理论和实践都不落下。斯坦福大学、约翰斯·霍普金斯大学、芝加哥大学、哥伦比亚大学、香港中文大学、清华大学……他曾在多所知名大学执教，在世界范围内获得了超过50所大学颁授的荣誉教授和荣誉博士头衔。

在众多学术机构中，蒙代尔或许和哥伦比亚大学的渊源最深。1974年起，他便以经济学教授的身份执教于哥伦比亚大学。2001年，他获得哥伦比亚大学"荣誉教授"称号，这是哥伦比亚大学授予其教职人员的最高荣誉。同时，蒙代尔乐于参与经济政策制定。他曾担任多个国际机构及组织的顾问，包括联合国、国际货币基金组织、世界银行、欧洲委员会、美国联邦储备局、美国财政部等。

凭借"对在不同汇率制度下的货币和财政政策分析以及对最佳货币区的分析"，蒙代尔获得1999年诺贝尔经济学奖。在瑞典斯德哥尔摩举行的诺奖颁奖宴会上，他身穿燕尾服，打着白色领结，从瑞典国王卡尔十六世手上接过奖状和奖章。

在妻儿的陪同下，蒙代尔发表了获奖感言，而他结束演讲的方式让台下的观众吃了一惊——他唱起了有着"白人爵士歌王"之称的弗兰克·辛纳屈的代表作 *My Way*。

这首风靡全球的歌曲讲述了一位老人生命将逝时，无悔于一生，无愧于自己，因为他"走出了自己的人生路"(I did it my way)。

熟悉蒙代尔的人都知道，这首歌和他本人有多么契合。

在蒙代尔的职业生涯中，他常常以反对派和创新者的姿态出现，"循规蹈矩"从来不在他的字典里。他批评质疑的对象中，不乏像芝加哥大学的米尔顿·弗里德曼和哈佛大学的马丁·费尔德斯坦这样的行业权威。而他对同行的犀利，在面对学生时便化为包容。在学界钻研的蒙代尔弟子曾撰写文章表达对老师的敬意，有中国学者也评价说："蒙代尔先生治学严谨，为人和蔼风趣，总是能给身边的人带来欢乐。"

蒙代尔为人处世的真诚与风趣，也随着他在全球讲学的行程广为流传。

经济学领域的巨星

蒙代尔之所以被称为经济学领域的"巨星"，源于他所做出的杰出贡献。

1999年1月1日，欧元作为一种账面货币在奥地利、比利时、法国、德国、芬兰、荷兰等11个国家使用；2002年7月，欧元成为欧元区唯一合法货币。欧元的出现极大地改变了世界经济格局，而欧元诞生背后的理论基础奠基人，就是蒙代尔。

20世纪60年代，全球大多数国家依旧遵守固定汇率政策，虽然已经有少数人研究过浮动汇率的优缺点，但一致认为国家有自己的通货是必需的。

直到1961年，蒙代尔在《美国经济评论》杂志上发表了一篇题为《最优货币区理论》的论文，首次提出某一区域内国家放弃货币主权、使用共同货币的主张。这一理论随即在经济学界引发激烈讨论，不少学者认为它打破了传统的国家概念，过于激进。

在当时，蒙代尔的研究无疑是十分超前的，甚至被称为"疯子思维"，但他不顾外界质疑，始终坚持共同货币理论，并刻画出最优货币区域。他认为，在理想情况下，生产要素具有流动性的地区应该使用一种货币，生产要素不具有流动性的地区应该使用不同货币，这恰恰成为后来欧元启动的理论基础。

蒙代尔于哥伦比亚大学执教期间，撰写了大量关于国际货币制度的文章，催化了欧元的诞生。1999年，为了适应全球化发展的趋势，快速提升货币实力、挑战美元地位，欧洲的决策者们决定把蒙代尔的理论付诸现实——欧元的诞生，不仅加速了欧盟政治一体化建设，也极大地增强了欧盟的政治实力和影响力。

同年，蒙代尔获得诺贝尔经济学奖，评选委员会表示："在预测国际货币安排和资本市场的未来发展方面，蒙代尔以罕见的，几乎是预测的准确性选择了他的（研究）问题。"曾经被认为荒唐的最优货币区理论，回过头去看竟成了大势所趋。

进行了"预言家式发言"的蒙代尔对此十分满意。他说："欧元可能是第一次世界大战爆发后美元取代英镑主导货币地位以来，在国际货币体系中最重要的发展。"直到2006年接受媒体采访时，他还透露，赢得诺贝尔奖对自己来说"尤其令人高兴"，"因为我的工作一直争议性很大，而且无疑会踩踏很多知识分子的脚趾"。

毫无疑问，蒙代尔对于欧元的诞生，以及世界经济领域都产生了巨大影响。《福布斯》曾刊文评价他说："（他）发表的期刊文章就像'宙斯一样'，主宰了20世纪60年代的国际贸易理论"。

与中国的"不解之缘"

蒙代尔生前对中国经济的发展颇有研究，还曾多次到访中国，与中国有很深的渊源。

早在1995年，蒙代尔就因福特基金项目讲学来到中国人民大学，与时任中美经济学交流委员会主席的黄达一见如故，自此开始研究中国经济领域政策。蒙代尔与黄达于2001年共同创立了"黄达－蒙代尔经济学系列讲座"，次年又设"黄达－蒙代尔优秀博士论文奖"，至今已举办讲座100多场，主讲师中有8位曾获得诺贝尔经济学奖。

在获得诺贝尔奖后，蒙代尔更是频繁来访中国，参与各种经济论坛和讲学活动。2003年"非典"期间，一些国家借机攻击我国人民币汇率和出口贸易政策，蒙代尔在首届国际金融论坛年会上，指导并参与对中国货币政策、引进外资等方面的积极论证，提供了大量的数据和事实，帮助中国稳定舆情。

2005年，蒙代尔获得北京市政府颁发的永久居留证，成为一名"北京市民"。与他同时获此殊荣的还有英特尔公司中国区总裁陈伟锭，中科院外籍院士、清华大学特聘教授黄建始等11人。蒙代尔也成为第一位正式取得北京永久居留证的美国经济学家。

蒙代尔对中国有着特殊的感情，热爱中国的美食和文化，在到访前，他还会对各省当地的风土人情做功课。2006年9月，蒙代尔受湖南大学邀请，前往岳麓书院讲学。到达湖南前，他就表示自己想去韶山等地参观。讲学期间，他多次品尝当地美食，而且学会了熟练使用筷子。

除了讲学和访问，蒙代尔时常关注中国经济的发展，并建言献策。2008年12月，蒙代尔曾在广州建议中国政府向中国公民发放一万亿元消费券，并向企业大幅减税，以此拉动全球金融危机时期中国经济需求，刺激消费。他在2010年还曾表示，人民币有望成为第三大世界货币。

2012年，蒙代尔应邀到访中国证监会，首次提出要建立一个美元、欧元和人民币的三方汇率稳定机制，即将人民币纳入欧元和美元的汇率稳定机制中，建立一个货币区域。直到晚年，蒙代尔还创作了以中国为背景的电影剧本，讲述了辛亥革命前后一位传教士在中国的一段经历。

如今，这位闪耀经济学领域的"巨星"陨落了，但他在经济领域的探索精神早已照耀了一代又一代经济学人。

资料来源：《环球人物》，2021年4月6日。

第一节　国际货币制度概述

国际货币制度指各国通过国际惯例、协议和国际经济组织，对各国货币发挥世界货币职能所做出的制度性安排。这些安排也被人们称为"游戏规则"。

一、国际货币制度的主要内容

一种国际货币制度的产生，主要是因为各国在政治上是独立的，而在经济和金融上却是相互依赖的，这就需要一种货币制度来协调各个独立国家的经济活动。货币制度的产生既可以是自下而上的，即依靠市场自发形成，经过实际经济活动的检验证明有效时，通过法律等形式固定下来；也可以是自上而下的，即先通过法律等形式确定货币制度，并在制度的框架内指导经济活动。

随着货币承担的职能逐渐丰富，不同国家之间的沟通从单纯的商贸往来升级成更加交错复杂的经济金融活动时，国际货币制度也被赋予更全面的使命，升级为全球层面的金融体系。

历史表明，一种理想的国际金融体系能够促进国际金融运行的协调和稳定，促进国际贸易和国际资本流动的顺利发展，并使各国公平合理地享受国际经济交往的利益；反之，则会成为国际经济发展的阻碍因素。国际货币制度应包括以下内容。

1. 汇率制度的确定

汇率作为两国货币的比价，其决定和变动受各国国内及国际金融市场上多种复杂因素的影响。一定时期内，如何确定各国货币之间的比价，如何确立货币比价的依据或标准，如何确定货币比价的波动界限以及如何调整或维持货币比价，这些问题不仅是由一国货币制度及汇率制度所决定的，同时也是国际货币体系进行协调和管理的重要内容。

2. 国际货币和储备资产的确定

国际货币和储备资产的确定，就是确定以什么作为国际货币（黄金还是某国货币）用于国际支付；一国政府应持有何种资产作为各国普遍接受的储备资产；为满足国际支付和调节国际收支的需要，一国应持有的储备资产总额和构成。

3. 国际收支的调节机制

国际收支从总体上反映一国对外经济交易的状况。任何国家的国际收支，无论任何时候，都难以做到收支完全相抵，恰好平衡，而是会经常处于不平衡状态。但如果一国长期处于顺差或逆差状态，则需要进行调整。在国际经济一体化背景下，一国国际收支的调整，势必影响到与其他相关国家的经济关系。因此，国际货币体系要对各国国际收支调整的方式进行协调和约束，制定相应的规则和制度。

4. 各国货币的可兑换性与国际结算的原则

这包括一国货币能否自由兑换；在结算国家间债权债务时，采取何种结算方式；对支付是否加以限制等。

以上几方面的内容中，汇率制度居于核心地位，它制约着国际货币制度的其他方面，反映了一定时间内国际货币制度的特征。

二、国际货币制度的类型

国际货币制度作为一个有组织的整体，可以是体制或惯例逐步发展最终得到公认的结果，也可以是通过国际会议确立的。从历史发展过程看，国际金本位制是一种自发形成的国际货币制度；布雷顿森林体系则是一种通过国际会议建立起来的国际货币制度；牙买加体系是继布雷顿森林体系之后的现行国际货币体系。三个不同时期的国际货币体系可以根据两种不同的标准，即货币本位和汇率制度进行分类。

（一）以货币本位为标准对国际货币体系进行分类

货币本位是国家以法律形式规定的基本货币单位的价值标准。它涉及储备资产的性质，是国际货币体系的一个重要方面。以货币本位为标准，国际储备资产的性质可以分为两大类，即商品储备和信用储备；而根据储备资产的性质，国际货币体系可以分为三种类型，即商品本位制度、信用本位制度及混合本位制度。

1. 商品本位制度

商品本位制度主要是指以特殊商品黄金作为一国基本货币单位的价值标准，并以金属货币用于实际商品流通和货币流通的制度。例如，金本位制度，就是以黄金这种特殊商品作为一国基本货币单位的价值标准，将货币定量为吨、千克、克及盎司等单位，在流通中广泛使用的制度。与此同时，黄金本身作为一种特殊商品，还在国家间充当世界货币和国际储备资产。国际金本位制就是一种典型的商品本位制度。

2. 信用本位制度

信用本位制度是指以信用货币所代表的价值量作为一国基本货币单位的价值标准，并以信用货币用于实际商品流通和货币流通的制度。在这种制度下，黄金已经非货币化，而且纸币的发行也已脱离了与黄金的联系，不再以黄金作为货币的定值标准，纸币不再能够与黄金相兑换。不兑换的信用货币制度，就是以各国法定发行的纸币所代表的价值量作为一国基本货币单位的价值标准，将纸币定量为名称各异的货币单位，在流通中广泛使用。例如，美国的美元、美分，英国的英镑、先令，中国的元、角、分。之所以称作"不兑换的信用货币"，是因为现代纸币是各国根据经济增长的需要，通过中央银行为核心的信用渠道发行的。一国纸币发行的总量与一国一定时期国民收入的总量相当，是由国民收入规模所决定的，因此纸币所代表的价值量实际上就是国民收入的价值量。手持纸币相当于拥有对中央银行的债权，据此可获得购买一般商品的权利，但不能兑换黄金。与此同时，一些西方发达国家的可自由兑换货币，实际上充当着世界货币和国际储备资产的角色。在牙买加协议基础上建立起来的现行国际货币体系就是典型的信用本位制度。

3. 混合本位制度

混合本位制度是指以黄金作为一国基本货币单位的价值标准，但以纸币作为黄金的代表用于实际商品流通和货币流通的制度。在这种制度下，纸币的发行受黄金准备金的约束，单位纸币规定法定含金量，而且纸币与黄金之间可以进行有限兑换。例如，金汇兑本位制度，就是以黄金储备作为纸币发行的基础及一国基本货币单位的价值标准，并以纸币的含金量为依据，将纸币定义为名称各异的货币单位，在流通中广泛使用的制度。与此同时，黄金和某种国际中心货币在国家间充当世界货币和国际储备资产。布雷顿森林体系就是典型的混合本位制度。

（二）以汇率制度为标准对国际货币体系进行分类

汇率表示两国货币的比率或比价，是国际货币体系协调机制的核心内容之一。汇率制度的不同，主要表现在汇率弹性的差异上。根据汇率弹性的大小可以将国际货币制度分为三种类型。

1. 固定汇率制

固定汇率制是指以某种限制或规定使汇率在一定范围内进行波动的制度。汇率波动受到约束，因此弹性较小。在历史上，国际金本位制与布雷顿森林体系都实行固定汇率制。前者是自发地以两国货币的含金量为基础确定两国货币的比价，并以黄金输送点为汇率波动幅度的自然界限；后者则是由国际货币会议人为地确定了各国货币之间的比价及波动幅度。

2. 浮动汇率制

浮动汇率制是指主要由外汇供求关系自发作用决定和影响的汇率。汇率波动受到的约束较少，因此弹性较大。现行国际货币体系实行的就是浮动汇率制。不过，尽管目前国际上普遍都实行浮动汇率制，但完全听凭市场自发作用，对汇率自由涨落放任不管的情况几乎是不可能发生的，各国都在不同程度上对汇率进行控制或调节。

3. 介于两者之间的汇率制度

介于固定汇率制与浮动汇率制两者之间的汇率制度，如管理浮动制、联系汇率制、联合浮动制等，这些汇率制度或以固定汇率为主兼有浮动汇率的性质，或以浮动汇率为主兼有固定汇率的特征。

其中，管理浮动制是自由浮动制的对称，是一种可以由货币行政当局自主调节和管理汇率的涨落，使汇率按照当局的意图进行浮动的汇率制度。联系汇率制也称钉住汇率制，是指将本币与某特定外币保持固定联系的汇率制度。实行联系汇率制或钉住汇率制国家（地区）的货币一般是钉住美元、英镑等西方发达国家的货币，使本币与美元、英镑等货币的比价保持固定联系，然后根据联系方式或程度的不同再进一步划分为有调整的钉住汇率制、爬行钉住汇率制等。联合浮动制是单独浮动制的对称，是指由一些国家组成货币集团，并规定集团内部各国货币的比价和波动幅度，而对集团之外的货币按照统一幅度进行波动的汇率制度。

第二节　国际货币制度演进

从国际货币制度发展演变的整个过程来看，每一时期的国际货币制度都不同程度存在一些矛盾和冲突，并经常由此导致各种危机的产生。国际货币制度的历史发展过程，大体经历了三个时期，包括国际金本位制、布雷顿森林体系和牙买加协议基础上的现行国际货币体系。

一、国际金本位制

国际金本位制（international gold standard system）是19世纪初到20世纪上半期，在西方各国普遍实行的一种自发性的国际货币制度，英国在1816年实行金本位制，此后其他资本主义国家纷纷效仿，在19世纪后期普遍实行金本位制。这样在各国之间就自然形成了一个统一而松散的国际货币体系——国际金本位制。

（一）金本位制的特点及作用

1. 金本位制的特点

国际金本位制作为一种国际性货币制度，其特点有以下两点。

（1）统一性。统一性表现在主要国家都实行金本位制，各国都为本国货币规定了含金量，采取大致相同的政策措施，各国之间的货币比价被固定下来。也就是说，只有在西方国家普遍采用金本位制后，金本位制才算建立起来。

（2）松散性。松散性指国际金本位制是自发形成的，没有统一的章程，也没有一个国际组织的领导和监督。

2. 金本位制的作用

从以上特点可以看出，金本位制是一种比较稳定健全的货币制度，对当时资本主义各国及世界经济的发展起了一定的积极作用，具体表现在以下三个方面。

（1）金本位制条件下的币值稳定，有利于商品流通和信用的扩大，从而可以促进各国生产的发展。

（2）金本位制条件下的汇率稳定，降低了国际贸易和国际资本流动的风险，为各国经济往来和世界经济的发展创造了有利条件。

（3）黄金自由输出输入还可以起到自动调节国际收支的作用。由国际收支逆差引起的黄金外流，会导致逆差国国内货币供给减少，物价下跌，从而产生刺激出口及改善国际收支的效果。

（二）金本位制的演变及其崩溃

金本位制经历了金币本位制、金块本位制和金汇兑本位制三个历史发展阶段。

1. 金本位制的历史演变

第一次世界大战前夕，西方各国为了准备战争，加紧对黄金的掠夺，使许多国家金币自由铸造与自由兑换受到了严重的削弱，黄金输出输入受到了严格限制。战争爆发后，参战各国由于军费开支猛增而大量发行纸币或银行券；同时又由于遭受经济危机，商品输出减少，资本外逃严重，黄金短缺，因此各国纷纷停止金币铸造和兑换，禁止黄金输出，从根本上动摇了金币本位制赖以生存的必要条件。即便是在战争结束后的相对稳定时期，各国也未能恢复到传统的金币本位制，而是实行残缺不全的金本位制，即金块本位制和金汇兑本位制。

（1）金币本位制。第一次世界大战以前，西方国家实行典型的金币本位制。流通中的货币为金币和纸币，其典型特征是"三大自由"，即金币自由铸造、金币自由兑换、黄金自由输出输入国境。

- 金币自由铸造：金币可以根据黄金持有人的申请自动铸造，同时，人们也可以自由地将金币熔成金块，退出流通领域。金币的自由铸造，保证了黄金的市场价格既不会低于货币的价值，也不会高于货币的价值，从而保证了黄金市场价格的稳定。
- 金币自由兑换：事先为一国货币单位确定一个含金量，或规定每单位黄金的价格，允许银行券流通，但它只是作为黄金的符号，纸币可以按票面额自由兑换成黄金。这一规定可保障货币与黄金的固定联系，保证了纸币价值稳定。
- 黄金自由输出输入国境：这使黄金的国内外价格维持同等水平，从而使本国货币与外国货币之间的汇率得以保持稳定。

在金币本位制下，一国国际收支失衡是通过黄金自由输出输入调节的，即"现金－物价流动机制"。但事实上，许多国家往往不愿牺牲国内利益来维持国际收支的平衡，而是想方设法采用各种手段限制黄金的自由输出输入。

第一次世界大战爆发后，交战各国的金币本位制陷入困境。第一次世界大战结束后，许多国家出现了严重的通货膨胀，现钞和黄金之间的自由兑换和黄金的自由流通遭到破坏，金币本位制崩溃，一些国家相继实行两种变形的金本位制，即金块本位制和金汇兑本位制。

（2）金块本位制。金块本位制是以黄金作为发行纸币的准备金，以纸币作为价值符号充当流通手段的一种货币制度，是在金币本位制的三个特征已不能完全具备条件下的一种残缺不全的金本位制。能够维持金块本位制的国家是那些有一定黄金存量的资本主义强国，即当时的一些殖民地宗主国。第一次世界大战结束后，除美国还能继续实行金币本位制外，英、法等国都无法维持金币本位制，而不得不实行金块本位制。

由于当时西方各国经济政治发展的不平衡，黄金存量集中在少数帝国主义强国之手，其他国家金币自由铸造和自由兑换的基础遭到削弱，所以在金块本位制下，实行纸币流通。黄金只是作为纸币发行的准备而存于国库，不再铸造金币，但货币单位仍规定含金量。

同时，由于战争使财政支出猛增，各国政府不得不以发行纸币或银行券来维持巨额军费开支，这使纸币发行数量大大超过了流通中所需要的货币量，造成纸币贬值，破坏了纸币自由兑换黄金的原则。因此，在金块本位制下，价值符号只能在规定限额下兑换黄金。而且为了防止黄金外流，在金块本位制下，各国纷纷采取了严格限制黄金输出输入的措施。

（3）金汇兑本位制。金汇兑本位制又称虚金本位制，是以外汇资产作为发行纸币的准备金，实行纯粹纸币流通的货币制度，是在金币本位制的三个特征已基本不具备条件下的一种残缺不全的金本位制。实行金汇兑本位制的国家是那些没有能力维持金块本位制的弱小的落后国家，即当时的一些殖民地附属国。它们以外汇资产即殖民地宗主国的货币作为发行纸币的准备。其特点是：纸币流通，但货币单位仍规定含金量；本国纸币完全不能与黄金相兑换，但可以与外汇资产相兑换；严格禁止黄金自由输出输入。

2. 金本位制的崩溃及其原因

在金本位制产生后近一个世纪的时间里，由于世界经济发展较为稳定，同时也由于当时重要金矿的发现和开采使黄金生产增长较快，供应充分，金本位制没有受到过严重考验，得以一直保持顺利运行。但第一次世界大战后，金本位制赖以存在的基础遭到严重破坏，从而使其最终陷于崩溃。究其原因，可以简单归纳为以下两个方面。

（1）战争和危机动摇了金本位制赖以存在的必要条件。从金币本位制过渡到金块本位制及金汇兑本位制的整个过程，都与战争和经济危机的爆发直接相关。第一次世界大战是导致金本位制难以维持的导火索，而在1929～1933年的世界性经济危机大爆发后，金本位制则基本陷于崩溃的境地。

（2）黄金产量不足以满足商品流通中对货币的需求，以及黄金在世界各国的分布不均，是金本位制崩溃的根本原因。从自由竞争过渡到垄断，资本主义世界经济得到空前发展，各国商品流通及国际贸易规模与速度的增长甚至远远超过了生产的增长，而黄金的生产却远远不能满足流通中对货币的需求。同时，世界各国经济政治的发展不平衡使得黄金分布不均衡，金本位制难以维持，最终导致其崩溃。

另外，用黄金作为货币材料本身也是对资源的一种浪费。因为从本质上讲，货币只是一种用于商品交换的媒介。在交换中，人们并不关心货币的材质，而只关心货币的面值。而且，在实践中人们已经认识到，完全可以用相对低廉的材料代替黄金这种贵金属来充当货币。

二、布雷顿森林体系

第二次世界大战后，资本主义世界建立了一个以美元为中心的国际货币制度，即布雷顿森林体系，这个体系是英、美两国在国际金融领域争夺主导权斗争的产物。

（一）布雷顿森林体系建立的时代背景

第二次世界大战使西方各国之间的实力对比发生了巨大变化。一方面，以英国为代表的老牌帝国主义国家受到了严重的战争创伤，国民经济遭到严重破坏。但英镑区和帝国特惠制仍然存在，英镑仍然是一种主要的国际储备货币，国际贸易的40%左右仍用英镑结算，英国仍欲竭力保持其国际地位。另一方面，第二次世界大战后美国经济实力大大增强，急欲建立美元霸权地位。第二次世界大战结束时，美国的工业制成品占世界工业制成品总量的一半；对外贸易额占世界贸易总额的1/3以上；对外投资迅速增长，成为世界最大的债权国；黄金储备占世界黄金储备总额的近2/3。雄厚的经济实力，为建立美元的霸权地位奠定了充足的物质条件。

因此，英美两国都从本国利益出发，设计新的国际货币秩序，于1943年4月7日分别提出各自的方案，即美国的怀特计划和英国的凯恩斯计划。

1. 美国方案

美国方案是由时任美国财政部官员的怀特提出的，全称为"国际稳定基金计划"，简称**怀特计划**（White plan）。其主要内容如下。

（1）设立国际货币稳定基金（即后来的国际货币基金组织，IMF），资金总额为 50 亿美元。基金采取存款制，其存款份额由各成员方以黄金、外汇及本币或政府债券认缴。认缴份额的多少取决于各国黄金外汇储备、国民收入及国际收支差额变化等因素。成员方认缴份额的数量又决定了其在 IMF 相关事务中投票权的多少。

（2）IMF 拟发行一种名为尤尼他（Unita）的国际货币，作为计价单位，规定其含金量相当于当时的 10 美元。而且，这种国际货币可以兑换黄金，也可以在成员之间相互流通。

（3）采用固定汇率制。IMF 要求各国（地区）规定其本币与尤尼他之间的法定平价，而且平价一旦确定，则非经 IMF 同意不得任意变动。

（4）各成员在应付临时性国际收支逆差时，可用本币向基金组织购买所需外汇，但数额不得超过其所认缴的基金份额。

从怀特计划的主要内容不难看出，美国设计该方案的目的，就是要凭借美国当时拥有的雄厚财力和绝对优势，由其一手操纵和控制 IMF，从而获得对国际金融领域的统治权，而最终正是由布雷顿森林体系实现了怀特计划。

2. 英国方案

英国方案是由时任英国财政部顾问的凯恩斯提出的，全称为"国际清算同盟计划"，简称**凯恩斯计划**（Keynes plan）。其主要内容如下。

（1）建立一个国际清算联盟，但此联盟不需各国以黄金或货币缴纳份额，而是采取透支制，透支总额为 260 亿美元。联盟各国的透支份额以第二次世界大战前三年的进出口贸易平均额计算。

（2）发行一种名为班柯（Bancor）的国际信用货币，作为国际清算单位。

（3）班柯以一定黄金量表示，而联盟各国货币直接与班柯联系，但允许各国调整汇率。

（4）各国在联盟设立往来账户。当发生国际收支顺差时，将其盈余存入账户，但不得兑换黄金和现款，只能用于对外投资和购买支付。当发生国际收支逆差时，则按规定份额申请透支或提取存款进行支付。

与怀特计划设计的目的不同，凯恩斯计划是从英国当时的困境和需求出发，尽量贬低黄金的作用，意欲建立一个有利于英国的国际货币制度。

两个计划反映了英美两国经济地位的变化及两国争夺世界金融霸权的斗争。经过激烈的争论后，在美国强大政治经济优势的压力下，英国被迫放弃"国际清算同盟计划"而屈从于美国，接受了美国的计划。美国也因此做出一些让步。最后双方达成协议，在 1944 年的联合国货币金融会议上通过了以怀特计划为依据的《布雷顿森林协定》，并在此协定的基础上建立了布雷顿森林体系，确立了美元的霸权地位。

（二）布雷顿森林体系的主要内容

布雷顿森林体系建立了成员方之间货币平价和固定汇率制，实行所谓双挂钩制度，即美元与黄金挂钩、各国货币与美元挂钩的制度。同时建立了一个永久性的国际金融机构——IMF，并用以进行国际金融协调和管理。

双挂钩制度是布雷顿森林体系的核心内容，可用图 8-1 表示。

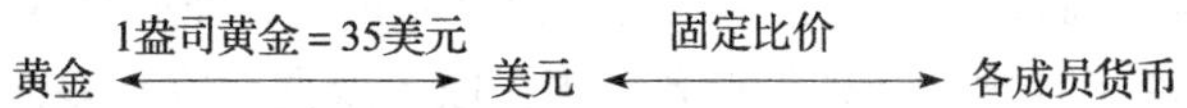

$$\text{黄金} \xleftrightarrow{\text{1盎司黄金}=35\text{美元}} \text{美元} \xleftrightarrow{\text{固定比价}} \text{各成员货币}$$

图 8-1　双挂钩制度

布雷顿森林体系的具体内容有以下五点。

1. 以美元作为最主要的国际货币，实行美元－黄金本位制

美元与黄金直接挂钩，规定 1 盎司 = 35 美元的黄金官价，美国保证各国中央银行可随时用持有的美元按官价向美国兑换黄金，这表明布雷顿森林体系实际上是一种国际金汇兑本位制。同时，其他各成员方根据自身状况确定其货币与美元的平价，这一平价一旦确定下来，就不得随意更改，并且成员方有义务干预市场以维持汇率稳定。这种制度安排使美元成为一种关键货币，国际储备和国际清算支付手段主要依赖美元，各国中央银行通过持有美元保持国际储备，相当一部分国际储备以美国财政部或美联储发行的债券和美元短期存款的形式持有。

2. 实行可调整的钉住汇率制

布雷顿森林体系下的汇率制度安排是一种双挂钩制度，即美元与黄金挂钩、各国货币通过与美元挂钩而间接与黄金挂钩。这种双挂钩制度构成了布雷顿森林体系的两大支柱。《IMF 协定》规定，成员方有义务通过外汇市场交易保证汇率波动的幅度维持在平价上下 1% 以内，只有当成员方出现"根本性国际收支失衡"时，才可以较大幅度地调整汇率。在平价 10% 以内的汇率变动须通知 IMF，超过 10% 的汇率调整则须 IMF 批准，所以这是一种可调整的汇率制度。在实际运行中，成员方汇率调整的情况很少。偶有变动，也是贬值多于升值。

3. 确定国际收支的调节机制

（1）针对逆差国（地区），制定了两种调节方式。对于短期的暂时性失衡，可通过向 IMF 进行资金融通而加以解决。对于国际收支出现的"根本性不平衡"，IMF 规定可对平价进行调整，实行法定升值或法定贬值。但由于"根本性不平衡"较抽象，没有明确标准，导致在实际中难以运用。

（2）针对顺差国（地区），制定了所谓的"稀缺货币条款"。所谓"稀缺货币"是指，当一国（地区）国际收支持续盈余，并且该国（地区）货币在 IMF 的库存下降到份额的 75% 以下时，IMF 可以将该国（地区）货币宣布为"稀缺货币"。IMF 可按逆差国（地区）的需要实行限额分配，其他成员有权对"稀缺货币"采取临时性兑换限制，或限制进口该国（地区）商品和劳务。这一条款旨在建立顺差国（地区）和逆差国（地区）共同调节的责任。但是，这一构想难以真正实现，因为条款中还同时规定，IMF 在解决稀缺货币而确定采取办法时，要有稀缺货币国家（地区）的代表参加。这样，布雷顿森林体系下，国际收支调节的责任实际上主要是由逆差国（地区）来承担的。

4. 取消对经常账户的外汇管制，但允许对国际资本流动进行限制

《IMF 协定》第 8 条规定：成员方不得限制经常账户支付，不得采取歧视性货币措施，要在兑换性的基础上实行多边支付。但有三种情况例外。

（1）允许成员方对资本项目实施外汇管制。
（2）成员方在第二次世界大战后过渡时期可以延迟履行货币可兑换义务。
（3）允许成员方对"稀缺货币"采取临时性兑换管制。

5. 建立一个永久性的国际金融机构——IMF

IMF 是第二次世界大战后国际货币体系的核心，它的建立旨在促进国际货币合作，维持国际金融体系的稳定。IMF 主要有以下职能：①监督，即监督成员方遵守协定中的各项条款，以维护国际金融秩序；②磋商，定期举行世界经济形势与前景的磋商，并针对个别成员方出现的问题进行磋商；③资金融通，即对成员方提供信贷。

（三）布雷顿森林体系的特点

布雷顿森林体系是在美国经济实力雄厚、国际收支大量顺差、黄金储备充足的条件下建立起来的。这些条件决定了布雷顿森林体系的基本特点和作用。此外，布雷顿森林体系确立的固定汇率制以及创立的 IMF，在当时特定的历史时期，对维护国际金融秩序和协调国际金融关系都曾起到重要的积极作用。布雷顿森林体系建立后，国际金融关系出现了一些新的特点，主要表现在以下四个方面。

（1）在布雷顿森林体系下的国际储备中，黄金和美元并重。美国不仅凭借其在第二次世界大战后所拥有的巨额黄金储备强调黄金的作用，而且将美元与黄金挂钩，使美元等同于黄金，与黄金并重，突出美元的霸权地位。

（2）在所有西方国家货币中，美元是唯一的中心货币和主要的储备资产。而第二次世界大战前处于统治地位的储备货币除英镑外，还有包括法郎、美元等在内的其他西方国家货币。因此，保持美元单一中心货币是布雷顿森林体系的显著特点。

（3）只允许外国政府而不允许外国居民用美元向美国政府兑换黄金。第二次世界大战前，英、美、法等国都允许居民兑换黄金。那些实行金汇兑本位制的国家也允许居民用外汇向英、美、法等国兑换黄金。

（4）建立了 IMF 作为维持国际金融秩序的中心机构。而第二次世界大战前，虽然英国在国际货币领域里占统治地位，但从未建立起一个全球性的国际机构。

（四）布雷顿森林体系的缺陷及其崩溃

虽然布雷顿森林体系的运转在客观上发挥了一定的积极作用，成功地进行了一系列国际货币合作，但因其运行机制存在很大的内在缺陷，所以导致了其最终的崩溃。

1. 布雷顿森林体系的致命缺陷

导致布雷顿森林体系最终崩溃的根本原因在于，其赖以建立的基础具有内在的不稳定性，以及其运行机制存在的内在矛盾。

（1）储备货币发行国与其他国家之间的利益分配不公平。布雷顿森林体系建立之时，美国垄断了世界绝大多数黄金储备，在经济上占有绝对优势。美元作为主要的国际储备资产，享有一种相当稳固的特权地位。美国不仅可以利用美元操纵国际金融事务，而且还可以利用美元弥补其国际收支赤字。同时，由于各国货币钉住美元，实际上造成了各国货币对美元的依附关系，因而美国货币政策的实施对各国经济都会产生重大影响。另外，1 盎司黄金等于 35 美元的黄金官价是 1934 年制定的，第二次世界大战后美元早已贬值。而美国正是在美元短缺或美元荒的情况下，通过高估美元来低价购买黄金和其他原材料，同时高价倾销出口商品，掠夺他国资源，攫取超额利润。

然而，一旦实力对比发生不利于美国的变化，即当从美元短缺的美元荒变成美元泛滥的美元灾，过去由美国政府对外投放的大量美元，被各国政府按官价向美国政府兑换大量黄金时，就造成美国黄金储备的大量流失，以至于引起美元危机的频频发生，导致国际金融领域的动荡。

而且，在第二次世界大战后初期由于各国无力与美国竞争，因此美元高估并未对美国出口贸易造成不利影响。但当西欧、日本经济恢复，具备一定实力后，美元高估不利于美国出口的负面影响就日益突出，加剧了美国国际收支的不平衡和美元危机爆发的可能性。

（2）布雷顿森林体系存在着无法克服的"特里芬难题"。首先，美元作为单一中心货币和国际储备资产，包含其内在矛盾，从而使美国处于两难境地。因为随着国际贸易的迅速扩大，各国国际储备必须相应增加。同时，由于第二次世界大战后黄金生产的停滞，美元在国际储备总额中所占比重不断提高，于是出现了国际储备供应的两难矛盾。一方面，各国国际储备的增长，需要通过美国国际收支的持续逆差来实现。而如果美国国际收支长期保持逆差，则不但会导致美元汇率下跌，还会导致各国政府以大量美元向美国政府兑换黄金，引起美国黄金大量外流，从而影响美元信誉和引发美元危机。同时，如果美国为弥补国际收支逆差而滥发美元，还会引起国内出现通货膨胀的问题。另一方面，如果美国保持其国际收支的平衡，抑制国内通货膨胀，则当然有利于保持美元汇率的稳定，但因此又会断绝其他国家国际储备的来源，造成国际清偿能力不足的矛盾。

其次，为维持美元汇率的稳定，按照 IMF 的规定，西方各国政府有义务对外汇市场进行干预，从而也使西方各国政府处于两难境地。因为在美元过剩的情况下，布雷顿森林体系的固定汇率制实际上助长了美国输出通货膨胀，从而不但引发和加剧了世界性通货膨胀，而且使各国政府处于一个维持国际金融秩序还是维持国内经济稳定的两难选择中。一方面，按照 IMF 的规定，为维持美元汇率的稳定，各国政府有义务在外汇市场上进行干预，以平抑汇价。如果美元汇率下跌，各国官方金融机构就必须在外汇市场上大量抛出本币，同时购进美元，以刺激美元需求的增加，使美元汇率回升，维持国际金融秩序的稳定，但会导致这些国家的货币供给过多而引发通货膨胀。而且在美元过剩的情况下，手持美元显然要遭受美元贬值的损失，从而造成这些国家以牺牲国内经济平衡为代价来换取国际金融秩序的稳定。另一方面，如果各国要致力于维持国内经济的稳定，切断美国输出通货膨胀的通道，同时避免美元贬值的损失，就必须将手中持有的大量美元抛售，但其结果又会引发美元危机和国际金融领域的动荡。

（3）布雷顿森林体系实行的固定汇率制使汇率对国际收支的调节作用失灵。固定汇率制虽然降低了国际贸易和国际资本流动的风险，有利于国际经济的发展，但布雷顿森林体系过分强调汇率的稳定，而忽视了汇率对国际收支的调节作用。在固定汇率制条件下，各国不能利用汇率的变动来达到调节国际收支逆差的目的，只能消极地实行贸易管制，或在国内采取紧缩政策。贸易管制会阻碍对外贸易的正常发展，国内紧缩政策则违反了稳定发展本国经济的原则。因为汇率缺乏弹性，不能适应各国国内经济情况及对外经济关系的变化，所以汇率对国际收支的调节机制失灵。

另外，由于布雷顿森林体系建立在不平等的基础上，发展中国家获得的基金份额及参与国际金融事务的投票权过少，利用 IMF 贷款的条件过严，因而不利于它们及时有效地调节其国际收支的不平衡，从而也不利于国际金融的稳定。

2. 美元危机爆发与布雷顿森林时代的结束

美元危机是指由于美元国际信用下降而发生的抛售美元抢购黄金及其他国家货币，从而使美元汇率下跌，黄金价格及其他国家货币汇率上涨的状况或风潮。

美元危机产生的主要原因，是 20 世纪 50 年代以来，美元大量外流，美国国际收支持续逆差，黄金储备不断下降，从而使人们对美元的信心发生动摇，纷纷抛售美元所导致。美元危机频频爆发是布雷顿森林体系崩溃的导火索。

美元危机爆发后，国际社会与美国一起采取了许多措施，做出了种种努力，但最终仍未能从根本上解决问题，危机反而愈演愈烈，从而导致布雷顿森林体系的崩溃。

1960 年 10 月，第一次美元危机爆发。当时，国际金融市场上掀起了抛售美元抢购黄金的巨大风潮；伦敦黄金市场的金价由 35 美元/盎司官价暴涨到 41.5 美元/盎司，高出官价 18.5%；同时，西方各国外汇市场剧烈动荡。这是美元危机对国际金融市场形成的第一次大冲击。这次危机之后，国际社会采取了建立黄金总库、货币互换协定、借款总安排等措施，但未能阻止危机继续发生。到 1967 年，美国对外短期债务激增至 331 亿美元，而黄金储备则降至相当于 121 亿美元，从而严重影响了美元的国际信誉。

1968 年 3 月，第二次美元危机爆发。美国黄金储备在短期内急剧流失，半个月内流失量达 14 亿美元，巴黎市场金价涨到 44 美元/盎司，而伦敦市场黄金日交易量达到 350~400 吨，迫使西欧大多数黄金市场停止交易，伦敦证券市场、外汇市场和黄金市场被迫关闭。1968 年 3 月 6 日，美国与相关国家举行紧急会议，宣布解散黄金总库，实行黄金双价制，美元变相贬值，同时提议建立特别提款权。

1971 年 5 月，第三次美元危机爆发。同年 8 月 5 日，尼克松政府就宣布实行所谓"新经济政策"，不仅停止履行美元兑换黄金的义务，而且加强商品进口管制，对进口商品征收 10% 的附加税，引起国际金融市场的混乱。同年 12 月 18 日，十国集团举行会议，达成《史密森协议》(Smithsonian Agreement)，决定美元官价贬值 7.89%，金价升至 38 美元/盎司，但这一举措并未阻止美元危机的继续爆发。

1972 年 2 月，第四次美元危机爆发。抢购黄金及联邦德国马克和日元的风潮袭击了整个西方国际金融市场，导致各国外汇市场纷纷关闭。

1973 年 2 月，第五次美元危机的爆发，迫使西方各国外汇市场再度关闭。1973 年 2 月 12 日美国被迫宣布美元官价再度贬值 10%，金价升至 42.22 美元/盎司。但这时各国已不愿再继续承担干预外汇市场汇率的义务，纷纷实行浮动汇率，从而宣告了布雷顿森林体系的全面瓦解。经过多次的美元危机，已从根本上破坏了布雷顿森林体系双挂钩制度的基础，从而导致了布雷顿森林体系的彻底崩溃。

（五）布雷顿森林体系时期的国际金融合作

为了缓解美元危机，美国与国际社会进行了一系列国际金融合作，力图维持布雷顿森林体系的正常运行。其所实施的一些措施和办法虽未能挽救布雷顿森林体系免于崩溃的命运，但仍不失为国际金融合作的范例与借鉴。

1. 成立黄金总库

黄金总库是指在1961年10月，美国与欧洲七国（英国、法国、联邦德国、意大利、瑞士、荷兰、比利时）为维持黄金官价及美元汇率的稳定而共同建立的黄金储备账户，用以干预黄金市场稳定金价。金价上涨则卖出黄金，金价下跌则买入黄金，以使金价稳定在35美元/盎司的官价水平上。总库所需黄金由各国分摊，指定英格兰银行为总库代理机构。

黄金总库未能阻止金价的继续上涨及美元危机的爆发。1967年6月，法国宣布退出黄金总库。1968年3月美元危机又一次爆发，黄金总库遂宣布解散。

2. 订立货币互换协定

货币互换协定是在1962年3月，由美国联邦储备银行与西方14国达成的关于互换一定量的对方货币，用以干预外汇市场，稳定美元汇率的协定。最初的协定总金额为117.3亿美元，1973年7月扩大为197.8亿美元。

3. 提出借款总安排

借款总安排也称一般借款协定或十国借贷，即"十国集团"中的各国分别向IMF提供备用信贷的特别协议。

早在1961年9月，英美两国为使英镑和美元摆脱困境，在IMF第16届年会上就提出，将IMF的贷款额增加60亿美元，以稳定国际金融秩序的建议。同年11月，美国、英国、法国、联邦德国、意大利、瑞典、荷兰、比利时、日本和加拿大十国在巴黎举行会议，决定成立"十国集团"，又称"巴黎俱乐部"，并达成借款总安排协议。1962年1月5日，IMF通过了十国集团设立借款总安排的建议，并于1962年10月开始生效。这样，由IMF与十国签订的60亿美元的借款预约信贷，就作为IMF的补充资源，在必要时使用，以维持布雷顿森林体系下的国际金融秩序。

4. 实行黄金双价制

黄金双价制是IMF对成员方买卖黄金所规定的两种价格制度。由于第二次美元危机爆发迫使西欧大多数黄金市场停止交易，所以1968年3月16日，美国与黄金总库各国举行紧急会议，决定废除黄金总库，实行黄金双价制。35美元/盎司的官价只限于成员方政府或中央银行向美国兑换黄金时使用，而黄金市场上的金价则由市场供求关系自行决定。从此，国际黄金市场出现两种黄金价格，美元变相贬值。

5. 创立特别提款权

特别提款权是由IMF创设，分配给成员方使用的一种新的国际储备货币单位。是一种无形货币，只作为成员方的账面资产发挥作用，是成员方原有普通提款权之外的一种特别提款权利。初创时，其含金量与美元等值。美元贬值后遂与黄金脱钩，而以本国出口占世界出口总额1%的西方16国的16种货币加权定值。由于计算复杂等因素，后改为以五个世界最大的劳务和商品出口国——美国、德国、日本、法国、英国的货币加权定值。

早在1965年，为缓解美元危机，美国就提出了创立特别提款权的方案。提议让特别提款权与黄金、美元一起共同作为国际储备资产。1969年9月，IMF第24届年会通过了设立特别提款权的决议。由此，特别提款权与黄金、美元并列，被称为"**纸黄金**"（paper gold）。

特别提款权的创立有利于维护以美元为中心的国际货币制度。由于特别提款权是根据成员方在IMF的份额按比例分配的，而美国在IMF所占的份额最大，因而分到的特别提款权最多。这就等于增加了美国的黄金外汇储备，提高了美国应付国际收支逆差的能力。同时，当外国政府或中央银行用其持有的美元向美国政府兑换黄金时，美国就可利用特别提款权来应付，从而减少其黄金储备的大量流失。而且，由于特别提款权只限于政府持有，只能应用于成员方政府间的结算，而不能直接用于贸易和非贸易支付，因此国际为数众多的债权债务清算仍必须使用美元，从而使美元仍能保持其国际支付手段的中心地位。

6. 签订《史密森协议》

《史密森协议》是1971年12月18日，IMF和十国集团为缓和危机，全面调整固定汇率而达成的。协议以美元贬值、美国不再承担兑换黄金义务及扩大各国货币对美元汇率的波动幅度为主要内容，力图维持以美元为中心的国际货币制度。根据协议，美元贬值7.89%，黄金官价由35美元/盎司提高到38美元/盎司，但不再实行美元与黄金的兑换；协议规定仍维持固定汇率，但各国货币对美元汇率的波动幅度由原来的上下各1%，扩大为上下各2.25%。同时，协议还要求美国取消了尼克松新经济政策实施的10%的进口附加税。

《史密森协议》的寿命很短，因为其决定太过仓促，只是对付美元危机的一种暂时性措施，并没有解决国际货币金融关系中的根本性问题。因此，当1973年2月美元再次贬值，3月主要货币汇率又开始浮动时，布雷顿森林体系全面瓦解，布雷顿森林时代也由此结束。

三、牙买加体系

布雷顿森林体系崩溃后，国际金融形势动荡不安，国际上为建立一个新的国际货币体系进行了长期的讨论和协商。在这个过程中，充满了各种矛盾和斗争，最终各方通过妥协就一些基本问题达成共识，于1976年1月在牙买加首都金斯顿签署了一个协议，称为《牙买加协议》。同年4月，IMF理事会通过了《IMF协定》的第二次修订案，1978年4月1日正式生效。从此国际货币体系进入了一个新的阶段——牙买加体系。

（一）牙买加体系的内容及特点

1. 《牙买加协议》的主要内容

参与《牙买加协议》的有关各方进行了一系列的讨论和协商，通过妥协就一些基本问题达成共识，并成立了专门研究国际货币制度改革问题的机构。协议的主要内容包括以下五个方面。

（1）承认浮动汇率合法化或汇率安排多样化。1973年美元危机之后，各国普遍实行浮动汇率制，导致布雷顿森林体系的崩溃。修改后的《牙买加协议》承认了这一既成事实,并规定可以由成员方自行选择汇率制度,但不允许各国操纵汇率、采取损人利己的汇率政策。

(2)宣布"黄金非货币化"(demonetization of gold),使黄金与货币彻底脱钩,不再作为各国货币的定值标准,并且废除了原协议中所有的黄金条款,降低了黄金在国际货币体系中的作用。

(3)强调特别提款权的作用,扩大特别提款权的使用,并规定以特别提款权作为主要的国际储备资产和各国货币的定值标准。

(4)增加成员方在 IMF 的份额,由原来的 292 亿特别提款权增加到 390 亿特别提款权。

(5)扩大对发展中国家的资金融通,增加基金信用贷款额度,设立专门基金向最不发达国家提供优惠贷款。

2. 牙买加体系的特点和作用

《牙买加协议》对有关黄金、特别提款权和汇率的条款都做了一些修改,对国际货币制度的改革也起了一定作用,从而为现行的国际货币体系奠定了基础,并使现行国际货币体系得以运转。但建立在《牙买加协议》基础上的现行国际货币体系只是承认了一些既成事实,并没有取得重大突破,国际金融领域存在的问题并没有从根本上得到解决。因而,也使现行国际货币体系存在严重缺陷,造成国际金融领域的不稳定局面。现行国际货币体系的特点和作用表现在以下三个方面。

(1)国际储备体系的多元化。国际储备体系的根本问题是以哪种储备作为货币体系的中心。在金本位制下,黄金作为公认的国际储备资产起到了中心货币的作用;布雷顿森林体系是以美元为中心;在牙买加货币体系中,黄金的作用已大大降低,美元也丧失其单一中心货币的地位,特别提款权的作用有所加强。但目前这三种储备资产中,还没有哪一种可以独立担当国际储备中心货币的职能。因此,国际储备体系呈现储备资产多元化局面。

储备多元化有利于缓和国际清偿能力不足的矛盾,相对降低了单一中心货币对国际储备体系的负面影响,也为各国储备资产种类的选择和结构的调整提供了条件。但同时,在储备多元化和管理浮动汇率制的共同作用下,国际市场汇率波动频繁,投机活动盛行,使国际贸易和投资风险增大,不利于世界经济的稳定和发展。

(2)汇率制度多元化。《牙买加协议》允许各国自由做出汇率安排,固定汇率制与浮动汇率制可以并存,因此有些国家的货币比价随市场供求变化而自由浮动;有些国家的货币比价互相固定,而对外联合浮动;有些国家将自己的货币与另一种货币建立固定比价(如与英镑、美元建立固定比价),或与一组货币(如 SDR)建立固定比价,有些国家实行无本国法定货币的汇率安排等。一些国际金融学家将这种多元化汇率安排制度称为无体制的体制或混合体制。可以看出,国际货币制度多元化是当今及今后相当长时期内的一个主要特点。

(3)国际收支调节机制多样化。除利用利率机制、IMF 短期信贷与干预措施调节国际收支外,在牙买加体系下,发达国家在实行浮动汇率制,利用汇率机制来调节国际收支方面起着重要作用。此外,通过 IMF 的年会、磋商会议制定稳定金融与国际收支的准则加强国际协调在调节国际收支中的作用也较明显，特别是从 1975 年开始的历年七国首脑会议在协调各国经济金融政策保持金融稳定中也起着不可忽视的作用。

（二）国际货币制度的改革

从布雷顿森林体系开始，由于国际货币制度的内在矛盾使危机频频爆发，导致国际金融领域常常处于动荡和混乱中，因而不断受到国际社会的指责，要求对国际货币体系进行改革的呼声持续不断。为此，IMF 成立了国际货币制度改革的专门机构，以研究国际货币制度改革的相关问题。改革的内容主要围绕国际储备体系及汇率制度展开，国际社会及国际金融领域的专家学者也就此提出种种改革方案。虽然目前国际货币制度的改革仍未取得任何重大进展，但就主要问题也达成了一些共识。

1. 国际货币制度改革的主要机构

国际货币制度改革及有关问题委员会，简称"20 国委员会"，是 IMF 设立的研究国际货币制度改革问题的咨询机构，于 1972 年 9 月正式成立。其成员包括十国集团（比利时、荷兰、加拿大、瑞典、法国、瑞士、德国、英国、意大利、美国、日本）与澳大利亚等发达国家和印度、巴西、摩洛哥、埃塞俄比亚、阿根廷、墨西哥、扎伊尔、印度尼西亚、伊拉克等发展中国家。其任务是负责制定有关改革国际货币制度的方案，提交 IMF 采用。1974 年 6 月，"20 国委员会"在华盛顿会议上，主要就各国国际收支的调节，以及汇率制度和国际储备资产等问题提出一份"国际货币制度改革大纲"，并建议另外设立临时委员会继续对国际货币制度的改革进行研讨，会议结束后，"20 国委员会"的工作结束，由新成立的"临时委员会"接替其工作。

新成立的"临时委员会"，全称为"国际货币制度问题临时委员会"，是 IMF 建立的国际货币制度改革问题的常设咨询机构，于 1974 年 10 月正式成立。其成员包括 5 个在 IMF 中份额最多的国家，以及 6 个工业发达国家和 9 个发展中国家。"临时委员会"原为一个临时性机构，1976 年牙买加会议后，成为 IMF 的一个常设决策机构，其主要任务是接替"20 国委员会"，负责研究和拟定国际货币制度改革方案，修改《IMF 协定》，处理威胁国际货币制度的突然事件等问题，向 IMF 提供意见和报告。

2. 国际货币制度改革的主要方面

1978 年 4 月修改后生效的 IMF《牙买加协议》，实际上就是在国际货币制度改革的专门机构主持下签订的，而《牙买加协议》的主要内容也是有关国际货币制度改革的基本内容。这些主要内容包括：国际储备体系的结构问题，如何建立合理的汇率制度问题，如何解决各国在国际收支调节上的责任问题，如何处理区域性货币集团与全球性国际货币体系的关系问题，以及发展中国家在国际货币体系中的地位问题等。

（1）国际储备体系的结构问题。实际上是指以哪种储备资产作为本位货币或中心货币的问题。布雷顿森林体系崩溃后，一些国家的政府或经济学家先后提出一些改革方案和建议。归纳起来，其中主要包括恢复金本位制或继续维持美元本位制，以及建立特别提款权本位制等内容。

但实际上在目前情况下，这些方案的实施都存在着难以克服的矛盾。

第二次世界大战后国际货币制度的发展，已经使黄金逐渐退出国际货币流通，而恢复以黄金为中心货币的金本位制既不可能，也没必要。这首先是因为世界黄金的生产受资源和生产条件的限制，远远不能满足各国经济增长对货币的需求，而货币又完全可以用其他材料来代替，这已是不争的事实。同时，工业、装饰及私人储藏对黄金的需求又在不断增加，而且黄金储备在世界各国的分布不合理，发达国家拥有的黄金储量占世界黄金储量的绝大比例。另外，金本位制还常常与国内经济政策目标发生冲突。当一国出现国际收支逆差而引起黄金外流时，往往会使国内货币供应收缩，从而降低国民经济的增长率。不但如此，在《牙买加协议》签订后，许多国家已终止了本国货币与黄金的联系，削弱了黄金作为世界货币的作用，实际上连金汇兑本位制也无法维持。当然，黄金作为准世界货币，其作用并没有消失。由于其自然属性适合作为价值储藏手段，作为一般财富的社会化身仍被人们所普遍接受。所以，黄金仍作为一种重要的国际储备资产发挥其作用，但显然已不是主要的储备资产，其地位已大大降低。因此，至少在目前，金本位制无法恢复。

经历了20世纪60年代以来对内对外的大幅度贬值，以及美国在国际上实力与地位的相对衰落，美元作为国际储备中心货币的能力已大大削弱。美元在国际货币金融领域的信誉明显下降，很难恢复其中心货币的地位。昔日与黄金挂钩的美元，最终导致国际货币体系的崩溃。现在的美元完全与黄金脱钩，既不规定含金量，也不能与黄金自由兑换，只作为信用货币的美元可能会因缺乏黄金做物质保证而不能成为国际中心货币。而且，第二次世界大战后初期，美国曾经的绝对优势已不复存在，世界多极化局面在短时期内也很难改变。所以，虽然当前美国经济仍居世界前列，而且也没有哪一种货币或资产能够完全取代美元作为主要国际储备货币的作用，但美元将在一个相当长的时期内，只能是与其他可自由兑换货币一起，共同成为储备资产中的一个组成部分，而以美元为中心的美元本位制则很难重现。

尽管《牙买加协议》规定要扩大特别提款权的使用范围，并使其逐步取代美元成为主要的国际储备资产。但事实上，由于特别提款权不但发行数量有限，在整个储备资产总额中所占比重很小，而且只能用于政府间的支付结算，不能用作国际贸易和金融活动的直接支付，使其作用有很大的局限性，因而与其作为国际储备资产的地位极不相称。因此，如果用特别提款权作为主要的国际储备资产，在国际支付中马上就会产生清偿手段不足的问题。同时，由于特别提款权的分配不均衡，大部分份额集中在发达国家，发展中国家获得的份额很少，因此远远无法满足发展中国家平衡国际收支的需要。另外，特别提款权作为一种记账单位和账面资产，是一种虚拟的世界货币。它既不像黄金那样本身就具有很高的价值，又不像美元那样有美国的经济实力做后盾。一旦国际经济、政治关系发生急剧变化或爆发世界规模的战争，很难保证它不会成为废纸一张。因此，虽然特别提款权是国际储备资产的一个重要组成部分，但它很难成为主要的国际储备资产，发挥中心货币的作用。所以，建立特别提款权本位制并不具备可行性。

正是由于事实上金本位制无法恢复，美元本位制也难以维持，建立特别提款权本位制又不可行，因而才导致现行国际货币体系下的这种储备资产多样化局面。

（2）建立合理的汇率制度。有许多改革方案和建议希望恢复弹性较大的固定汇率制，而汇率制度本质上仍是与货币本位紧密联系的问题,即货币的定值标准问题。只有在世界范围内解决货币定值标准统一的问题,才有可能实施固定汇率制。

在布雷顿森林体系崩溃以后,各国普遍都实行浮动汇率制。虽然纯粹由外汇市场供求关系决定的自由浮动汇率制事实上不可能存在,无论哪一个国家或多或少都会对外汇市场进行不同程度的干预,但即便是在这样的情况下,固定汇率制也是无法恢复的。

因为在世界范围内实行固定汇率制,无论弹性大小,首先要解决以哪种物质作为统一的定值标准这一根本性问题。在金本位制下,黄金是各国货币的定值标准,各国货币同黄金挂钩,自发地决定了各国货币之间的比价。布雷顿森林体系是双挂钩制度,美元与黄金挂钩,各国货币与美元挂钩,人为地确定了各国货币之间的比价。但牙买加会议后,黄金非货币化,美元汇率又不稳定,要恢复金本位制或美元本位制的固定汇率显然不现实,而目前也还没有任何一种货币可以填补黄金和美元留下的空缺。尽管《牙买加协议》规定把特别提款权作为各国货币的定值标准,但由于特别提款权实际上是以"一篮子货币"定值,本身价值就不固定,所以在操作上也很难与各国货币保持固定比价。

由于无法恢复以黄金和美元为本位货币的固定汇率制,而以特别提款权作为各国货币的定值标准也很难操作,所以世界上大多数国家实行管理浮动汇率制的既成事实就有一种长期化的趋势。

(3)国际收支调节的责任问题。有许多国家提出,国际收支调节的责任不应该只落在逆差国家或非储备货币发行国身上。尤其是发展中国家,常常由于贸易条件的恶化而导致国际收支逆差,同时又没有储备货币发行的特权,单凭自身的努力很难解决国际收支不平衡的问题。所以,应由逆差国和顺差国一起共同采取措施解决国际收支不平衡的问题。

(4)处理区域性货币集团与全球性国际货币体系的关系问题。主要是在目前世界多极化发展的情况下,如何使区域性货币集团逐步过渡到全球统一的国际货币体系的问题。欧元区的形成无疑是树立了一个区域性国际货币金融合作的典范,对区域内各国经济的发展也可以起到较大的促进作用。但同时也应该看到,即便是实现了区域内货币的统一,但欧盟在区域内货币金融事务的管理上,以及协调各国之间关系的问题上,仍需要费很多周折花很大力气才能解决。在全球范围内实现进一步的国际金融合作还有待时日。

(5)发展中国家在国际货币体系中的地位问题。实际上,从IMF建立时就已经存在关于发展中国家在国际货币体系中的地位问题。发展中国家在IMF中得到的份额过少,这不仅使它们对国际金融事务的发言权太小,而且也使它们能够从IMF获得的帮助受到制约。因此,它们强烈要求改革不合理的国际货币制度和管理办法,希望实现国际货币金融事务管理的民主化,发展中国家能够同发达国家一样参与国际货币金融事务的管理。

国际储备资产的多元化、管理浮动汇率制的长期化及货币集团的发展,是当前国际货币体系的主要特征。因此,现行体系是一种极不稳定的国际货币体系,甚至会加剧国际货币金融领域的动荡或混乱,而且这种局面在今后相当长的一段时期内都有可能继续下去。尽管各国政府和许多经济学家提出了改革国际货币体系的种种方案和建议,但事实上要真正建立一种公平合理、稳定有序的国际货币体系还有很长的路要走。

【阅读专栏 8-1】

"相比短期通胀压力,我更担心美元贬值带来的金融风险"

美国的量化宽松政策仍在继续。继 1.9 万亿美元财政救助计划之后,一项可能高达 3 万亿美元的基建计划正在拜登政府的考虑之中。尽管白宫试图澄清类似的报道"过早",但市场早已对此做出心理准备。此外,在上周的议息会议上,美联储"鸽声"依旧,而十年期美债利率一度向上突破了 1.75%。摩根士丹利亚洲区前主席、耶鲁大学高级研究员斯蒂芬·罗奇(Stephen Roach)近日接受了中国金融四十人论坛(CF40)研究部的访谈。

问:3 月 11 日,美国总统拜登正式签署 1.9 万亿美元刺激计划。但是对于这一财政刺激规模究竟是"过大"(可能导致恶性通胀),还是"不够"(美国经济面临衰退风险,还需要加码刺激),仍然存在争议。您更赞同哪种观点?

罗奇:为了走出新冠肺炎疫情引发的经济衰退,我认为美国是需要推出救助计划的。美国的疫情有很大好转,疫苗的供应和分配也得到极大改善,相应地也产生了高昂的成本,美国政府需要为这些疫情救助提供必要的资金。很多企业依然在这次历史性的经济衰退的余波中挣扎,所以拜登政府推出大规模的救助方案是合适的。与其称为"刺激"(stimulus),我认为这项法案更合适的叫法是为疫情危机冲击下的美国经济提供的"救助"(relief)。

问:根据媒体报道,1.9 万亿美元刺激计划之后,拜登政府还在考虑一项规模可能在数万亿美元的基建计划,与此同时,可能大幅增加联邦税。此外,美国政府债务占 GDP 比重已经达到历史最高水平,美债供应过剩问题也引发了相关方面的担忧。您对新一轮基建计划规模有何预期?美国财政刺激的空间还有多大?增税是否能有效解决财政支出的资金来源问题?如何评估美国政府出现债务危机的可能性?

罗奇:现在比较热议的一个话题是拜登政府所谓的"重建美好"(build back better)的基础设施建设倡议。美国确实有很多年头较久的基建设施需要更新和重建,包括公路、铁路、桥梁、港口等。

美国需要基建投资是毋庸置疑的,但至于基建计划的规模会有多大,拜登政府尚未就这方面规划进行详细说明。一般我们所说的基建计划项目,规模大多是在 1 万亿美元左右,但这个猜测也是基于以往计划的基建项目的规模给出的,很多可能要追溯到奥巴马政府时期了。奥巴马政府当时也是想加大基建投资的,但后来国会没有通过。

那我们承担得起基建带来的大规模支出吗?这是个大问题。现在美国债务占 GDP 的比例已经攀升至第二次世界大战后的新高。但很多民主党人和现代货币理论(MMT)的推崇者觉得不用担心,因为目前联邦债务的利息费用很低,几乎是历史最低,利息费用占 GDP 的比重仅为 1%~2%,当然具体数值也因计算方法而异。低利率与现代货币理论无关。美联储现在是把利率锚定在一个极低的水平,目的是帮助把利息支出维持在低水平,否则就会产生大量的利息费用,那样的话就会对经济产生很不利的影响。

美联储已经成为美国财政冒险行为的一个合作者。美国现在债务占GDP的比重非常高,而且很可能会因为基建投资需求而继续攀升,因此极度宽松的货币政策是非常有必要的。所以货币政策与财政政策的配合对于预防债务危机至关重要。只要美联储把利率维持在当前这样的低水平,美国就不会出现债务危机。但当下债务占GDP的比重处于历史新高,即使货币政策不收紧,政府债务也已经是个挺大的问题了。

问: 上周三,美联储FOMC(联邦公开市场委员会)维持基准利率在近0区间,鲍威尔在记者会上表示,美联储需要看到通货膨胀在一段时间实质性超过2%目标,随后才会开启紧缩政策。另外,美联储又上调了未来3年的通胀预期,将今年的名义PCE(个人消费支出)预期上调至2.4%。结合上述两个情况来看,对鲍威尔有关通胀的表述应该如何理解?他所说的"足以开启紧缩政策的通胀标准",具体可能是通胀达到什么水平?持续多长时间?

罗奇: 关于这两个表述的理解有几点。去年夏天美联储推出了一种新的货币政策方法,叫作"平均通胀目标制"(average inflation targeting),主要是为了解决过去八九年以来美国通胀长期低于目标通胀水平的问题。美联储设定的以"个人消费支出平减指数"衡量的物价稳定目标是2%,而过去八九年来的平均通胀率接近1.5%。平均通胀目标制认为,美联储将多年平均通胀目标设置为2%,所以即使一两年内通胀高于2%,只要幅度不算过于剧烈,3~5年内的平均通胀依然可以保持在不高于2%的水平,因此也就不需要收紧货币政策。

但是如果美联储认为通胀率有可能升至并维持在2.5%以上,那就像鲍威尔在FOMC会议上说的,美联储就会提前向市场发出收紧货币政策的信号,然后再采取行动,以防止几年之前的"缩减恐慌"(taper tantrum)重演。我认为美联储这种做法可能有点问题。你们问我鲍威尔接下来会怎么做,我觉得他已经很明确地告诉我们在平均通胀目标制下他会怎么做。

问: 您认为还有哪些需要关注的问题?

罗奇: 围绕通胀的走势需要关注很多问题,为什么此前通胀水平很低?通胀是否会在短期内剧烈上升?这些问题很重要,但说实话我们对通胀问题并没有深入的理解。

我就补充一点,在新冠肺炎疫情发生前,美国经济其实已经很热,失业率达到50多年来的最低水平,但同时通胀也没有显著上升。

这可能是因为,在供应链布局全球化、技术发展日新月异的今天,通胀其实已经是一个全球性的现象,而不是某个国家的、局部的、区域性的问题了。但我们现在的货币政策很多还是只考虑本国情况,而没有放在全球的背景下去思考,我们往往只是考虑自己国内的通胀水平,而不是全球范围内的通胀水平。所以我们必须更深刻地理解全球性因素对通胀走势和货币政策的影响。

资料来源:"外滩金融峰会"微信公众号,2021年3月24日。

第三节 欧洲货币一体化

一、货币一体化的概念

货币一体化指若干国家货币当局通过政策协调、建立国际金融机构和签订国际协议等方式，在国际货币领域加强合作的过程。它有多种表现形式。

（1）汇率政策的协调和汇率制度的合作。如七国首脑会议（现增加了俄罗斯而变为八国）曾多次进行过汇率政策协调，20世纪80年代的《广场协议》曾导致日元大幅升值。布雷顿森林体系是世界范围的汇率制度合作，原欧洲经济共同体的联合浮动也是比较成功的汇率制度合作尝试。

（2）货币政策的协调。在当代的管理浮动汇率制的基本格局下，货币政策会产生明显的溢出效应。例如，高利率政策可能吸引资本流入和本币对外升值，这对别国可能有紧缩效应。

（3）资本流动方面的合作。主要涉及取消资本项目的外汇管制和实行投资自由化等。

（4）设立国际金融机构。IMF的建立是世界范围货币一体化的重要表现，但是其作用与布雷顿森林体系时期相比有了重大转折。世界银行集团、亚洲开发银行、非洲开发银行等是以促进贸易和经济发展为宗旨的另一类国际金融机构。欧洲中央银行达到了国际金融机构的最高层次，它具有实施统一货币政策和发行单一货币的职能。

二、欧洲货币一体化的驱动力

使欧盟各国寻求建立统一的货币政策，并导致了欧元及欧元区诞生的主要因素有以下几种。

（一）提高欧洲在世界货币体系中的地位

布雷顿森林体系的崩溃，使欧洲不再相信美国会继续将其国际货币职责放在其国家利益之前。面对美国越来越自私的政策，欧盟国家为了更加有效地维护自己的核心利益，决定在货币问题上采取一致行动。

（二）为把欧盟变成一个真正统一的市场

一般而言，国家与国家之间的贸易流量通常会受到以下三个因素的影响：来自贸易保护政策的限制；由空间距离和运输成本所造成的贸易壁垒；由货币因素所造成的贸易壁垒。货币因素之所以会成为国际贸易的一种壁垒，是因为不同货币的兑换不仅会产生交易费用，而且还会因为各国政府对汇率的干预造成贸易双方竞争力的变化，进而对贸易产生不利影响。

尽管1957年《罗马条约》的签订使欧盟建立了关税同盟，但在欧洲内部，商品和要素的流动仍存在很大的官方障碍。欧盟的长远目标就是要消除所有这些障碍，以美国为模式把欧盟变成一个巨大的统一市场。欧洲各国认为，汇率的不确定性是减少欧盟内部贸易的主要原因之一。它们担心，如果汇率波动引起欧洲内部的相对价格大幅变动，将阻碍欧洲内部自由贸易的发展。

（三）欧洲政治稳定的诉求

理解欧洲为何能在市场和货币一体化中取得如此进展的关键在于欧洲备受战争摧残的历史。许多欧洲国家领导人都认为，经济合作和一体化是防止20世纪两次世界大战重演的最好保证。这也使得各国愿意逐渐放弃国家经济政策权利，将经济主权转移给集中的欧盟实体。

三、欧洲货币一体化的进程

欧洲货币一体化是布雷顿森林体系崩溃之后国际货币合作的典范，它的发展大体经历了四个阶段。

（一）1957～1971年的货币合作萌芽阶段

1957年3月，欧洲六国于罗马签订了《欧洲共同体条约》，也称《罗马条约》。该条约虽涉及了一些货币合作的内容，但基本停留在一般的政策协调方面，实际进展不大。基于布雷顿森林体系，相关各国都采取钉住美元的固定汇率制。欧共体一体化的重点在于建立关税同盟和实施共同农业政策。显然，在经济一体化程度未达到一定程度时，货币合作缺乏经济基础。

（二）1972～1978年的联合浮动时期

1971年下半年，布雷顿森林体系的逐步瓦解促使欧洲主要国家建立货币联盟（European monetary union，EMU），并于1972年正式实行成员方货币汇率的联合浮动。所谓联合浮动，是指对内参与该机制的成员方货币互相之间保持可调整的钉住汇率，并规定汇率的波动幅度，对外则实行集体浮动汇率。虽然布雷顿森林体系的崩溃、石油危机以及20世纪70年代的经济危机使得欧洲货币联盟计划夭折，但期间的众多制度为欧洲货币一体化积累了宝贵的经验。

（三）1979～1998年的欧洲货币体系时期

迈向欧洲货币一体化的第一个具有重要意义的步伐是欧洲货币体系（European monetary system，EMS）的建立。欧共体九国首脑于1978年在布鲁塞尔达成协议，于1979年建立起EMS。它主要包括三项内容。

（1）创建欧洲货币单位（ECU），它是由欧共体各国货币组成的一篮子货币。各种货币的权数取决于该成员国在集团内贸易所占的比重及其国民生产总值规模，每5年调整一次。它类似于特别提款权，并可以作为成员国货币当局之间的清算手段和结算工具。

（2）建立汇率机制（ERM）。该汇率机制要求每一个汇率机制参与国订出该国货币与欧洲货币单位之间的固定比价，也称中心汇率。机制允许各国市场汇率与中心汇率有2.25%的浮动空间，特殊情况下浮动的界限可以调整。

（3）建立欧洲货币基金（EMF）。它集中欧共体9国20%的黄金外汇储备，拥有远远高于原欧洲货币合作基金的实力。它可向国际收支逆差的成员国提供更多的信贷支持，曾在短期内动用500亿美元大规模地干预外汇市场，有效地维护了汇率机制的运行。

欧洲货币体系基本上促成了成员国货币间汇率的稳定，有利于成员国间通胀差异的缩小、经济政策的协调，扩大了欧洲货币单位在官方领域和私人领域的使用，为统一货币的推行创造了条件。

> 【参考材料】
>
> 　　20世纪70年代欧洲的高通货膨胀情况揭示了EMS存在的另一个原因：通过固定与联邦德国马克的汇率，其他成员国相当于引进了德国中央银行的信誉作为防止通货膨胀的屏障，从而减轻了国内通货膨胀的压力。这个观点，即EMS的信誉理论。
>
> 　　在1987年1月以后的5年半时间里，没有什么不利的经济事件可以改变欧盟形成统一市场的计划，因此EMS也没有经历严重的货币危机。但这种状态在1992年结束了，因为1990年两德统一所带来的经济冲击，导致了德国与其主要EMS伙伴国之间不对称的宏观经济压力。
>
> 　　德国的统一带来了德国经济的繁荣，同时也引起通货膨胀率上升，德国的中央银行——德意志联邦银行为抵制这一趋势迅速提高了利率。但是，其他EMS国家，如法国、意大利和英国等并没有同步繁荣起来。为了维持其货币对德国马克的固定汇率，这些国家采取了与德国相应的高利率，从而将自己的经济推向严重的衰退。德国与伙伴国之间的政策冲突导致了1992年9月开始的针对EMS汇率平价发起的一系列激烈的投机攻势。1993年8月，EMS被迫回到非常宽（上下15%）的汇率波动范围，并一直持续到1999年欧元诞生。
>
> 　　资料来源：克鲁格曼，奥伯斯法尔德.国际经济学：理论与政策[M].黄卫平，胡玫，宋晓恒，等译.北京：中国人民大学出版社，2013.

（四）《欧洲联盟条约》与1999年至今的欧盟单一货币时期

1991年12月欧共体成员国在荷兰马斯特里赫特签署《经济与货币联盟条约》和《政治联盟条约》（合称《欧洲联盟条约》，又称《马斯特里赫特条约》，简称《马约》）。《马约》的主要内容是：在政治上于1993年11月1日建立欧盟，实行共同的安全和外交政策；从1999年1月1日起，开始实施欧洲单一货币计划。

《马约》为单一货币规定了三个阶段的货币一体化计划。它要求成员国在1993年年底前全部加入汇率机制；在1997年建立作为欧洲中央银行前身的欧洲货币局；1999年1月1日前发行单一货币——欧元。

《马约》还规定了成员国加入欧洲经济与货币联盟的四条标准：第一，通货膨胀率不得高出三个表现最好国家平均水平的1.5%；第二，当年财政赤字不得超过GDP的3%，累积公债不得超过GDP的60%；第三，政府长期债券利率不得超过三个最低水平国家平均数的2个百分点；第四，前两年不调整中心汇率且保持汇率稳定。

行使欧元区货币政策权力的欧洲中央银行体系（European system of central bank，ESCB）由设在法兰克福的欧洲中央银行和15个国家的中央银行组成。由6名成员组成的欧洲中央银行（ECB）执行委员会和各国中央银行的行长组成的ECB管理委员会，通过投票做出ESCB的决策。《马约》赋予ESCB的首要任务是追求价格稳定，其中包括许多旨在把货币政策独立于政治的条款。任何对《马约》的修正要得到欧盟的每个成员国的立法或投票批准。

四、最优货币区理论与欧元面临的问题

(一)最优货币区理论

最优货币区理论认为,一国加入固定汇率区后的得失主要取决于该国经济与区域内贸易伙伴的一体化程度。

1. 经济一体化和固定汇率区的利益:GG 曲线

加入固定汇率制的货币效率收益,等于加入者所避免的汇率浮动带来的不确定性、复杂性以及结算与贸易成本等带来的损失。可知,一国与一个实行固定汇率安排的货币区的经济一体化程度越高,该国通过加入货币区所得到的货币效率收益越大。所以,图 8-2 中 GG 曲线具有正斜率。

2. 经济一体化和固定汇率区的利益:LL 曲线

一个国家采用固定汇率区,意味着其放弃了运

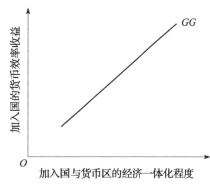

图 8-2 GG 曲线

用汇率和货币政策使就业和产出保持稳定的权利,加入货币区也会给该国带来经济的不稳定因素,即经济稳定性损失。需要注意的是,一国与一个实行固定汇率安排的货币区的经济一体化程度越高,一方面,其要素的自由流动可以更好地轧平经济波动对该国造成的影响;另一方面,该国为加入货币区所做的调整也会更小。由此可知,一国与一个实行固定汇率安排的货币区的经济一体化程度越高,经济波动时,经济稳定性的损失越少。图 8-3 中 LL 曲线具有负斜率。

3. 加入货币区的决策

我们将 GG 曲线与 LL 曲线结合起来,讨论该国是否应当加入货币区。如图 8-4 所示,GG 曲线与 LL 曲线交于点 1,该点对应的一体化程度 θ 即为该国加入货币区所应达到的最小一体化程度。因为当一体化程度大于 θ 时,加入货币区的收益大于损失;反之,加入货币区的损失将大于收益。

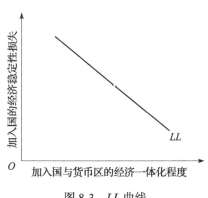

图 8-3 LL 曲线

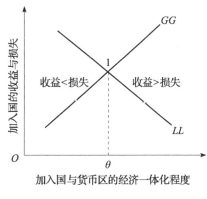

图 8-4 加入货币区的决策

（二）欧洲货币一体化的问题

2009年以来欧洲主权债务危机的蔓延暴露出了欧元及其制度存在的诸多缺陷，这些缺陷使得欧元及欧盟迎来了前所未有的严峻考验。总体来看，欧洲货币一体化存在着以下几个问题。

1. 欧元区内部经济发展的不平衡

欧元区内各国的经济结构与经济发展水平存在较大差异，不同国家在经济总量、对外贸易总量、区内贸易总量以及贸易占比等指标上存在着较大差异。欧元区主要成员国之间在几乎所有重要的宏观经济指标上都存在相当明显的差距。毋庸置疑，这些明显的差距即使没有影响到欧元区的成立，也会给欧元区成立以后的正常运行带来严峻的挑战。在面临同样的外部冲击条件下，各国经济受到的影响也大为不同，这就要求各国采取不同的经济政策来应对危机。然而，由于货币政策要考虑欧元区主要国家的要求制定，很可能恶化一些国家的经济不平衡。

研究表明，目前的最优货币区理论不能证明欧盟单一货币的合理性，即欧洲不是一个最优货币区。各国的税收制度和社会保障制度的显著差异表明，欧元区成员国间并不能保证其要素流动性达到美国各州间的程度。根据最优货币区理论，近年来欧元区的不断扩张，加入欧元区会使一些经济一体化程度不高的国家的经济不均衡加剧，增加欧元区内部的不稳定性。

2. 货币政策与财政政策的二元结构

为了在统一的货币政策下给各国保留一些宏观经济调整的空间，以便使统一的货币政策能够与成员国的经济形势大体相适应，财政政策的决策权仍然保留在各成员国政府手中。

各国财政指标虽受到《马约》规定的约束，但是在货币政策和财政政策不对称的结构下，各国财政预算存在着超支的内在动机。欧洲中央银行的成立以及共同货币政策的实施，使各国财政政策的制定者不再担心自身的财政政策的实施会对本国的货币和物价的稳定造成不利影响；欧元区金融市场一体化的发展，使各国财政融资范围扩大，融资成本相对下降，各国财政融资的效率提高，这更加方便了各国政府以债务的形式融通资金；此外，在原来的财政体制下融资风险由各国政府独自承担，那时必须考虑自身的承受能力，而现在各国会转而依赖超国家的货币当局的支持，这就存在道德风险问题。在这种激励机制下，成员国财政政策易产生赤字倾向。

在经济受到冲击时，由于无法制定货币政策，各国只能通过财政政策应对冲击，这使得各国更倾向于发行债券，增加政府支出，这会导致财政赤字的进一步恶化。由于欧洲中央银行不得回购成员国发行的国债，也不设立财政救助条款，以避免各国政府发生道德风险，所以当出现主权债务危机时，各国只能以更高的利率发行债券，使得一些国家的融资成本和债务负担不断攀升，使陷入危机的国家更难走出经济困局。

3. 欧元区成员国缺乏严格的财政约束机制

1997年6月17日，在阿姆斯特丹首脑会议上，欧盟各成员国政府通过了旨在保证欧元币值稳定、防止欧元区通货膨胀的《稳定与增长公约》，以期作为对《马约》的补充。《稳定与增长公约》规定各成员国年度财政赤字不得超过其GDP的3%，国债规模不得超过其

GDP 的 60%。为了保证这些措施的有效性，公约甚至规定，如果某个成员国的年度财政赤字连续三年超标，将被处以最高相当于其 GDP 0.5% 的罚款，也规定了超出限额将受到罚款的惩罚。但是由谁监管，谁来罚款，都不明确。全球金融危机发生后，欧元区所有成员国都无法严格遵守《稳定与增长公约》规定的财政纪律，在客观上为一些成员国财政赤字的失控提供了借口，惩罚只能不了了之。

同时，各国在财政扩张与信贷扩张之间的选择更增加了财政约束的难度。以爱尔兰为例，爱尔兰财政部一直严格遵守《稳定与增长公约》对财政赤字流量和存量的限制，但是其国内银行信贷从 2004 年以来逐渐扩张。在过去 6 年多的时间内，银行信贷在欧元区的占比一直维持在超出其 GDP 在欧元区的占比 50% 以上的水平。银行信贷的快速扩张不可避免地影响到银行体系的稳定，政府救助最终又拖累了财政状况。事实上，爱尔兰年度财政余额对 GDP 的占比也在 2009 年从此前的 0.25% 急剧恶化为 -7.23%。因此，爱尔兰危机在 2010 年年底开始快速发酵。

五、欧洲货币联盟的未来

（一）欧洲货币一体化的积极作用

（1）欧洲货币一体化减少乃至完全消除了欧盟内贸易和投资活动中的外汇风险，从而促进了欧盟国家资源的自由流动和经济一体化程度的提高。

（2）欧洲货币一体化促进和完善了欧洲统一大市场，这有助于竞争机制的强化、企业规模经济效益提高和资源配置的优化。

（3）欧洲货币一体化在抑制通货膨胀方面取得明显成效，也消除或减轻了各国货币当局货币政策的损人利己的溢出效应以及零和博弈的发生。从长期来看，它为经济持续增长创造了条件。

（4）欧洲货币一体化对美元霸权提出挑战。如果欧元能够成功经受住各种考验，世界储备资产中欧元比重将明显增加，国际货币制度会出现美元与欧元的二元格局。这也会迫使美国在国际货币事务中采取更加合作的态度。

（二）欧盟的选择与出路

要消除欧元区内部的不对称性不是一朝一夕可以完成的任务，单纯依靠最优货币区内生性的作用耗时太久，人为限制大国对区内宏观经济指标平均水平的影响权重既没有充分的理论依据，在现实中也很难得到大国的认同。放宽《马约》的趋同标准则更会造成对一体化的偏离，加剧欧元区成员国之间的不对称。只要存在不对称性，在统一的货币政策下，类似欧盟《增长与稳定公约》对成员国财政状况的有限约束已经被证明难以保证欧元区的稳定，彻底放松财政约束更不可行。

所以，消除欧元区内不对称性的根本出路在于真正推进经济一体化，而不是简单追求区内成员国经济指标的趋同。欧元区各国财政政策在配合货币政策的实践中也在积极寻求协调一致，未来欧元区财政政策与货币政策走向对称化是必然的趋势。统一的货币政策和逐步统一的财政政策所产生的溢出效应将会继续带动欧洲一体化的进程。

【阅读专栏8-2】

如何看待欧洲央行的负利率政策

2019年9月9日，欧洲中央银行（简称"欧洲央行"）将隔夜存款利率下降10个基点至-0.50%，这是欧洲央行自2014年6月实施负利率以来的第4次降息，与此同时启动量化宽松政策，每月购买债券200亿欧元，投资者想知道，欧洲央行的负利率政策能否使欧元区经济实现快速增长？

负利率政策实效

欧元区经济增长放缓，失业率居高不下，表明负利率对实体经济刺激作用相对有限。2019年第二季度欧元区GDP同比上升1.2%，环比微升0.1%，但已经持续一年低于2%，尽管欧洲央行实施负利率政策已经有5个年头，但欧元区经济并未实现理想的快速增长，8月CPI同比增长1%，远低于欧洲央行2%的通胀目标，7月的失业率为7.5%，尽管同比下降0.5个百分点，但仍显著高于美国3.8%的水平，也比充分就业标准的4.5%失业率高出3个百分点，表明持续5年负利率对经济增长和充分就业并没有显著的促进作用，如果再考虑到近5年来欧元兑美元汇率贬值约20%，维持币值稳定的目标也未实现，因此负利率政策谈不上成功。

负利率政策在货币市场传导顺畅，但负收益资产不断侵蚀金融机构的盈利能力。2014年6月5日欧洲央行实施负利率之后，6月19日，欧元区隔夜LIBOR转负，此后继续波动下行，截至2019年9月，隔夜LIBOR为-0.46%。与货币市场利率进入负利率区间一样，欧洲高信用评级的国债收益率迅速跌至负收益水平，目前德国十年期国债名义收益率为-0.68%，法国同期限国债名义收益率为-0.39%，荷兰国债名义收益率为-0.55%，全球负收益债券规模高达16万亿美元，由于这些负收益债券主要在金融机构之间流转，最终损失将由金融机构承担，已成为新的"有毒资产"。欧洲银行业的盈利能力已经受到严重侵蚀，这将抑制其为实体经济服务的能力。

欧元区经济低迷的根源

捍卫欧元地位的政治价值与欧元制度性缺陷困境。欧元诞生至今已有20年之久，是迄今最成功的区域货币，全球第二大储备货币，也是唯一可以与美元抗衡的国际货币，维持欧元的国际储备货币地位不仅对欧元区至关重要，也有利于世界经济与金融的稳定。但欧元自身的制度性缺陷仍然如故，即统一货币与独立财政的不相容，导致南欧诸国陷入债务危机的泥潭不能自拔。南欧国家由于制造业竞争力明显地弱于西欧国家，尤其逊色于德国、荷兰、法国等国家，在加入欧元区之后，南欧国家之前的低汇率优势荡然无存，成本的快速上升对这些国家的制造业造成明显冲击，而欧元区劳动力并不能像货币、商品那样自由流动，结果导致德国、法国与南欧国家失业率差异显著，比如西班牙目前失业率为15%，意大利为10%，希腊为17%，而德国仅为5%，荷兰失业不到4%，经济低迷使失业加剧，而高失业率又会带来政府的社会保障支出增加，在财政收入下降的情况下，债务负担不断加重。

为维持高福利而实施的高税率对经济的影响远超贷款利率。欧洲央行的负利率政策主要是对商业银行存入央行的存款实施负利率，即对存款收取 0.5% 的费用，避免央行通过量化宽松方式投资的货币回流，从而刺激银行放贷行为，使更多的资金流向企业和消费者，从而促进投资与消费，拉动经济增长，同时防止陷入通缩。但企业的投资与居民消费并不只取决于利率，那些资金密集、长期限的投资，比如房地产与贷款利率关系密切，而制造业投资需要考虑诸多因素，除市场需求外，比如德国企业需要承担 19% 的增值税、15% 的所得税、5.5% 的团结互助税，任何一项税率都高过贷款利率，而且负利率并不适用企业贷款。另外，对于居民来说，是否消费及消费多少并不主要取决于信贷成本，而是取决于预期收入，因为只有预期收入上升，人们才会增加当下消费。

尽管负利率政策存在众多缺陷，但它依然受到政府的欢迎，因为这对负债累累的政府是一种福音，负收益债券将大幅减轻其债务负担。但央行的负利率和政府的负收益债券实际是一种征税，是对金融机构的征税，是政府和金融机构之间的利益分配，政府所得就是金融机构的损失，社会的财富并没有增加，甚至由于政府配置资源的效率低于市场化的金融机构，最终会导致经济的收缩。总之，负利率扩散就像民粹主义泛滥一样，对全球经济有害而无益。

资料来源：刘明彦. 如何看待欧洲央行的负利率政策 [J]. 银行家，2019（11）.

第四节 美元化、铸币税和通货膨胀税

一、美元化的概念

美元化（dollarization）是一个含义比较广泛的概念。

美元化是由市场力量推动的货币变革，是在货币需求中外币对本币的替代。该定义侧重于从非官方角度，将美元化定为货币替代的一种表现形式。

世界银行从三个方面定义美元化：①资产美元化，即以美元代替本币行使价值贮藏、交易媒介和计价标准的职能；②债务美元化，即美元债务在一个国家债务中的比重上升或占到主导地位；③完全美元化，指货币当局废弃本币，采用美元作为本国法偿货币。该定义既涉及非官方的美元化，又涉及官方美元化，只不过将后者局限于完全美元化。

美元化作为一种事实，指美国在世界各地的经济活动中已经扮演重要角色；作为一种过程，指美元在境外货币金融活动中的作用增强；作为一种政策，指货币当局让美元逐步取代本国货币并自动放弃货币和金融主权的行为。根据该定义，采取钉住美元的汇率制度并使自己货币政策自主权受到影响的国家，都在一定程度上实施着美元化政策。这种定义涉及面较宽，与通行的定义存在明显差异。

出于本节讨论美元化与铸币税之间关系的需要，我们可以把美元化定义为美元作为价值贮藏手段和交换媒介在美国境外的运用。

根据这种简单的狭义定义，我们可用美国历年国际收支逆差额（反映美元流出）来反映美元化的过程。

二、铸币税的概念

铸币税（seigniorage）的概念在历史各阶段含义有所不同。

该词从法语 seignur（封建领主）演变而来，原指封建领主的铸币收益。他们在铸币之后，要向铸币购买者收取一笔费用，这笔费用除弥补铸造成本之外，还有一笔剩余。这笔剩余是依靠铸币特权获得，类似于依靠权力征收的税收，故称铸币税。

在铸币的发展过程中，出现了铸币削边，即封建领主通过发行不足值的货币以获取铸币利益。这样，就出现了铸币税的计算公式，即铸币税等于铸币面值减去铸造成本之差。

在银行券进入流通领域的商品本位制时期，私人银行曾凭借其银行券发行权和监督机制的不完善，发行超过其金银准备金的银行券。由于银行券的印制成本很低，超额发行的银行券可看成铸币税收入。

当中央银行垄断货币发行权之后，铸币税泛指中央政府在货币发行业务中获得的利润。它包括：①中央银行通过购买国债向政府提供的资金；②中央银行在创造基础货币的过程中资产负债业务所创造的利润；③财政发行硬币（有些国家硬币发行由财政负责）所获收益。简单说来，铸币税来自国内基础货币的发行，数量上等于基础货币发行量和几乎为零的发行成本之间的差额。

假设货币发行成本为零，并考虑物价变动对名义铸币税的影响，布兰查德提出实际铸币税的概念

$$S_r = \Delta M/P = \Delta M/M \times M/P \quad (8\text{-}1)$$

式中，S_r 表示实际铸币税；ΔM 为货币供给（基础货币）增量；P 为物价水平；M 为货币存量。

三、国际铸币税

国际铸币税，指储备货币发行国通过向境外发行储备货币而获取的收益。

由于货币发行的成本极低，为分析简化，设其为零。考虑到货币流出必须经过国际收支逆差渠道，从狭义角度，我们可将国际铸币税流量界定为国际收支逆差额

$$IS = -B^* = \Delta R \quad (8\text{-}2)$$

式中，IS 表示年铸币税收入；$-B^*$ 表示储备货币发行国的国际收支逆差；ΔR 在这里表示世界其他国家持有的该储备货币增量。

从广义来看，国际铸币税不仅来自发行成本极低的信用货币而节约的实际资源，而且来自官方资本流入。这里，我们不再将铸币税收益主体看成货币发行机构，而是将主体看成储备货币发行国。无论流出的储备货币在境外经历多少流通环节，它最终会转化为官方的外汇储备而流向储备货币发行国。经私人投资渠道流回的货币已在统计国际收支逆差时予以扣除。鉴于官方外汇储备不仅考虑外汇的盈利性，还要特别关注其安全性和流动性，这里假设其主要以储备货币发行国的短期国库券为载体。这样，储备货币发行国可以获得条件优惠的官方资本流入，本国国库券利率低于国际金融市场利率的利息差额，构成国际铸币税的又一来源，即广义国际铸币税可写成

$$IS = -B^* \times (1 + i_1 - i_2), \quad i_1 > i_2 \quad (8\text{-}3)$$

式中，i_1 为国际金融市场利率；i_2 为储备货币发行国短期国库券利率。$i_1 > i_2$ 给储备货币发行国带来一笔利差收入。

式（8-3）表明国际收支逆差是储备货币发行国获取铸币税的必要条件。在国内，铸币税反映永不偿还的中央银行负债；但是在国际范围，国际收支顺差可以代表储备货币发行国的债务偿还行为，它用实际资源兑现了货币的面值。

从长期来看，储备货币在国际上也具有永不偿还的性质。只要世界经济处于正常发展之中，它对储备货币的需求就会增加。这种储备货币需求可能提高储备货币汇率，从而使其发行国容易出现经常项目逆差。无论具体的储备货币发行国的地位是否出现升降交替，世界范围的铸币税总额会随世界经济发展呈上升趋势。

四、通货膨胀税

通货膨胀税（inflation tax）是指通货膨胀所造成的财产向政府的无偿转移。这种实际资源转移也是政府运用扩张性货币政策这种权力的结果，具有与税收类似的性质。通货膨胀税的计算公式为

$$IT = \Delta P/P \times M/P \tag{8-4}$$

式中，IT 表示通货膨胀税。该式表明通货膨胀税是通货膨胀率 $\Delta P/P$ 与实际货币余额 M/P 的乘积。

由式（8-1）和式（8-4）可以看出，如果物价上涨率和货币增长速度相同（$\Delta P/P = \Delta M/M$），那么实际铸币税和通货膨胀税相等。也就是说，在特定前提下，二者是可以混用的概念。

在封闭经济分析中，人们更多地使用通货膨胀税的概念。因为，当货币供给增加时，公众为保持既定的实际货币余额（实际购买力），必然相应地增加名义货币需求。

但是，在全球宏观经济分析中，储备货币发行国获取的通货膨胀税和铸币税存在另外一种表现。当其发生恶性通货膨胀时，其他国家会减少该储备货币持有额，其他储备货币给它们提供了选择空间。

通货膨胀税的必要条件是通货膨胀率大于零，这也表明了它与铸币税的根本区别。当通货膨胀率为零时，政府获取的货币发行利益全部都是铸币税。随着货币发行过程中的物价上涨，部分铸币税会转化为通货膨胀税。二者存在此消彼长的关系。

五、证券市场税

如果美国的国际收支是平衡的，经常项目逆差与金融和资本项目顺差相等，美元化还给美国带来另一项收益，即证券市场税。由于投资者主要想获取证券的买卖差价，而不是红利所得或资本利得，因此美国政府主要获取的是印花税，而不是红利所得税或资本利得税。鉴于美国已成为世界最大债务国，证券市场税也并非小数字。

当外国投资者大量购买美国国库券时，美国国库券的发行成本可相应降低。

六、美元化给美国带来的其他利益

（1）由于美国的外债主要表现为美元债务，它可以通过美元贬值减少自己的债务负担。

例如，美元在 1985 年 3 月～1986 年 3 月的贬值，使美国外债大约减少了 1/3。

（2）当美国出现经常项目逆差时，可以通过印刷美钞加以弥补，转化为私人资本流入或增加其他国家美元储备，这使它可以减轻国际收支危机和货币危机。

（3）美元化使美国可在一定程度上操纵其他国家的货币政策。美国的货币政策对其他国家的溢出效应因美元化而得到增强。

本节对美元化的讨论也运用了其他储备货币。这种讨论从一个侧面说明了发达国家努力推行金融自由化和金融全球化的原因。但是，对实施美元化的微观主体和各国政府而言，美元化是其特定条件下的理性选择。

本章要点

1. 货币本位是国家以法律形式规定的基本货币单位的价值标准。
2. 从国际货币制度发展演变的整个过程来看，每一时期的国际货币制度都不同程度存在一些矛盾和冲突，并经常由此导致各种危机的产生。
3. 布雷顿森林体系建立了会员方之间货币平价和固定汇率制，实行所谓双挂钩制度。
4. 《牙买加协议》对有关黄金、特别提款权和汇率的条款都做了一些修改，对国际货币制度的改革也起了一定作用，从而为现行的国际货币体系奠定了基础，并使现行国际货币体系得以运转。
5. 美元化是由市场力量推动的货币变革，是在货币需求中外币对本币的替代。
6. 货币一体化指若干国家货币当局通过政策协调、建立国际金融机构和签订国际协议等方式，在国际货币领域加强合作的过程。

重点难点

国际货币制度的基本框架和内涵；布雷顿森林体系和牙买加体系的特点；欧洲货币体系的形成与发展；"特里芬难题"和铸币税。

CHAPTER 9
第九章

国际储备与管理

一国国际储备资产的拥有量反映了该国对外经济实力，同时也是综合国力的表现。一般来说，国际收支顺差会使本国国际储备资产增加，反之亦然。在全球化背景和开放经济条件下，一国或地区调控内外失衡的成本越来越高，调整政策的局限性日益凸显，各国货币当局更加重视运用融资政策作为政策调节的主要手段，而国际储备的多少和对其管理的效率是实现融资政策有效性的基础条件。

▌学习目标

（1）掌握国际储备的概念和作用、国际储备与国际清偿力的区别、国际储备的构成、国际储备的主要来源。
（2）了解国际储备管理的主要手段和效果。

▌引导案例

外汇储备的度与用

国际货币基金组织（IMF）的研究报告指出，中国的外汇储备规模远超出了所需水平。

一国究竟持有多大的外汇储备规模才比较合适？中国金融四十人论坛（CF40）研究部撰写的文章指出，从中国近年的切身经验来看，充裕的外汇储备有助于抵御跨境资本流动冲击风险，为汇率改革和调整争取时间。

中国的外汇储备规模远超国际安全标准

对于外汇储备规模是否适度，国际上有几个主要的衡量指标。第一，美国经济学家罗伯特·特里芬认为，在布雷顿森林体系下，一国的合意外汇储备规模是外汇储备对年度进口额的比率不低于30%，或者是一国3~4个月的进口额。按此标准，中国所需的外汇储备规模大概在5 000亿美元。第二，由美联储前主席格林斯潘提出，并受到学术界和国际货币基金组织广泛支持的外汇储备标准是，外汇储备量最低必须足以支付在下一年内要到期支付的外债总量。该指标旨在应对短期资本流动冲击，并对预防货币危机发生也提供了一定的指导。按此标准，中国所需外汇储备规模远低于1万亿美元。第三，将外汇储备与M2比率保持在10%~20%。该指标适用于资本自由流动的同时实行钉住汇率制的国家，可以测度本国居民对外国资产的潜在需求。按照这个标准，中国所需的外汇储备规模是 2 万亿~4 万亿美元。

事实上，国际货币基金组织 2017 年的研究报告指出，中国的外汇储备规模远超出了所需水平。IMF 的分析认为，中国 2017 年拥有的 3 万亿美元外汇储备，远超出了继续缓步转向浮动汇率制这一进程所需的水平。

但是，从前一阶段中国的现实来看，对于外汇储备过多还是过少，人们更多还是依靠主观感受和个人经验来判断。2015 年之前，中国外汇储备规模不断增长，一度冲顶到 4 万亿美元，很多人认为中国外汇储备过多。而到了 2015 年之后，出现大规模资本外流，外汇储备规模快速下降，一度跌破 3 万亿美元，之前的观点则发生逆转，认为外汇储备过少，对外汇储备是否能支撑人民币汇率存疑，不少市场机构高度看空人民币。到了 2017 年，随着人民币汇率逐渐企稳，不断走强，外汇储备规模逐步上升，关于外汇储备过多的声音又开始出现。

事实表明，一旦危机来临，外汇储备的消耗速度会远超出事前预期。对于中国外汇储备规模是否过多的判断，应当慎之又慎。

充足的外汇储备有助于抵御跨境资本流动的风险

从中国近年的切身体验来看，充裕的外汇储备确实有助于抵御跨境资本流动冲击风险，为汇率改革和调整争取时间。

1994 年汇率并轨以来，特别是 2005 年"7·21"汇改以来，中国外汇储备持续大幅积累。2014 年中期，外汇储备见顶回落，2015 年"8·11"汇改之后加速下跌，直到 2017 年 2 月才止跌回升。经历了外汇储备急涨急跌的波动后，我们得到的启示是，雄厚的外汇储备是中国改革开放近四十年来积累的宝贵财富，确实增强了国家的抗风险能力和纠错能力。

2015 年"8·11"汇改后，股票市场与外汇市场、境内市场与境外市场的震荡叠加，人民币汇率市场化改革遇到了前所未有的挑战。从 2014 年 7 月至 2017 年 1 月，中国外汇储备下降了近万亿美元，其中约 2/3 是"8·11"以后发生的。充足的外汇储备，为国家应对"8·11"汇改后的市场动荡保留了外汇干预这一选择。前期升值压力下超额积累的外汇储备，在资本集中流出时用来平抑外汇供求，正是有管理浮动的应有之意。如同时任中国人民银行行长周小川所指出的，外汇储备是一个典型的"池子"，可以容许短期投机性资金的进入和流入，在宏观上减少资本异常流动对中国经济的冲击。

外汇储备由谁管理

有观点认为，中国的外汇储备管理体制与通货膨胀、金融乱象、脱实向虚密切相关，建议转向财政、央行的二元外汇储备体制，以财政储备为主、央行储备为辅。其理由之一是，财政部通过发行国债筹集人民币资金，在外汇市场买入外汇，卖出人民币，人民币资金先减后增，不影响广义货币 M2 的变化。但是，在技术上，央行也能通过主动负债，比如提高存款准备金率、发行央票、发行其他负债工具等，完全冲销外汇储备对国内货币量的影响。2015 年之前，外汇占款成为主要的人民币发行渠道，更多的是央行发行货币的顺势之举，而并非在技术上无法做到完全冲销。因此这一理由并不充分。

进一步来讲，依照"二元悖论"，资本自由流动与货币政策独立性不可兼得。基于美元为主导的国际货币体系，世界各国不得不承受美国经济和政策的溢出效应，中国亦不能避免。中国货币政策独立性的挑战更多来自外部因素。认为只要将外汇储备交由财政部管理，即可获取货币政策独立性的观点，事实上难以成立。

还有观点认为外汇储备的首要功能是应对危机而不是财政开源。一个国家持有外汇储备的首要目的是平衡国际收支，保持汇率稳定，尤其是对于本币不是国际货币的新兴市场国家而言，外汇储备规模代表了其应对外部风险冲击、维持本国经济金融稳定的实力。这意味着外汇储备管理应以安全性和流动性为第一目标。高流动性，意味着低收益；高收益，则低流动性，两者不可兼得。追求高收益本身就不应是外汇储备管理的首要目标。外汇储备管理具有阈值特征，当外汇储备规模未超出合意规模阈值时，外汇储备应以满足国际收支需要为目的，在资产配置上以安全性和流动性为目标。而当外汇储备规模超出合意规模阈值时，说明外汇储备足以应对可能发生的国际收支危机和货币危机，那么余额部分则可追求高收益。

外汇储备经营管理已经成为新形势下实施宏观审慎管理的重要抓手。储备资产不同于一般国有金融资产，其目的不仅仅是保值增值，更重要的是平准。通过储备吞吐，起到对跨境资本流动的逆周期调节作用。

事实上，制约我国货币政策的并非央行持有外汇储备，而是稳定汇率的政策操作。然而，为了支持国内经济快速成长，货币投放不是通过外汇占款，也必然通过其他渠道。当前亟须建立健全央行退出外汇市场常态干预后的货币投放机制，强化货币纪律，以便充分享受汇率浮动带来的好处。

资料来源："中国金融四十人论坛"微信公众号，2017年12月19日。

第一节 国际储备概述

国际储备是国际收支平衡表中的一个主要项目，它在一国国民经济中起着重要作用，特别在调节国际收支平衡，保持内部与外部平衡中意义重大。

一、国际储备的概念和特征

国际储备作为一国国际清偿能力的主要组成部分，体现了一国国际清偿能力的强弱，是衡量一国对外金融和经济实力的一个重要标志。国际储备对调节国际收支、保证国家对外支付能力和资信、维持本币汇率稳定起着重要作用。

（一）国际储备的概念

国际储备（international reserve），一般是指一国货币当局为平衡国际收支、维持本国货币汇率稳定，以及应付紧急需要而持有的在国际上可以被普遍接受的可自由兑换资产。对国际储备的定义，过去学术界有过争论，认为它有狭义与广义之分。

20世纪60年代中期之后，国际储备的定义逐渐趋于统一，并且主要是从狭义的角度来定义国际储备的。例如，1965年"十国集团"对国际储备做出了如下定义："国际储备是指该国货币当局占有的那些在国际收支出现逆差时可以直接地或通过同其他资产有保障的兑换性来支持该国汇率的所有资产。"IMF在其《国际收支手册》当中也指出：国际储备是"中央当局实际直接有效控制的那些资产""储备资产是由黄金、特别提款权、在 IMF 的储备头寸、使用该组织的信贷和非居民现有的债权组成"。可见，IMF 不仅规定了国际储备的性质，也明确了它的主要构成。目前，从狭义的角度给出的国际储备概念，已被各国普遍接受。

(二) 国际储备的特征

国际储备具有如下典型的特征。

（1）官方持有性，即作为国际储备的资产必须是中央货币当局直接掌握并予以使用的，这种直接"掌握"与"使用"可以看成一国中央货币当局的一种"特权"。非官方金融机构、企业和私人持有的黄金、外汇等资产，不能算作国际储备。该特点使国际储备被称为官方储备，也使国际储备与国际清偿力区分开来。

（2）自由兑换性，即作为国际储备的资产必须可以自由地与其他金融资产相交换，充分体现储备资产的国际性。缺乏自由兑换性，储备资产的价值就无法实现，这种储备资产在国际上，就不能被普遍接受，也就无法用于弥补国际收支逆差及发挥其他作用。

（3）充分流动性，即作为国际储备的资产必须是随时都能够动用的资产，如存放在银行里的活期外汇存款、有价证券等。当一国国际收支失衡或汇率波动过大时，就可以动用这些资产来平衡国际收支或干预外汇市场来维持本国货币汇率的稳定。

（4）普遍接受性，即作为国际储备的资产，必须能够得到世界各国普遍的认同、接受和使用。如果一种金融资产仅在小范围或区域内被接受和使用，尽管它也具备可兑换性和充分流动性，仍不能称为国际储备资产。

(三) 国际储备与国际清偿力的区别

国际清偿力（international liquidity），又称国际流动性，简而言之，是指一国的对外支付能力；具体说，是指一国直接掌握或在必要时可以用于调节国际收支、清偿国际债务及支持本币汇率稳定的一切国际流动资金和资产。它实际上是一国的自有储备（也称第一线储备）与借入储备（也称第二储备）的总和。

因此，国际清偿力、国际储备与外汇储备的关系可表述如下。

第一，国际清偿力是自有国际储备、借入储备及诱导储备资产的总和。其中，自有国际储备是国际清偿力的主体，因此国内学术界也把国际储备看成狭义的国际清偿力。

第二，外汇储备是自有国际储备的主体，因而也是国际清偿力的主体。

第三，可自由兑换资产可作为国际清偿力的一部分，或者说包含在广义国际清偿力的范畴内，但不一定能成为国际储备货币。只有那些币值相对稳定，在经贸往来及市场干预方面被广泛使用，并在世界经济与货币体系中地位特殊的可兑换货币，才能成为储备货币。

正确认识国际清偿力及其与国际储备的关系，对一国货币当局充分利用国际信贷或上述的筹款协议，迅速获得短期外汇资产来支持其对外支付的需求，具有重大意义；对理解国际金融领域中的一些重大发展，如欧洲货币市场对各国国际清偿力的影响，一些发达国家国际储备占进口额的比率逐渐下降的趋势，以及研究国际货币体系存在的问题与改革方案等，都是十分有帮助的。

二、国际储备的构成与来源

国际储备资产的构成是随着历史的发展而变化的。目前，IMF 对国际储备的概念是从国际储备构成的角度定义的，即一国政府和中央银行所持有的黄金、外汇、该国在 IMF 的储备头寸以及特别提款权的总额构成一国的国际储备。

（一）国际储备的构成

国际储备的构成内容，随着国际经济交易和金融关系的发展而不断得以丰富。目前，根据 IMF 的规定，一国的国际储备资产包括四个方面。

1. 政府持有的黄金储备

政府持有的**黄金储备**（gold reserve），是一国政府为保证国际支付和维持货币信用而储存的金块和金币的总额，同时还是在金本位制度下各国发行纸币的准备金。

在金本位制度下，黄金是最重要的国际储备形式，因为各国的货币均锚定于黄金。金本位制崩溃以后，纸币不再兑换黄金，黄金也不再作为纸币发行的准备金，但仍然是主要的国际储备资产和国际结算的支付手段。与其他储备资产相比，黄金具有保值、可靠的优点，因此许多国家仍持有大量的黄金储备。1978 年 4 月 1 日生效的《IMF 协定》修正案规定了黄金"非币化"，黄金作为货币的作用趋于淡化。但黄金作为一般财富的社会化身，可以较容易地转化为任何所需要的支付手段，所以它仍是国际储备的重要形式。

黄金储备除自身具有储备资产的重要意义外，还是一国的货币国际化的基础。尽管国际货币本身已经不再与黄金产生名义上的挂钩关系，但正如打破刚性兑付约束后的城投债仍具有一定程度上的"信仰"一样，由于主权国家发行的货币具有超发导致贬值的内生风险，黄金仍具有货币属性的特点使人们更愿意相信持有大量黄金储备的央行的国际支付能力和偿债能力较高，使得该国货币的退出机制得到了有效保障，因而对该国货币产生了积极的加持。此外，由于部分发展中国家的主权评级水平不高，其国债的发行利率和融资成本较高，而有充裕黄金储备的国家的主权债务违约概率低，中央银行的资产质量高，因此增加了发展中国家的货币可信度，其国债的发行成本可以得到控制。

作为储备资产使用的黄金为了价值衡量和国际清偿的方便，均被铸造成重量和形状统一的金锭。由于金锭的存储和物流均需要极高的成本、耗费大量的时间且存在较大的安全风险，因此各国的黄金储备并不是全部储存在本国境内，而多为集中储存在部分国际信誉好的国家的金库中。其中，坐落在纽约华尔街不远的纽约联邦储备银行是世界上最大的金库，不仅储存了美国的黄金储备，其中的绝大部分黄金均为其他主权国家的黄金储备。在纽约的金库中，不同国家的黄金储备被放到不同的区域，在发生国际清偿的时候，只需要从一个国家的区域转移到另一个国家的区域存放即可，既避免了大额黄金在不同国家间的频繁移动增加额外成本，也使得小计量单位的黄金储备增减更富时效性，给予了各国央行政策操作微调的灵活度。

当然，将大量本国资产储存于外国也具有一定风险。2018 年，委内瑞拉国内出现严重的经济萎缩，该国实际 GDP 增速萎缩超过 10 个百分点。由于该国外汇储备减少，马杜罗政府寻求从美国纽约联邦储备银行和英国苏格兰银行运回储存在英美两国的本国黄金储备，以稳定国内物价并换取外汇。但美英两国以"意图不明"为由拒绝了委内瑞拉运回本国黄金的申请。因此，考虑到国际储备无法充分自由支配的潜在风险，部分国家已经开始积极寻求将黄金储备存放于本国境内，或者更多配置非黄金的储备资产。

2. 政府持有的外汇储备

政府持有的**外汇储备**（foreign exchange reserve），即一国政府持有的国际储备资产中，以可自由兑换货币所构成的那个部分。其具体形态表现为：政府在国外的短期存款及其他可以在国外兑现的支付凭证和有价证券，如商业汇票、银行支票、外国政府库券和长短期债券等。

第二次世界大战前，英镑曾长期是世界各国主要的储备货币；第二次世界大战后，美元取代英镑成为主要的储备货币。20世纪70年代以来，联邦德国马克、瑞士法郎、法郎和日元也成为重要的储备货币。进入21世纪，欧元也成为重要的储备货币。由此可见，国际主要储备货币的种类与主权国家的经济实力和国际地位相辅相成。

2008年的金融危机使全球经济遭受了重要挫折，美国在国内经济萎缩时通过量化宽松等政策人为造成美元贬值的政策处理也受到了广泛的诟病，这些政策使得各国外汇储备中的美元大幅贬值。同时，国际金融危机给欧洲国家带来了沉痛打击，以希腊为代表的"PIGS"四国（葡萄牙、意大利、希腊、西班牙）的债务水平急剧升高，欧元区统一的货币政策与成员国国家不同的国内财政状况产生了持久的、难以调和的矛盾，为欧元币值稳定和前景蒙上了阴影。在此背景下，世界各国一方面希望国际外汇储备的币种更加多元，另一方面希望建立一种超主权储备货币或国际货币组合，最大限度降低被某一主权国家货币政策所干预的可能。特别提款权在一定程度上满足了这一需求。

3. 特别提款权

特别提款权（special drawing right，SDR）是IMF创设的一种记账单位和储备资产，分配给成员方用以补充国际储备，弥补国际收支逆差。SDR从1970年开始第一次分配给成员方，作为原有普通提款权以外的一种使用资金的特别权利，可用于成员方政府或中央银行IMF特别提款权账户之间的结算，以及成员方对IMF的某些支付；也可用来作为政府对外承担金融债务和缔结互惠协定的保证金，或向其他成员方换取外汇；但不能直接用于国际贸易和非贸易支付，私人企业和商业银行不能持有和使用。

SDR的持有者，主要是IMF的成员方。只有IMF的成员方才能参与特别提款权的分配。另外，IMF指定的某些实体，如世界银行、国际清算银行、阿拉伯货币基金、国际农业发展基金、北欧投资银行和瑞士国民银行等，也可以持有和使用特别提款权，但不参加分配。

4. 成员方在IMF的储备头寸

成员方在IMF的储备头寸是指IMF成员方**普通提款权**（general drawing right，GDR）中储备部分贷款额度，即为普通提款权其中的一部分。其资金来源主要是成员方缴存在基金组织的相当于份额25%的黄金与外汇。此外，成员方借款给IMF时也相应增加该储备头寸。

普通提款权是IMF向成员方发放的一种最基本的贷款。最高额度为成员方向基金组织缴纳份额的125%，期限为3～5年。它分两个部分。

（1）储备部分贷款。储备部分贷款，即成员方在IMF的储备头寸，指成员方可以从 IMF 获得的相当于最初以黄金或外汇缴存份额的那部分信贷。它只有一个档次，参加 IMF 的成员方必须按照规定缴纳份额，以作为 IMF 的资金来源，并获得向 IMF 贷款的权利。储备部分贷款作为普通提款权的一部分，贷款额度为成员方所缴份额的 25%。由于这 25% 的部分最初是以黄金缴纳，所以曾被称为"黄金份额贷款"。其后又由于在《牙买加协议》上改为用外汇或特别提款权缴纳，故又被称为"储备部分贷款"。

（2）信贷部分贷款。信贷部分贷款，也称信用份额提款。是 IMF 为解决成员方国际收支困难而提供的一种贷款。分四个档次，每个档次的数额为成员方缴纳份额的 25%。档次越高，贷款条件越严。

普通提款权中的储备部分贷款，在成员方国际收支出现逆差时，可自动提取进行弥补，无须经 IMF 批准，因此成员方在 IMF 的储备头寸与黄金、外汇及 SDR 一起，被列为成员方的国际储备资产。但是，特别提款权和成员方在 IMF 的储备头寸，是 IMF 根据成员方所缴纳的份额按比例分配的。因此相对而言，二者在国际储备资产中是既定的量，短期内不受一国经济和国际收支的影响。

（二）国际储备的来源

1. 收购黄金

收购黄金包括两方面：①一国从国内收购黄金并集中至中央银行手中；②一国中央银行在国际金融市场上购买黄金。不过，因黄金在各国日常经济交易中的使用价值不大，加上黄金产量也有限，因此黄金在国际储备中的比重一般不会增加。

2. 国际收支顺差

国际收支顺差也包括两方面：①国际收支中经常项目的顺差，是国际储备的主要来源。该顺差中最重要的是贸易顺差，其次是劳务收支顺差。目前，劳务收支在各国经济交往中，地位不断提高，许多国家的贸易收支逆差甚至整个国际收支逆差，都利用劳务收支顺差来弥补。在不存在资本净流出时，如果一国经常项目为顺差，则必然形成国际储备；在不存在资本净流入时，如果一国经常项目为逆差，则必然使国际储备减少。②国际收支中资本项目的顺差，是国际储备的重要补充来源。目前国际资本流动频繁且规模巨大，当借贷资本流入大于借贷资本流出时，就形成资本项目顺差。如果这时不存在经常项目逆差，这些顺差就形成国际储备。这种储备的特点就是由负债所构成，到期必须偿还，但在偿还之前，可作为储备资产使用。当一国的借贷资本流出大于借贷资本流入时，资本项目必然发生逆差，如果这时有经常项目逆差，则国际储备将会大幅减少。

3. 中央银行干预外汇市场取得的外汇

中央银行干预外汇市场的结果也可取得一定的外汇，从而增加国际储备。当一国的货币汇率受供求的影响而有上升的趋势或已上升时，该国的中央银行往往就会在外汇市场上进行公开市场业务，抛售本币，购进外汇，从而增加本国的国际储备。另外，当一国的货币汇率有下降趋势或已下降时，该国就会购进本币，抛售其他硬货币，从而减少本国的国际储备。一般来说，一个货币汇率上升的国家，往往是国际收支顺差较多的国家，因此没有必要通过购进外汇来增加已过多的外汇储备，但由于共同干预的需要，会自觉或不自觉地增加本国的外汇储备。

三、国际储备的作用

拥有适量国际储备对一国对外经济关系的顺利发展，有特别重要的作用。其具体表现在以下几个方面。

（一）弥补国际收支逆差

理论与经验证明，当一个国家在国际交易中出现出口减少或因特大自然灾害以及战争等突发情况而造成临时性国际收支逆差，而这部分逆差又无法依靠举借外债来平衡时，人们首要的选择就是动用国际储备来弥补此逆差。这样，既可维护本国国际信誉，又可避免事后被迫采取诸如限制进口等"削足适履"的措施来平衡逆差而影响本国经济的正常发展。此时，运用部分国际储备来平衡逆差，会减缓逆差国政府为平衡国际收支而采取的一些剧烈的经济紧缩政策对国内经济所产生的负面影响。国际储备在此可以起到缓冲作用。但是，如果一国国际收支出现根本性的不平衡，动用国际储备并不能彻底解决问题，相反，会导致国际储备的枯竭。因此，当一国经济因政策失误或经济结构不合理而造成国际收支持续性逆差时，对包括外汇储备在内的储备资产的动用，必须谨慎进行。

（二）干预外汇市场，维护汇率稳定

在固定汇率制条件下，西方各国大都建立"外汇平准基金"，用以干预外汇市场，使本币汇率稳定在政府所希望的水平上。即使在浮动汇率制度下，也可利用国际储备或明或暗地操纵外汇行市，实行所谓"管理浮动"，使汇率水平与本国的经济政策相适应。

（三）提高本币地位

一般来说，一国包括外汇储备在内的国际储备充足，表明该国弥补国际收支逆差、维持汇率稳定的能力强，国际社会对该国货币的币值与购买力也充满信心，因此，在国际外汇市场上愿意持有该国货币，该国货币会走向坚挺成为硬货币，该国货币的地位和信誉也会因此而提高。

（四）增强国际清偿力，提高向外借款的信用保证

作为通用的国际支付手段，必要时国际储备可用于支付进口和偿还到期债务。国际储备是衡量一国偿债能力大小的重要指标。一国对外资信的高低，除了由一国经济发展状况所决定，国际收支状况、偿债能力的大小也是重要的决定因素，所以国际储备的多寡是衡量一国资信高低的重要指标。如果一国国际储备实力雄厚，资信就高，则在国际金融市场上借债较容易，贷款条件也较优惠；否则，就不容易在国际金融市场上筹措到资金，借款条件也较苛刻。

（五）获取国际竞争优势

国际储备是国家财产，是国际清偿力的象征，因此一国持有比较充裕的国际储备，就意味着有能力左右其货币的对外价值，即有力量使其货币汇率升高或下降，由此获得

国际竞争优势。如果是中心储备货币国家，拥有较充分的国际储备，对支持其货币的国际地位至关重要。

第二节　国际储备体系及其发展

国际储备体系，是指在一种国际货币制度下国际储备货币或资产的构成与集合的法律制度安排。这种安排的根本问题中心储备货币或资产的确定，及其与其他货币或资产的相互关系。

一、国际储备体系的演变

国际储备体系的演变，实际上就是中心货币或资产在国际经济交易中的延伸与扩大。整个演变随着国际货币体系的变迁，从单元的储备体系逐步向多元的储备体系发展。

（一）第一次世界大战以前单元化的储备体系

在典型的金本位制度下，世界市场上流通的是金币。因此，国际储备体系单元化，其特点就是国际储备受单一货币支配。

由于金本位制度率先在英国实行（1816年），后来被各国仿效，于是逐渐形成了以英镑为中心，金币（或黄金）在国际流通和被广泛储备的现象。因此，在这个制度下的储备体系，又称黄金－英镑储备体系。在这个储备体系中，黄金是国际结算的主要手段，也是最主要的储备资产。

（二）两次世界大战之间过渡性的储备体系

第一次世界大战后，典型的金本位制崩溃，各国建立起来的货币制度是金块本位制或金汇兑本位制（美国仍推行金本位制）。国际储备中外汇储备逐渐朝多元化方向发展，形成非典型性的多元化储备体系，不完全受单一货币统治。但由于该体系不系统、不健全，因此严格地说是一种过渡性质的储备体系。当时，充当国际储备货币的有英镑、美元、法郎等，以英镑为主，但美元有逐步取代英镑地位之势。

（三）第二次世界大战后至20世纪70年代初以美元为中心的储备体系

第二次世界大战后，布雷顿森林货币体系建立起来。美元取得了与黄金等同的地位，成为最主要的储备货币。这时的储备体系称为美元－黄金储备体系，其特点是储备受美元统治。在这个体系中，黄金仍是重要的国际储备资产，但随着国际经济交易的恢复与迅速发展，美元成为最主要的储备资产。这是因为，一方面，当时世界黄金产量增加缓慢，产生了经济的多样化需要与黄金单方面供不应求的矛盾；另一方面，黄金储备在各国的持有量比例失衡，美国持有黄金储备总量的75%以上，其他国家的持有比例则较小。因此，在各国国际储备中，黄金储备逐渐下降，而美元在国际储备体系中的比例却逐渐超过黄金而成为最重要的国际储备资产。如在1970年，世界储备中外汇储备占47.8%，而美元储备又占外汇储备的90%以上。因此，从总体上看，这时期各国的外汇储备仍是美元独尊的一元化体系。

(四) 20 世纪 70 年代至今的多元化储备体系

布雷顿森林货币体系崩溃后，国际储备体系发生了质的变化。这表现在储备体系完成了从长期的国际储备单元化向多元化的过渡，最终打破了某一货币如美元一统天下的局面，形成了以黄金、外汇、特别提款权、储备头寸以及欧洲货币单位（ECU）等多种国际储备资产混合构成的一种典型性国际储备体系，其特点是国际储备受多种硬货币支配。多种硬货币互补互衡，共同充当国际上的流通手段、支付手段和储备手段。

二、多元化国际储备体系产生的历史原因

(一) "特里芬难题"的出现

"特里芬难题"的出现及其补救措施的失败，是促使国际储备体系多元化的一个重要原因。保证美元的中心储备地位须有三个条件，但自 20 世纪 60 年代开始，这些条件均不同程度地丧失或被破坏。

（1）自 20 世纪 60 年代开始，美国持有的黄金储备逐年降低，从第二次世界大战后初期的 245 亿美元降至 1967 年的 121 亿美元，再降至 1971 年美元第一次贬值时的 102 亿美元。美国的黄金储备已远远不能满足其他国家官方美元储备向美国兑换黄金的需要。

（2）由于只存在单元的中心储备货币，因此随着各国持有的美元储备的增加，对美元的需求压力也会增大，美国国际收支必然出现逆差。

（3）黄金大量外流，国际收支连年逆差，导致美元信用下降进而导致人们抛售美元，抢购黄金和其他硬货币，最后导致美元危机爆发。

在这里出现这样一个两难全的矛盾现象：一方面，储备货币发行国即美国要满足世界各国对储备货币的需求，其国际收支就会出现逆差，而国际收支逆差又会降低该储备货币的信誉，导致储备货币危机；另一方面，储备货币发行国美国要维持储备货币信誉，则必须保持国际收支顺差，而国际收支顺差又会断绝储备货币的供给，导致他国国际储备的短缺，最后影响国际清偿力。由于最初揭开这个矛盾现象的是美国经济学家罗伯特·特里芬，因此称为"特里芬难题"。

(二) 日元、德国马克等货币地位的上升

随着第二次世界大战后日本、西欧经济的恢复与发展，相应地，这些国家的货币也被人们不同程度地看好而成为硬通货。当美元信用逐渐削弱而使美元危机迭生时，这些硬货币也就成了中心储备货币的最佳选择。因此，许多国家在预期到美元贬值时，就纷纷将美元储备兑换成日元、德国马克、瑞士法郎等硬货币，甚至还抢购黄金，从而使国际储备资产分散化和多元化。1979 年 11 月，美国对伊朗资产的冻结，又加速了储备货币多元化的进程。石油输出国为避免储备美元的风险，将大量的石油美元从美国调往日本和欧洲，并兑换成日元、德国马克和其他硬货币。这样储备货币中美元的比重就不断下降，而其他硬货币的比重则不断上升。

(三) 西方主要国家国际储备意识的变化

一个储备体系的建立，除必须具备一定的客观条件外，还必须具备一定的主观条件，这个主观条件，主要是指各国对国际储备的意识。多元化国际储备的形成很大程度上是受这一意识的变化推动的，表现在以下几方面。

1. 美国愿意降低美元的支配地位

第二次世界大战后美国一直坚持维护美元在储备体系中的垄断地位，这样美国可借助储备货币的发行国这个优势，用直接对外支付美元的方式弥补其国际收支逆差，还可以用美元大量发放贷款或进行投资，获取高额利息，甚至控制其他国家的经济。但20世纪70年代以后，因美元危机对内外经济造成巨大的压力，美国被迫改变态度，表示愿意降低美元的支配地位，同各国分享储备中心货币的利益。

2. 联邦德国、日本等硬货币国家愿意把本国货币作为中心储备货币

这些国家最初是不愿本国货币成为中心储备货币的。因为一旦成为中心储备货币，就成为储备货币发行国，虽然可获得一定的好处，但必须对外完全开放国内金融市场，对资本输出输入也不能加任何限制，这样就会影响国内的货币政策乃至经济发展。同时任何一国货币作为储备货币都会遇到"特里芬难题"，即随着储备货币发行量的增长，信用保证必然下降，进而影响货币汇率。但自1979年遭到第二次石油危机冲击后，这些国家改变了态度，放松了对资金的管制，鼓励外资内流以及外国中央银行持有本国货币的增加，加速了这些货币作为国际储备货币的进程。

(四) 保持国际储备货币的价值

从1973年开始，浮动汇率制成了国际汇率制度的主体，随之而来的是汇率剧烈波动且波幅很大。为了防止汇率风险，保持储备货币的价值，各国有意识地把储备货币分散化，以此来分散风险、减少损失。这种主观保值行为也推动了国际储备体系走向多元化。

三、多元化国际储备体系初期的发展特征

基于上一部分讨论的原因，国际储备体系逐渐向多元化的趋势进行发展变革。在发展的初期，多元化国际储备体系的发展具有以下主要特征。

(一) 国际储备初步多元化，但美元仍居主导地位

多元化国际储备体系的形成源于美元在20世纪70年代的两次贬值，引起美元信誉下降。多元化储备体系的发展变化也基本上由美元地位与信誉的沉浮引起。美元在多元化体系的形成与发展中，始终是最重要的作用因素。美元信誉下降，多元化储备体系发展进程快；美元信誉提高，多元化储备体系的发展进程就缓慢。在20世纪80年代初，多元化储备体系还有回归到原来的美元占绝对统治地位的单元化储备体系之势。这是因为：

（1）20世纪70年代储备货币的多元化，减轻了世界各国对美元的需求压力，在一定程度上缓和了"特里芬难题"，从而有利于美国减少国际收支逆差，使美元币值保持稳定，进而再度提高了美元作为储备货币的吸引力；

（2）1981年里根上台后，美国采取了高利率的政策，促使美元回流，美元作为国际

货币的作用再度扩大，信誉提高，汇率复升，因此增加了许多国家扩大美元储备的需求；

（3）20世纪70年代末，日本、西欧等国虽表示愿意把本国货币作为储备货币，但这是被动性的甚至是被迫的，因为它们都不愿看到"特里芬难题"在本国出现，既影响国内的货币政策，也会对本国经济造成影响，因此在20世纪80年代初，日本、联邦德国均想阻止本国货币成为国际储备货币。

（二）国际储备总额迅速增长

第二次世界大战后，尤其20世纪70年代以来，世界国际储备总额迅速增长。据IMF统计，1950年世界国际储备总额（不包括中国、苏联和东欧国家）仅为183.25亿美元，但到1970年增长为932.43亿美元，1983年年底（包括中国）更是增为4 154.6亿美元（合3 968.29亿特别提款权，黄金储备按每盎司35个特别提款权计算），约增长了23倍，平均每年增长超过68%。1985年国际储备总额升至4 368.66亿特别提款权。1994年国际储备总额达到了8 445.52亿特别提款权，又比1985年增长了93.32%。

（三）国际储备中黄金仍占相当比重，但非黄金储备显著增长

在国际储备中，外汇占绝大比重，但黄金也占相当比重。由于自布雷顿森林货币体系解散后，黄金逐渐非货币化，1978年IMF还宣布取消黄金条款，切断黄金与货币的直接联系，20世纪90年代以来，不少国家出现了抛售黄金的现象或计划抛售黄金，同时考虑到黄金价格波动剧烈，长期来看不属于可以稳定增值的资产，所以黄金储备在国际储备总资产中的比重呈快速下降趋势。尽管如此，由于黄金仍是财富的象征或价值实体，所以仍在各国国际储备中占重要地位。所不同的是，当人们要动用黄金来清偿债务或弥补国际收支逆差时，得先把黄金出售，换回外汇再进行支付。

（四）国际储备分布不均衡

国际储备的数量及其分布始终是不均衡的，即发达国家拥有绝大部分的黄金储备和大部分的非黄金储备，经济实力雄厚，国际清偿力充足；相反，发展中国家黄金储备极少，非黄金储备也不及发达国家，反映了发展中国家经济实力薄弱，国际清偿力不足。由此也引发了发达国家与发展中国家的矛盾。

四、多元化国际储备体系建立的影响

正如世界多极化的趋势逐渐深化一样，多元化的国际储备体系也日益丰富。与单一黄金或美元作为国际储备的货币体系相比，多元化国际储备体系解决了诸多严重的内生问题，为世界各国经济、金融活动带来便利。但是，多元化国际货币体系仍然存在本身的困境，仍未能解决单一储备货币时期的部分痼疾，也随之带来了一些新的影响。

（一）多元化国际储备体系建立的积极影响

1. 缓和了国际储备资产供不应求的矛盾

在美元-黄金储备体系或以美元为中心的储备体系下，美元是单一的储备货币，但

随着各国经济的发展，对美元的需求不断扩大，美国无法满足，造成了国际储备资产供不应求的矛盾，这显然不利于除美国以外的其他国家的经济发展。在多元化国际储备体系下，同时以几个经济发达国家的硬货币为中心储备货币，使各国可使用的储备资产增加，为各国提供了满足多样化需求和灵活调节储备货币的余地。

2. 打破了美元一统天下的局面，促进了各国货币政策的协调

在美元－黄金储备体系下，美国可利用其特殊地位，推行对外扩张的经济政策，操纵国际金融局势，控制他国经济。多元化体系的建立，使美国独霸国际金融的局面被打破，各国经济不再过分依赖美国。同时因国际储备货币多样化，可以很大程度上削弱一国利用储备货币发行国的地位强行转嫁通货膨胀和经济危机的可能性。此外，多元化储备货币的付诸实践本身就是一个国际化的问题，为了维持多元化储备体系的健康发展和国际金融形势的稳定，各国必须互相协作，共同干预与管理。这些都有利于各国加强在国际上的金融合作，改善相互间的经济关系。

3. 有利于各国调节国际收支

一方面，各国可以通过各种渠道获取多种硬货币用于平衡国际收支逆差，这比起只有单一美元储备可用于弥补国际收支逆差方便得多；另一方面，多元化国际储备体系处于各国实行浮动汇率制度的环境中，在此制度下，各国可以采取相应的措施调节国际收支，但在单一储备体系下，各国为调节国际收支而需变更汇率时，须征得 IMF 同意。

4. 有利于各国调整储备政策，防范、分散汇率变动带来的风险

这是因为多元化国际储备体系可为各国提供有效组合储备资产、规避风险的条件，即各国可根据金融市场具体的变化情况，适时、适当地调整储备资产结构，对其进行有效的搭配组合，从而避免或减少因单一储备资产发生危机而遭受的损失，保持储备价值的相对稳定，并尽力获取升值的好处。

（二）多元化国际储备体系带来的难题

多元化储备体系的积极作用，使该体系多年来经受住了多次经济危机的严峻考验，如两次石油危机、两次严重的世界性资本主义经济危机以及发展中国家严重的国际债务危机等，但该体系同时也带来了新的难题。

1. 国际储备资产分散化，一定程度上加剧了世界性的通货膨胀

世界性通货膨胀的一个导因是国际储备货币总额的过分增长，而多元化国际储备体系恰好能"制造"出更多的储备货币，促使国际储备总额成倍增长。例如，国际储备在 1969 年年底才有 397.93 亿特别提款权，到 1980 年年底却增长了 6.4 倍，达 2 931 亿特别提款权，每年平均增长近 20%，大大超过 20 世纪 60 年代平均增长 7.5% 的水平。1985 年更达到 4 368.66 亿特别提款权，从而使西方国家的通货膨胀率，由 20 世纪 60 年代的平均 2%～3% 增加到 70 年代的两位数以上（平均），直至 80 年代中后期，才使通货膨胀率回落至 4% 左右。

2. 多元化国际储备体系增加了管理的难度

国际储备资产分散化以后，储备资产的稳定性如何，就成了国际性问题。因此，一

国在管理国际储备时，必须要密切关注诸多储备货币国家的政治经济动态，密切关注外汇市场上这些货币汇率的变化，根据各种储备货币的外汇风险和利息收益，不断调整储备资产的货币构成，而这需要极发达的通信系统、灵敏的判断力以及过硬的操作技术，因此增加了储备货币管理的难度。

3. 多元化国际储备体系尚无法彻底平抑外汇市场投机，甚至有时还会刺激国际金融市场，使其动荡不安

多元化国际储备体系扩大了储备供给，同时增加了世界储备总额，但与此同时，市场短期资本或游资也在成倍增长。国际游资天生有两个特性——趋利性与投机性，且光速般地流动。此外，当今世界国际金融工具创新层出不穷，而这些金融工具的创新，又对短期资本的流动起到了乘数作用，使其流动规模不断扩大。由于国际游资的存在和制造机会赚取高额利润的投机家处处可见，因此就多元化国际储备体系来说，一旦该体系中某个储备货币因某种原因日益坚挺时，就会在市场上出现竞相抛售其他货币而抢购此硬货币的行为，结果就会导致储备中的相对软货币去"追逐"硬货币的现象，导致储备货币的汇率大起大落，当市场投机力量过大时，就会刺激国际金融市场动荡不安。

可见，多元化国际储备体系的建立与发展，具有它不可替代的优点，但同时也带来了不少管理上的困难。因此，如何利用这些优点，克服其缺点，制定符合实际的储备政策与管理体制，是摆在各国面前急需解决的问题。

五、2008年金融危机后的国际储备新特征

2007年以来，由美国次贷危机引发的全球金融危机对世界经济带来了严重影响，并在一定程度上对世界经济格局产生了重塑性影响。与此同时，前期国际储备发展过程中的部分问题集中暴露，受到金融危机的影响，各国均产生了集中解决国际储备内生性问题的动力。在调整过程中，国际储备逐渐产生了下列新特征。

（一）人民币加入国际储备货币队列

尽管中国进入21世纪后延续了前期经济持续快速增长的态势，但无论从国际贸易使用的币种还是从国际储备货币的构成上看，21世纪初人民币的国际化程度与中国的经济体量显然不成正比。2008年的金融危机导致以美国为首的发达国家经济受到重大影响，美联储为刺激国内经济而采用的货币宽松政策使美元大幅贬值，造成各国美元外汇储备的贬值，引发国际社会对国际储备货币增加种类、降低美元集中度的现实需求。国际社会迫切需要国内经济政策足够稳定、通货膨胀厌恶程度较高的国家发行的主权货币补充到国际货币的序列中去。由此，人民币逐渐受到了国际社会的重视。

2010年，国际货币基金组织对人民币纳入特别提款权（SDR）进行了可行性评估。为尽早实现人民币入篮，中国采取了一系列进程加快人民币国际化程度，如公布外汇储备货币构成、向外国央行开放银行间债券市场和外汇市场、完善人民币汇率中间价报价机制、采取IMF数据公布特殊标准等。2015年11月30日，IMF宣布人民币符合入篮的标准，将与美元、欧元、英镑、日元一起构成SDR货币篮。当一国将SDR作为国际储

备时，人民币便自然而然被纳入其中。

特别地，随着"丝绸之路经济带和21世纪海上丝绸之路"倡议的深化，中国与"一带一路"沿线国家的经贸活动中，直接以人民币结算的经济金融行为的比例和金额逐渐增加。国际贸易中人民币的使用数量增加后，人民币的国际支付能力得到充分提高，使用便利性提高的同时也进一步增加了其他国家将人民币作为国际储备的动力，形成正向激励。截至2019年，全球已经有45家央行直接或间接持有人民币储备资产。其中，俄罗斯央行是持有人民币储备最多的央行，2019年该国持有的人民币储备已达到全球人民币储备资产的1/3。

尽管人民币当前在SDR中的占比仍然不高，且从绝对数量上看，人民币计价的储备资产与美元仍然有显著的差距，但相比21世纪初在国际金融活动中的占比，人民币计价资产已经得到了显著提升。同时，随着中国经济地位和综合实力的巩固提升，未来人民币作为储备资产的前景仍然十分乐观。

（二）黄金仍为国际储备资产的重要组分

从历史数据分析，黄金并不是投资回报率最高的资产类别，但收益的波动率却是最大的，年化波动率几乎达到30%左右，单纯从投资品的角度看，并不是最理想的储备资产。然而近年来，各国央行仍然将黄金作为重要的储备资产。个别主要国家（如俄罗斯）的黄金储备甚至超过了美元储备水平，这一情况即使是在布雷顿森林体系解体后也较为罕见。

黄金的地位得到巩固的原因较为复杂。一是由于全球主要发达国家经济增速放缓后，世界上的冲突事件（如2014年3月的"乌克兰危机"）、"黑天鹅"事件（如2016年英国举行的全民公投结果表明英国将限期脱离欧盟、2020年新冠肺炎疫情带来的全球贸易和交流的短期中断）和"灰犀牛"事件（如长期以来美国和伊朗因对立情绪而导致"伊核问题"谈判时断时续）频发，导致资本市场恐慌程度常态化提高。黄金作为常规避险资产，成为意外事件出现后资金集中涌入的类别。各国央行为避免外汇资产受到相关事件影响而价值剧烈波动，通过增持黄金以对冲风险，保持资产储备的相对稳定。二是由于美国国家政策方向的频繁转变，导致美元成为美国在国际上发起单边制裁的重要武器。被赋予经济之外作用的美元不再是部分国家的理想资产，美元作为国际储备的根基受到了严重干扰。对于与美国关系不稳定的国家而言，减持美元资产、降低与美国经济的依赖度成为化解美国制裁冲击的有效途径。因此，作为大类资产的黄金成为被挤出的美元储备的良好承接之一。

（三）超主权货币发展仍然充满坎坷

金融危机后，美元本位国际储备货币体系暴露严重缺陷，结合国际社会对不受某一国家国内货币政策外溢效果影响的储备资产的强烈需求，促进了超主权货币理论的进一步发展。超主权国际储备货币体系是货币改革的长期方向，因为超主权货币将从本质上解决"特里芬难题"，并且具有体系公平性，不会使得少数几个储备货币发行经济体独享国际铸币税。此外，超主权国际货币储备体系具有较好的稳定性，可避免因国家主导型国际储备货币价值不稳定而导致经济危机。

20世纪70年代以后，超主权货币的一个良好实践就是SDR的使用。进入21世纪第二个十年后，随着虚拟货币进入国际贸易和金融市场，对以比特币、Libra等虚拟货币承担国际储备货币的职责的讨论也逐渐升温。然而，二者目前仍然缺乏成为超主权货币的特征。

1. SDR 仍无法摆脱主权货币而存在

目前，SDR仍然是由国际主要货币组成的，与"基金的基金"（FOF）的原理类似，并没有消除风险，而只是风险的分散化，本质上仍然是多元化国际储备货币体系。在这个体系中，国际储备货币仍然不能与国别货币相剥离，国际清偿力仍然与SDR篮子中的货币的发行国家的经常账户相关，仍然存在国际清偿力与货币稳定性之间的矛盾。此外，货币篮中国际货币的发行国家仍然可以通过发行货币的方式获得国际储备，也使得实际经济资源从储备货币积累经济体流向了储备货币发行经济体，难以体现公平性。

2. 虚拟货币成为超主权货币"内外交困"

区块链（block chain）技术于2008年后逐渐兴起。该技术拥有去中心化（decentralization）的特点，宗旨是服务于中心化机构（如各主权国家的央行和大型商业银行等金融机构），为其解决数据安全问题、交易高成本问题和操作低效率问题，它是虚拟货币的核心支撑技术。

虚拟货币的先驱是2008年诞生的比特币（bitcoin），对其寄予广泛商业使用期望的里程碑事件是2019年Libra"稳定币"的诞生。尽管都是软件开源的虚拟货币，但二者存在一定的区别。比特币的数量存在2 100万枚的上限，依托私有链产生，没有任何实体资产作为底部支撑，通过高功率计算机"挖矿"产生，不可注销。而Libra由全球社交巨头Facebook（现更名为Meta）推出，没有数量上限，在发行和管理上并非完全"去中心化"集体决策，其底部资产对应银行存款、政府债券及一篮子货币等真实资产，并存在维护币值稳定的机制，可以在一定条件下注销。基于上述特点，包括Libra在内的虚拟货币有成为无国界约束、无区域限制、无政治干扰的超主权货币的潜在特征。

然而，虚拟货币仍然面临成为超主权货币的严重障碍。第一，虚拟货币需要与全球所有地区和国家的金融监管机构打交道，如何广泛获得金融监管机构的认可，使其积极收益超过洗钱、逃税等金融犯罪带来的成本短期内成为阻碍。第二，尽管虚拟货币动摇了传统货币管理体制的根基，但在从"小打小闹"逐渐进入"大雅之堂"的过程中，现有国际货币的发行国家和地区（特别是美国、英国、欧盟等）必然无法容忍虚拟货币动摇现行国际货币的地位。第三，由于虚拟货币的使用降低了主权货币的流通速度和货币乘数，主权国家货币调控的能力会被弱化，影响主权国家货币政策独立性的同时，进一步降低了官方的容忍度。第四，包括Libra在内的诸多虚拟货币的发行主体是商业机构，作为逐利性企业，如何说服市场保持较高的商业道德不干预虚拟货币的正常使用、币值稳定和公平公正可能成为虚拟货币走向超主权货币的"阿喀琉斯之踵"。

因此，既有内忧、又有外困的虚拟货币距离成为市场参与者心中满意公认的超主权货币，还有非常艰难的路要走。

【阅读专栏9-1】

博鳌论坛上多方发声，监管机构
不允许稳定币风险损害金融系统（上）

2021年4月18日晚间，博鳌亚洲论坛2021年年会举行"数字支付与数字货币"分论坛。分论坛围绕当前炙手可热的数字货币监管、数字货币对于金融系统的影响、数字化人民币跨境使用等问题，亚洲多国央行官员通过"线上+线下"方式参与讨论，参与人员包括：博鳌亚洲论坛副理事长、第十二届全国政协副主席、中国人民银行原行长周小川，国际清算银行总经理奥古斯汀·卡斯滕斯，阿布扎比国际金融中心主席艾赫迈德·阿里·阿尔·沙耶赫，中国人民银行副行长李波，泰国银行助理行长瓦奇拉·阿罗姆迪，环球银行金融电信协会CEO哈维尔·佩雷斯·塔索，PayPal全球高级副总裁、中国区首席执行官邱寒。

比特币是一种虚拟资产而非货币，应该接受相应的监管

谈及比特币和稳定币的监管问题时，李波表示，比特币是加密资产，是一种投资选项，它本身不是货币，而是一种另类投资。因此，加密资产将来应该发挥的主要作用，是作为一种投资工具或者是替代性投资。

"既然是作为一种投资工具，包括中国在内的很多国家都在研究对于这种投资方式应该适用何种监管环境，并要确保这类资产不会造成严重的金融风险。"李波称，"在我们想出来对比特币等加密资产需要适用怎样的监管规则之前，我们会继续保持现在的监管举措和做法。"

李波进一步强调，如果稳定币等加密资产能够成为广泛使用的支付解决方案的话，就需要一个更加强有力的监管规则，也就是说，要比比特币现在所接受的监管规则更严格。"对于由私营企业发行的稳定币，如果其将来成为一种支付工具的话，就必须要接受像银行或者准银行金融机构一样的严格监管。"李波称。

周小川谈到比特币时评价道，在中国，金融创新都需要先说清楚它对实体经济的好处。不管是数字货币还是数字资产，都要为实体服务。

"数字资产对实体经济的好处是什么？现在对这个问题持有谨慎态度。我们经历过2008年的全球金融危机，发现金融一旦脱离了实体，比如影子银行、衍生品这些纯粹变成了金融机构之间的投机交易，和实体没有联系了，就容易出问题，以致当时一些国际大行的领导、交易员们看不懂，很难做好内部控制。"周小川表示，要区分数字货币和数字资产，对于比特币这类数字资产，并非现在要下结论，但是"要小心"。

监管机构不允许稳定币风险损害金融系统

通过视频出镜的阿布扎比国际金融中心主席艾赫迈德·阿里·阿尔·沙耶赫表示，数字货币是一项富有前景的创新，可以满足不同的需求。数字货币可以分为零售型央行数字货币、批发型央行数字货币以及稳定币。其中，零售型央行数字货币可以加强主权经济体内部之间的相互联系，对于私营企业和公营部门都有利，在国家内部和地区间推动无现金的交易，使货币政策的传导机制更加有效。批发型央行数字货币被金融机构用于大额支付。稳定币则是由私人企业发起，并由这些发行者所使用。

在谈到稳定币的时候，艾赫迈德·阿里·阿尔·沙耶赫肯定其积极作用。稳定币可以将无银行账户的人民纳入金融体系，也可以推动普惠金融，但他也强调，监管机构可能会要求稳定币做出更稳健的治理方面的安排，然后才允许在其司法管辖区使用这种数字货币。

"监管机构不能允许稳定币可能引发的风险损害金融系统，也不能允许稳定币给生态系统带来潜在的威胁或者风险，数字货币将越来越多地受到监管，以便让其能够重构全球的金融体系。"艾赫迈德·阿里·阿尔·沙耶赫说。从中期来看，除了当前加强反洗钱反恐融资监管，还将对数字货币采取进一步的安全措施。

阿布扎比国际金融中心是位于阿拉伯联合酋长国首都的国际金融中心（IFC），中心根据阿联酋联邦法令成立，目前已颁发超过900个金融和非金融牌照。

比特币与法定货币之间存在信任性问题

泰国银行助理行长瓦奇拉·阿罗姆迪在谈到加密货币和央行数字货币能否共存的问题时，表示这是一个难题。

央行数字货币是由央行发起的，行使法定货币在储值、价值尺度以及交换媒介上的三大职能，而这个职能比特币是不具有的。从她个人来看，比特币是一个资产，可以进行投资，但并不是由央行发行的可以储值的货币。人们如何能够信任比特币这类资产的稳定性？这其中存在信任问题。"当然它有一定的价值，但是它和央行的数字货币是不一样的。"

在介绍泰国在零售央行数字货币的设计时，瓦奇拉·阿罗姆迪表示，泰国银行从批发型央行数字货币开始起步，今年推出零售型央行数字货币。零售型央行数字货币与现金钞票存在很多相似之处。在建设零售型央行数字货币的过程中，泰国银行主要考虑三个关切。第一是货币政策的传导效应，第二是维持金融稳定，第三是对于金融行业的影响。银行在资源的分配中发挥重要的作用。

资料来源："券商中国"微信公众号，2021年4月19日。

第三节　国际储备的管理

国际储备的管理是指一国货币当局根据一定时期内本国的国际收支状况和经济发展的要求，对国际储备的规模、结构及储备资产的运用等进行计划、调整、控制，以实现储备资产规模适度化、结构最优化、使用高效化的整个过程。一国的国际储备管理包括两个方面：储备水平管理和储备结构管理。

一、国际储备管理的重要性

随着布雷顿森林体系的崩溃和浮动汇率制的实行，国际储备管理问题变得更为突出和重要。具体表现在以下几个方面。

（一）国际储备资产的汇率风险增大

在固定汇率制下，除了货币的法定升值和贬值外，汇率大幅度剧烈波动的情况并不多见。布雷顿森林体系规定，各国货币间汇率的波动幅度原则上不超过法定平价的上下1%。如果某种货币可能出现法定贬值时，一般都有某种迹象，事先可以防范，例如，某种货币出现长期的市场汇率下跌或币值高估等迹象。在浮动汇率制下，西方国家的关键货币之间汇率波动频繁，而且波动幅度较大，从而使国际储备资产的汇率风险增大。因此，必须加强对储备资产的管理。其具体表现主要在两个方面。

（1）在世界各国普遍实行浮动汇率制条件下，各国中央银行持有的外汇储备货币面临汇率频繁波动的风险。如果一国中央银行保持的外汇储备币种不当，就可能受到损失。因此，需要密切注意西方主要外汇市场的汇率变化趋势，根据情况不断选择变换储备资产的形式，加强储备资产管理。

（2）在储备货币币种不断增加的情况下，各国对外贸易用于计价结算货币的汇率风险大大增加。过去的储备资产主要是美元和英镑，国际的支付结算主要集中在这两种货币尤其是美元上。因此，只要预测好这两种货币，尤其是美元的汇率走势，就可以确保外汇不受或少受损失。而在浮动汇率制下，各种可自由兑换的西方国家货币都已成为储备货币，使国际储备资产的汇率风险复杂化。因此，必须根据各种货币不断变化的汇价和国际贸易支付结算的需要，来调配储备货币的结构，同时也增加了储备管理的必要性。

（二）国际储备资产的利率风险增大

由于西方各国本身经济目标的重点不同，经济政策的理论依据不同，因此利率水平各不相同，但各国利率水平会互相影响，因而使利率经常波动。因此，国际储备管理还必须比较各种货币的利率差距，同时要充分考虑各种货币的名义利率及剔除通货膨胀因素后的实际利率之间的关系，来选择调配储备货币的币种，以确保国际储备资产的安全性和盈利性。

（三）国际储备资产的投资选择和选择风险同时增加

国际储备资产的多元化，为各国的储备资产保值增值和投资选择提供了更多的机会，但同时也带来了更大的投资选择风险。随着以欧洲货币市场为主的国际金融市场的迅速发展，信用方式日趋多样化，借贷凭证种类繁多，而且可以随意转让，调拨灵活方便。另外，各种有价证券的币种、面额、期限、利率、费用、收益等也各不相同，这就使得储备资产的投资选择变得重要且复杂。其选择得当与否，直接关系到储备资产的盈利性和安全性。因此，对国际储备资产的管理不仅要求注意汇率、利率的变化，还必须研究证券市场的变化和投资对象的特点等问题，从而加大了储备资产管理的难度和复杂性。

（四）黄金价格的剧烈波动对黄金储备价值的影响

黄金价格的剧烈波动会影响黄金储备的价值，因此需加强对黄金储备的管理。自

1971年8月美国宣布停止向外国中央银行按35美元/盎司兑换黄金后，国际黄金市场价格不断上涨。在西方各国通货膨胀加剧、货币汇率和利率动荡的情况下，黄金便成了人们为投机或保值而抢购的对象，导致市场金价经常暴涨暴跌，而许多国家换算黄金储备经常要参照黄金市场价格。所以，金价的涨跌会影响储备资产的价值。黄金虽不像其他储备资产那样可供投资生息，但金价涨跌所带来的收益或损失还是会影响中央银行的黄金买卖决策。因此，也需要加强对黄金储备的管理。

（五）保持适度的国际储备规模与结构

一国国际储备资产结构及外汇储备的币种结构必须与该国的贸易流向和债务结构相适应，并保持适度的国际储备量，这样做才能满足国际贸易及国际经济往来的需要，而这正是国际储备资产管理的主要内容。

二、国际储备水平的管理

国际储备水平的管理主要是指如何保持最适度的国际储备数量或规模，以适应经济发展和对外经济往来的需要。一国的国际储备总额应与本国经济的需要相适应。过少，不能满足需要；过多，则可能造成浪费。如何保持最适量的储备水平，降低储备管理成本，就成为各国国际储备管理中的首要问题，同时也揭示了国际储备水平管理的实质。

（一）国际储备水平的概念

所谓国际储备水平，是指一国持有的国际储备数额及其与相关经济指标之间的对应关系。一个国家应该持有多少国际储备，在国际上并没有成文或统一的规定。因为不同国家在不同的发展阶段和不同的情况下，对储备水平的要求是不尽相同的。多少最为适度，必须根据各国经济的实际需要来定。但一般地说，也有一些确定适度国际储备水平的基本因素。

（二）影响国际储备水平的主要因素

1. 经济活动规模

经济活动规模可用国民生产总值来体现。从理论上讲，如果一国的经济活动规模大，而该国又非储备货币发行国，则会增加国际储备需求；反之，经济活动规模小，会减少国际储备需求。一般来说，国际储备的大小与一国经济活动的规模成正比。

2. 国际收支差额

国际储备的主要作用之一是弥补国际收支逆差，因此一国的国际收支状况对该国的储备需求具有决定性的影响。一方面，一国国际储备需求与其国际收支逆差呈正方向变化，逆差出现的频率越高、数额越大，对国际储备的需求量也就越大；另一方面，一国国际储备需求与其国际收支顺差呈反方向变化，一国若出现持续性顺差，对国际储备的需求就相应地逐渐减少。如果一国国际收支平衡，则国际储备维持正常状况即可。多数发展中国家因受经济结构不平衡、经济政策失当以及不合理的国际经济秩序的影响，国际收支出现逆差，迫使它们提高国际储备需求水平。

3. 外汇管制与汇率制度的安排

如果一国经济开放度低，对外实行严格的外汇管制，一切外汇收支都按计划或须经批准，则用汇量必然受到限制。在这种情况下，对外汇储备的需求一般会小些；反之，对外汇储备的需求会大些。与外汇管制相关的一个措施，便是一国对汇率制度的安排。外汇储备的一个主要作用是平衡国际收支，另一个主要作用就是干预汇率，因此外汇储备需求与汇率制度是密切关联的。一国无论是实行固定汇率制，还是选择管理浮动汇率制，都会影响到国际储备需求水平的高低。

4. 对外资信与融资能力

一般来说，一国有良好的对外信誉和形象，可以在必要时较容易或迅速地筹措到各种外汇资金，那么该国对储备的需求会小些；反之，对储备的需求会大些。与此相关，一国在国际金融市场上融资能力的高低与储备需求也存在密切关系。如果一国有能力通过各种方式（借款、发行债券、设立基金、争取国际金融组织优惠贷款等）获得所需的资金，就可补充其国际清偿力，抵消可能出现的资金缺口，则对储备的需求减少；反之，对储备的需求相应增加。

5. 国际收支调节政策的成本和效果

弥补国际收支逆差的措施是多方面的。例如，在逆差时除可向外部融资外，还可实行系列调节政策，即支出转换政策和支出削减政策，或者说通过紧缩的财政、货币政策（包括汇率政策）和贸易政策来平衡国际收支。

6. 持有储备的机会成本

持有储备实际上是成本与收益的统一。持有储备显然具有持有效益，如弥补国际收支逆差、干预汇率等，而且储备资产首先是一种外汇资产，存放在外国银行也有利息收入。但同时，储备资产又是一种外国实际资源的象征，不"贮藏"它而及时予以运用，就可用于向国外购买生产必需品或消费品，也可用于进口物资推动经济增长与提高投资收益；"贮藏"它，就等于这段时间放弃了对这种实际资源的使用权，丧失由此带来的效益。这就是持有储备的机会成本。一国持有储备的机会成本相对较高，则储备的需求量就应低些；反之，储备的需求量可相应高些。一国储备需求与持有储备的成本呈负相关关系。

7. 金融市场的发达程度

金融市场是储备的重要来源，发达的金融市场使得金融当局可通过市场操作获取所需的储备，也可以通过金融机构迅速地"借入储备"，即发达的金融市场存在一种迅速地把民间资金或社会资金转换为中央银行直接持有的机制，我们姑且称为储备转换机制。因此，金融市场越发达，储备转换机制越完善，货币当局对储备的需求"冲动"就越少；反之，对储备的需求"冲动"就越多。

8. 对外汇储备的经营与管理水平

一国如果具有系统的和专业化的经营与管理机构，就可以根据市场变化的要求，快速地决定某一时期本国需要的主要储备货币或对储备货币进行转换、组合，并确保储备在保值的基础上增值。即该国的储备经营与管理水平较高，则该国可相对减少储备需求；反之，可相应地增加储备需求。

9. 与他国政府或国际性金融组织的协调程度

如果一国与他国或国际性金融组织（如 IMF、世界银行等）在经济、金融、货币等方面的协调合作较好，还可通过订立某些协议（如互惠信贷协议、备用信贷协议等）互为支持帮助，则可减少储备需求；反之，会增加储备需求。例如，过去的欧共体（现称欧盟）各成员国由于在关税、金融、货币等方面的政策与合作较为协调一致，不少国际收支和汇率上的问题可通过协商来解决，因此它们的外汇储备并不多。

10. 是否为储备货币发行国

如果一国是储备货币发行国，则该国可直接用本国货币来支付短期逆差，也可通过对外直接投资获取更高的投资报酬，从而降低对储备的需求；反之，则要增加对储备的需求。当今世界最重要的国际储备货币，同时也是 SDR 的主要组成部分，即美元、欧元、人民币、日元、英镑。美国是世界上最重要的储备货币发行国，美元是 21 世纪最重要的储备货币，是关键货币，尽管美国的国民生产总值最大，开放度与市场化极高，但其外汇储备并非最多。因为本国央行发行的主权货币即可在全球范围内广泛使用。尽管包括人民币在内的其他国际货币在国际投资和国际贸易中也占据一定比重，但短期内仍然难以达到与美元相同的国际清偿水平。

（三）衡量国际储备水平的主要指标

在考虑了影响一国国际储备水平基本因素的基础上，国际社会设立了一些指标作为标准来衡量一国国际储备水平的高低。目前，使用比较广泛的有以下几项指标。

1. 一国的国际储备额同该国的国民生产总值之比

这一指标反映了与前述第一个基本因素的关系。在国际分工条件下，经济规模越大，则对国外市场的依赖程度也相应越大，因而需要较多的国际储备作为后盾；反之，则要求较少的国际储备。

2. 一国的国际储备额与该国的外贸总额之比

这一指标反映了与前述第二个基本因素的关系。一国对外开放程度越高，外贸规模越大，对外贸易依存度越高，则需要有越多的国际储备。这也是反映一国对外清偿能力和资信的一个重要指标。

3. 一国的国际储备额与该国的月平均进口额之比

这是国际上最常用的一个指标。因为国际收支中最重要的项目是贸易收支，如果一国进口大于出口，而非贸易账户或资本账户又没有足够的顺差来抵补，就需要动用其储备。所以，国际储备管理中最重要的就是满足短期性贸易逆差支付的需要。因此，国际上广泛使用这一指标来衡量储备水平是否适度。

据统计平均测算，一般国家国际储备额占进口额的比例为 25% 左右，相当于三四个月的进口额。因此，一般认为一国储备水平应保持在相当于本国三四个月进口额的水平上比较恰当。

4. 国际储备水平的确定

适度的国际储备水平是一个十分复杂的问题，在理论与实践上目前还都难以得出一个比较一致的理论。西方经济学家关于国际储备适度规模的研究已有诸多成果，这里主要介绍以下四种。

（1）比例分析法。该分析法是一种简单的测量储备需求量的方法。该分析法的特点是把储备与某一个或某些数量相比，得出一个比例结果，此结果就可以作为衡量储备是否适度的一个标准。早在19世纪初，人们就已运用该法来探讨储备需求的若干问题了，一些著名的经济学家也从该法入手创立了影响颇为深远的储备需求理论。如在1802年，亨利·桑顿在其所著的《大不列颠货币信用的性质和影响》中便认为，一国的黄金储备应该用于对贸易提供融资，把储备与贸易联系起来。在金本位制盛行之后，人们便十分关注储备与货币供应量之间的关系。第二次世界大战期间及其后，人们又把目光转向储备与贸易的关系上，典型代表人物是美国的经济学家罗伯特·特里芬，他认为储备需求会随国际贸易的发展而增加，推导出储备对进口的比例可作为衡量国际储备充分性（reserve adequacy）的标准。1960年，特里芬在其著名的论著《黄金与美元危机》中再次强调了该论点，提出了迄今仍有广泛影响的"一国储备量应以满足三个月的进口为宜"的结论，即被人们所称道的"特里芬法则"。该法则的特点是把储备与进口这个变量挂起钩，因此也称为储备－进口比例计算法。

比例分析法，除了典型的储备与进口的比例法外，还有以下两种比较重要：①结合进口支付和外债还本付息的比例法。该法在一些具有较多外债的国家和地区比较流行。它是在特里芬法则的基础上，加以按外债余额的10%计算的还本付息额。②结合外商投资资金回流的综合比例法。该法考虑了外商直接投资资金汇出对外汇储备的影响，是对上述两种比例法的补充。

比例法的最大优点是简便易行，但因选择的变量有限，因而计算的结果准确性不足，因此该法可作为一种参考，但不能作为唯一的衡量适度储备的标准。

（2）成本－收益分析法。这是20世纪60年代以来西方一些学者用以研究适度储备需求量的一种新方法。该法可以从全球的角度和一国的角度来分析储备的适度水平，一般情况下常用于后者。其特点是通过对一国持有储备的成本和收益进行分析，进而根据储备持有成本和收益的均衡求出储备的适度水平。它的主要代表人物是海勒（H. R. Heller）和阿加沃尔（J. P. Agarwal），并形成了两种主要的分析模式：海勒模式和阿加沃尔模式。

（3）货币学派分析法。该分析法的主要论点是：国际收支不平衡本质上是一种货币现象，当国内货币供应量超过国内需求时，货币就会流向国外，从而引起国内现金余额的减少。由此推得，储备的需求主要取决于国内货币供应量的增减。该分析法在解释长期储备行为方面有些参考价值，但无法说明现实的储备水平。

（4）标志分析法。该分析法的主要观点是：储备短缺或过剩将对某些关键经济变量产生影响，这种影响通过国内货币供应量或特定政策发生作用，因此人们通过观察所执行的政策或某些关键性的经济变量，就可得出储备是否充分的结论。一般认为，紧缩性需求管理、利率上升、汇率下跌、进口限额和出口补贴等现象，是储备不充分的标志；反之，扩张性需求政策、汇率上升、利率下跌、进口自由化和控制资本内流的现象，是储备过剩的标志。IMF也曾提出储备不充分的客观指标，但要在实践中运用这些指标，并且使其数量化，是一个难题。而且，该分析法所说的储备充分性和适度性的标志也非由严格的理论模型导出，因而缺乏严密性。

三、国际储备的结构管理

国际储备资产的构成是多种多样的,包括黄金、外汇、储备头寸以及特别提款权等。国际储备资产的结构管理,就是指对这些资产的管理,即确定这些资产之间的最佳构成比例,以应付各种国际支付,避免动荡多变的国际金融市场带来的风险。

(一)国际储备结构管理应遵循的原则

一般来说,储备结构管理中主要遵循安全性、流动性和盈利性原则,但安全性、流动性和盈利性三者之间往往有矛盾。收益较高的储备资产运用方式,如投资于外国证券,往往有风险,流动性也较低;流动性较高也较安全的方式,如存入外国活期存款账户,则收益较低。所以,必须在三者之间进行权衡,进行合理配置。

从安全性考虑,大多数国家都采取分散风险的方式,使储备资产多元化,把储备分散在多种货币及多种资产上。不仅各种货币要占一定比例,而且每种货币要选择不同的投资方式,把资金分散在不同的资产上,即币种多元化、资产形式多样化,所谓的"不把所有鸡蛋都放在同一个篮子里"。这种多样化混合资产的风险小于其中任何单一资产的风险。而投资组合理论可以为这样的选择提供理论基础。

从流动性考虑,必须根据本国对外经济活动与对外政治关系的需要,使流动性较高储备的持有与进口支付及政府干预市场所需的货币保持一致。除此之外,还要结合考虑外贸进出口结构,商品流向、数量及价格结构,收付货币的币种结构,期限结构等因素,安排好储备货币及储备资产的结构。

从盈利性考虑:首先,要考虑各种储备货币的汇率高低及其变动;其次,考虑各种货币汇率与利率之间的关系;最后,对比不同币种及各种不同储备资产形式收益率的高低,把储备分别投在相应币种及不同形式的资产上。

(二)国际储备资产结构管理的内容

1. 黄金储备的管理

黄金储备的规模管理是指确定黄金储备数额及其在储备总额中所占的比重,这取决于黄金的性质。从安全性来看,黄金的内在价值相对稳定且具有相对独立性,因而黄金的安全性较高。这是由于:一方面,以黄金作为国际储备可以不受任何国家的强力干预;另一方面,在纸币本位条件下,以黄金作为国际储备可避免因通货膨胀而遭受贬值风险,因为黄金价格会随通货膨胀相应上升,从而保持其原有的实际价值。从流动性来看,自20世纪70年代末"黄金非货币化"以来,黄金不能再直接用于国际支付,只能在黄金市场上将其出售,换成可兑换货币后才能使用,因而流动性较低。从盈利性来看,由于金价波动较大,持有黄金既不能获得利息收入又需要支付较高的保管费用。由此可见,黄金具有较好的安全性,但缺乏流动性和盈利性,因而许多国家对持有黄金储备大多采取保守的态度,一般不再增加,倾向于维持原有的储备水平。

2. 外汇储备的管理

外汇储备比例的确定,包含有两重含义:一是外汇储备与黄金储备及其他储备资产的比例的确定;二是外汇储备中各种货币构成比例的确定,即最优结构的确定。前者,在黄金储备比例确定后，也就基本上确定下来了；后者则较为复杂，尤其储备货币多元化以来，美元、日元、欧元、英镑等各种储备货币并存，因此怎样安排最佳比例的储备货币组合，避免遭受汇率变动可能带来的损失，变得至关重要。

各国货币当局如何选择和确定外汇储备中各种货币的最佳比例？其方法是做好以下几点。

（1）储备货币的币种选择。在一般情况下，应尽可能地增加硬货币的储备量，减少软货币的储备量。但还必须注意，并非硬货币保持得越多越好。这是因为：①硬货币的利率一般比软货币低，保持硬货币可避免汇率风险，但要损失一定的利息收入；②一国储备中货币总是有"软"有"硬"，如果是清一色的硬货币，到了支付时，还得兑换成软货币，这既会碰到汇率风险，也会增加一定的兑换费用；③硬货币与软货币的区分又是相对的，即硬货币在某一时期可能会变"软"，如果全部保持硬货币，一旦硬货币变成软货币，就要承受汇率损失了。因此，软硬货币如何组合，还得从长期与短期的汇率波动状况中做全面的考察与选择。

（2）储备货币的汇率选择。各国货币当局应根据各种储备货币汇率变动的幅度进行选择。一般来说，应尽可能增加汇率波动幅度较小的货币储备量，减少汇率波动幅度较大的货币储备量。由于在短期内国际金融市场汇率变动频繁，加之政府的干预，因此汇率的变动趋势很难预测，这时可以比较各种储备货币长期内汇率波动的平均幅度来选择，以减少汇率波动的贬值风险。

（3）储备货币的需求选择。它包括两方面：一是指根据本国对外贸易结构和其他金融活动对储备货币的支付需求进行选择，即对某种储备货币需求大，就尽可能增加其储备量；反之，就减少储备量。二是指根据本国干预外汇市场、维持本国货币汇率稳定对储备货币的需求进行选择。一种货币用于干预市场多的话，就需多储备；反之，少储备。一些储备货币发行国，尽管它能用本国货币支付逆差，但还要选择其他国家的货币作为国际储备，以备随时干预外汇市场之需。

由于外汇储备能够克服黄金储备的弱点，流动性大、盈利性高，因此世界各国持有的外汇储备较之其他储备资产比例都高，其中仍以美元占比最高，以下依次为欧元、日元、英镑等，只是美元的比例有不断下降的趋势，而其他货币则有上升之势。

（4）储备头寸和特别提款权的管理。各成员方分到的储备头寸和特别提款权的数量取决于各国向 IMF 缴纳的份额，且受 IMF 的分配安排或控制，不能随意变更。20 世纪80 年代以来，这两种储备资产在各成员方储备资产总额中所占的比重，始终未突破 9%，而黄金储备与外汇储备则达 90% 以上。

四、我国的国际储备管理

我国从实行对外开放政策以来，为了促进经济的发展，需要用本国出口创造的外汇收入及利用外资来进口大量的先进技术设备和商品。但是，受我国出口结构和水平的影响，我国的出口收入经常因世界市场行情变化而波动。为了缓和这种波动，我国必须保持一定量的国际储备，以平衡进出口差额；同时，为了保持我国利用外资及偿债信誉，也需要保持一定的国际储备。

（一）我国国际储备管理政策的目标

根据我国经济特点和国际储备管理应遵循的一般原则，我国设立的国际储备管理目标主要包括以下几个方面。

（1）保持一定的流动性。为了适应外汇流入流出量的季节性、周期性变化，中央银行必须以流动资产的形式保持相当数量的外汇储备，以满足维持我国经济增长所必要的进口和偿债能力的需要。

（2）获得一定收益。充分利用国家外汇储备资产，进行安全妥善的投资，以获得更多利益；尽量消化过多储备，减少闲置资金数量。

（3）维护外汇资产的价值。对国家所持有的外汇储备资产要根据各种货币汇率、利率变动情况和预测不断进行调配，以避免由于汇率变动和利率升降带来损失。

（4）提供应付不测事件的需要。保持国际储备的目标之一，就是要在战争或自然灾害等不测事件发生时，能够从容应对，以防止我国内经济和对外经济关系出现危机。在这方面，黄金所起的保护作用要胜于其他一切国际资产。

（5）促进经济内外均衡。随着我国对外经济往来的不断扩大，国际储备尤其外汇储备管理对宏观金融调控及整体经济的影响越来越大。因此，国际储备管理的目标还应包括在一定时期内促进经济内外均衡。其中，内部均衡的目标，是币值稳定与经济实现持续、稳定增长；外部均衡的目标，是国际收支尤其是经常项目的收支实现基本平衡。当一国经济实现了低通胀下的持续、稳定增长，同时国际收支也基本达到平衡且汇率稳定时，就可以说一国经济处于内外均衡状态，这时的国际储备管理是恰当的或有效的。

以上几个方面的目标，不外乎是对储备资产盈利性、流动性和安全性的考虑，应根据我国和世界经济变动情况做出不同的选择。例如，国家储备危急时，流动性是主要目标；国际市场利率、汇率波动强烈时，维持储备资产价值和安全性是主要目标；国际储备资产充裕时，则应以提高储备资产的盈利性为主要目标。

（二）我国国际储备管理的指导原则

（1）国际收支保持适当顺差。从动态角度看，即在一个连续时期（如5年计划期间），我国的国际收支应保持适当顺差。贸易收支逆差应由非贸易收支顺差抵补，使经常项目达到基本平衡。

（2）外汇储备水平保持适度或适当高些。可根据我国一定时期内进口支付水平、外债余额状况、市场干预需求等因素，确定一个有上下变化区间的适度储备量。

（3）外汇储备的货币构成保持分散化。为使外汇储备的价值保持稳定，世界各国持有的外汇储备，其货币构成一般不集中在单一的储备货币上，而是分散采用多种储备货币。关于储备货币构成的分散化，各国一般都采用贸易权重法，即根据一定时期内一国与其主要贸易伙伴的往来贸易额，算出各种货币的权值，确定各种货币在一国外汇储备中所占的比重。我国在计算权重时，不仅应考虑贸易往来额、利用外资而发生的往来资金额，还应考虑到我国对外贸易往来主要用美元计价支付这个事实。

（4）黄金储备可根据国际金融形势尤其是黄金市场的变化及我国的实际需求做适当的调整。

(三) 我国的国际储备管理政策

根据国际储备管理的目标和我国经济发展的实际需要,我国采取的国际储备管理政策保持了自己的特色。

1. 黄金储备政策

我国主要是采取官方黄金储量适度,同时藏富于民的政策。我国黄金储备总量在1978~2000年的22年间变化不大,且基本保持在1 267万盎司这一水平。从2001年起我国黄金储备量开始上升且增加了341万盎司,而2002年的增长率高达近20%,且直到2008年我国黄金储备一直维持在1 929万盎司这一水平。

2008年,美联储开始直接干预市场并实施了量化宽松政策,严重影响了美元币值,我国央行适时地将黄金储备增加到3 389万盎司以降低外汇储备的缩水风险,且此后5年时间里我国黄金储备始终稳定在该水平。2015年起世界金融市场局势动荡不安,人民币汇率受到波及,货币当局为使人民币汇率趋于稳定开始有意增加黄金储备量,直到2018年我国黄金储备已达到了6 499万盎司。

国家外汇管理局2022年6月公布数据显示,5月末中国央行黄金储备量为6 264万盎司。

2. 外汇储备政策

外汇储备管理是我国国际储备管理的主要方面。世界上大多数国家都把外汇储备管理作为国际储备管理的主要方面。与特别提款权、成员方在IMF的储备头寸,以及黄金各自的特点和在储备中的作用相比,外汇储备有着更重要的地位和作用。我国对外汇储备的管理同样也包括两个方面:外汇储备水平管理和外汇储备结构管理。

(1) 保持适度外汇储备规模的问题。保持适度外汇储备规模是外汇储备水平管理的核心内容。世界上发展中国家的外汇储备一般是保持在相当于3个月左右进口额的水平,但由于各国具体情况不同,外汇储备水平也不尽相同。根据我国的具体情况,不一定保持那么高,可稍低于一般发展中国家的储备水平,只保持相当于两个月左右进口额的水平就可以。其原因有如下几点。

第一,从我国的国情国力出发,我们有必要保持较低储备水平。我国进行的现代化建设,基础差、起步迟,各项事业百废待兴,到处都需要资金。如果把大量外汇资金放在储备上,则势必减少国外进口,影响经济增长速度。

第二,我国经济的计划性较强,一定程度上可以掌握和控制国际收支及外汇资金的流量。虽然1994年外汇体制改革,取消了外汇收支的指令性计划,但仍强调对外汇和国际收支的宏观控制。所以,也有可能保持较低的储备水平。

第三,我国外汇管理制度相对较严,大量外汇集中掌握在人民银行手中,这也有助于我国保持较低储备水平。

第四,目前人民币还不是能够无限制自由兑换的货币,国家无须用太多的外汇储备来干预外汇市场,以维持本币汇率。所以,无须保持太高的储备水平。

第五,我国偿债信誉比较高,国际融资能力较强,也有助于我国保持较低的外汇储备水平。

(2) 外汇储备构成。外汇储备结构优化是外汇储备结构管理的核心。要保持优化的外汇储备结构,必须掌握好以下几个方面。

第一，要根据我国主要贸易伙伴和经济金融交往的对象，选择多样化货币构成。各种货币所占的比重，应根据我国进口付汇及其他国际支付的货币要求来确定。

第二，根据对各种汇率和利率变化趋势的预测，在一定时期保留一定量的强势货币。例如，在20世纪80年代初，美国维持高利率、高汇率的双高政策，增加美元在储备中的比重是有利的。

第三，根据国际金融市场的情况和有关国家的经济形势，对储备资产的投资形式不断调整，以避免损失和风险，获取更大的盈利。

第四，在国家外汇储备构成中，安排和处理好国家外汇库存与中国银行外汇结存之间的关系，并使国家外汇库存居于主要地位。

我国的外汇储备构成实际可分为两部分：一部分是国家外汇库存；另一部分是中国银行外汇结存。国家外汇库存是国家以出口商品和劳务换来的，而中国银行外汇结存则是中国银行，包括其海外分支机构，在国内外吸收的外汇存款，减去对国内外的外汇贷款和投资后的余额。其中，除去10亿美元的自有资金外，其余都是中国银行的对外负债，实质上都是其营运资金。

由于中国银行的外汇结存是业务周转的库存资金，不仅流动性大、要支付一定的代价，而且在必要时也不能全部动用。所以，在适度外汇储备水平一定的情况下，这部分外汇储备在整个外汇储备结构中应放在次要地位，而把我国出口和劳务换来的、代表我国真正经济实力的国家外汇库存放在首要地位，在外汇储备构成中占较大比例。

【阅读专栏9-2】

俄罗斯"去美元化"努力成效几何

2014年"乌克兰危机"之后，俄罗斯遭到美国及其盟国长达数年的金融制裁，加之近年国际油价持续低迷，俄罗斯始终难以摆脱国内经济发展的诸多困境。为了应对美国金融制裁的"大棒"，俄罗斯以石油出口为武器，推动本国对外贸易结算的"去美元化"进程，努力绕开美元霸权体系。2020年新冠肺炎疫情加剧了国际货币和金融体系的动荡，美国"无限量宽松"政策又让美元信用体系再一次面临侵蚀的风险，这使得俄罗斯更加坚定了"去美元化"的决心。作为俄罗斯对外贸易中体量最大的俄中贸易，目前已成为这一奋进过程中的重要"试验场"。

俄罗斯美元贸易结算大幅减少

根据俄罗斯央行和俄罗斯联邦海关的数据，2020年第一季度，美元在中俄贸易结算中的占比已下降到46%，欧元交易占比上升到30%，其余24%则以中俄两国本国货币实现交易；而在2015年，中俄之间90%的交易都是以美元结算的，这标志着非美元货币在中俄贸易结算中的份额达到了历史最高水平。从双边贸易体量上看，2019年中俄双边进出口贸易总额达到1 109亿美元，中国已经连续第十年成为俄罗斯最大的贸易伙伴。俄罗斯在与中国这个最大的贸易伙伴交易之中减少美元结算使用，足以体现俄罗斯"去美元化"的坚定决心。

俄罗斯和中国都有着比较紧迫的"去美元化"需要。俄罗斯推行"去美元化"目标是为了应对2014年"乌克兰危机"以来美国对俄实施的一揽子制裁。中国则是在持续推进自 2009 年启动的人民币国际化,增加对外贸易的人民币结算,这一进程曾在 2015 年前后达到一个高潮;不仅如此,2018 年之后,随着中美战略竞争态势日益严峻,中国也有可能会遭遇美国金融和货币制裁,因而中国有意减少对美元的依赖。由此,逐步减少美元在双边贸易中的使用,越来越成为中俄双方心照不宣的共识。据俄媒报道,俄罗斯财政部部长安东·西卢阿诺夫和中国人民银行行长易纲曾在 2019 年 6 月初签署了一项让双边贸易逐渐过渡到本币结算的政府间协议,同时,在这项政府间协议中,两国还针对各自国内的跨境支付系统合作提出了建议。

除了俄中贸易外,俄罗斯在和其他国家或经济体的贸易结算中也出现了比较明显的"去美元化"趋势。自 2015 年起,俄罗斯和欧盟国家的交易越来越多地使用欧元进行结算。在 2020 年第一季度中,46% 的俄欧贸易使用欧元结算,卢布的占比则为 18%。同时,在俄罗斯央行的主导下,俄罗斯已经采取了一系列措施,在与伊朗、印度和非洲等国的贸易中减少了对美元的使用,鼓励在双边贸易中使用其他货币,以抗衡来自美国的金融威胁。

美国"无限量宽松"加剧美元信用疑虑

俄罗斯坚决推进"去美元化"的另一个重要背景在于,第二次世界大战后逐渐建立起的美元信用体系根基在近 20 年来不断遭受侵蚀。数据显示,2008 年金融危机后,在全球官方外汇储备中,黄金储备所占的比重开始呈现增长趋势,购买黄金的主力军来自新兴市场国家。俄罗斯的黄金购买量占新兴市场国家之首;而中国央行也是黄金购买大户,黄金购买量在 2009 年和 2015 年先后跃上了两个大台阶。截至 2019 年 12 月底,中国央行黄金储备量为 6 264 万盎司,位列全球第 7 位。黄金作为储备货币职能的上升,是对信用货币特别是美元投下的"不信任票"。

2020 年新冠肺炎疫情作为一个"黑天鹅"事件所引发的市场恐慌和经济动荡,又一次凸显出单一货币主导的国际货币体系的弊端。3 月 23 日,美联储开启"无限量宽松",美联储希望通过大幅降息和注入流动性,增加对国内经济的救助和刺激,但这却把更大的债务压力转嫁给全世界,其他主要债权国持有的美元资产严重缩水,这相当于是世界各国变相给美国的救市行动买单,美元信誉因此受损。同时,由于石油、黄金等主要商品均使用美元定价,全球范围内的美元大泛滥会扰乱以美元计价的大宗商品的价格信号,从而削弱美元的定价货币地位。

在美联储"直升机撒钱"的同时,美国政府也不断加大财政刺激和救助计划的力度。截至 2020 年 4 月 9 日,美国联邦政府的债务总额已经突破 24.22 万亿美元。根据美国国会预算办公室的报告,美国国债占 GDP 的比重预计在 2020 年达到 98%,未来会持续攀升至 130%。在海外持有者减持美国国债之时,美联储一方面不断接盘美国国债,另一方面又继续扩张资产负债表,这无疑会导致他国对美国偿债能力的更大忧虑以及对本国债权价值缩水的不满。由于美国还可能发行 50 年、100 年期等较长周期的国债来"用新钱还旧账",未来各国持有美元资产的意愿将会进一步走弱,美元信用遭到挑战。

美国此番操作旨在为疫情下的经济和金融提供紧急流动性,并维持宽松的货币环境以促进经济增长;然而,在未来不使用负利率手段的前提下,美联储目前已基本用尽了价格和数量工具的政策空间。面对美国国内疫情的持续冲击,"无限量宽松"

使得金融机构今后很可能面临巨大的道德风险。当前美联储成为美国绝大部分资产的最后购买人,这意味着美联储需承担巨大的刚兑责任,如果继续无底线地滥发货币,美国民众和他国的财富与资产很可能会被进一步稀释,而这无疑将加剧世界范围内的"去美元化"浪潮。

美国滥用"金融制裁"透支美元信用

在美元信誉不断被动摇的同时,美国依旧借"美元霸权"大肆向他国行使"长臂管辖权",对他国进行金融和货币制裁,破坏国际贸易和金融流动。在这一过程中,美元作为曾被各国所信赖的"中立货币",如今却已成为服务于美国政治和战略目的的"私有工具",美元信用被进一步透支。

俄罗斯自2014年"乌克兰危机"以后一直遭受美国的金融制裁,虽然俄罗斯采取了多样的反制措施,但囿于国家的整体实力以及美国不断升级的制裁手段和范围,俄罗斯经济所遭受的负面冲击仍不断凸显。2014年8月,美国先后对俄罗斯国家石油公司和天然气公司、俄罗斯开发银行发布中长期融资禁令,禁止它们进入美国资本市场融资,这使得俄罗斯企业海外债券损失超过400亿美元。2019年6月,俄罗斯总统普京在莫斯科回应记者提问时表示,西方的经济制裁已经使得俄罗斯的经济损失超过500亿美元。虽然目前美国尚未采取切断俄罗斯使用"环球同业银行金融电信协会(SWIFT)"⊖系统的"终极大招",但俄罗斯国内已经采取措施积极防范美国对俄金融制裁升级。

由于自感使用SWIFT结算系统的风险越来越大,俄罗斯近年来逐步加速"去美元化"进程。首先,俄罗斯大幅减持了外汇储备中的美元资产。数据显示,2019年6月~2020年6月,俄罗斯持有的美国国债数量减少了近一半。俄罗斯外汇储备中美元占比也从2018年的43.7%降至2019年的23.6%,欧元、人民币、黄金储备呈现增加态势,特别是欧元上升为俄罗斯第一大外汇储备货币,而人民币的占比也从5.0%升至14.2%。由于充当他国外汇储备是衡量一国货币国际化水平的最重要标志,俄罗斯大幅增持人民币作为外汇储备是对人民币国际地位的重要认可。其次,俄罗斯央行自2014年开始启动本国的金融信息交换系统(SPFS),目前有约400家俄罗斯金融机构使用该系统。虽然目前尚未有除俄罗斯金融机构以外的他国金融机构加入SPFS,而且SPFS的覆盖范围也远远无法与SWIFT相比,但俄罗斯正在极力邀请中国等国的金融机构加入,同时也在积极寻求与中国的"人民币跨境支付系统"(CIPS)、欧盟的"贸易互换支持工具"(INSTEX)等其他跨国结算合作机制相协调。

除俄罗斯外,在全球范围内,各国应对潜在美元信用危机的势头也在萌动。例如,2019年8月,英格兰银行行长马克·卡尼(Mark Carney)在美联储学术会议上提出"合成霸权货币",旨在减少近年来美元"一家独大"对全球贸易的影响。此外,2019年1月,德、英、法三国创建INSTEX贸易结算机制,该机制已经于2020年3月31日与伊朗完成了第一笔交易,帮助美国制裁下的伊朗绕开美元体系,获得防范新冠肺炎疫情所需要的医疗设备。

⊖ 2022年2月底俄乌冲突爆发后,美国等西方国家开始对俄罗斯实施金融制裁,措施之一即是将部分俄罗斯银行排除在SWIFT支付系统之外,并对俄罗斯央行实施了限制措施。——编者注

在中美战略竞争日益激化的背景下，美国对中国的各种制裁也在不断加码。2020年3月，美国国会出现了向中国索要"疫情赔款"并不再偿还美国所欠中国国债的声音。尽管这只是个别议员不负责任的言论，但是，在中美战略竞争的大背景下，中国美元储备的安全确实是一个异常严肃的课题；4月，瑞幸咖啡财务造假事件成为中美金融摩擦的导火索，美国借此对在美上市的中概股企业施以重压，对中概股的审查更加严格；随后，美国又不断就香港问题向中国发难，取消中国香港的特殊贸易地位，冲击香港地区的金融稳定。而早在2012年，美国因伊朗问题对中国昆仑银行的制裁就已经展现出美国运用金融工具的"霹雳手段"。未来不排除美国将贸易战火和技术战火蔓延至金融领域的可能。因此，中国和其他主要经济体一样，迫切需要摆脱美元金融霸权的巨大阴影，而中俄之间围绕能源贸易展开本币结算的合作，就是一个重要的"突破口"。

俄罗斯"去美元化"道阻且长

诚然，俄中之间使用本币进行结算并非一纸协议就足以实现的，如何更好地增加卢布和人民币的流动性，以及如何保持两国货币的稳定是双方进一步加强本币结算合作所需要考虑的问题。

俄罗斯在"去美元化"过程中承受着巨大的经济压力：在全球经济总量的排名中，俄罗斯已经降至世界第11位，特别是在西方联合经济制裁之下，俄罗斯的经济发展一直深陷泥沼；疫情影响下，虽然俄罗斯央行出手干预以应对卢布贬值，但结果并不尽如人意，卢布贬值幅度仍十分巨大。数据显示，2020年9月，卢布兑美元已经跌破78美元。此外，俄罗斯作为能源出口国家，经济结构十分单一，需要大量进口以支撑国内经济的发展。但是目前缺少更好的美元替代货币，而使用卢布、人民币、欧元等货币结算的成本要远远高于美元，这可能会更加伤及俄罗斯国内经济。囿于自身颇为黯淡的经济发展前景以及动荡不安的卢布币值，如果俄罗斯试图以本币来实现"去美元化"进程，注定会非常艰难。尽管如此，俄罗斯依旧坚决采取措施减少美元使用，这在短期内是为了捍卫国内的经济金融安全，从长期来看亦是对俄罗斯经济的一场极大考验。

第二次世界大战后形成的以美元为中心的国际货币体系是美国凭借超强实力为世界提供的一项公共产品；虽然近年来这项公共产品因逐渐"私有化"而被国际社会所诟病，但在国际金融交易网络中，全球市场已经对美元形成了巨大的"路径依赖"，即便美国对他国的经济压榨加剧，但美元交易带来的流动性和便利性依旧是其他货币难以望其项背的。2020年3月19日，美联储与澳大利亚、巴西、韩国、墨西哥、新加坡、瑞典、丹麦、挪威和新西兰9国央行建立了临时的美元流动性互换安排，这体现出各国在危机时刻对美元的"爱恨交织"。在欧元、英镑、日元、人民币以及黄金等主要国际货币都存在各自重大缺陷的情况下，目前国际社会还难以产生一个能全面替代美元地位和份额的新的国际货币。短期内，美元的"嚣张特权"(exorbitant privilege)恐怕还将持续。因此，尽管当前"去美元化"的呼声不绝于耳且口头拥趸者甚多，但在现实中，这注定是一个异常艰难而缓慢的过程。

资料来源："人民大学国政评论"微信公众号，2020年9月29日。

本章要点

1. 国际储备作为一国国际清偿能力的主要组成部分,体现了一国国际清偿能力的强弱,是衡量一国对外金融和经济实力的一个重要标志。
2. 国际储备的构成内容,随着国际经济交易和金融关系的发展而不断得以丰富。
3. 国际储备体系的演变,实际上就是中心货币或资产在国际经济交易中的延伸与扩大,整个演变随着国际货币体系的变动而变迁。
4. 多元化国际储备体系的建立与发展,具有不可替代的优点,但同时也带来了不少管理上的困难。
5. 国际储备管理指一国货币当局对国际储备的规模、结构及储备资产的运用等进行计划、调整、控制,以实现储备资产规模适度化、结构最优化、使用高效化的整个过程。
6. 国际储备水平,是指一国持有的国际储备数额及其与相关经济指标之间的对应关系。不同情况对国际储备水平的要求有所不同。
7. 国际储备资产的结构管理,就是指对这些资产的管理,即确定这些资产之间的最佳构成比例,以应付各种国际支付,避免动荡多变的国际金融市场带来的风险。
8. 根据国际储备管理的目标和我国经济发展的实际需要,我国采取的国际储备管理政策具有自己的特色。

重点难点

国际储备的概念、作用、构成和来源;国际储备水平的管理。

第十章

国际资本流动与外债

在当今世界中,经济的开放性不仅体现为商品和劳务的国际流动,它更突出地体现为资金的国际流动,这一国际资金流动近年来越来越与实际生产、交换相脱离而具有自己独立的规律,构成了当今开放经济运行的新的外部环境。在经济全球化的背景下,国际资本流动在促进国际贸易发展、提高全球经济效益的同时,也为债务危机的产生提供了丰富的土壤。

■ 学习目标

(1)掌握国际资本流动的概念。
(2)理解国际资本流动的原因及其特点,了解国际资本流动的演变,掌握国际资本流动的类型。
(3)深刻理解国际资本流动的影响。

■ 引导案例

人民币加入 SDR 篮子五年多迎首次"体检",IMF 宣布提高权重

据中国人民银行官网消息,2022 年 5 月 11 日,国际货币基金组织(IMF)执董会完成了五年一次的特别提款权(SDR)定值审查。执董会一致决定,维持现有 SDR 篮子货币构成不变,即仍由美元、欧元、人民币、日元和英镑构成,并将人民币权重由 10.92% 上调至 12.28%(升幅 1.36 个百分点),人民币权重仍保持第三位。

这是 2016 年人民币成为 SDR 篮子货币以来的首次审查。五年一次的 SDR 定值审查标准主要包括两方面:出口规模和该货币"可自由使用"的程度。前者权重占比最高,近 50%,后者则由多个综合指标构成。2021 年 3 月,IMF 宣布,将下一次特别提款权估值篮子审议推迟到 2022 年,实际上重新设定了为期五年的特别提款权估值审议周期。

新的 SDR 货币篮子在 2022 年 8 月 1 日正式生效。对于人民币将在 SDR 货币篮子中的权重提升,人民银行表示,中国改革开放的信心和意志不会动摇,将始终坚持扩大高水平对外开放。下一阶段,人民银行将和各金融管理部门一道,继续坚定不移地推动中国金融市场改革开放,进一步简化境外投资者进入中国市场投资的程序,丰富可投资的资产种类,完善数据披露,持续改善营商环境,延长银行间外汇市场的交易时间,不断

提升投资中国市场的便利性，为境外投资者和国际机构投资中国市场创造更有利的环境。

在最新的 SDR 定值审查中，人民币和美元的权重均上升，分别上升 1.36 和 1.65 个百分点，同时将欧元、日元和英镑权重分别由 30.93%、8.33% 和 8.09% 下调至 29.31%、7.59% 和 7.44%。权重调整后的新 SDR 货币篮子中，美元依然是第一大货币，权重升至 43.38%。

SDR 是 IMF 于 1969 年创设的一种补充性储备资产，与黄金、外汇等其他储备资产一起构成国际储备。SDR 也被 IMF 和一些国际机构作为记账单位。创设之初，SDR 与美元等价。布雷顿森林体系崩溃后，IMF 于 1974 年启用 SDR 货币篮子。IMF 按成员方份额对所有成员方分配 SDR，以补充成员方的储备资产。目前，SDR 主要用于 IMF 成员方与 IMF 以及国际金融组织等官方机构之间的交易，包括使用 SDR 换取可自由使用货币、使用 SDR 向 IMF 还款、支付利息或缴纳份额增资等。

2015 年审查前，SDR 货币篮子包括美元、欧元、英镑和日元四种主要国际货币；2016 年，根据前期审查结果，首次将人民币纳入 SDR 篮子，至此，SDR 篮子货币构成从四大货币变为五大货币。

IMF 通常每 5 年对 SDR 进行一次例行审查，主要内容是 SDR 货币篮子的货币构成及权重。在 2015 年的审议中，IMF 执董会还批准了一个新的公式，即对货币发行国的出口和综合财务指标进行均等分配，以确定特别提款权货币篮子中货币的权重。

2015 年，IMF 重新审查了 SDR 货币篮子权重的确定方法，在此前公式的基础上，降低了出口权重，并增加了补充性金融变量，包括外汇交投量、国际银行负债（IBL）和国际债务证券（IDS）。SDR 货币篮子权重的计算公式随即变为，1/2 的出口占比加上 1/2 的综合性金融指标占比。金融指标的权重平均分为正式部门衡量指标（储备，1/3）、外汇交投量（1/3）和私营部门国际金融活动货币使用指标（即 IBL 和 IDS 之和，1/3）。

可以看出，为了反映货币在全球贸易中的作用，IMF 在确定 SDR 篮子货币构成和权重时，历来都会将出口作为重点参考指标。正是凭借庞大的出口规模优势，人民币在 2016 年才得以成为 SDR 第三大权重货币。而此次人民币权重上升，同样离不开过去五年里，我国出口规模在 SDR 篮子货币发行国中占比的提高。

不过，对于衡量 SDR 定值的另一大重要权重，人民币的综合财务指标在过去五年中则有升有降。具体来说，人民币在全球官方储备中的占比有所上升，人民币在全球外汇市场交易总额中的占比上升，人民币在全部篮子货币的国际债务证券总值中占比微降。

人民币在 SDR 篮子货币中的权重提升，被外界看作是人民币国际化的新进展。不过，总的来看，人民币国际化仍处在初级阶段，且不能操之过急。人民银行在最新的货币政策执行报告中也提出，要持续稳慎推进人民币国际化，进一步扩大人民币在跨境贸易和投资中的使用，深化对外货币合作，稳步推进人民币资本项目可兑换。

资料来源：新浪财经，2022 年 5 月 15 日。

第一节 国际资本流动概述

国际资本流动的狭义概念主要与一国资产负债的日常发生额相联系，反映一国与他国之间的债权债务关系。除此之外，由于一国资本流动还反映在其国际收支平衡表中经常账户的单方面转移项目和金融账户的官方储备变化中,所以国际资本流动的广义概念,还要包括这一部分内容。

一、国际资本流动的概念

(一)资本的国际性

资本,简而言之,是指能够带来剩余价值的价值。从本质上讲,它不受国家或民族地域的界限,是国际性的,国际资本就是从这个角度来论述的。在国际上运行的货币资金、股票、债券等,就是国际资本。资本、生产、市场等的国际化,是世界经济国际化的一个重要标志。

资本,从不同的角度来考察,形式多种多样。从资本的构成物来看,可分为实物资本和货币资本;从资本的周转时间来看,可分为长期资本和短期资本;从资本的投机性来看,可分为投资资本和投机资本;从资本的构成部门来看,可分为商业资本、产业资本、银行资本等。不同形式的资本在国家间转移,便构成了国际资本流动。

(二)国际资本流动的定义

国际资本流动,简而言之,是指资本在国际上转移,或者说资本在不同国家或地区之间做单向、双向或多向流动,具体包括贷款、援助、输出、输入、投资、债务的增加、债权的取得、利息收支、买方信贷、卖方信贷、外汇买卖、证券发行与流通等。

国际资本流动,按其流动方向,可分为国际资本流入和国际资本流出。**资本流入**(capital inflows),表现为本国对外国负债的增加和本国在外国的资产的减少,或者说外国在本国资产的增加和外国对本国负债的减少。**资本流出**(capital outflows),表现为本国对外国负债的减少和本国在外国资产的增加,或者说外国在本国的资产减少和外国对本国负债的增加。对一个国家或地区来讲,总存在资本流出流入,只不过是流出流入的比例不同而已。一般来说,发达国家是主要资本流出国,发展中国家是主要资本流入国。在当今世界,国际资本倾向于在发达国家之间流动。

(三)国际资本的输出与输入

国际资本的输出与输入,是国际资本流动的一个最主要的形式。因此,有时两者被看成是通用的,但严格来讲,它们仍然有所区别。

首先,国际资本输出与输入所涵盖的内容比国际资本流动小,它仅是国际资本流动的一个重要组成部分,而国际资本流动还包括诸如动用黄金、外汇等资产来弥补国际收支逆差等行为;其次,国际资本输出与输入的途径和目的比较单一,它一般是指与投资或借贷等活动密切相关的、以谋取利润为目的的一种资本转移,而国际资本流动还包括一些非盈利性的资本转移。

国际资本流动与国际资金流动也有所区别。一般来说,资金流动是一种不可逆转的流动,即一次性的资金款项转移。其特点是资金流动呈单向性。资本流动则是一种可逆转的流动,例如,投资或借贷资本的流出,伴随着的是利润或利息的回流,以及投资资本或贷款本金的返还,其特点是资本流动呈双向性。

二、国际资本流动的种类

国际资本流动的种类,主要是根据两种标准进行划分。一种是按期限划分,分为长期资本流动和短期资本流动;一种是按性质划分,分为官方资本流动和私人资本流动。下面主要介绍按期限划分的国际资本流动。

(一) 长期资本流动

长期资本流动(long-term capital flow),是指期限在 1 年以上,甚至不规定到期期限的资本的跨国流动。它主要包括国际直接投资、国际间接投资以及国际中长期信贷这三种类型。

1. 国际直接投资

直接投资是指一个国家的投资者直接在另一个国家的工矿、商业和金融服务业等领域进行投资,并取得投资企业的部分或全部管理控制权的一种活动。

直接投资按投资人不同,可分政府(官方)直接投资和私人直接投资,在直接投资中,有货币和实物投资两种形态。从投向来看,外国对本国直接投资,表明外国资本流入;本国对外国直接投资,表明本国资本流出。但如果供给或筹措直接投资的资金,是在本国境内进行的,则一般不会产生国际资本流动。

直接投资的形式多种多样,如果从投资资本的构成来看,有单一资本形式的直接投资和联合资本的直接投资,如果从直接投资的手段来看,则有以下四种直接投资形式。

(1)创办新企业。创办新企业,即指投资者在另一个国家直接创办独资企业、设立跨国公司分支机构或创办合资企业。

(2)直接收购。创办与收购是国际投资的重要方式。直接收购是指投资者在另一个国家直接购买现有出售的企业。这种直接投资方式相对于创办新企业来说,有如下特点:其一,可以节省创办新企业的时间和资本,简化不必要的环节和手续;其二,可以拥有原来企业的技术、管理经验和营销市场,把产品迅速打入国际市场;其三,可以降低经营成本,提高经济效益。

(3)购买另一个企业的股票,并达到一定比例。如若干个美国居民合作拥有外国企业 50% 以上的有投票权的股票,就算是直接投资,但这种比例因国而异。

(4)利润再投资。这是指投资者把在另一国投资所获利润的一部分或全部留下,对原企业或其他企业进行再投资。这种投资实际上并不存在真正的国际资本流入或流出。

2. 国际间接投资

国际间接投资又称证券投资,是长期资本投资形式之一,即一国政府机构或公司企业及其他投资者,以购买他国证券的方式所进行的投资。其主要特征是不参与对所投资企业的经营管理。所购买的证券包括股票和债券,其收益为股息、红利或债券利息。购买他国股票若达不到直接投资所规定的比例,即零星股票购买,则不能拥有对企业的经营管理权,一般被视为间接投资。

3. 国际中长期信贷

国际中长期信贷,是指一国政府或企业从他国银行或其他金融机构借入中长期资金。官方的中长期信贷主要包括政府间借款或国际金融机构的贷款。私人中长期信贷主要通过向跨国银行借贷进行。国际中长期信贷包括：政府间借款、国际金融机构贷款、国际商业银行贷款、中长期出口信贷。

（二）短期资本流动

短期资本流动（short-term capital flow），是指期限为 1 年或 1 年以内或即期支付资本的流入与流出。这种国际资本流动，一般都借助于有关信用工具，并通过电话、电报、传真等通信方式进行。这些信用工具包括短期政府债券、商业票据、银行承兑汇票、银行活期存款凭单、大额可转让定期存单等。由于通过信汇、票汇等方式进行国际资本转移，相对来说，周转较慢，面临的汇率风险也较大，因此短期国际资本流动多利用电话、电报、传真等方式来实现。国际游资也称**热钱**（hot money），从广义来讲，应包括各种形式的短期资本，但从狭义上来说，应该指短期资本中的投机性资本。这种资本的大规模流动，所造成的影响是巨大的。

从性质上看，短期国际资本流动主要有四种类型。

1. 贸易资本流动

这是指国际上贸易往来的资金融通与资金结算而引起的货币资本在国家间的转移。世界各国在贸易往来中，必然会形成国家间的债权债务关系，而为结清这些关系，货币资本必然从一个国家或地区流往另一个国家或地区，贸易资本流动就形成了。一般来说，这种资本流动，是资本从商品进口国向商品出口国转移，具有不可逆转的特点，因此严格来说，它属于国际资金流动。

2. 银行资本流动

这是指各国经营外汇业务的银行金融机构，由于相互之间的资金往来而引起的资本在国家间的转移。这些流动在形式上包括套汇、套利、掉期、头寸调拨以及同业拆借等。

3. 保值性资本流动

这是指短期资本持有者，为了避免或防止手中资本的损失而把资本在国家间进行转移。这种资本的流动，也称资本外逃。这种资本流动的动机是为了资本的安全性和盈利性。引起资本流动的原因是国内政局动荡、经济状况恶化、国际收支失衡以及严格的外汇管制等。

4. 投机性资本流动

这是指投机者为了赚取投机利润，利用国际市场上汇率、利率、黄金、证券等的价格波动，通过低进高出或买空卖空等方式而进行的资本在国家间的转移。

除了上述几类短期资本流动，政府有关部门和货币当局进行的市场干预活动、一国政治经济形势的急剧变化所引发的资本外逃等，通常也以短期资本大规模跨国界流动的形式出现。

三、国际资本流动的原因、特征及影响

（一）国际资本流动的原因

引起国际资本流动的原因很多，有根本性的、一般性的、政治的、经济的，归结起

来主要有以下几个方面。

1. 过剩资本的形成或国际收支大量顺差

过剩资本是指相对的过剩资本。随着资本主义生产方式的建立，资本主义劳动生产率和资本积累率的提高，资本积累迅速增长，在资本的特性和资本家唯利是图的本性的支配下，大量的过剩资本就被输往国外，追逐高额利润，早期的国际资本流动就由此而产生了。随着资本主义的发展，资本在国外获得的利润也大量增加，反过来又加速了资本积累，加剧了资本过剩，进而导致资本对外输出规模的扩大，加剧了国际资本流动。

2. 利用外资策略的实施

无论是发达国家，还是新兴市场国家，都会不同程度地通过不同的政策和方式来吸引外资，以达到一定的经济目的。美国目前是全球最大的债务国，而大部分新兴市场国家，经济比较落后，迫切需要资金来加速本国经济的发展，因此往往通过开放市场、提供优惠税收、改善投资软硬环境等措施吸引外资的进入，从而增加或扩大了对国际资本的需求，引起或加剧了国际资本流动。

3. 利润的驱动

增值是资本运动的内在动力，利润驱动是各种资本输出的共有动机。当投资者预期到一国的资本收益率高于他国，资本就会从他国流向这一国；反之，资本就会从这一国流向他国。

4. 汇率的变化

汇率的变化也会引起国际资本流动，尤其20世纪70年代以来，随着浮动汇率制度的普遍建立，主要国家货币汇率经常波动且幅度大。如果一个国家货币汇率持续上升，则会产生兑换需求，从而导致国际资本流入，如果一个国家货币汇率不稳定或下降，资本持有者可能预期到所持的资本实际价值将会降低，则会把手中的资本或货币资产转换成他国资产，从而导致资本向汇率稳定或升高的国家或地区流动。

5. 通货膨胀的发生

通货膨胀往往与一个国家的财政赤字有关。如果一个国家出现了财政赤字，该赤字又是以发行纸币来弥补的，必然会增加通货膨胀的压力，一旦发生了严重的通货膨胀，为减少损失，投资者会把国内资产转换成外国债权。如果一个国家发生了财政赤字，而该赤字以出售债券或向外借款来弥补，也可能会导致国际资本流动，因为当某个时期人们预期到政府又会通过印发纸币来抵销债务或征收额外赋税来偿付债务时，则又会把资产从国内转往国外。

6. 政治、经济及战争风险的存在

政治、经济及战争风险的存在，也是影响一个国家资本流动的重要因素。政治风险是指由于一国的投资环境恶化而可能使资本持有者所持有的资本遭受损失。经济风险是指由于一国投资条件发生变化而可能给资本持有者带来的损失。战争风险，是指可能爆发或已经爆发的战争对资本流动可能造成的影响。

7. 国际炒家的恶性投机

所谓恶性投机，包含两种含义：第一，投机者基于对市场走势的判断，纯粹以追逐利润为目的，刻意打压某种货币而抢购另一种货币的行为；第二，投机者不是以追求盈利为目的，而是基于某种政治理念或对某种社会制度的偏见，动用大规模资金对某国货币进行刻意打压，由此阻碍、破坏该国经济的正常发展。无论哪种投机，都会导致资本的大规模外逃，并会导致该国经济的衰退。

8. 其他因素

政治及新闻舆论、谣言、政府对资本市场和外汇市场的干预，以及人们的心理预期等因素，都会对短期资本流动产生极大的影响。

（二）国际资本流动的特征

基于上述原因，资本出于自身保值增值及利润最大化等原因，总是在国际上寻找最佳的投资机会。资本是经济发展过程中产出超过消费的部分利润，转化为储蓄后，通过投入到后续的生产过程中实现自身的价值。资本的流动方向与经济发展的水平密切相关。从整体看，近几十年来全球经济快速发展，各国产出水平随着教育水平提高、医疗水平提高和技术进步等原因显著增长，资本的跨国流动也更加频繁。因此，国际资本流动不仅存在整体上的一致性趋势，也呈现出国家间的异质性。

1. 外国直接投资流入的变化

外国直接投资（FDI）反映了外国投资者对本国国内公司的长期控制和持久利益，是外国资本通过直接参与 FDI 流入国的实体经济活动分享后者经济增长红利的重要途径。联合国贸易和发展会议（UNCTAD）的数据显示，1970~2018 年的近 50 年间，全球 FDI 流入水平如图 10-1 所示。

1970 年，全球 FDI 水平仅为 132.5 亿美元，而到 2018 年时已经达到了 1.54 万亿美元，增长了 115 倍，年复合增长率超过了 9.95%。总体呈现增长趋势的同时，全球 FDI 水平表现出三个上升期、一个下降期和一个波动期。第一个上升期出现在 20 世纪 70 年代到 80 年代末期，由于基数较低的原因，外国投资水平呈现增速快但增量低的特征，1986 年和 1987 年的增长率高达 50% 以上，反映出国际投资的迅猛增加趋势。第二个上升期出现在 1992~2000 年，同期的 FDI 增速平均为 28%，不到 10 年间翻了 7 倍，远高于 50 年内的平均增速水平。特别是 1997~1999 年，全球 FDI 水平不但没有受到亚洲金融危机的影响，反而在 1999 年实现了 55% 的增速。第三个上升期出现在 2004~2008 年，全球 FDI 同期年平均增速为 36%，在 5 年间翻了 2 倍。

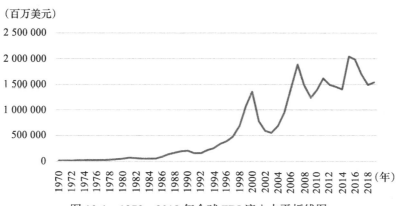

图 10-1　1970~2018 年全球 FDI 流入水平折线图

2008年的金融危机对世界经济的影响直接体现在FDI水平的变化上，当年FDI水平同比缩水21%，降幅仅次于主要发达国家受到美国"9·11"恐怖袭击影响的2001年和后续的2002年。相比较21世纪初全球花费6年时间恢复到冲击前的投资水平，2008年全球金融市场受到的冲击更加剧烈，影响更为深远，整体进入了振荡期。尽管2015年FDI水平达到了历史峰值2.04万亿美元，但随后便开始了连续3年的持续下跌，最终于2018年勉强增速回正。

2018年后全球FDI水平的震荡趋势表明，当前全球经济整体上增长缺乏动力导致跨国投资后继乏力，难以维持前期的高速增长。在全球经济普遍乏善可陈的阶段，全球资本流动在21世纪第2个10年中整体上处于低潮期。

从图10-2的洲际数据看，进入21世纪的大部分时间里，欧洲都是FDI的主要流入国。同期，北美洲的FDI流入水平整体低于欧洲，但二者的增减保持了高度的相关性。与此相对的是，进入21世纪后，亚洲地区和南美洲地区的FDI流入水平整体呈现稳步上升趋势，且亚洲地区平均增速显著高于北美洲和欧洲地区。2019年后，随着欧洲地区FDI水平的衰落和北美洲地区FDI水平的增长短暂停滞，亚洲取代欧洲，成为世界上最主要的FDI流入地区。2019年截面数据从高到低分别代表亚洲、欧洲、北美洲、南美洲、非洲、大洋洲。

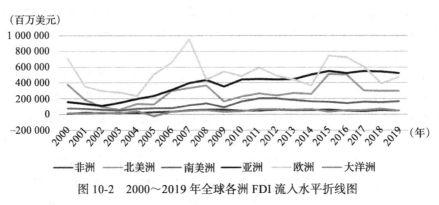

图10-2　2000～2019年全球各洲FDI流入水平折线图

中国作为亚洲经济增长最稳健的国家，近年来吸引外国投资的能力稳定增加。从图10-3中可见，尽管亚洲国家整体FDI流入水平的增速高于中国，但中国的FDI流入基本保持了正增长态势。2001～2010年，中国FDI流入年增速平均达到11.6%，与亚洲同期的12.7%基本保持同步，但随着亚洲地区整体FDI流入增速的放缓，特别是2016～2019年亚洲整体FDI流入水平呈现萎缩态势之时，中国仍然保持了较为稳健的FDI流入增速，2016～2019年逆势年均增长1.84%，不仅反映了中国在国内营商环境持续改善的情况下相比亚洲其他国家投资环境吸引力日益增强，更是反映出国内经济的稳定性和韧性。

2. 发达国家与发展中国家资本流动的差异

发达国家与发展中国家的经济结构不同、人口数量相异、经济增长速率不同，因此在资本流动的趋势特征上存在较大差异。根据IMF世界经济展望数据库数据，二者间主要差异体现在金融项目差额趋势相反、直接投资流入波动性差异大、国际证券投资净流入态势相异三方面。

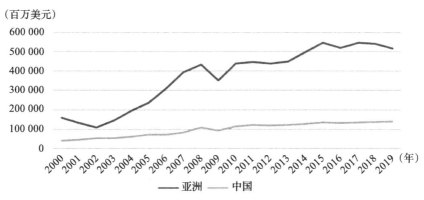

图 10-3　2000～2019 年中国与亚洲 FDI 流入水平折线图

（1）发达经济体金融项目由逆差转顺差，发展中经济体金融项目由顺差转逆差。2008 年前，在国际分工和产业转移的大背景下，发达经济体的过剩资本为寻求发展中经济体增长的黄金机会，往往以直接投资的形式流入发展中经济体。而由于发达经济体的金融市场较为稳健，长期回报率较高，发展中经济体的资本以证券投资等间接投资流入发达经济体。由于同期直接投资的流出大于间接投资的流入，发达经济体的国际金融项目长期处于逆差状态，而发展中经济体的金融项目长期处于顺差状态。

受到 2008 年金融危机的影响，在避险需求的刺激下，大量国际资本从发展中国家流入发达国家，一度使得发达国家的国际金融项目转为顺差。但随后，在发达国家普遍采取量化宽松政策的 2009～2012 年，发达国家充裕的流动性溢出到其他国家，发达国家金融项目再次转为逆差。2013 年以后，随着发达国家逐渐退出量化宽松政策进入加息区间，引发了全球资本的回流趋势，发展中国家持续多年的金融项目顺差消失，连续多年呈现逆差。发达国家的金融项目顺差也扩大到历史高位。

近年来，随着国际上的"黑天鹅""灰犀牛"事件频发，国际资本流动的频率和规模变化更加剧烈，包括 2020 年新冠肺炎疫情的全球蔓延和英国正式脱离欧盟等全球重大事件对国际资本的情绪影响剧烈。未来发达国家和发展中国家的金融账户变化仍存在较大不确定性。

（2）发达国家直接投资波动性大，发展中国家直接投资波动性小。2001～2017 年，发达经济体的 FDI 流入波动率显著高于发展中国家。在 2007 年美国次贷危机前，发达国家 FDI 流入水平达到历史峰值 1.28 万亿美元，到了 2014 年 FDI 流入水平便萎缩至 5 633 亿美元。2016 年恢复至 1.03 万亿美元后，又于 2017 年锐减至 7 536 亿美元，同比降低 27%。而对于发展中国家直接投资流入水平而言，除 2009 年受到全球大环境影响而略有下降外，整体呈现稳定增长并小幅波动的趋势。

根据联合国贸易和发展会议发布的《全球国际直接投资回顾与展望（2017～2018）》，2015～2016 年发达经济体 FDI 的流入量大幅增长主要来自欧洲和北美洲地区，然而 2017 年发达经济体的 FDI 流入量遭遇大幅回调。亚洲发展中国家和地区仍然是仅次于发达国家的全球直接投资最具吸引力的国家，2017 年全球 FDI 流入量排名前三位的国家和地区分别为美国、中国内地和中国香港。

从 FDI 存量水平上看，发达国家尽管流量波动大，但存量相对丰富。2019 年排名世界前十的直接投资流入头寸国家和地区分别是美国（4.46 万亿美元）、荷兰（4.37 万亿美元）、卢森堡（3.50 万亿美元）、中国内地（2.94 万亿美元）、英国（1.97 万亿美元）、中国香港（1.73 万亿美元）、新加坡（1.47 万亿美元）、瑞士（1.45 万亿美元）、爱尔兰（1.15 万亿美元）、德国（1.02 万亿美元）。其中，除中国内地和中国香港地区外，其余均为欧美发达国家。

（3）发达国家国际证券投资净流入先升后降，由正转负。证券市场是国际资本的重要投资选择集，其中发达国家的证券市场是全世界主流证券投资机构资产组合的权重重点分配对象。由于欧美等发达国家市场交易规则更加成熟、市场规模较大、透明度高、市场参与主体以机构投资者为主，长期回报率高，因而发达国家证券市场吸引了包括主权财富基金在内的大量发展中国家的资本进入。

根据 IMF 世界经济展望数据库数据，2001~2014 年，发达国家经济体国际证券投资净额持续为正，呈现净流入态势。这一净流入趋势在 2008 年时达到顶峰，随后便进入了震荡下行区间。2015 年起，发达经济体的证券投资净额由顺差转为逆差。同期，尽管美国资本市场仍然是证券投资净流入的主力，但其他主流国际资本市场（如德国、日本、英国）因受到地区经济增长低迷和英国"脱欧"事件等因素的影响，出现了大规模的证券投资净流出。

发展中国家尽管经济增速的表现优于发达国家，但由于资本市场起步较晚，相关法律法规、规章制度仍然不尽完善，市场参与者成熟度较低，更侧重投机收益而非长期资本回报，因此发展中国家的资本市场在吸引国际参与者方面仍然逊色于发达经济体的资本市场。但仍可以看到，尽管 21 世纪前 20 年中发展中经济体的国际证券投资净额整体围绕 0 上下波动，但在 2008 年金融危机后一段时期内已经初步呈现出了国际证券投资净流入的特征。在发达国家证券投资净额由顺转逆后，发展中国家的净额已经超过了发达国家。在发展中国家内部，2016~2017 年亚洲发展中国家证券投资呈现净流出状态，而非洲、南美洲和欧洲的发展中经济体迎来了证券投资净流入。这一定程度表明发展中国家仍然需要提高资本市场的成熟度和长期回报率，以吸引更多国际资本参与本国证券交易。

（三）国际资本流动的影响

1. 国际资本流动的积极影响

（1）国际资本流动可以调剂国家间的资金余缺，使资源得到更有效的利用。

（2）伴随着国际资本流动，往往是发达国家的先进技术和管理同时输入到发展中国家。因而有利于先进科学技术和管理在世界范围的广泛传播和推广利用，促进发展中国家的经济发展，带动发展中国家的经济增长。

（3）正常有序的国际资本流动可以帮助一些国家调节国际收支的失衡，维持其汇率及国内经济的稳定。国际收支有大量顺差的国家，通过输出资本可以缓解顺差带来的本币对外升值及国内通货膨胀的压力。而国际收支逆差国家可以通过输入短期资本，暂时弥补国际收支逆差；或者以长期资本输入弥补国内资金的不足，从而扩大投资和生产能力，带动出口增加，改善国际收支状况。但由投机性需求引起的短期资本流动有明显的副作用，所以许多国家都采取严格控制其流入流出的政策。

2. 国际资本流动的负面影响

国际资本流动对输出输入国双方的国内经济和对外经济关系都可能带来一些负面作用。

（1）大量短期资本在国家间的频繁流动，影响各国汇率、利率的稳定，以及国际收支的平衡；同时，也是导致国际金融领域动荡的一个主要因素。

（2）对资本输出国来讲，长期资本输出可能产生减少国内就业，带来国内经济增长停滞和衰退的后果；同时，还可能为本国培养了竞争对手。

（3）对资本输入国来讲，长期资本输入容易导致经济上的对外依赖和被人控制，而且会对本国民族工业与民族经济形成一定程度的冲击。另外，还可能造成债务负担过重，而陷入债务危机。

由于国际资本流动的作用有积极和消极两个方面，故强调其积极作用的国家或政府认为不应控制资本流动，主张资本自由流动；强调其消极作用的国家或政府则主张控制或限制资本流动。实际上，各国政府大都根据本国的具体情况，对资本的输出输入采取不同的对策和方法进行管理。很多国家尤其是新兴市场国家一般都进行外汇管制，对资本流动做出一些限制性的具体规定，而且严格进行外债管理，将本国负债率、偿债率控制在合理水平上。同时，一些国家对商业银行经营的海外存贷款业务做出规定，对海外存贷款种类及额度进行限制。另外，各国采用各种经济手段，如利率、汇率、存款准备金率、涉外税收，甚至包括资本充足率等方面的规定，都可看作控制管理国际资本流动的工具。

第二节 利用外债的适度规模与我国的外债管理

利用外资与国际资本流动密不可分。国际资本流动的主要形式同时也是发展中国家利用外资的主要渠道。外债即为一国对国外的负债，是国内债务的相对概念，包括一切对当地非居民以外国货币或当地货币为核算单位的有偿还责任的负债。其中，除了直接投资，其他如债券投资、国际信贷等形式都可能构成一国的直接对外负债，形成一国的债务负担。外债净额等于一国的外债总额，减去该国居民对非居民的全部债权（即海外资产）。外债总额和外债净额反映的都是过去历年累积的对外债务，即外债的存量；国际收支资本项目中则反映每年外债的增减变动额，即外债的流量。

一般而言，政府借用外债是充分利用外资的重要形式，是缓解本国财政资金紧缺、获得低成本资金推动本国产业结构升级、加快基础设施建设的重要途径。根据公司金融中的 MM 第二定理可知，当一家公司增加负债权益比时，因为债务的偿还优先于股票股息支付，因此杠杆水平的增加会加剧权益的风险，从而提高权益的必要报酬率。类似地，对于国家而言，由于本国投资者存在"爱国情结"等心理因素，同时对本国政府的了解和宽容度比外国投资者更高，相比之下，对国外债权人的债务偿还比对国内债权人的偿还更具刚性。由于对外债务的增加同等条件下强化了对本国还本付息及时性的约束,所以对发展中国家而言,在积极利用外资的同时,必须注重对外债的严格管理。

一、利用外债的适度规模

利用外债的适度规模,指实现既定宏观经济目标所需要的最小引进外资数量。如果引进外资超出这个数量,就可能造成国内资金闲置,使外资转向其他用途的低效利用,或者引发通货膨胀和结构扭曲等各种消极影响。外债固有的利率、汇率等风险具有很大的不确定性,减少这种风险的简单办法就是在外债达到适度规模时,尽可能减少外债的数量。

(一) 储蓄缺口决定的外债适度规模

根据两缺口模型,发展中国家在经济起飞中首先遇到的是储蓄缺口的约束。它的产生是由于政府的目标增长率超出可维持增长率。根据哈罗德-多马模型,可维持增长率为

$$g = \Delta Y/Y = s\sigma \tag{10-1}$$

式中,g 为可维持增长率;s 为国内储蓄率;σ 为资本生产率。分析中不考虑折旧。

如果目标增长率大于可维持增长率,且资本生产率为常数,则政府需要使国民储蓄率达到一个特定值

$$\bar{s} = \bar{g}/\sigma \tag{10-2}$$

式中,$\bar{s}$ 为国民储蓄率;$\bar{g}$ 为目标增长率。国民储蓄为国内储蓄与国外储蓄之和

$$S = S_d + S_f = S_d + I_f \tag{10-3}$$

式中,S 为国民储蓄;S_d 为国内储蓄;S_f 为利用国外储蓄。利用国外储蓄是采取外资流入 I_f 的形式。

目标增长率要求目标投资达到一个特定值

$$\sigma = \Delta Y/I = gY/I, \quad \bar{I} = (\bar{g}/\sigma)Y \tag{10-4}$$

实现目标增长率所产生的储蓄缺口为

$$\bar{I} - S_d = (\bar{g}/\sigma)Y - sY \tag{10-5}$$

式中,$\bar{I} - S_d$ 为计划投资与国内储蓄之间的缺口,计划投资由式(10-4)决定,国内储蓄则是储蓄倾向 s 与收入的乘积,$S_d = sY$。

利用外资的适度规模可写成

$$I_f = (\bar{g}/\sigma)Y - sY \tag{10-6}$$

该式表明,新兴市场国家为消除储蓄缺口而引进外资的数量取决于四个因素:①目标增长率越高,需要引进外资的数量越多;②资本生产率越高,需要的外资数量越少;③国内储蓄率越高,需要的外资越少;④由于目标储蓄率 $\bar{s} = \bar{g}/\sigma$ 大于国内储蓄率,现有国民收入水平越高,需要利用的外资越多。

(二) 外汇缺口决定的外债适度规模

在经济发展的第二阶段,外汇缺口成为制约经济增长的瓶颈。为简化分析,设发展中国家只进口生产资料。进口与经济增长的关系可表示为

$$g = \Delta Y/Y = (V/Y)(\Delta Y/V) = V_Y \delta \qquad (10\text{-}7)$$

在经济增长的定义方程中,让分子和分母同乘以进口 V,则经济增长率可反映为进口倾向 ($V_Y = V/Y$) 与进口资源生产率 ($\delta = \Delta Y/V$) 的乘积。如果进口资源生产率不变,目标增长率的实现需要目标进口率作为保证。

$$\bar{g} = \bar{V}_Y \delta, \quad \bar{V}_Y = \bar{g}/\delta \qquad (10\text{-}8)$$

式中,$\bar{V}_Y$ 为目标进口率,它是目标增长率与进口资源生产率之商。

如果发展中国家未利用外资,外汇缺口将表现为

$$\bar{V} - X = \bar{V}_Y Y - V_Y Y = (\bar{g}/\delta) - V_Y Y \qquad (10\text{-}9)$$

式中,$\bar{V}$ 为实现目标增长率所要求的进口量;$\bar{V} - X$ 为外汇缺口;$\bar{V}_Y Y$ 是目标进口率与收入的乘积;$V_Y Y$ 表示出口 X 所能支持的进口。

为消除外汇缺口所需利用的外资数量 I_f 为

$$I_f = (\bar{g}/\delta) Y - V_Y Y \qquad (10\text{-}10)$$

该式表明,从消除外汇缺口的角度,利用外资的适度规模取决于四个因素:①目标增长率越高,需要引进的外资越多;②进口资源生产率越高,需要引进的外资越少;③目标进口倾向高于现有进口倾向的差额 ($\bar{g}/\delta - V_Y$) 越大,则需要利用的外资越多;④国民收入水平越高,需要利用的外资越多。

(三) 外汇储备需要决定的外债适度规模

当发展中国家消除了储蓄缺口和外汇缺口之后,可能出自外汇储备的需要引进外资。根据国际收支平衡表有

$$\Delta R = \text{CA} + I_f \qquad (10\text{-}11)$$

式中,ΔR 为外汇储备增量;CA 为经常项目顺差;I_f 为资本净流入。

一个国家对外汇储备的需要源自多种因素,为分析简化,设政府存在一个目标储备变动额

$$\Delta \bar{R} = \text{CA} + \bar{I}_f \qquad (10\text{-}12)$$

式中,$\Delta \bar{R}$ 为目标储备变动额;$\bar{I}_f$ 为目标引进外资额。如果把经常项目收支差额看成外生变量,则外债适度规模(流量)取决于政府对目标储备变动额的设定。

(四) 影响适度外债规模的其他因素

1. 技术水平

我们以前一直假设技术水平不变,表现为资本生产率和进口资源生产率都是常数。实际上,外资可以改变发展中国家的生产函数,引起劳动与资本的替代关系的变化。显然,外资在提高生产率方面的作用越强,外债适度规模便越大。

2. 国内储蓄转化为资本形成的能力

以前我们一直认为国内储蓄会自动转化为资本形成。但是在发展中国家,由于市场存在不完全性、企业管理效率低下和多种制度上的弊端,储蓄可能转化为积压的产品和银行的呆账,而不会形成固定资产。因此,国内储蓄转化为资本形成的效率越低,外资的适度规模便会越大。

3. 人力资本规模

人力资本规模是反映发展中国家吸收能力的主要指标。一般来说，发展中国家人力资本较少，从而会限制其利用外资的数量。例外的是外商直接投资，因为它把人力资本同时带入发展中国家。需要说明的是，以各种入学率或政府教育投入反映人力资本是不够准确的。首先，就教育内容来看，发达国家与发展中国家存在很大差距；其次，发达国家有比较完善的企业教育体系，而发展中国家大多对其重视不足。

4. 外汇风险

外债与内债的重大区别是它以外币计值。因此，若外债高度集中于某一国家，则该货币汇率上升将增加发展中国家的债务负担。例如，我国外债中日元债务比重非常大。在20世纪80年代，人民币对美元贬值，且美元又对日元贬值，造成日元债务的人民币成本成倍乃至成数倍上升。显然，外汇风险越大，外债适度规模应越小。如果汇率的长期趋势具有可预测性，发展中国家应据此调整外债币种结构。

5. 出口的能力

由于外债有利息负担，依靠资本流入偿还旧债，要求资本流入以递增速度上升，这从长期来看是不可能持续的。从根本上看，偿还外债要依靠出口创汇。因此，偿债率（还本付息额占出口比例）成为衡量一个国家是否具有偿债能力的依据。从更严格的角度来看，只有出口大于进口，才能提供用于偿债的外汇。显然，贸易顺差国的适度债务规模可以较大。

6. 储蓄率的变动趋势

在以前的分析中我们假定储蓄率不变。但是，外债可能改变发展中国家的国内储蓄率。如果外债增加了政府和私人的消费倾向，使得国内储蓄率下降，则该国对外债的依赖度加强。这不仅会造成债务困难，而且表明这种外债在期初就已超出适度规模。另外，外债可能给该国带来只有用外汇才能购买的短缺资源，使资本生产率提高，并带动该国储蓄率上升。在这种情况下，外债适度规模可以相应扩大。

二、我国的外债管理

除了一般定义外，我国外债概念还有其突出特点：一是强调货币形式的债务，即一般不包括实物形式构成的债务，只强调构成外汇偿还负担的债务；二是居民与非居民的人民币债务不包括在外债概念范围内，仍强调构成外汇偿还负担的对外债务。

（一）我国对外债务历史沿革

1. 新中国成立时向苏联借债

1949年新中国成立时，国内工业基础仍然薄弱，同时人民生活水平不高。新中国成立一年后的1950年10月，抗美援朝战役打响，无论是国内经济建设还是前线战斗消耗，都对刚刚成立的新中国提出了巨大的挑战。这一阶段，向苏联举借的外债，连同苏联援助的专家和技术，为中国政府缓解了燃眉之急。

20世纪50年代，苏联以较为优惠的利率向中国提供了3亿美元贷款，并以优惠价格向中国提供了一定武器装备，帮助中国在抗美援朝战役中解决了部分军事装备落后的问题，并为中国国内的经济建设做出了一定贡献。

2. 中苏交恶后对外债的负面评价

1959年中苏交恶后，苏联政府撕毁与我国签署的条约，单方面撤走援助我国的项目和专家，并要求中国提前偿还外债，此举导致中国大量企事业单位及科研、建设项目被迫停滞。对60年代的中国政府和人民而言，举借外债成为经济建设受制于人的代名词，对外债的态度急转直下，以自力更生为荣，以借钱建设为耻。由此，当60年代中期中国政府还清苏联的债务后，成为当时世界上唯一既无外债、也无内债的国家。

3. 改革开放后合理举借外债发展经济

1978年改革开放后，各地加快经济建设的需要与国内紧缺的资金形成了较大的矛盾。利用外资建设经济逐渐成为改革开放后中国政府和人民的共识。通过在集中建设的行业和部门中举借外债引入外资，极大加快了我国社会主义经济建设的步伐，为后期中国经济高速发展奠定了坚实的基础。

（二）当前我国对外债务状况

根据国家外汇管理局数据，从季度数据看，截至2021年9月末，我国全口径（含本外币）外债余额为174 877亿元人民币（折合26 965亿美元，不包括我国香港地区、我国澳门地区和我国台湾地区对外负债，下同；因数据四舍五入因素，子项目和总和可能有所出入）。

从期限结构（按照签约期限在一年以上或一年及以下分类）看，中长期外债余额为81 566亿元人民币（折合12 577亿美元），占47%；短期外债余额为93 311亿元人民币（折合14 388亿美元），占53%。短期外债余额中，与贸易有关的信贷占39%。

从机构部门看，广义政府外债余额为29 392亿元人民币（折合4 532亿美元），占17%；中央银行外债余额为5 468亿元人民币（折合843亿美元），占3%；银行外债余额为76 884亿元人民币（折合11 855亿美元），占44%；其他部门（含直接投资：公司间贷款）外债余额为63 133亿元人民币（折合9 735亿美元），占36%。

从币种结构看，本币外债余额为76 435亿元人民币（折合11 786亿美元），占44%；外币外债余额（含SDR分配）为98 442亿元人民币（折合15 179亿美元），占56%。在外币登记外债余额中，美元债务占85%，欧元债务占7%，港币债务占4%，日元债务占2%，特别提款权和其他外币外债合计占比为2%。

从年度数据看，2020年年末，我国外债负债率为16.3%，债务率为87.9%，偿债率为6.5%，短期外债与外汇储备的比例为40.9%，上述指标均在国际公认的安全线以内，我国外债风险总体可控。

（三）我国外债管理的重点任务与目标

1. 强化多部门合作，构建本外币一体化的外债管理制度

当前，我国外债管理实行多部门联合管理模式，由国家发展和改革委员会、财政部和外汇管理局共同负责。国家发展和改革委员会会同有关部门制订国家外债借用计划，确定全口径外债的总量和结构调控目标。同时，负责境内机构举借中长期外债的备案管理。财政部负责借入、转贷和偿还主权外债（国际金融组织、外国政府贷款、主权债券)。外汇管理局负责短期外债的管理、所有外债登记审批及全口径外债的汇兑和统计,并定期公布外债情况。

传统外债管理方式,即通过控制外债规模进行外债管理,对中长期外债根据发生额管理、对短期外债按余额管理的方式,以微观干预为主,成本高、收益低,存在诸多问题。一是本币外债和外币外债分开管理,使得人民币外债成为新的跨境套利手段。二是对中资、外资企业实行差别化管理,对外资企业实行较为宽松的"投注差"模式存在较大隐患,而中资企业外债融资难度较大。三是未能引入宏观审慎逆周期调节,风险防控不全面,不能有效防范市场主体跨境融资的顺周期性带来的跨境资本异常流动风险及债务期限错配、货币币种错配风险。

随着外债规模的逐渐增大,中国人民银行和国家外汇管理局将外债管理纳入宏观审慎框架,实行本外币一体化宏观审慎跨境融资管理。在一定上限内,境内机构不必经过相关部门事前审批即可开展跨境融资,其融资上限与资本或净资产挂钩。实施全口径跨境融资后,由国家发展和改革委员会监管的中长期外债余额也统一纳入现行全口径计算,国家发展和改革委员会仍然对其行使管辖权,并对中长期外债管理进行了改革。

未来,仍然需要在全口径跨境融资宏观审慎管理中注意与中长期外债备案管理有效衔接。同时,尽管目前实行的全口径跨境融资宏观审慎管理政策建立了完善的数量型工具体系,但价格型调控工具仍然缺失。应逐步引入价格型管理工具,如无息风险准备金和跨境融资交易税等,直接作用于有效跨境融资的管理。

2. 结合我国国情,防范外债规模持续增加的"灰犀牛"风险

自2015年起,我国改按国际货币基金组织数据公布特殊标准调整外债统计口径,并公布全口径外债数据。2014年年末,我国全口径(含本外币)外债总额为1.78万亿美元,而2020年年末,我国全口径外债余额已升至2.40万亿美元。这期间,在2015年至2016年年初经历了小幅减少后,外债水平自2017年后开始稳定增加,并于2020年年末达到历史高值。从规模来看,我国外债占GDP比重处于15%~20%的区间,显著低于美国、日本等发达国家,处于安全区间。2020年的外债增长的显著增加一定程度受新冠肺炎疫情影响,主要源于境外投资者增持境内人民币债券。

尽管当前我国外债总额尚处于安全区间,增速在可控范围内,且有较为充足的外汇储备作为支撑,但仍需要长期对外债头寸进行良好管理。特别是目前人民币尚无法在全球范围内实现国际货币的全部作用,因此我国仍需要对潜在债务问题进行重视,结合国际公认的警戒线制定出符合我国实际的监管制度,防范潜在的外债过快增长带来的"灰犀牛"风险。

3. 提高外债使用效率,重规模更重质量

发展中国家利用外债一般有三个目的:一是经济发展缺乏足够的国内储蓄时,需要引进国外资金补充国内储蓄;二是在贸易持续逆差的情况下,通过资本净流入来弥补外汇缺口,维持国际收支平衡;三是引进国外先进技术和设备,提高产品质量,从而达到提高国际竞争力的目的。我国企业使用外债的主要原因除上面的第三个目的"技术引进论"外,还包括获得国际上成本相对较低的融资,改善企业经营状况。

由于外债持有者对于信息披露、企业运营等方面的要求高于国内投资者,因此借用外债对企业的经营管理也提出了较高的要求。当前，我国部分企业内控机制、经营机制尚不健全，公司治理情况仍然"重人治、轻法治"，且"融资重规模，使用轻效益"，严重影响了外债的使用效果，更影响了企业的盈利能力，对本企业甚至同行业其他企业的后期融资带来影响。

因此，企业在进行融资时，要充分认识到债务融资对后期企业经营的影响，充分安排外债存续期内对投资者的利息支付和债券到期后的本金兑付问题。企业应在审慎决策债务融资特别是外债融资替代股权融资的必要性后，再通过良好的公司治理机制进行审慎的债务融资可行性分析，在充分论证和民主决策的前提下使用外债融资，最大限度地实现改善企业经营、提高产品质量的目的。

4. 隐性外债"应管尽管"，提高全口径跨境融资监管精确性

隐性外债是指处于国家对外债的监督管理之外且不反映于国家外债统计监测系统之中的实际对外负债，是我国当前外债管理中存在的一大问题。由于这些外债流动性强、监管困难，没有在国家外汇管理局注册，政府很难掌握这些外债的具体数额，无法进行控制。

未经注册的外债在不受监控的情况下增加，将在很大程度上威胁到整个国家的金融安全与稳定。例如，外商投资企业的已分配未汇出利润、股权转让项下以及其他资产交易项下对外应付款，以及外债利息长期挂账不还等，本质上是将资本转化为对外负债，虽不纳入我国外债统计监测范围，但构成事实上的隐性外债。

针对隐性负债问题，未来可加强外商投资企业对外应付款登记，由企业自行办理未分配利润、应付股利和其他资产交易项下对外应付款的使用及汇出登记。同时，将全口径跨境融资监管与中国人民银行的支付结算系统、反洗钱信息系统等对接，建立统一高效的全口径跨境融资数据采集、监测、分析和预警体系，防范跨境资金流动风险，提高监管效率。

【阅读专栏 10-1】

外债管理将是未来资本市场改革开放的核心话题

"当前宏观经济背景下的中国资本市场改革开放，其中非常重要的是'资本'的开放，而资本的开放就涉及'钱进和钱出'，这其中股票很重要，债券有的时候也许更重要。"野村证券首席经济学家陆挺 2019 年 11 月 13 日表示。

陆挺表示，中国目前在海外发债条件十分便利，原因之一是我国有很大的外汇储备；第二是海外利率非常低，尤其是发达国家，天然创造了非常好的发债条件。"但是发债是一把'双刃剑'，借钱一定要还，这是很简单的道理。所以，在中国资本市场的改革与开放过程中，中资企业境外外币债的管理问题尤为重要。"陆挺进一步强调，"2014 年年初中资企业海外美元债的存量只有 1 500 亿美元，现在的存量是 8 700 亿美元，其中房地产和金融企业发行存量超过一半，其他产业占 45% 左右。对于 8 700 亿美元的存量，我们要重视，这也是未来几年非常核心的话题。"

首先，海外美元债的发展是改革开放的成果，表明中国国力的崛起和稳固的信用与能力。其次，目前存量已经达到 8 700 亿美元，而且还在上升，中资企业海外美元债净融资额伴随着偿债压力增加正在下行。最后,陆挺强调,据保守估计,通过中资企业海外美元债流入中国的资金达 3 000 亿美元左右,这些资金很大程度上没有统计到社会融资规模里面,使得这些因素可能会倒过来对宏观经济以及信贷增长产生一定的收缩效应。希望中资企业美元债能纳入宏观经济、监管研究、资本市场改革开放研究的事宜中,将金融新工具的监管和宏观审慎的监管跟上。

此外,陆挺也提到外资对中国市场的布局提速,2020 年,券商等外资股比限制全部放开,外资机构将如何与本土机构竞争,中资券商的优势和特色又在哪里呢?对此,陆挺在接受《证券日报》记者采访时表示:"中资券商在很多领域已经非常成熟,尤其是在零售业务部分,我们不要妄自菲薄,也无须太担心。"他强调,实际上外资进入中国有优势也有劣势。一是外资进入中国后适应国内监管形式需要一个漫长的过程;二是文化差异较大。从这两个角度来看,外资想在短期之内超越中资在业务方面的难度比较大。

"从优势来看,外资有很多地方值得我们学习。一是当企业规模做大时怎么去管理;二是中资券商业务领域较窄。例如海外券商主要业务和利润来源不是股票,而是外汇和固定收益。中资券商将来一旦跨境到海外需要补很大的课。总之中资、外资各有长短,互相学习。"陆挺如是说。

资料来源:王思文.野村证券首席经济学家陆挺:外债管理将是未来资本市场改革开放的核心话题[N].证券日报,2019-11-15.

第三节 国际债务危机与新兴市场国家的资本外逃

正常的国际资本流动有利于国际上资源的有效配置,在解决了发达国家资本过剩问题的同时,也满足了发展中国家对于资金的需求。但同时,对引进外资国家的外债管理不善也容易影响国际债权债务关系的正常发展,引发国际债务危机与资本外逃。

一、国际债务危机

债务危机是指一国不能按时偿付其国外债务,包括主权债和私人债务,表现为大量的公共或私人部门无法清偿到期外债,一国被迫要求债务重新安排和国际援助。

(一)国际债务危机产生的原因

国际债务危机的爆发是国内、国际因素共同作用的结果,但外因往往具有不可控性,且外因总是通过内因起作用。因此,从根本上说债务危机产生的直接原因在内因,即对国际资本盲目借入、使用不当和管理不善而导致的结果。

1. 外债规模膨胀

如果把外债视为建设资金的一种来源,就需要确定一个适当的借入规模。因为资金积累主要靠本国的储蓄来实现,外资只能起辅助作用;而且,过多地借债如果缺乏相应的国内资金及其他条件的配合,宏观经济效益就得不到应有的提高,进而可能因沉重的债务负担导致债务危机。现在国际上一般把偿债率作为控制债务的标准。因为外债的偿还归根到底取决于一国的出口创汇能力,所以举借外债的规模要受制于今后的偿还能力,即出口创汇能力。如果债务增长率持续高于出口增长率,就说明国际资本在使用及偿还环节上存在着严重问题。理论上讲,一国应把当年还本付息额对出口收入的比率控制在20%以下,超过此界限,借款国应予以高度重视。

2. 外债结构不合理

在其他条件相同的情况下,外债结构对债务的变化起着重要作用。外债结构不合理的主要表现有以下几方面。

(1)商业贷款比重过大。商业贷款的期限一般较短,在经济较好或各方一致看好经济发展时,国际银行就愿意不断地贷款,因此这些国家就可以不断地通过借新债还旧债来"滚动"发展。但在经济发展中一旦出现某些不稳定因素,如政府的财政赤字、巨额贸易逆差或政局不稳等使市场参与者失去信心,外汇储备不足以偿付到期外债时,汇率就必然大幅度下跌。这时,银行到期再也不愿贷新款了。为偿还到期外债,本来短缺的外汇资金这时反而大规模流出,使危机爆发。

(2)外债币种过于集中。如果一国外债集中于一两种币种,汇率风险就会变大,一旦该外币升值,则外债就会增加,增加偿还困难。

(3)期限结构不合理。如果短期外债比重过大,超过国际警戒线,或未合理安排偿债期限,都会造成偿债时间集中,若流动性不足以支付到期外债,就会爆发危机。

3. 外债使用不当

借债规模与结构确定后,如何将其投入适当的部门并最大地发挥其使用效益,是偿还债务的最终保证。从长期看,偿债能力取决于一国的经济增长率,短期内则取决于一国的出口率。所以人们真正担心的不是债务的规模,而是债务的生产能力和创汇能力。许多债务国在大量举债后,没有根据投资额、偿债期限、项目创汇率以及宏观经济发展速度和目标等因素综合考虑,制定出外债使用走向和偿债战略,不顾国家的财力、物力和人力等因素的限制,盲目从事大工程建设。由于这类项目耗资金、工期长,短期内很难形成生产能力,创造出足够的外汇,造成债务积累加速。同时,不仅外债用到项目上的资金效率低,而且还有相当一部分外债根本没有流入到生产领域或用在资本货物的进口方面,而是盲目过量地进口耐用消费品和奢侈品,这必然导致投资率的降低和偿债能力的减弱。而不合理的消费需求又是储蓄率降低的原因,使得内部积累能力跟不上资金的增长,进而促使外债的进一步增加。有些国家则是大量借入短期贷款在国内做长期投资,而投资的方向主要又都是房地产和股票市场,从而形成泡沫经济,一旦泡沫破灭,危机也就来临了。

4. 对外债缺乏宏观上的统一管理和控制

外债管理需要国家对外部债务和资产实行技术和体制方面的管理,提高国际借款的收益,减少外债的风险,使风险和收益实现最圆满的结合。这种有效的管理是避免债务危机的关键所在。其管理的范围相当广泛,涉及外债的借、用、还各个环节,需要政府各部门进行政策协调。如果对借用外债管理混乱,多头举债,无节制地引进外资,往往会使债务规模处于失控状态和债务结构趋于非合理化,从而妨碍政府根据实际已经变化了的债务状况对政策进行及时调整,而政府一旦发现政策偏离计划目标过大时,偿债困难往往已经形成。

5. 外贸形势恶化，出口收入锐减

由于出口创汇能力决定了一国的偿债能力，一旦一国未适应国际市场的变化及时调整出口产品结构，其出口收入就会大幅减少，经常项目逆差就会扩大，从而严重影响其还本付息能力。另外巨额的经常项目逆差会进一步造成对外资的依赖，一旦国际投资者对债务国经济前景的信心大减，对其停止贷款或拒绝延期，债务危机就会爆发。

（二）国际债务危机的影响

债务危机严重干扰了国际经济关系发展的正常秩序，是国际金融体系混乱的一大隐患，尤其对危机爆发国的影响更是巨大，会给经济和社会发展造成严重的后果。

1. 国内投资规模会大幅缩减

首先，为了还本付息，债务国必须大幅压缩进口以获得相当数额的外贸盈余。因此，为经济发展和结构调整所需的材料、技术和设备等的进口必然受到严重抑制，从而造成生产企业投资的萎缩，甚至正常的生产活动都难以维持。

其次，债务危机的爆发使债务国的国际资信大大降低，进入国际资本市场筹资的渠道受阻，不仅难以借到条件优惠的贷款，甚至连条件苛刻的贷款也不易借到。同时，国际投资者也会视危机爆发国为高风险地，减少对该国的直接投资。外部资金流入的减少，使债务国无法筹措到充足的建设资金。

最后，危机爆发后国内资金的持有者对国内经济前景持悲观态度，也会纷纷抽回国内投资，这不仅加重了国家的债务负担，也使国内投资资金减少，无法维持促进经济发展应有的投资规模。

2. 通货膨胀会加剧

债务危机爆发后，流入债务国的资金大量减少，而为偿债流出的资金却越来越多。资金的流出，实际上就是货物的流出，因为债务国的偿债资金主要是依靠扩大出口和压缩进口来实现的。由于投资的缩减，企业的生产能力也受到影响，产品难以同时满足国内需求与出口的需要。为还本付息，国家将出口置于国内需求之上。另外，进口商品中一些基本消费品也大幅减少。当国内市场的货物供应量减少到不能满足基本要求，以致发生供应危机时，通货膨胀就不可避免。此外，在资金巨额净流出、头寸短缺的情况下，债务国政府往往还会采取扩大国内公债发行规模和提高银行储蓄利率等办法来筹措资金。但筹措到的资金相当大一部分是被政府用于从民间购买外币偿还外债，必然造成国内市场货币流通量增多。由于这部分资金较少用于投资，不具有保值更无增值的效应。这样，在公债到期偿还或储户提款时，国家银行实际并无能力偿还，于是不得不更多地发行利率更高、期限更短的新债券，并扩大货币发行量，在这种情况下，通货膨胀不可避免。

3. 经济增长会减慢或停滞

为制止资金外流，控制通货膨胀，政府会大幅提高利率，使银根进一步收紧，而为偿债需兑换大量的外汇，又使得本币大幅贬值，企业的进口成本急剧升高。资金的缺乏及生产成本的上升，会使企业的正常生产活动受到严重影响，甚至可能破产、倒闭。投资下降，进口减少，虽然有助于消除经济缺口，但生产的下降势必影响出口的增长。出口若不能加速增长，就无法创造足够的外汇偿还外债，国家的债务负担也就难以减轻。

这些都使国家经济增长放慢，甚至会出现较大幅度的倒退。例如，20 世纪 80 年代拉丁美洲爆发债务危机后，其地区经济基本上在原地踏步。整个 80 年代，拉丁美洲国内生产总值累积增长 12.4%，而人均增长 –9.6%。亚洲金融危机中深受外债危机困扰的泰国、印度尼西亚与韩国的 1998 年国内生产总值增长率分别为 –5.5%、–14% 与 –2%。

4. 社会后果严重

随着经济衰退的发生，大批工厂、企业倒闭或停工停产，致使失业人口剧增。在高通货膨胀情况下，职工的生活也受到严重影响，工资购买力不断下降，对低收入劳动者来说，更是入不敷出。失业率的上升和实际工资的下降使债务国人民日益贫困化，穷人队伍越来越庞大。另外，因偿债实行紧缩政策，债务国在公共社会事业发展上的投资经费会越来越少，人民的生活水平也会日趋恶化。因此，人民的不满情绪日增，他们反对政府降低人民的生活水平，反对解雇工人，要求提高工资。而政府在债权银行和国际金融机构的压力下，又不得不实行紧缩政策。在此情况下，会导致民众用游行示威甚至暴力的方式表示对现状的极度不满，从而带来政局不稳和社会动乱。

5. 对国际金融体系的影响

债务危机的产生对国际金融体系运作的影响也是十分明显的。首先，债权国与债务国同处于一个金融体系之中，一方遭难，势必会牵连另一方。债权人若不及时向债务国提供援助，就会引起国际金融体系的进一步混乱，从而影响世界经济的发展；其次，对于那些将巨额贷款集中在少数债务国身上的债权银行来说，一旦债务国倒账，必然使其遭受严重损失甚至破产；最后，债务危机使债务国国内局势急剧动荡，也会从经济上甚至政治上对债权国产生不利影响。在这种情况下，债权人不得不参与债务危机的解决。

（三）解决国际债务危机的措施

在国际经济一体化背景下，债务危机威胁到整个国际金融领域及世界经济的稳定。同时，债务危机还威胁到国际货币体系的稳定。发展中国家的大量债务大都来自国际商业银行，尤其是欧洲货币市场。债务危机将导致大量银行倒闭，从而产生连锁反应，威胁国际货币体系的稳定，导致金融危机的发生。

1. 国际社会挽救债务危机的过程

由于债务危机不仅危及发展中国家经济增长，而且影响发达国家的经济增长，更威胁到国际货币体系和世界经济的稳定，因此国际社会，无论是债务国还是债权国，以及国际金融机构都有责任为挽救债务危机而努力。1982 年墨西哥危机发生后，国际社会挽救债务危机的过程大体经历了三个阶段。

第一阶段为重整债务阶段（1982～1984 年）。其特点是债权银行要求债务国以紧缩经济为条件给予延期还款、降低利率及减免部分债务的优待。但重整债务的结果却使债务国生产下降，出口减少，更增加了其偿债困难。债权银行也由此不履行承诺，不但不增加新的贷款，反而收缩贷款或贷款条件更加苛刻，结果导致债务重整计划以失败告终。

第二阶段为增长调整阶段（1985～1986 年）。其特点是以市场导向型的经济政策为条件，对债务国采取所谓一揽子挽救措施。最典型的一揽子挽救措施是由"**贝克计划**"（Baker's plan）提出的。其建议的主要内容是，通过增加基金以促进债务国进行市场导向型改革，并通过促使债务国进行经济调整来维持其经济增长，以帮助其履行还本付息义务。但该基金只有300多亿美元，而债务总计已近万亿，杯水车薪，作用不大。

第三阶段是以发展促还债阶段（1987～1991年）。其特点是债务国提出以其工业化的经济发展战略促还债，并敦促西方国家尽快消除贸易保护，为发展中国家提供扩大出口的机会，以便提高偿债能力。同时，美国提出"布雷迪方案"，建议商业银行减免债务国债务本息各3%，并向债务国提供新贷款。但此项计划并未得到西方各国商业银行的响应，要求它们放弃3%的债券本息的确很困难。

尽管国际社会采取了种种挽救危机的措施，但效果都不理想，并未从根本上解决问题，国际债务危机仍在不断发展。

2. 债务国缓解债务危机的措施

面对日益严重的债务危机，债务国积极进行经济调整，力图依靠自己的力量与国际社会的协调及合作尽快渡过危机。其采取的措施主要有以下五个方面。

（1）与国际社会密切合作，重新安排债务。即在国际社会的安排下，进行债务重整，延长宽限期或偿还期，或借新债还旧债。而各债务国则利用这一机会加速调整经济发展计划，大多数国家都不同程度地执行经济紧缩计划，以配合国际社会的安排或措施。

（2）在经济增长的基础上进行调整。与南美债务国不同，同为债务国的韩国当时采取"稳定、效率、均衡"的增长性经济调整计划，坚持出口导向，并完成了由贸易立国到技术立国的转变，扭转了债务危机的局面。从1986年起不再借债，债务负担逐年下降，1991年还清了所有债务。

（3）调整经济结构。许多债务国在调整经济发展战略的同时，改革经济结构，建立了比较完整的工业体系，并强调政策配合，从各方面推动出口，以培养偿债能力。

（4）债务资本化。通过转换机制把部分债务转变为债权国对债务国企业的证券投资，使银行信贷资产证券化。将银行信贷转为债券后，债权银行可以通过卖掉那些风险很高的债券，减少敞口，以稳定资信。而将债权转换成股权后则可以保证债权银行按期分享股息。同时，债务国把债务转化为股权不仅可以减轻债务负担，还可以促进其资本内流，增强发展生产的能力。

（5）实行金融体制改革。金融是商业之首，是经济运转的润滑剂。与南美国家不同的是，韩国政府清醒地认识到金融体制改革的重要性，经济金融双管齐下。当时采取了本币贬值、开放资本市场及促进经济发展等措施。一方面促进出口，培养偿债能力；另一方面，在挖掘国内资金潜力的同时，有效利用外资，为摆脱债务危机起到很大作用。

二、新兴市场国家的资本外逃

（一）资本外逃定义综述

在学术界，**资本外逃**（capital flight）是一个带有较强价值判断和争议的概念。目前有代表性的定义有以下几种。

（1）金德伯格的"避险"说，即"投资者由于恐慌和怀疑所造成的异常的资本流出"。这里的异常，是指资本从利率高的国家流向利率低的国家。投资者力图躲避的风险涉及汇率风险、恶性通货膨胀、金融动荡以及国内债权缺乏保障等。

（2）卡廷顿的"投机"说，将资本外逃看成"短期投机资本即游资的异常外流"。该定义与"避险"说的主要区别在于它不考虑长期资本外逃。

（3）杜利和金的"规避管制"说。杜利将资本外逃界定为，"居民希望获得不受本国政府控制的金融资产和收益而进行的资本流出"；金将其界定为"从发展中国家流出的、躲避官方管制和监测的私人短期资本"。后者与前者的区别，在于它不考虑长期资本外逃。

（4）托尼尔和世界银行的"福利损失"说。托尼尔将资本外逃界定为"生产资源由贫穷国家向富裕国家的流失"，该定义涉及资本外逃以及自然资源和人力资源流失；世界银行则将其界定为"债务国居民将财富转移到国外的任何行为"。

（5）沃尔特的"违背契约"说，即将其界定为违背**隐含的社会契约**（implied social contract）的私人资本流出。违背契约，指私人的资产调配威胁到政府宏观经济目标的实现或会增加其实现成本。

（二）资本外逃原因

1. 导致资本外逃的要素

（1）金融抑制。据爱德华·肖的观点，发展中国家普遍存在金融抑制，主要表现为金融机构高度国有化、金融市场不发达、政府过分控制金融操作，人为压低利率或使本币高估，资本分配效率低。这使国内缺乏有利可图的投资渠道，国内投资风险较大，容易产生资本外逃。夸克还将外汇管制引起的资本外逃称为**鼠夹效应**（mouse trap effect），即政府对资本流入和流出管制的不对称性，使居民不愿将外汇留在国内以免丧失今后用汇的灵活性。

（2）投资环境恶化。当政府宏观经济政策失误造成国内财政赤字、通货膨胀或经济衰退时，居民为避免通货膨胀税和其他损失，会将资产转移到国外。若政府大量举借外债弥补资本外逃造成的缺口，又会增大居民对征税还债的预期，形成资本外逃和举借外债的恶性循环。该因素同时降低居民和非居民对本国经济的信心，此时资本外逃是单向的，也称"真实性"资本外逃。

（3）固定汇率制下的实际汇率高估。相对而言，部分发展中国家的汇率制度缺乏弹性。当其实际汇率被高估时，容易诱发资本外逃，后者可能在一定条件下引发货币危机。

（4）国际信息的不对称性。沃尔特在传统的资产组合理论中，引入了保密性这种新因素。从事资本外逃的投资者在资产组合中要权衡预期收益、风险和保密性。在部分发展中国家，贩毒、军火交易、走私和官员腐败收入一旦转移到离岸金融中心，外国银行的保密条款有助于这些投资者实现资产最优组合。

（5）人力资本的国际差异。卢卡斯认为，发达国家的劳动中包含大量的发展中国家无法比拟的人力资本因素，因此发达国家的资本边际报酬可能高于部分发展中国家。这为资本从发展中国家流向发达国家提供了新的解释。

（6）对居民与非居民的差别待遇。莱塞德和威廉姆森认为，部分发展中国家存在某些歧视性的宏观经济和管理政策，如显性和隐性的税收差别、差别担保、不同的利率上限、拥有外币资产的难易程度不同等。差别待遇一方面导致居民的资本外逃，另一方面引起非居民的资本流入。它还可能造成"过渡性"资本外逃，即居民先将资本转移到国外，再以非居民身份对国内投资。

（7）发展中国家国内资产存在公共产权。托尼尔和韦拉斯科认为，在发展中国家，政府和一些利益集团可能拥有对其他利益集团资产的公共产权，即缺乏严格排他性的产权设置和较好的产权保护。各利益集团为避免国内资产被其他利益集团侵占，会将其资本转移到国外私有产权保护程度较高的地方。

（8）政策的不确定性。亚利桑那和泰柏林认为，发展中国家存在政策的不确定性。它们构造了一个左翼和右翼政府随机执政的非合作动态博弈模型，说明居民对政府未来政策取向的不确定性，会导致资本外逃和政府大量举借外债并存。

2. 导致我国资本外逃的特殊原因

中国资本外逃的形成是特定的国际国内经济金融环境的产物，与国内外的众多经济金融因素都有着密切的联系。对于我国来说，资本外逃除上述因素外，还有以下几个特殊原因。

（1）多年以来我国汇率体制始终部分受限于市场参与主体单一、银行间外汇市场不能真实反映市场的实际供需等困境。因此人民币汇率在随经济基本面变化而及时做出调整上存在局限，吸引着资本逐利。

（2）资产的保密性、安全性等也是影响资产持有者的资产选择，进而影响到资本外逃的一个重要因素。一些拥有巨额财产或者财产来历不明的人常常会将资产转移到国外，以获得资产的保密性。

（3）投资者担心其资产继续放在国内收益会下降，就可能产生资本外逃行为。从资产组合的角度看，这是由于政治性的、制度性的原因改变了金融市场的风险收益结构，直接导致投资者对其资产的收益率与风险产生忧虑。随着我国对外企相关政策的调整及我国人力成本的上升，外企在华投资的收益率将会出现下降，这将直接导致外企对华投资向外转移。而且，随着我国"走出去"战略，对外直接投资稳步上升，资本也会出现向国外的转移。

（三）非法资本外逃的主要渠道

1. 经常账户项下的资本外逃

国际收支平衡表的主要组成部分经常账户一般分为三类，即货物和服务、初次收入和二次收入。其中，货物和服务中的前者指有形商品的国际贸易，后者指无形的服务贸易，包括公民的跨国旅游、银行和保险的业务往来等；初次收入主要为雇员报酬和投资收益；二次收入主要体现为经常转移。

1996年，中国正式接受《IMF协定》的第八条款，人民币从当年12月1日起实现了经常账户项下的自由兑换。正如木桶效应一般，木桶中的水会从最低的木板处流走，在由高坝蓄起的资本水库里，坝内的国内资本也会从监管要求最低的途径流出国境，在当前的条件下，经常账户项下的贸易或非贸易渠道是资本外逃途径的"短板"。

贸易渠道主要有五条，即低报出口高报进口、进口不收货、逾期不收汇、远期信用证和贸易从属费用。

（1）低报出口高报进口。顾名思义，即通过压低出口价格，或抬高进口价格的方法多付款，少收款，进而实现转移资金和利润。在出口侧，国内出口商故意开出低于商品或服务价值的发票，应收账款差额便通过国外进口商的转移进入国内出口商在境外的账户；在进口侧，国外出口商故意开出高于商品或服务价值的发票，国内进口商通过在银行合法申请售汇将应付账款差额转移给国外出口商。由于国际贸易的普遍性，且实际商品价值难以公允计量（特别是另类投资中的实物产品，如手工匠人的工艺品、具有收藏价值的玉石、茶叶制成的高附加值产品、有特殊纪念意义的邮票、地铁火车模型、国际巨星签名的照片和周边产品等），这种方式非常具备隐蔽性。同时，当国内外的进出口商属于同一实际控制人时（如母子公司之间，或不同子公司之间），交易双方进行串谋通过提高实际购买价格或降低实际出售价格的方式进行资本转移更加轻而易举。

（2）进口不收货。由于国际贸易中合同的条款可以自由拟定，国内进口商可以精心设计合同条款在收到货物前提前支付款项，而企业可以通过延长收货周期甚至拒绝收货的方式长期将资金滞留在境外，从而将外汇转移出国。

（3）逾期不收汇。与上一条操作方法相似，国内出口商根据"货到付款"的合同规定提前向境外进口商售出商品，但出口商品后不接收对方的货款。此时，商品已经在国外，国内进口商可以通过在国外处置商品的方式实现增加外汇的目的。

（4）远期信用证。这一途径主要体现在向银行骗取远期信用证上，需要国内开证申请人和国外利益相关方共谋，通过签订虚假合同的方式完成。国外利益相关方通过境外的交单行提供相应的虚假单据，经过国内信用证开证行进行承兑后，在国外从银行套取资金，实现国内资本变相外逃。

（5）贸易从属费用。贸易从属费用是在国际贸易中发生的相关费用，包括从业人员的工资、与设备承运和安装调试相关的费用、运费等。当高报进口时，国内的进口商可以将佣金长期滞留海外，形成实质上的资本外逃；在低报出口时，可以通过支付高额佣金而后向外国进口商收取高额回扣的方式实现资本的非正常转移。

非贸易渠道同样有五条，即出国留学、私人用汇、投资分红、无形资产和劳务费。中国经济的发展使国内高收入居民数量大幅增加，为更好的教育机会将子女送到国外深造成为越来越多中国家长的选择，高昂的国外教育学费成为非常重要的外汇流出渠道，也成为资本外逃的潜在途径；即使不用来支付大额学费，国内人员也可以通过化整为零和蚂蚁搬家等"麻雀战"方式将资本以私人用汇的途径转移出国；外商投资企业在没有业务或盈利的条件下虚增权益进行分红，然后以转移投资利润的形式转移红利也成为非贸易渠道的重要资本外逃途径；对国外生产技术、驰名商标、足球俱乐部冠名权等无形资产支付高额费用也是资本外逃的安全方式之一，并且由于无形资产价值难以公允计量，此类活动难以进行定性，无法抓到把柄。

2. 资本与金融账户项下的资本外逃

资本与金融账户包括三项，即资本项目、金融项目和其他投资，指的是在资本项目下发生的资本转移、非金融或非生产资料的交易及其他引起国内资产负债表发生变化的金融项目。如前文所述，当前中国的资本账户开放程度仍然有限，交易种类和人员限制较多。但这一情况正在发生改变，进入 2018 年，在国外压力和国内动力的共同推动下，中国推行了一系列措施加强资本和金融账户的开放，以吸引外资进入中国资本市场，如期货市场国际化程度提高、沪港通每日限额提高、沪伦通的持续推进，以及允许外资控股券商等。因而未来，当资本和金融项目的管制逐渐放松，量变引发质变时，这一账户同样可能成为资本外逃的重要渠道。目前，这一账户下的资本外逃主要体现为对内直接投资、对外直接投资、内保外贷和影视剧拍摄四种渠道，以下分别进行介绍。

（1）对内直接投资。由于国外投资可以有效缓解国内储蓄率不足而投资乏力的困境，在当下中国国内居民和私人企业杠杆率居高不下的大背景下，中国经济实现持续稳定增长离不开国外对国内的稳定投资。但外国资本在对国内投资时，很可能存在资金未全部到位或完全未到位的情况下企业按照协议向其支付投资收益的情况，导致资本流出国内。更有甚者，可以在完成验资后改头换面将资本抽回，甚至勾结中介机构虚假验资以实现资本外逃的目的。

（2）对外直接投资。对外直接投资为向国外企业或项目注入国内资金，以期获得在企业生存期或项目投资回收期内的超过国内投资的回报。在目前中国大力推广"一带一路"倡议的背景下，通过对其他国家加大投资增强中国企业和中华文化在当地的影响力，收获被投资国家增长红利成为当前中国走出去的企业，尤其是国有企业的重要使命。但对外投资也存在资本外逃的隐患，如相关企业的实际控制人通过在境外设立有限责任公司的方式将国有企业的资本以对外投资的形式注入与自己利益相关的公司中，再以投资失败等借口将这笔投资计入投资方的损益表，实质上完成资本外逃过程。当相关企业和监管部门存在疏忽或有意包庇时，国有资产外流便难以避免。

操纵损益表的另一个方法是隐藏投资收益，或转移境外投资的收益用于再投资，通过低估被投资资产的实际价值从而减少应收投资收益，进而实际投资收益与账面投资收益的差额便可以其他收益的形式存入海外账户，实现资本外逃。

（3）内保外贷。内保外贷属于跨境担保的一种，指国内银行为国内企业注册在境外的附属企业（或子公司、参股企业）提供保证担保（分为融资担保、非融资担保两类），境外银行依此担保为境外投资企业发放相应额度的贷款。担保人保证在境内被担保人未能履行合同规定的条款，或未能履行偿债义务时，代其履行相应的义务或者偿还相应的债务。

当前国际上使用最为广泛的保函形式为"guarantee"，即独立保函，其形式既可以是融资担保也可以是非融资担保，遵循 URDG758 条款①，特点为"见索即付"，即当面对索赔诉求时需要无条件赔付。因此，当境外子公司恶意违约时，境内银行将不得不先行承担相应的赔付责任，再向为国外公司提供反担保的国内母公司追偿。从国内母公司的角度看便实现了将国内资产转移至国外的目标，规避了正常监管途径完成资金转移出国。

特别地，当内保外贷的相关资金用于体育俱乐部、影城、酒店、房地产、娱乐业等行业，或者用于子公司资本规模远大于母公司、数额较大的非主营业务投资、有限合伙

---

① URDG758 即《见索即付保函统一规则（中文版）》，于 2009 年在 URDG458 的基础上审定而成，是当前最新的国际通用担保业务规则。在保函未做特殊说明适用于哪一国家法律时，默认适用此规则。

企业的对外投资情形时，实施外逃的可能性较大，也是相关部门的审查重点。通过内保外贷方法进行资本外逃的机制如图 10-4 所示。

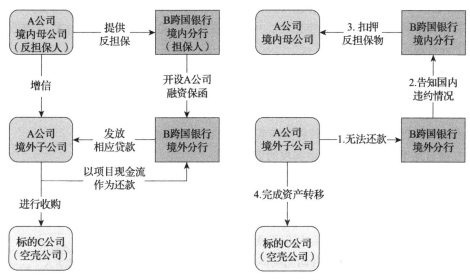

图 10-4　开立保函发放贷款（左）和履约代偿资产转移（右）的机制

（4）影视剧拍摄。无论是国内还是国际，电影和电视剧的拍摄往往以高成本著称，因为无论是剧情设计、购买版权、支付片酬还是宣发路演都需要大额资本投入。多年来中国票房市场的蓬勃发展也使电影成为人们茶余饭后谈论的焦点，因为与高成本相伴的往往是剧组、演员的高收入。

受到媒体报道的优质电影的高票房（通常以十亿元人民币计算）带来的影响，人们往往认为电影的拍摄成本较高也是正常现象，但电影拍摄成本虚高（特指对所谓"烂番茄"片而言）一度成为资本外逃行为的"重灾区"，只是"秘而不宣"。直到 2018 年的"阴阳合同"事件才引发了国内对影视剧行业洗钱和资本外逃的深思。

金融账户下的资本外逃需要满足两个条件，一个是投资行为的实施主体，一个是相应行为的接受主体，影视剧制作涉及的行业众多，且制作成本不透明，收入无法严格核实，因此从收支两方面都为资本外逃提供了良好的环境。

首先从支出方面看，电影在造型、策划等方面的花费是无须具体对外披露的，且相关花费无客观标准。另外，由于支付该费用的同时发生了相应的劳务关系或投资关系，因此即使追踪到资金的去向，相关部门也缺乏定罪的必要条件。影视公司通过名义上支付给国外的造型师或设计师（更多的对象是外国公司，因为国内资方可以以投资形式支出资金）高额费用，便可自然而然地将高于实际费用的部分资本转移出国。

与前期成本同理，诸如《阿凡达》（*Avatar*）等科幻电影或《速度与激情》（*Fast and Furious*）、《信条》（*Tenet*）等动作电影拍摄时需要运用大量的特技镜头，同时后期需要渲染 3D 视觉效果，而中期拍摄和后期制作相关的开支明细同样是无须公开披露的。即使是小成本制作电影，相关的开支数额较少，而对于其他电影（尤其是无须 3D 观影效果的剧情类电影）而言，特效制作等费用也可能是实施资本外逃的重要渠道。部分影视明星成立注册在境内（如霍尔果斯）或境外（如开曼群岛）的工作室、特效公司，并承接自己亲自参与的影视作品的后期制作过程，与影视公司相关的金钱往来便可以做到师出有名。当下，以"中外合资"的形式拍摄电影已经成为国内高净值人群一个较为稳妥的资产外逃途径，考虑到电影的制作成本巨大，可以实施外逃的途径众多，这一途径的潜逃资金数额十分可观。

电视剧和电影的资本转移途径不同，但原理相近。电视剧不涉及前期或后期制作过程，但同样涉及支付演员片酬和版权费用等金钱交易。当前国内一部电视剧剧本的版权价格也日益上涨，由于版权的文化属性难以用物质衡量，因此通过向国外版权方支付极高溢价的版权费用也可能成为转移资产或国际洗钱的重要途径。

3. 通过地下钱庄和虚拟货币实现的资本外逃

除上述常规的、可在资产负债表中呈现的资本外逃途径外，地下钱庄也是资本外逃的活跃途径之一。地下钱庄是从事外汇、资金结算、跨境汇款等金融业务的非法组织，工作内容与金融中介机构相似但不受国家金融监管的约束，一般民众甚至金融从业者均无从得知其人员、处所。在虚拟货币诞生之前，使用地下钱庄进行资本转移的操作流程如图10-5所示。

在区块链技术诞生后，虚拟货币逐渐与地下钱庄相互补充，成为资本外逃的一项新途径。以比特币为例，比特币存储于比特币钱包之中，而每一个钱包都有独一无二的地址，只有知道地址才能完成一笔比特币交易。钱包地址是一段根据数学算法生成的27~34位长度的字符串，一般以数字1或3开头。同时，每一段地址还对应着一个比特币私钥，一般以数字5开头。正如用户名和密码相互配合登录账户一般，比特币地址和比特币私钥相互配合确保持有者对比特币的所有权。比特币的私钥和对应的钱包地址之间存在单向推出的关系，即前者可以生成对应的钱包地址，但仅仅知道后者却无法获知对应的比特币私钥。因此，若比特币私钥被遗忘或遗失，该钱包地址下对应的比特币也就石沉大海，彻底退出虚拟货币流通领域。因此，虚拟货币只需要完成私钥的转移便可以实现对应货币归属

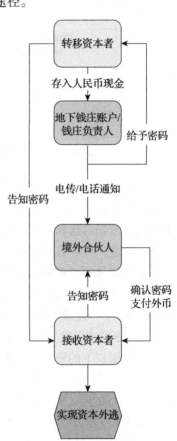

图10-5 地下钱庄转移资金操作流程图

权的转移，无须经过任何实体部门的监管或同意，更无须第三方参与。相比较地下钱庄而言，使用虚拟货币进行资本外逃最大限度降低了信息披露风险，是资本外逃的理想途径。

资本外逃交易的标的比特币根据其属性分为两类：一类为天然挖矿获得的原始比特币及从未在交易所交易过的场外比特币；另一类为在交易所交易的场内比特币。由于比特币的电子属性，每一枚比特币的场内交易记录是无法灭失且公开的，因此当被转移资本属于非法所得时，场内交易的比特币往往不是国内转移资本者的首选。当前国内使用场外或场内市场的比特币进行资本外逃的机制如图10-6所示。

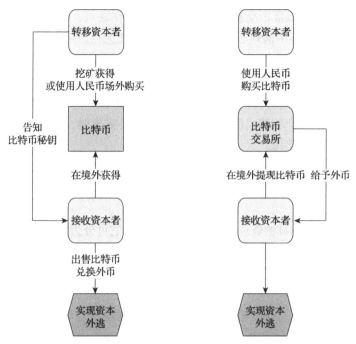

图 10-6　场外市场比特币（左）和场内市场比特币（右）的资本外逃机制

一般而言，转移资本者选择场内或场外交易虚拟货币取决于需要转移的资本是否合法，以及需要转移的数量。以比特币交易为例，两种交易方法的优点和缺点如表 10-1 所示。

表 10-1　场内及场外转移比特币的优点和缺点

	场外交易	场内交易
优点	1. 交易保密程度高，交易双方几乎不承担任何信息披露义务 2. 可选择固定交易对象完成，沟通成本低 3. 付款方式多元化，可提前或延后付款 4. 比特币即刻到账，时滞低 5. 可以获得交易记录干净的比特币	1. 在比特币交易所交易比特币时，买卖双方不存在对手方信用风险 2. 买卖双方参与交易数量众多，可满足大额资本购买及卖出比特币的需求
缺点	1. 矿机挖掘产生比特币的效率随时间推移显著降低，未来原始比特币产生速度越来越慢，并将逐渐枯竭① 2. 场外交易的对手方大多为非机构交易者，财力有限，难以满足大额资本交易 3. 存在交易对手方信用风险	1. 为了规避法律风险，大型交易所对大额交易采用类实名制风控，存在较高信息披露成本 2. 购买比特币需要先购买交易所生产的代币，由代币兑换比特币。提现过程同样需要将比特币兑换为代币再次提现，有较高的手续费和时滞 3. 比特币交易所存在失窃和卷款风险 4. 交易所内的比特币均有"案底"（历史交易记录可查）

① 比特币总额被设定为 2 100 万枚，任何人均可以通过使用特定的计算机解决某些数学问题的方法开发原始比特币。全互联网每 10 分钟会得到一个数学问题的正确答案，并生成一定量的比特币作为赏金给予得到正确答案的计算机，这一过程即为"挖矿"。根据赏金的计算规则，在刚诞生时每笔赏金为 50 个比特币，当互联网中比特币总量达到 1 050 万枚，即总额的 50% 时，每笔赏金减半为 25 个，当总量达到 1 575 万枚，即新产出剩余额度的 50%（525 万枚）时，赏金再次减半为 12.5 个，依此类推，直到全部的比特币挖掘完成。由于每笔赏金由全部得到正确答案的人平均获得，因而随着参与"挖矿"的机器的增加和赏金的减少，每个人获得的原始比特币随时间推移逐渐减少。根据公式，截至 2020 年已有 87.5% 的比特币被开发出来。考虑到大型比特币"矿机"需要大量电费，通过"挖矿"获得比特币的效率会越来越低。

由于场内和场外虚拟货币交易进行资本外逃均存在缺点，因此虚拟货币未能取代传统的地下钱庄在资本外逃中的核心地位，只是作为补充途径。一个典型事例为，2015 年，伊世顿国际贸易有限公司试图通过比特币中国（BTC China）交易网站将非法操纵期货市场的违法所得 20 亿元人民币转移出境，但同时受限于场内交易对于公司身份购买者的较高信息披露要求和场外大额交易对象少的双重困难，伊世顿未能如愿，仅能通过传统地下钱庄方式进行非法资产转移。因此，截至当年 11 月案发时，伊世顿全部 20 亿元非法收益仅有不足 1/10 转移出境。

（四）资本外逃的测算

1. 直接测算法

该测算法通过直接测算游资规模以反映资本外逃。它可分为卡廷顿法和凯特法。

（1）卡廷顿将资本外逃定义为非银行私人部门的投机性短期资本外流，该测算法可表示为

$$CF = -(NEO + SK) \tag{10-13}$$

式中，CF 为资本外逃额；NEO 为国际收支平衡表中的净误差与遗漏项；SK 为其他部门的其他短期资本；负号表示流出。若一国无外汇管制，则不做净误差与遗漏项调整。

（2）凯特将游资分为三个层次，其计算公式分别为

$$HM_1 = -(NEO + C_1) \tag{10-14}$$

式中，HM_1 为第一层次游资；C_1 为 IMF 1994 年国际收支手册中第 94 栏，即其他资产项目、其他部门中的其他短期资本。

$$HM_2 = -(NEO + C) \tag{10-15}$$

式中，HM_2 为第二层次游资；C 为其他部门的其他短期资本，即式（10-13）中的 SK，反映在上述手册中第 93~97 栏。HM_2 所指的游资与卡廷顿法相同。

$$HM_3 = -(NEO + C + e_1 + e_2) \tag{10-16}$$

式中，HM_3 为第三层次游资；e_1 和 e_2 分别为债权和股权投资，反映在上述手册中第 56~61 栏。

2. 间接测算法

间接测算法首先由世界银行在《1985 年世界发展报告》中提出，其测算方法是

$$CF = FDI + \Delta PD - (\Delta R - CA) \tag{10-17}$$

式中，FDI 表示外商净直接投资；ΔPD 为外债增加额；ΔR 为外汇储备增加额；$-CA$ 为经常项目逆差。世界银行认为前两项反映外汇资本来源，后两项反映外汇资本运用，它们的剩余反映资本外逃。

摩根担保信托公司对世界银行的测算法进行修正，它认为银行系统持有的短期外币资产，就像货币当局持有的短期外币资产一样，属于正常资本流出。因此，其计算公式为

$$CF = FDI + \Delta PD - (\Delta R - CA + \Delta F_1) \tag{10-18}$$

式中，ΔF_1 为银行系统持有的短期外币资产增量。

克莱因认为，摩根测算法并未扣除掉全部正常短期资本流出，应予进一步扣除的项目是旅游净收入、边境贸易净收入和再投资收入。其计算方法为

$$CF = FDI + \Delta PD - (\Delta R - CA + \Delta F_1 + S_1 + T_1 + I_1) \quad (10\text{-}19)$$

式中，S_1、T_1 和 I_1 分别表示旅游净收入、边境贸易净收入和境外资产的再投资收入。

除了上述测算方法，国内外学者还提出过许多种资本外逃的测算方法，得出的估计值往往存在较大差异。这种差异源自他们对资本外逃的定义不同，以及他们对资本外逃的原因有不同理解。

（五）资本外逃的经济影响

1. 对宏观经济的影响

资本外逃会破坏资本形成，从而降低经济增长速度。具体来说，它一方面减少外汇储备，强化外汇约束；另一方面减少国内储蓄，强化储蓄约束。按哈罗德－多马模型的逻辑，在资本生产率不变的前提下，储蓄率成为决定经济增长率的唯一因素，资本外逃在这种环境中的消极作用极为明显。

资本外逃可能侵蚀政府的税基。即使是过渡性资本外逃，当投资者以外商身份迁回投资时，得以享受税收优惠，也造成政府税收流失。

资本外逃可能加剧外债负担。它既减少了该国外汇储备或国际清偿能力，使政府对外借款成本上升，又削弱了该国的偿债能力。

资本外逃危害国家经济安全。作为实现国有资产化公为私的途径，它助长官僚队伍中的腐败行为和其他违法犯罪活动。作为一种违法或违背契约行为，它冲击着法制建设和社会精神文明。同时，它也为"地下钱庄"等非法组织注入资金和活力。

资本外逃会恶化收入分配状况。特别是在金融危机时期，投机者通过资本外逃可获取投机利益，而其对宏观经济的消极影响却要由贫困人口承担。

2. 对国际收支的影响

资本外逃直接影响资本项目的平衡。它所导致的宏观经济状态恶化也会导致外商直接投资减少。

资本外逃也会冲击汇率制度，造成本币对外贬值压力。在进出口商品弹性较小的情况下，本币贬值有可能带来贸易逆差，至少在一段时间内通过 J 曲线效应使贸易收支恶化。

当资本外逃引发国际收支危机时，该国外汇储备便会减少。这会造成本币贬值、物价上升、利率攀升、股市暴跌、银行不良资产增加、银行倒闭、外债问题严重等一系列消极影响。当这些问题严重时，该国便会发生金融危机。

3. 对宏观经济政策的影响

资本外逃本身的不确定性，增加了政府获取信息的难度。

资本外逃造成外汇储备流失和货币供给减少，具有紧缩效果，使政府增加就业和收入的政策难见成效。

资本外逃也使政府更难通过发行国债为财政赤字融资，它对税基的侵蚀也增加了政府实行扩张性财政政策的难度。

（六）抑制资本外逃的对策

资本外逃在很大程度上是国内经济政策扭曲和制度缺陷的反映，因此抑制资本外逃要从体制和政策环境等深层次采取措施。

（1）深化国内金融改革。这涉及减少在市场准入方面的限制，允许套期保值金融工具的出现，逐步加大利率汇率形成机制市场化，有效化解银行不良资产，减少居民风险预期。

（2）完善各种法规和制度，以弱化资本外逃的动因。这里主要涉及落实现代企业制度，加大资产评估和财务管理力度，加强对私有产权的保护，推进税制改革，以反腐败措施堵住资本外逃的渠道。

（3）以渐进方式取消外汇管制，因为外汇管制的不对称性是资本外逃的一种动因，它还会带来腐败和降低资源配置效率等后果。

（4）加强资本管制的国际协调，在信息披露、会计制度等方面加强沟通。加强与其他国家合作，建立共同的应对突发性资本外逃的防御机制。

【阅读专栏10-2】

博鳌论坛上多方发声，监管机构不允许稳定币风险损害金融系统（下）

2021年4月18日晚间，博鳌亚洲论坛2021年年会举行"数字支付与数字货币"分论坛。分论坛围绕当前炙手可热的数字货币监管、数字货币对于金融系统的影响、数字化人民币跨境使用等问题，亚洲多国央行官员通过"线上＋线下"方式参与讨论，参与人员包括：博鳌亚洲论坛副理事长、第十二届全国政协副主席、中国人民银行原行长周小川，国际清算银行总经理奥古斯汀·卡斯滕斯，阿布扎比国际金融中心主席艾赫迈德·阿里·阿尔·沙耶赫，中国人民银行副行长李波，泰国银行助理行长瓦奇拉·阿罗姆迪，环球银行金融电信协会CEO哈维尔·佩雷斯·塔索，PayPal全球高级副总裁、中国区首席执行官邱寒。

数字人民币推出的初衷是服务国内

论坛上，在被问到为什么中国人民银行要推行数字人民币时，周小川、李波均强调，数字人民币推出的初衷是服务国内，将以国内市场为主。周小川称，中国做数字货币并不是为了跨境，而是为了借助科技发展，特别是移动互联网普及后，可以更方便地为大众提供支付手段。

"中国有一个14亿人的非常大的零售市场，大家希望有更方便、更有效、成本更低的支付体系。央行在最开始的时候，没想过是不是需要做批发系统，或者是人民币国际化，而是从零售系统开始。"周小川称。

李波也表示，数字人民币目前的发展重点是推进在国内的使用。人民币国际化是一个自然而然的进程，我们的目标不是取代美元或其他货币，而是让市场做出选择，以实现国际贸易和投资的进一步便利化。

谈及数字人民币的特点，李波表示，数字人民币采用的是双层体系的设计，能够兼容现在货币和银行体系，确保金融脱媒化的风险最小化。同时，数字人民币能够实现可控匿名性，对小额交易可以实现匿名化，对大额交易央行可以进行追踪，这种设计也是数字人民币的理想特点。此外，数字人民币在尝试一套混合系统，使得数字人民币与银行账户系统、准银行账户系统挂钩，这将是一个相当开放的系统。

在数字人民币试点进展方面，李波透露，数字人民币试点很成功，但数字人民币的正式推出尚无时间表。在全国范围内正式推广数字人民币之前，央行将做好以下三方面事情：一是做好试点，扩大试点项目范围；二是进一步完善数字人民币基础设施，包括生态系统，进一步提升系统的安全性和可靠性；三是建立相关的法律和监管框架来监管数字人民币的使用。

国际合作探索解决数字货币互操作性问题

目前多国和多地区央行开始探索数字货币的跨境使用。中国人民银行数字货币研究所已与中国香港金融管理局、泰国中央银行、阿拉伯联合酋长国中央银行联合发起多边央行数字货币桥研究项目（m-CBDC Bridge）。据悉，此举旨在探索央行数字货币在跨境支付中的应用，并且该项目得到了国际清算银行香港创新中心的支持。

李波对此表示，人民银行参与发起 m-CBDC Bridge 项目旨在探索尝试不同的方式来实现各国央行数字货币之间的互操作性。央行数字货币互操作性是一个非常复杂的问题，我们不会急于求成地找到解决方案，现在是选择不同的选项来实验不同的技术。

周小川也认为，每个国家有自己的宏观调控和货币主权，各国在制度上存在差异，有的国家还有外汇管制。如果发展央行数字货币，很多国家都会有各自的数字货币，且以本国货币为基础，在使用过程中会有不同的规则。也许从长远看，货币会向一体化或更简单的方向发展，但是现在还不行，数字货币跨境使用的互操作性是很复杂的问题。

"我们现在的目标是建立扎实的国内数字货币人民币体系，建立健康的生态系统。与此同时，与国际伙伴合作，建立跨境支付的解决方案。"李波称。

资料来源："券商中国"微信公众号，2021年4月19日。

本章要点

1. 国际资本流动主要是指资本在国际上转移，或者说资本在不同国家或地区之间做单向、双向或多向流动。
2. 长期资本流动是指期限在1年以上，甚至不规定到期期限的资本的跨国流动。
3. 国际资本流动的影响有积极和消极两个方面，故强调其积极作用的国家或政府认为不应控制资本流动，主张资本自由流动；强调其消极作用的国家或政府则主张控制或限制资本流动。
4. 利用外债的适度规模，指实现既定宏观经济目标所需要的最小引进外资数量。
5. 资本外逃本身的不确定性，增加了政府获取信息的难度。
6. 债务危机严重干扰了国际经济关系发展的正常秩序，是国际金融体系混乱的一大隐患，尤其对危机爆发国的影响更是巨大。
7. 在国际经济一体化背景下，债务危机威胁到整个国际金融领域及世界经济的稳定；同时，债务危机还威胁到国际货币体系的稳定。

重点难点

国际资本流动的类型与影响；资本外逃的原因与测算；利用外债的适度规模。

CHAPTER 11
第十一章

金融监管

20世纪以来,两次全球经济金融危机的爆发不仅让世界各国认识到金融体系牵一发而动全身的关键地位,更是对金融监管的信度和效度提出了更高的要求。国内金融监管作为本国金融体系健康、有序、高效运行的重要保障,涉及金融市场的各个方面,对一国实体经济的协调运行和稳定发展起着十分重要乃至决定性的作用。考虑到在大数据、区块链、人工智能等新技术、新业态的催化下,金融产品创新使得全球金融市场的参与主体之间"水乳交融",如何在全球范围内通过国际合作实现跨国境高效金融监管、如何避免金融危机通过全球链条快速传染、如何防范国际化的金融体系被用于实施违法犯罪行为成为当前国际金融合作的新的挑战。

本章将对金融监管的含义、目标、原则、体制模式、内容、方法、国际合作等基本理论加以阐述,对我国"一行两会一局"的金融监管模式及相关监管机构的职能进行介绍,对当前金融监管的全球合作进行机制和成果简要介绍,并就金融监管发展与改革的最新动态进行分析,在一般理论研究的基础上对中国金融监管的具体实践加以分析。

学习目标

(1) 掌握金融监管的一般原理和监管模式。
(2) 掌握我国"一行两会一局"的金融监管模式,了解各金融监管机构的构成和职能。
(3) 了解巴塞尔委员会、国际反洗钱组织、国际证监会、国际保险监督官协会及相关领域国际金融监管合作情况。
(4) 熟悉各阶段《巴塞尔协议》的主要内容和最新变化。

引导案例

阿里巴巴被罚182.28亿元,祸起实施"二选一"垄断行为

2020年12月24日,针对市场举报的情况,国家市场监督管理总局调查组执法人员进驻阿里巴巴集团控股有限公司(以下简称"阿里巴巴")开展调查。整个过程平稳有序,当天现场调查全部结束。2021年4月10日,国家市场监督管理总局依法对阿里巴巴做出行政处罚,责令其停止违法行为,并处以其2019年销售额4%计182.28亿元罚款。阿里

巴巴发布公告称："今天，我们收到《国家市场监督管理总局行政处罚决定书》，对此处罚，我们诚恳接受，坚决服从。我们将强化依法经营，进一步加强合规体系建设，立足创新发展，更好地履行社会责任。"

2021年2月2日晚间，阿里巴巴发布2021财年第3季度财报显示，调整后净利润为592.1亿元人民币（市场预期464.04亿元人民币）、同比增长13%，其中，蚂蚁集团为阿里巴巴贡献了7.35亿美元（47.96亿元人民币）利润。2020年12月，阿里巴巴中国零售市场移动月活跃用户数达9.02亿；年度活跃消费者达7.79亿，单季净增2 200万元，创过去8个季度新高。

在随后阿里巴巴的业绩会上，对阿里巴巴的反垄断调查等投资者关注的问题，阿里巴巴董事会主席兼首席执行官张勇表示，这是冷静反思和提升自己的重要机会。面对激烈的市场竞争，阿里巴巴将进一步通过创新不断升级为客户创造价值的能力。针对阿里巴巴收到国家市场监督管理总局垄断案件调查通知，张勇说，目前案件仍在调查过程中，阿里巴巴也在积极配合调查工作，成立了由多个相关部门负责人组成的专项工作小组，开展相关业务自查。"我们将继续和监管当局就合规要求进行积极合作与沟通。待调查完成后，我们将进一步向市场通报最新情况。"

张勇表示："面对反垄断调查，我们的态度是坦诚面对，积极配合。"他说，作为连接着数亿消费者和数百万商家、承载着数万亿人民币年度交易规模的中国零售平台，阿里巴巴深刻理解平台重要的社会公共属性，将一如既往地努力，确保所作所为不仅要符合中国法律法规的要求，同时要为消费者权益的保护、社会零售商业的数字化发展、产业的升级贡献力量，承担应尽的社会责任。

国家市场监督管理总局依法对阿里巴巴做出行政处罚

据央视新闻客户端，2020年12月，国家市场监督管理总局依据《中华人民共和国反垄断法》（以下简称《反垄断法》）对阿里巴巴在中国境内网络零售平台服务市场滥用市场支配地位的行为立案调查。

国家市场监督管理总局成立专案组，在扎实开展前期工作的基础上，对阿里巴巴进行现场检查，调查询问相关人员，查阅复制有关文件资料，获取大量证据材料；对其他竞争性平台和平台内商家广泛开展调查取证；对本案证据材料进行深入核查和大数据分析；组织专家反复深入开展案件分析论证；多次听取阿里巴巴陈述意见，保障其合法权利。本案事实清楚、证据确凿、定性准确、处理恰当、手续完备、程序合法。

经查，阿里巴巴在中国境内网络零售平台服务市场具有支配地位。自2015年以来，阿里巴巴滥用该市场支配地位，对平台内商家提出"二选一"要求，禁止平台内商家在其他竞争性平台开店或参加促销活动，并借助市场力量、平台规则和数据、算法等技术手段，采取多种奖惩措施保障"二选一"要求得到执行，维持、增强自身市场力量，获取不正当竞争优势。

调查表明，阿里巴巴实施"二选一"行为排除、限制了中国境内网络零售平台服务市场的竞争，妨碍了商品服务和资源要素的自由流通，影响了平台经济创新发展，侵害了平台内商家的合法权益，损害了消费者利益，构成《反垄断法》第十七条第（四）项禁止"没有正当理由，限定交易相对人只能与其进行交易"的滥用市场支配地位行为。

根据《反垄断法》第四十七条、第四十九条规定，综合考虑阿里巴巴违法行为的性质、程度和持续时间等因素，2021年4月10日，国家市场监督管理总局依法做出行政处罚决定，责令阿里巴巴停止违法行为，并处以其2019年中国境内销售额4 557.12亿元4%的罚款，计182.28亿元。

同时，按照《中华人民共和国行政处罚法》坚持处罚与教育相结合的原则，向阿里巴巴发出《行政指导书》，要求其围绕严格落实平台企业主体责任、加强内控合规管理、维护公平竞争、保护平台内商家和消费者合法权益等方面进行全面整改，并连续三年向国家市场监督管理总局提交自查合规报告。

资料来源："券商中国"微信公众号，2021年4月10日。

第一节　金融监管概述

一、金融监管的含义

金融监管是"金融监督与管理"的简称，它包括两方面的内容：一是金融管理部门依照国家法律和行政法规的规定，对金融机构及其金融活动实行外部监督、稽核、检查和对其违法违规行为进行处罚；二是金融管理部门根据经济、金融形势的变化，制定必要的政策，采取相应的措施，对金融市场中的金融产品和金融服务的供给和需求进行调节，对金融资源的配置进行直接或间接的干预，以达到稳定货币、维持金融活动的正常秩序、维护国家金融安全等目的。概括起来，金融监管就是一国或地区金融管理当局对金融机构、金融市场、金融业务进行审慎监督管理的制度、政策和措施的总和。一般说来，金融监管主要由金融管理部门承担。随着市场经济的发展，很多机构如会计师事务所、法律事务所、各金融同业工会、证券交易所等都参与了金融监管活动。现在，金融监管已经成为市场经济体制的重要组成部分。金融监管主要有三种类型。

（1）系统性监管。关注整个金融体系的健康，保证个别金融机构的风险不会冲击金融体系。这类监管是中央银行的主要任务，因为中央银行在稳定宏观经济、金融市场和减小系统性风险方面的能力较强。

（2）审慎性监管。关注个别金融机构的健康程度，强调分析和监控金融机构的资产负债表、资本充足率、信贷风险、市场风险、营运风险和其他审慎性指标。其目的是保护消费者利益，防止个别金融机构的倒闭冲击经济体系。

（3）业务发展方式监管。关注金融机构如何与客户发展业务，注重保护消费者利益，如信息披露、诚实、统一和公平。在与客户打交道时，它强调制定正确的规则和指南，注重规范业务实践。

二、金融监管的历史沿革

从历史发展的角度分析，金融监管是随着金融交易的发展不断演进的，它的监管对象逐步从货币、银行扩展到整个金融体系，监管的重点也在效率和安全两方面因经济背景的不同而有所侧重，应该用动态的、发展的观点来加以把握。

最早的金融监管可以追溯到18世纪的英国。1708年，英国政府颁布法令，规定对货币进行监管；在著名的"南海泡沫事件"（South Sea Bubble）发生后，为了防止证券投机过度，1720年英国政府颁布实施了《反金融诈骗和投资法》，也称为《泡沫法》；1742年英国政府又通过法律禁止新的银行设立和已有银行的扩张，这些都属于政府早期的监管行为。

现代意义上的金融监管产生于19世纪末20世纪初，是与中央银行的产生和发展直接相关的。中央银行制度建立的最初目的在于管理货币，也就是消除由于私人机构发行货币的不统一造成的经济混乱。但是在中央银行统一货币发行和票据清算以后，货币信用的不稳定并没有消失，仍然有很多金融机构因为不谨慎的信用扩张导致经济波动，这在客观上要求中央银行承担起信用"保险"的责任——履行"最后贷款人"的职能。正是这一职能迫使商业银行服从于中央银行的监督和管理，接受中央银行对其业务经营的检查，为中央银行监管整个金融体系打下了基础。

尽管最后贷款人职能使中央银行可以干预金融机构的经营，但是直到20世纪30年代，中央银行对金融机构经营的具体干预并不普遍，只是集中在货币监管和防止银行挤兑方面。中央银行对金融机构的普遍干预是在20世纪30年代的世界经济大危机之后。这场史无前例的大危机表明，市场是不完全的，"看不见的手"并不能使经济体系始终保持稳定，避免危机。随着宏观经济领域内开始强调政府干预，要求强化对金融体系监管的理论主张也在金融领域内受到推崇。因此，传统上中央银行的货币管理职能开始演变成制定和执行货币政策，并为宏观经济的调控目标服务。20世纪30~70年代，金融监管都在这一背景因素的影响下，呈现出"监管严格、强调安全"的特点，对金融机构的经营范围和方式进行了广泛的、严格的管制和干预。

20世纪70年代，困扰西方国家的滞胀宣告了政府干预主义的破产，金融领域内金融自由化的理论逐步抬头。这一理论认为，上一阶段政府实施的金融管制直接导致了金融体系和金融机构的效率下降，抑制了金融业的发展；同时，由于金融领域内政府失灵同样存在，政府干预的实际效果并不一定比市场做得更好。因此，金融自由化提倡效率优先，主张解除过去束缚在金融业身上的种种陈规旧习，放松金融管制。随着金融自由化的浪潮逐渐席卷全球，70年代后各国金融管制普遍放松，金融创新层出不穷，金融业发生了全面而深刻的变化。

到20世纪90年代，金融自由化达到高潮，但是90年代以来出现的一系列金融危机又对过度放松管制敲响了警钟。金融监管依然重要，特别是在经济全球化进程逐步加快、金融活动不仅仅受一国监管的情况下，金融监管的理论和实务都应该为适应金融业发展的新特点做出转变。

三、金融监管的目标

金融监管的总体目标就是通过对金融业的监管维持一个稳定、健全、高效的金融制度。具体来说，金融监管的目标分为三层：一是保证金融机构的正常经营、保护消费者的利益和金融体系的稳定；二是创造公平竞争的环境，鼓励金融业在竞争的基础上提高服务效率；三是确保金融机构的经营活动符合市场经济条件下真正的市场主体的行为规范，从而能够使中央银行的货币政策传导途径畅通，充分发挥中央银行的调控作用。

虽然如此，在这三个层面上，各国在不同的时期，金融监管的侧重点有所不同。比如在20世纪30年代前，金融监管的总目标是维持价格和银行业的稳定，即通过控制货币的发行，防止金融机构倒闭；20世纪30～70年代，金融监管的总目标是维持金融业的安全稳定，以防范金融危机的发生；20世纪七八十年代金融监管的总目标是效率与公平竞争；90年代以来，金融监管的总目标是安全兼顾效率。

四、金融监管的原则

为了实现金融监管的目标，金融监管当局必须遵循以下监管原则。

1. 独立原则

金融监管机构应保持相对的独立性，在职责明确的前提下，拥有制定监管条例和日常操作上的自主权，以避免受到某些利益集团或地方政府的影响或干预。

2. 适度原则

金融监管的职能空间必须得到合理界定。金融监管应以保证金融市场内在调节机制正常发挥作用为前提。监管不应干扰市场的激励-约束机制：一方面，监管机构不能压制有活力的、正当的市场竞争；另一方面，不应承诺将采取措施拯救竞争中的失败者，因为监管的存在并不排除金融机构倒闭的可能性。监管不是阻碍竞争的优胜劣汰，而是为公平、有序的竞争创造条件。

3. 法制原则

金融监管必须有法律依据，并依法实施。金融监管者也应该受到约束和监督，以防止出现监管过度和监管松懈。监管过度是指监管者为了自身的声望或利益而过于强化监督；监管松懈则可能是因为监管者被俘虏，与被监管者达成共谋，或是放松监管以免与被监管者发生冲突。因此，法律部门对监管者的行为也要予以制约。

4. 效率原则

金融监管必须建立成本-效益观念，尽可能降低监管成本，减少社会支出。这就要求精简监管体系，提高监管人员的整体素质，在监管工作中讲求实效，对监管方案进行优选，并采用现代化的先进技术手段。

5. 动态原则

金融监管应与金融发展保持同步，以免成为限制金融业发展的羁绊。监管机构应尽快对不适于金融发展新形势的规则进行修订，避免压制金融创新的积极性。监管机构还应具备一定的前瞻性，把握金融市场走向和金融结构的演变趋势，提前做出相应的准备，缩短监管时滞，提高监管的事先性和先验性。

五、金融监管的模式

金融监管历史发展的变化表明，有效的监管实践在不同的时期有不同的特点和方式。时至今日，世界各国为达到金融监管的目标，分别采取了适应本国经济和金融体系特点的金融监管模式。根据监管组织体系设置的不同，大致可以分为统一金融监管模式、分业金融监管模式和不完全统一的监管模式三种类型。

1. 统一金融监管模式

统一金融监管模式是指金融监管权限集中在某一个中央机构，往往是由中央银行或者金融管理局来负责。意大利（意大利银行）、荷兰（荷兰银行）、比利时（银行委员会）、日本（金融监管局）、新加坡（货币管理局）、印度（印度储备银行）等国家采用统一监管模式。

这一模式的优点在于：首先，成本较低，有利于节约技术和人员投入，可以降低信息成本、改善信息质量，从而获得规模效益；其次，能够改善监管环境，提供统一的监管制度，避免被监管者因为多重机构重复监管和不一致性而无所适从；最后，适应性强。这一模式的缺陷在于缺乏竞争性，容易导致官僚主义等。

2. 分业金融监管模式

分业金融监管模式是针对金融领域的不同行业分别设立专职的监管机构，进行审慎监管和业务监管。目前分业监管模式比较普遍，如美国、加拿大、法国等均采用此模式。

分业监管的优点在于凭借专业化优势，监管效率得以提高，同时还具有竞争优势。它的缺点是：多重监管之下难免出现不易协调的局面，由此产生的"监管漏洞"可能引起"监管套利"行为，使监管对象逃避监管，而且各个监管机构规模庞大，监督成本相对较高。

3. 不完全统一的监管模式

不完全统一的监管模式是在金融业综合经营的体制下，对前两种模式进行改造和融合而形成的模式。这一模式主要分为"牵头式"监管和"双峰式"监管。"牵头式"监管是在多重监管主体之间建立及时的磋商协调机制，特别是指定一个牵头监管机构负责不同监管主体之间的协调工作。"双峰式"监管则是指根据监管目标设立两类监管机构：一类负责对所有金融机构进行审慎监管，控制金融体系的系统风险；另一类机构则对不同金融业务经营进行监管。

金融监管模式是随着银行业的发展变化而不断调整的。1929～1933年，西方国家爆发了史无前例的金融危机，原因之一是银行在证券市场和房地产市场的过度投资导致了泡沫经济。这使它们认识到，在没有达到一定水平的情况下，银行、证券、保险和信托等金融机构的混业经营极易造成银行资金大量流向证券市场，产生泡沫经济。于是大萧条后，以美国、日本和英国为代表的国家实行了分业经营体制。

混业经营体制主要以德国、瑞士等国家为代表。但自20世纪80年代以来，随着信息技术的发展和竞争的加剧，传统业务不断受到侵蚀，银行开始突破货币市场专业的限制向资本市场和保险市场渗透，一些实行分业经营的国家转向混业经营。英国、日本分别于1986年和1996年实行混业经营体制，美国在1999年通过了《金融服务现代化法案》，也开始进入混业经营年代。

第二节 中国金融监管体系

一、"一行两会一局"体系综述

在2018年国务院机构改革完成后，我国20世纪末到21世纪初以来形成的"一行三会一局"的金融监管模式转变为"一行两会一局"。在承担拟定银行业、保险业重要法律法规草案和审慎监管基本制度的职责后,中国人民银行的中央银行职能更加突出,在我国金融监管架构中的核心位置更加强化,经常作为金融监管系统联席工作会议的牵头单位和组织机构,带头落实党中央、国务院为金融领域制定的时间表、布置的任务书、规划的路线图,并重点对货币市场、外汇市场和黄金市场进行监管。

  银监会和原保监会合并后,新的中国银保监会统筹对银行业、保险业、信托业和金融资产公司、财务公司、金融租赁公司等机构实行归口监管,减少了原银监会和原保监会对部分业务监管过程中的重复,并填补了部分监管真空地带。银保监会的成立是根据当前形势下银行和保险公司之间日益密切的关系进行的适当调整,更加有利于银行及保险金融机构落实服务经济建设的主体责任。

  中国证监会的监管职能在此次机构改革中未进行显著调整,仍然统筹对上市公司(主板、创业板、科创板、新三板等)、证券公司、基金公司、期货公司、证券投资咨询机构、经营证券业务的中介机构(会计师事务所、律师事务所、信用评级机构、资产评估机构等)等相关市场主体及参与者进行监管,并对相关主体的证券业务进行指导,重点落实党中央、国务院对资本市场的指示批示精神,配合做好资本市场服务实体经济的"造血"功能。

  国家外汇管理局在中央银行的领导下,继续做好对外汇市场的管理,做好对资本跨境流动的监测、管理和服务工作,在金融市场中并无直接的监管对象。

  在全部金融机构中,银行业金融机构的形成时间最早、资产规模最大,系统性重要程度最高,属于金融系统的核心组成部分。因此,我国对银行业的监管起步最早,当前也较为成熟。下一节中将以银行业的监管为例,系统性讲述金融监管的内容和措施。

二、我国监管体系的完善目标

  我国当前的金融监管体系从广度、深度两方面对原有体系进行了优化,有效提高了监管手段的丰富性和监管目标的广泛性。从当前金融市场的大环境看,金融监管仍然存在不完全适应市场、不完全高效执法等多方面的问题。未来,我国金融监管体系仍然需要在下列方面进行持续性的完善。

(一)加强自我监管、提升主体合规

  金融监管人员作为国家公职人员,其人员数量、薪资待遇等受到《中华人民共和国公务员法》等相关法律法规的严格限制,工资既不能市场化变动,编制也不能大规模扩张。随着金融市场发展速度加快,金融从业人员数量、金融业务业态种类快速增长,有限的监管资源和日益增加的市场主体之间数量与时空不匹配的矛盾正逐渐积累,监管压力加大的同时,也造成市场主体的监管效果存在弱化的可能。因此,如何提高市场主体的合规能力、增强市场主体内部控制水平、减轻金融监管机构日常监督执法压力是我国金融监管体系下一阶段的工作重点之一。

  以银行业为例,在自我监管方面,由于我国的银行国有化程度较高,部分银行仍缺乏强有力的自我约束和自我管理机制,内部监管流于形式、部门规章未被遵守的现象时

有发生。特别是2020年12月31日，上市公司康得新百亿资金账户财务造假案中，上市公司的开户行因为出具与事实不符的单位定期存款开户证实书等多项违法行为，被北京银保监局处以责令改正，并处4 290万元罚款。因此，完善金融机构的有效内控机制非常迫切。金融监管机构应适应国际金融监管理念和监管方式发展的要求，逐步帮助、引导金融机构建立有效的内部控制机制。内部控制监管的重点应放在内部控制系统各个控制环节的审查上，既进行形式审查，又进行实质审核，着眼于对整个系统的整体情况进行了解和分析，使内部控制成为金融风险的第一道防线。

再以上市公司为例。上市公司是资本市场的重要组成部分，一方面是金融通过直接融资渠道服务实体经济的重要手段（一级市场），另一方面也是广大投资者进行财富管理的有效渠道（二级市场）。然而近年来，上市公司财务造假事件频繁发生。江苏康得新财务造假案、广东康美药业财务造假案、北京乐视网和贾跃亭欺诈发行案等案件均暴露出在巨大利益的诱惑下，上市公司及实际控制人铤而走险、目无法纪，通过操纵资本市场中饱私囊，对资本市场生态造成巨大破坏，对广大投资者财富造成巨大损失。考虑到上市公司和公司相关人员数量与监管资源相差悬殊，监管机构应优先考虑通过法律供给、制度设计等渠道提高上市公司内控质量、完善上市公司治理模式，使公司内控成为提高监管效果的重要保障。

（二）提升行业自律、促进自律监管

就行业自律监管来看，我国银行业、证券业、保险业和期货业等都建立了行业协会，但行业协会在行业规范的制定方面作用甚微，行业协会的金融监管作用有待加强。

以中国证券投资基金业协会为例，尽管基金管理人和基金托管人按照《中华人民共和国证券投资基金法》规定需要加入基金业协会，但众多私募基金管理人仍然未在基金业协会备案。因此，当私募基金出现挪用投资人资金甚至兑付违约等风险事件时，由于自律监管手段仅限用于处罚合法的、登记注册的基金管理人，因此即使投资人寻求证监部门或基金业协会的帮助，监管机构和自律组织仍然鞭长莫及。非法私募基金在造成投资者重大损失的同时，也极易引发群体性事件，给地方政府、金融监管部门和行业自律组织带来较大压力。

行业自律监管作为行政监管手段的有效补充，在充分运用的情况下可以有效减少国家公职人员数量不足带来的监管压力过大的问题。因此，一方面需要监管当局适当地放权，调动行业协会的积极性，提高自律监管手段的有效性，强化行业协会对会员管理的信效度，充分发挥行业协会作为监管补充应有的重要作用；另一方面，行业协会也应发挥好"助理裁判"的作用，对本行业主体"应管尽管"，强化对行业的监测和预判能力，提前判断、化解风险，并完善与相关行政监管部门的联动机制。

（三）完善监管协调，减少重叠真空

我国应积极探索适合国情的监管协调机制。随着我国混业经营的发展，大型金融服务集团在金融业中的地位不断上升，我国的金融监管应该实现从机构性监管向功能型监管的转变，以实现跨产品、跨机构、跨市场的协调，减少监管部门之间的职能冲突、监

管重叠和监管真空，提高监管效率，降低监管成本。依靠全方位、无死角的金融监管维护金融体系秩序的稳定，促进社会经济活动的健康发展。

某银行"原油宝"产品穿仓事件反映出，金融市场主体之间、产品之间相互关联。很多金融产品可能横跨银行业、证券业、大宗商品等诸多领域，具有"牵一发而动全身"的特点。当前，随着金融科技的发展，金融产品的风险跨市场性、跨周期性和传染性正随着产品的创新而不断提高，风险辨识度和压力测试的难度日益增加，更需要不同金融监管部门之间建立常态化的协调、沟通机制，强化信息共享和资源互通，提高对跨市场产品的监管能力，压实"金融市场"裁判员责任。

（四）压实中介责任，强化行刑衔接

金融市场中，除市场主体扮演着球员的作用外，中介机构也扮演着重要的"教练员"身份。例如，证券公司在上市公司股权融资、债务融资等多方面对后者进行辅导；会计师事务所、律师事务所和资产评估机构对上市公司IPO融资和资产重组等业务过程提供专业化服务；证券投资咨询机构负责向投资者提供证券的分析与建议；保险中介机构向投保人提供业务咨询服务并协助进行定损、理赔等业务。因此，为切实强化金融市场秩序，需要压实中介机构"看门人"责任，避免"委托–代理"问题的出现及中介机构的道德风险。

从保险中介机构违规承保、证券投资咨询机构非法操作、证券公司协助出具虚假证明文件、事务所从业人员未勤勉尽责等多起案件中可以发现，中介机构"看门人"责任被违法行为的大额经济利益所侵害。因此，不仅需要从行政执法的角度增加中介机构和相关人员的违法成本，金融监管部门更要与公安司法机关紧密配合，强化行刑衔接机制，推动行政＋刑事"双立案、双处罚"机制进一步完善，提高中介机构违法成本，从根本上解决市场生态问题。

（五）增加法律供给，用好制度保障

行政执法的强度弱于刑事司法的一个重要原因在于违法成本的不同。行政执法基本以罚款为主，罚款金额经常受到上位法限制而缺乏震慑力，例如上市公司违规信息披露在适用2005年《中华人民共和国证券法》（以下简称《证券法》）时，罚款上限仅为60万元，远远低于违法收益。而刑事司法以有期徒刑为主，配合罚金刑等附加刑，对违法犯罪行为具有较强的震慑力。但是，并非所有行政违法案件均能顺利转化为刑事司法案件，其中不仅需要上位法的明确支持，也需要各部门之间的密切配合。

以《证券法》为例，2019年新《证券法》施行后，证券违法犯罪行为成本大幅提高，信息披露违法的罚款上限由60万元增加至1 000万元、欺诈发行类违法的罚款金额由募集资金的5%增加到募集金额的1倍，同时引入了投资者集体诉讼制度。金融监管机构一方面应加强与全国人大、司法部等部门的实时沟通，积极反馈现行法律法规在执行过程中的经验和痛点，推动相关金融领域法律法规体系的修订完善，做好制度供给侧的保障。另一方面，在现行法律法规的基础上，金融监管机构也应尽快修订完善配套的部门规章和实施细则，将上位法赋予金融监管机构的权力落实到日常监管实践中去，在"有

法可依"的前提下做到"有法必依",特别是加强与公安部、最高人民检察院、最高人民法院的沟通,推动多方建立工作层面的全方位合作机制,签署跨部门联合执法协作备忘录,畅通行政案件移送公安及刑事司法的渠道,将上位法的精神贯彻落实。

【阅读专栏 11-1】

中国证监会行政处罚决定书
(乐视网、贾跃亭等 15 名责任主体)

〔2021〕16 号(节选)

当事人:乐视网信息技术(北京)股份有限公司(以下简称"乐视网"),住所:北京市朝阳区姚家园路 105 号院 3 号楼乐融大厦 15 层。

贾跃亭,男,1973 年 12 月出生,乐视网实际控制人,时任乐视网董事长,住址:山西省临汾市尧都区。

依据 2005 年修订的《证券法》有关规定,我会对乐视网信息披露违法、欺诈发行行为进行了立案调查、审理,并依法向当事人告知了作出行政处罚的事实、理由、依据及当事人依法享有的权利。当事人乐视网、谭殊、张旻翚、邓伟未提出陈述、申辩意见,未要求听证,当事人沈艳芳、曹彬提出陈述、申辩意见,未要求听证,当事人贾跃亭等人提出陈述、申辩意见,并要求听证。我会于 2020 年 11 月 10 日、12 月 1 日、12 月 2 日举行了听证会,听取了当事人陈述、申辩意见。本案现已调查、审理终结。

经查明,乐视网、贾跃亭等存在以下违法事实。

一、乐视网于 2007 年至 2016 年财务造假,其报送、披露的申请首次公开发行股票并上市(以下简称"IPO")相关文件及 2010 年至 2016 年年报存在虚假记载

经查,乐视网 2007 年虚增收入 939.95 万元,虚增利润 870.23 万元(虚增利润占当期披露利润总额的 59.27%,下同);2008 年虚增收入 4 615.52 万元,虚增利润 4 308.25 万元(136.00%);2009 年虚增收入 9 375.76 万元,虚增利润 8 883.18 万元(186.22%);2010 年虚增收入 9 961.80 万元,虚增利润 9 443.42 万元(126.19%);2011 年虚增收入 6 937.65 万元,虚增利润 6 529.13 万元(39.75%);2012 年虚增收入 8 965.33 万元,虚增利润 8 445.10 万元(37.04%);2013 年虚增收入 19 998.17 万元,虚增利润 19 339.69 万元(78.49%);2014 年虚增收入 35 194.19 万元,虚增成本 590.38 万元,虚增利润 34 270.38 万元(470.11%);2015 年虚增收入 39 922.39 万元,虚减成本 943.40 万元,虚增利润 38 295.18 万元(516.32%);2016 年虚增收入 51 247.00 万元,虚增成本 3 085.15 万元,虚增利润 43 276.33 万元(-131.66%)。具体情况如下。

(一)首次发行阶段,乐视网通过虚构业务及虚假回款等方式虚增业绩以满足上市发行条件,并持续到上市后

1. 通过贾跃亭实际控制的公司虚构业务,并通过贾跃亭控制的银行账户构建虚假资金循环的方式虚增业绩。具体如下:(略)。

2. 通过虚构与第三方公司业务,并通过贾跃亭控制的银行账户构建虚假资金循

环的方式虚增业绩。具体如下：（略）。

3. 在与客户真实业务往来中，通过冒充回款等方式虚增业绩。具体如下：（略）。

（二）2010 年乐视网上市后财务造假情况

2010 年乐视网上市后，除利用自有资金循环和串通"走账"虚构业务收入外，还通过伪造合同、以未实际执行框架合同或单边确认互换合同方式继续虚增业绩。

1. 虚构广告业务确认收入，在没有资金回款的情况下，应收账款长期挂账，虚增业务收入和利润。具体如下：（略）。

2. 虚构广告业务确认收入，在没有资金回款的情况下，后续通过无形资产冲抵全部或部分应收账款，相应虚计成本和利润。具体如下：（略）。

3. 继续通过虚构与第三方公司业务，通过贾跃亭控制银行账户构建虚假资金循环的方式虚增业绩。具体如下：（略）。

4. 通过第三方公司虚构业务确认收入，同时通过贾跃亭控制的银行账户构建部分虚假资金循环和记应收账款长期挂账方式虚增业绩。具体如下：（略）。

5. 通过与客户签订并未实际执行的广告互换框架合同或虚构广告互换合同确认业务收入，虚增业绩。具体如下：（略）。

6. 利用广告互换合同，以只计收入或虚计收入但不计成本的方式虚增业绩。具体如下：（略）。

二、乐视网未按规定披露关联交易

2017 年 4 月 17 日，乐视网以"增资款"名义转给全资子公司重庆乐视小额贷款公司（以下简称"乐视小贷"）2.1 亿元，乐视小贷收到上述 2.1 亿元后，立即以贷款名义分 7 笔每笔 3 000 万元将资金转给 7 家乐视网关联公司，上述 7 家公司收到资金后，当天便将资金全部转给乐视控股（北京）有限公司（以下简称"乐视控股"）。上述贷款构成关联交易，根据《深圳证券交易所创业板股票上市规则（2014 年修订）》第 10.2.4 条"交易金额在 100 万元以上，且占上市公司最近一期经审计净资产绝对值 0.5% 以上的关联交易，应当经董事会审议后及时披露"的规定，上述事项是应当经乐视网董事会审议并及时披露的关联交易事项，但乐视网未按规定及时披露，违反了《证券法》第六十三条、第六十七条第一款、第二款第十二项和《上市公司信息披露管理办法》（证监会令第 40 号）第四十八条的规定，构成《证券法》第一百九十三条第一款所述的信息披露违法行为。乐视网时任董事长贾跃亭未勤勉尽责，是乐视网未披露关联交易违法行为直接负责的主管人员；时任监事会主席吴孟代表 7 家关联方中的 4 家签字，知悉该关联交易事项，未勤勉尽责，导致乐视网未披露上述关联交易，是上述违法行为其他直接责任人员。

三、乐视网未披露为乐视控股等公司提供担保事项

2016 年 2 月，乐视网对乐视控股在乐视云计算机有限公司《股权收购及担保合同》项下的回购义务提供无限连带保证，担保金额为 10 亿元，至 2019 年可能承担的最大回购金额为 17.5 亿元，占最近一期（2014 年）经审计净资产的 29.92%（最大回购金额占比 52.35%）。乐视致新电子科技（天津）有限公司（以下简称"乐视致新"）系乐视网 2012 年至 2017 年并表子公司。2016 年 12 月，乐视致新对其关联公司对外

应付货款和存货采购共计 5 208.37 万美元提供担保，金额折合人民币 3.47 亿元，占乐视网最近一期（2015 年）经审计净资产的 9.10%。2015 年 4 月、2016 年 4 月乐视网对乐视体育文化发展有限公司 A+ 轮、B 轮融资的投资者承担回购义务，分别涉及回购金额 10.2 亿元和 103.95 亿元，分别占最近一期（2014 年、2015 年）经审计净资产的 30% 和 272.48%。

根据《深圳证券交易所创业板股票上市规则（2014 年修订）》第 9.11 条"上市公司发生本规则 9.1 条规定的'提供担保'事项时，应当经董事会审议后及时对外披露"以及"属于下列情形之一的，还应当在董事会审议通过后提交股东大会审议：（一）单笔担保额超过公司最近一期经审计净资产 10% 的担保；……（六）对股东、实际控制人及其关联人提供的担保"的规定，上述三项均属应及时披露的事项，但乐视网未按规定及时披露，也未在 2016 年年报中披露，违反了《证券法》第六十三条、第六十七条第一款、第二款第十二项和《上市公司信息披露管理办法》（证监会令第 40 号）第三十条第二款第十七项的规定，构成《证券法》第一百九十三条第一款所述的信息披露违法行为。时任董事长贾跃亭参与上述对外担保有关事项，未勤勉尽责，是乐视网未披露对外担保事项违法行为直接负责的主管人员。时任董事会秘书赵凯直接参与对外担保有关事项，并负责公司信息披露工作，未勤勉尽责，导致乐视网未及时披露上述担保事项，为其他直接责任人员。

四、乐视网未如实披露贾某芳、贾跃亭向上市公司履行借款承诺的情况

1. 贾某芳减持及履行借款承诺情况（略）。
2. 贾跃亭减持及履行借款承诺情况（略）。

五、乐视网 2016 年非公开发行股票行为构成欺诈发行

2015 年 5 月 25 日，乐视网召开第二届董事会第五十二次会议，审议通过乐视网非公开发行股票议案。2015 年 8 月 31 日，乐视网召开第二届董事会第六十三次会议，审议通过乐视网非公开发行股票的调整事项。2015 年 9 月 23 日，乐视网非公开发行股票申请经中国证监会发行审核委员会审核，并获无条件通过。2016 年 5 月 19 日，中国证监会出具《关于核准乐视网信息技术（北京）股份有限公司非公开发行股票的批复》（证监许可〔2016〕1089 号），2016 年 5 月 25 日乐视网召开第三届董事会第二十一次会议，审议通过延长乐视网非公开发行股东大会决议有效期的议案。2016 年 8 月 8 日乐视网非公开发行上市。乐视网本次非公开发行新股 10 664.30 万股，募集资金 47.99 亿元，申报披露的三年一期财务数据期间为 2012 年至 2014 年及 2015 年 1~6 月。根据前述关于乐视网财务造假的事实，乐视网不符合发行条件，以欺骗手段骗取发行核准。

乐视网上述行为违反了《证券法》第十二条、第二十条，《上市公司证券发行管理办法》（证监会令第 57 号）第三十九条第一项的规定，构成《证券法》第一百八十九条第一款所述的欺诈发行违法行为。

时任董事长贾跃亭、财务总监杨丽杰在推动乐视网上述发行事项及涉及的财务造假事项中发挥了组织、策划、领导、实施作用，在财务造假中，采取隐瞒、编造重要事实等特别恶劣的手段，造假金额巨大，未勤勉尽责，在报送、披露的发行申

请文件上签字并保证所披露的信息真实、准确、完整,违法情节特别严重,是乐视网欺诈发行行为直接负责的主管人员。时任监事吴孟、副总经理贾跃民直接参与相关财务造假行为,未勤勉尽责,在发行申请文件上签字并保证所披露的信息真实、准确、完整,在欺诈发行中发挥较大作用,违法情节较为严重。时任董事、监事、高管的刘弘、邓伟、谭殊、张特、吉晓庆、沈艳芳等人,未勤勉尽责,在发行申请文件上签字并保证所披露的信息真实、准确、完整,是乐视网欺诈发行行为的其他直接责任人员。根据前述关于乐视网财务造假的事实,贾跃亭作为乐视网实际控制人,指使相关人员从事上述财务造假事项,导致公司申请非公开发行申报披露的2012年至2014年及2015年1~6月三年一期财务数据存在严重虚假记载,构成《证券法》第一百八十九条第二款所述的违法行为。

以上事实,有相关临时报告和定期报告、发行申请文件、记账凭证、客户往来核算资料、情况说明、当事人笔录、证人证言、银行账户流水、证券账户交易记录、企业工商登记资料等证据证明,足以认定。

当事人及其代理人在听证会和申辩材料中提出如下申辩意见:(略)。

根据当事人违法行为的事实、性质、情节与社会危害程度,我会决定:

1. 对乐视网2007年至2016年连续十年财务造假,致使2010年报送和披露的IPO申报材料、2010年至2016年年报存在虚假记载的行为,未依法披露关联交易、对外担保的行为以及对贾跃亭、贾某芳履行承诺的披露存在虚假记载、重大遗漏的行为,根据《证券法》第一百九十三条的规定,对乐视网责令改正,给予警告,并处以60万元罚款;对贾跃亭、杨丽杰给予警告,并分别处以30万元罚款;对刘弘给予警告,并处以25万元罚款;对吴孟给予警告,并处以20万元罚款;对赵凯给予警告,并处以10万元罚款;对谭殊给予警告,并处以8万元罚款;对吉晓庆、张旻翚给予警告,并处以5万元罚款;对朱宁、曹彬给予警告,并处以3万元罚款。贾跃亭作为乐视网实际控制人,指使从事上述相关信息披露违法行为,对其给予警告,并处以60万元罚款,合计对贾跃亭罚款90万元。

2. 对2016年乐视网非公开发行欺诈发行行为,根据《证券法》第一百八十九条的规定,对乐视网处以募集资金百分之五即2.4亿元罚款;对贾跃亭、杨丽杰处以30万元罚款;对贾跃民、吴孟处以20万元罚款;对刘弘、邓伟、谭殊、张特、吉晓庆处以5万元罚款;对沈艳芳处以3万元罚款。贾跃亭作为乐视网实际控制人,指使从事上述违法行为,对其处以2.4亿元罚款,合计罚款240 300 000元。

综上所述,对乐视网合计罚款240 600 000元,对贾跃亭合计罚款241 200 000元,对杨丽杰合计罚款60万元,对吴孟合计罚款40万元,对刘弘合计罚款30万元,对贾跃民合计罚款20万元,对谭殊合计罚款13万元,对吉晓庆、赵凯分别罚款10万元,对邓伟、张旻翚、张特分别罚款5万元,对沈艳芳、朱宁、曹彬分别罚款3万元。

上述当事人应自收到本处罚决定书之日起15日内,将罚款汇交中国证券监督管理委员会,开户银行:中信银行北京分行营业部,账号:7111010189800000162,由该行直接上缴国库。当事人还应将注有其名称或姓名的付款凭证复印件送中国证券监督管理委员会行政处罚委员会办公室备案。当事人如果对本处罚决定不服，可在收到本处罚决定书之日起 60 日内向中国证券监督管理委员会申请行政复议，也可在收到本处罚决定书之日起 6 个月内直接向有管辖权的人民法院提起行政诉讼。复议和诉讼期间，上述决定不停止执行。

2021 年 3 月 26 日

资料来源：中国证券监督管理委员会网站。

第三节　银行业监管的内容与措施

一、银行业监管的内容

银行业监管的内容主要有三个方面：市场准入监管、业务运作过程中的监管和市场退出监管。

（一）市场准入监管

所有国家对银行业金融机构的监管都是从市场准入开始的。市场准入监管是对银行业金融机构进入市场有关环节的监管，主要考虑必要性和可能性。必要性是考察新设银行业金融机构是否适合宏观经济发展的需要，是否符合金融业发展的政策和方向，是否符合地域分布合理化的要求。可能性是考察新设银行业金融机构的资本金、经营场所、业务范围、高级管理人员等是否符合必需的条件。准入监管的目的是在银行业金融机构审批环节上对整个金融体系实施有效的控制，保证各种金融机构的数量、种类、规模和分布符合国家经济金融发展规划和市场需要，同时保证与监管当局的监管能力相适应。在市场准入环节上实行严格控制，旨在事先将那些有可能对金融体系稳健运行造成危害的机构拒之门外，同时也是为了保证金融竞争的适度性。

（二）业务运作过程中的监管

业务运作过程中的监管是对银行业金融机构业务经营及其相关活动的监督管理。主要包括以下几个方面。

1. 资本充足性监管

合理充足的资本金是金融机构正常运营的基本条件，是抵御风险的最后一道防线。通过对金融机构资本比率的监管，可以达到以资本规模制约资产规模特别是风险资产的规模，从而降低金融业经营风险，实现金融经济稳定运行的目的。1988 年《巴塞尔协议》关于核心资本和附属资本与风险资产的 4% 和 8% 的比率规定，已被世界各国普遍接受，是资本充足性监管的最重要的标准。

2. 资产的流动性监管

这是对各类金融机构特别是银行的资产在无损失状态下迅速变现能力的监管。考核资产流动性的主要指标是资产流动性比例、备付金比例、中长期贷款比例等。流动性监管的目的是保证在正常情况下金融机构的清偿能力。

3. 业务范围和经营活动的监管

从确保金融机构稳健经营，从而维护存款者利益和信用体系的安全性出发，各国一般均通过法律规定金融机构的业务范围和经营活动的内容。例如，一些国家把商业银行业务与投资银行业务分开，并禁止商业银行持有股票，一些国家则限制银行对工商企业的直接投资。在日常经营活动中，监管当局的监管主要包括资产负债比例管理、贷款风险管理等，通过这些方面的监管达到降低金融风险和提高金融运行内在稳定性的目的。

4. 贷款风险控制

商业银行的经营活动应该坚持"三性"原则，但由于道德风险的存在，商业银行具有追求高风险、高盈利投资活动的内在冲动。因此，大多数国家的金融监管都会尽可能地限制金融监管的贷款或投资过于集中，一般会对一家银行向单一贷款者的贷款比例做出限制。例如，意大利规定对单个客户的贷款不得超过银行的自有资本；美国规定不得超过自有资本的10%，日本为20%，中国为10%。而且，贷款风险分散，不仅要在贷款者之间，还要考虑在行业和地区间分散。

按照国际通行的做法，将银行贷款资产分为以下五类，简称"贷款五级分类法"：

- 正常贷款——借款人能够履行合同，没有足够理由怀疑贷款本息不能按时足额偿还。
- 关注贷款——尽管借款人目前有能力偿还贷款本息，但存在一些可能对偿还产生不利影响的因素。
- 次级贷款——借款人的偿还能力出现明显问题，完全依靠其正常营业收入无法足额偿还贷款本息，即使执行担保，也可能会造成一定损失。
- 可疑贷款——借款人无法足额偿还贷款本息，即使执行担保，也肯定要造成较大损失。
- 损失贷款——在采取所有可能的措施或一切必要的法律程序之后，本息仍然无法收回，或只能收回极少部分。

（三）准备金监管

合理规定和适时调整金融机构上缴中央银行的存款准备金率是保证金融机构的偿付能力，限制金融机构资产过度扩张，防范金融风险和保证金融业经营安全的需要。金融当局的主要任务是确保金融机构的准备金是在充分考虑、谨慎经营和真实评价业务质量的基础上提取的。

（四）外汇风险管理

金融机构开展国际业务越来越普遍，因此对金融机构的外汇风险管理成为金融机构的重要内容。同时，由于国家收支均衡对一国经济稳定和发展具有重要意义，外汇风险管理在一些国家的金融监管中占有重要地位，比如美国、日本、英国、瑞士、中国等国对外汇的管制较严。英格兰银行对所有在英国营业的银行的外汇头寸进行监控，要求任何币种的交易头寸净缺口数据不得超过资本基础的10%，各币种的净空头数之和不得超过资本基础的15%；对于外国银行分支机构，英格兰银行要求其总部及母国监管当局要对其外汇交易活动进行有效的控制。日本要求外汇银行在每个营业日结束时，外汇净头寸（包括即期和远期外汇）不得突破核准的限额。荷兰、瑞士对银行持有未保险的外币款项，会要求增加相应的资本金。

（五）市场退出监管

市场退出监管，是监管当局对经营管理存在严重问题或业务活动出现重大困难的金融机构，采取的救助性或惩罚性强制措施。金融机构退出市场分为主动退出和被动退出，救助性措施主要用于主动退出，惩罚性措施主要用于被动退出。救助性措施主要包括接管、促成其兼并或收购；惩罚性措施主要包括吊销执照和进行清算。

市场退出监管的目的在于及时采取有力措施，防止由于个别金融机构的问题危及整个金融体系的安全稳定，当金融机构出现自身无法通过金融市场解决的困难（如流动性困难）时，监管当局出于保持金融体系稳定的目的，可以通过协调和组织行业支持、提供央行贷款等方式进行紧急救助，但没有保证任何被监管机构都不倒闭的义务。吊销执照是处理有问题的金融机构的最简单方法，但是监管当局一般不会轻易采用。相对于吊销执照和破产清算，兼并和收购都是成本低、震动小的方法。从国际金融监管实践来看，当个别金融机构遇到严重危机时，往往事先由监管当局出面促成一些实力雄厚的金融机构对其进行并购，只有当所有的努力都无法奏效时，监管当局才会采取吊销执照的强制关闭措施。我国金融机构的市场退出方式主要有接管、解散、撤销和破产四种。市场退出应该是一种市场行为，金融监管应该尽可能按市场规律办事。

二、金融监管的措施

金融监管的措施一般包括以下两种。

（一）现场检查

所谓现场检查，是指银行业监管机构指派检查人员或者是委托外部审计师直接到被检查单位，按法定程序和方式实地进行检查监督。现场检查工作，不管是由银行业监督管理机构的检查人员实施，还是由监管者委托外部审计师实施，应能独立地反映每家银行业金融机构是否有完善的治理结构，其提供的信息是否可靠。

现场检查给监管者提供了核实和评估一些事项的手段，包括：从银行收到的报告的精确性、银行的总体经营状况、银行的风险管理制度和内部控制措施的完善程度、贷款资产组合的质量和贷款损失准备的完善程度、管理层的能力、会计和管理信息系统的完善程度、非现场或以前现场监管过程中发现的问题、银行遵守有关法规和条款的情况。

（二）非现场检查

所谓非现场检查，是指银行业监督管理机构对银行业金融机构报送的各种统计数据、报表和报告运用现代化手段进行分析，评价银行业金融机构的风险状况。非现场检查监管者应具有在单一和并表的基础上收集、检查、分析审慎报告的手段。非现场检查的内容主要包括审查和分析各种报告和统计报表。这类资料应包括基本的财务报表和辅助资料，详细说明银行的各种风险和财务状况，监管当局应有能力从其附属的非银行机构中收集信息。银行监管者应充分利用公开发布的信息分析资料。

银行业监管机构可使用这类报表检查审慎监管要求（如资本充足率）的遵守情况。非现场检查常常能反映出潜在问题，特别是在现场检查间隔时期发生的问题，从而提前发现问题，并在问题恶化之前迅速要求银行拿出解决办法。不管是定期进行还是在问题发生时进行，这类报表将用来了解个别机构或整个银行体系的总体发展趋势，并作为与银行管理部门进行讨论的基础，报表还应作为计划检查工作的重要依据，从而使短时间的现场检查发挥最大的效力。

第四节 金融监管的国际合作

一、巴塞尔委员会和《巴塞尔协议》

随着经济全球化和金融国际化的发展，跨国银行在世界经济中发挥着越来越重要的作用，各国金融业的联系和相互影响程度不断增加。随之而来的是，银行业风险的扩散对各国金融稳定的威胁越来越明显。以国界为范围的金融监管的漏洞开始被人们注意，各国金融监管当局之间加强联系和合作，显得十分必要。推动金融监管国际合作的最主要国际组织之一，是设在国际清算银行的巴塞尔银行监督委员会（以下简称"巴塞尔委员会"）。

（一）巴塞尔委员会简介

巴塞尔委员会（Basel Committee on Banking Supervision，BCBS）是银行审慎监管的主要全球标准制定者，为各国央行的银行监管事项的定期合作提供平台，其45名成员包括来自28个司法管辖区的中央银行和银行监管机构。巴塞尔委员会最初被称为银行监管和监督实践委员会（Committee on Banking Regulations and Supervisory Practices），是在1974年年底国际货币和银行市场发生严重动荡（特别是联邦德国班克斯赫斯塔特银行倒闭）之后，由十国集团（G10）的中央银行行长建议成立的。

该委员会总部设在巴塞尔国际清算银行，旨在通过提高世界范围内银行监管的质量从而加强全球金融稳定，并作为各成员之间就银行监管事项进行定期合作的论坛。委员会第一次会议于1975年2月举行，此后每年定期举行三四次会议。自成立以来，巴塞尔委员会已将其成员从10国集团扩大到来自28个国家和地区的45个机构，由各国家或地区的中央银行和正式负责监管银行业务的当局组成。此外，该委员会还有9名观察员，包括央行、监管机构、国际组织和其他机构。委员会分别在2009年和2014年扩大了成员。

截至2021年，巴塞尔委员会的成员有：阿根廷（阿根廷央行）、澳大利亚（澳大利亚储备银行、澳大利亚审慎监管局）、比利时（比利时国家银行）、巴西（巴西央行）、加拿大（加拿大银行、加拿大金融机构监督办公室）、中国内地（中国人民银行、中国银行保险监督管理委员会）、欧盟（欧洲央行、欧洲央行单一监管机制）、法国（法国银行、法国审慎监管和处置机构）、德国（德意志联邦银行、德国联邦金融监管局）、中国香港（香港金融管理局）、印度（印度储备银行）、印度尼西亚（印度尼西亚银行、印度尼西亚金融服务管理局）、意大利（意大利银行）、日本（日本银行、日本金融管理局）、韩国（韩国银行、韩国金融监督院）、卢森堡（卢森堡金融业监察委员会）、墨西哥（墨西哥银行、墨西哥国家银行和证券委员会)、荷兰(荷兰银行)、俄罗斯(俄罗斯联邦中央银行)、沙特阿拉伯(沙特中央银行)、新加坡(新加坡金融管理局)、南非(南非储备银行)、西班牙(西班牙银行)、瑞典(瑞典银行、瑞典财务检查局)、瑞士(瑞士国家银行、瑞士金融市场监管局)、土耳其(土耳其中央银行、土耳其银行监管机构)、英国(英格兰银行、英国审慎监管局)、美国(美联储理事会、纽约联邦储备银行、美国通货审计官办公室、美国联邦存款保险公司)。观察员则包括智利(智利央行、智利银行和金融机构监督机构)、马来西亚(马来西亚央行)、阿拉伯联合酋长国(阿联酋央行)等。中国作为金融稳定理事会和巴塞尔委员会的正式成员,负有执行国际标准的约束性义务。

从1975年首次发布《巴塞尔协议》并多次修订起,巴塞尔委员会制定了一系列银行监管的国际标准,其中最著名的是其具有里程碑意义的资本充足率协议出版物,通常称为《巴塞尔协议Ⅰ》《巴塞尔协议Ⅱ》和《巴塞尔协议Ⅲ》。

巴塞尔委员会的治理结构包括轮值主席、标准制定和研究小组以及由国际清算银行主办的秘书处。巴塞尔委员会向各中央银行行长和监管机构(GHOS)报告,并寻求后者对其重大决策的认可。主席由GHOS任命,任期三年,可连任一次,主要职责是根据巴塞尔委员会的授权指导委员会的工作。

(二)巴塞尔委员会主要成果

下面对巴塞尔委员会的主要成果《巴塞尔协议Ⅰ》至《巴塞尔协议Ⅲ》、《有效银行监管的核心原则》和《关于内部控制制度的评价原则》进行介绍。

《巴塞尔协议》是国际清算银行成员的中央银行和货币当局在瑞士巴塞尔达成的若干重要协议的统称,是国际银行业风险管理的理论指导、行动指南和实践总结。

协议实质是为完善与补充单个国家对商业银行监管体制的不足,减轻银行倒闭的风险与代价。据国际清算银行最新研究显示,全世界大约有100多个国家采纳了《巴塞尔协议》。

随着20世纪70年代以来金融全球化、自由化和金融创新的发展,国际银行业面临的风险日趋复杂,促使商业银行开始重视强化风险管理。20世纪80年代债务危机和信用危机后,西方银行普遍重视信用风险管理,并由此催生了1988年的《巴塞尔协议》。在统一资本监管要求下,各银行积极构建以满足资本充足为核心的风险管理体系,资本作为直接吸收银行风险损失的"缓冲器"得到了广泛认同。20世纪90年代,金融衍生工具在银行领域迅速普及,市场风险问题日益重要,推动了巴塞尔委员会将市场风险纳入资本监管框架。1997年亚洲金融危机后,国际银行业努力推动实施全面风险管理的新战略,以应对多风险联动的管理压力。经多次征求意见,2004年巴塞尔委员会正式公布了《巴塞尔新资本协议》。

从银行风险管理的角度看,《巴塞尔协议》从1988年开始,始终强调稳妥处理"资本、风险、收益"三者关系,其中最重要的是"资本与风险"的关系。资本作为银行抵御风险的最后一道"防线",要求银行有足够资本应对可能发生的损失。因此,新旧《巴塞尔协议》都把资本充足率作为协议框架的第一支柱。《巴塞尔新资本协议》更加强调了资本应精确地反映银行实际经营中的风险,保证银行稳健经营。

(三) 1988 年的《巴塞尔协议 I》

1988 年的《巴塞尔协议 I》全称为《统一资本衡量和资本标准的国际协议》，其目的是通过规定银行资本充足率，减少各国规定的资本数量差异，加强对银行资本及风险资产的监管，消除银行间的不公平竞争。

其基本内容由四方面组成。

（1）资本的组成。巴塞尔委员会认为银行资本分为两级。第一级是核心资本，要求银行资本中至少有 50% 是实收资本及从税后利润保留中提取的公开储备。第二级是附属资本，其最高额可等同于核心资本额。附属资本由未公开的储备、重估储备、普通准备金（普通呆账准备金）、带有债务性质的资本工具、长期次级债务和资本扣除部分组成。

（2）风险加权制。不同种类的资产根据其广泛的相对风险进行加权，制定风险加权比率，作为衡量银行资本是否充足的依据。这种权数系统的设计尽可能简单，目前使用的权数有五个，分别是 0、10%、20%、50% 和 100%。

（3）目标标准比率。为保证国际银行长期拥有一个稳定稳健的资本比率，总资本与加权风险资产之比为 8%（其中核心资本部分至少为 4%）。银行资本充足率 = 总资本/加权风险资产。

（4）过渡期和实施安排。过渡期从协议发布起至 1992 年年底，到 1992 年年底，所有从事大额跨境业务的银行资本充足率要达到 8%。

《巴塞尔协议 I》主要有三大特点：一是确立了全球统一的银行风险管理标准；二是突出强调了资本充足率标准的意义，通过强调资本充足率，促使全球银行经营从注重规模转向注重资本、资产质量等因素；三是受 20 世纪 70 年代发展中国家债务危机的影响，强调国家风险对银行信用风险的重要作用，明确规定不同国家的授信风险权重比例存在差异。

1988 年《巴塞尔协议 I》的不足之处：①容易导致银行过分强调资本充足的倾向，从而忽略银行业的盈利性和其他风险，即使银行符合资本充足率的要求，也可能因为其他风险而陷入经营困境，如巴林银行；②对国家风险的风险权重处理比较简单；③仅注意到信用风险，而没有考虑到银行经营中影响越来越大的市场风险和操作风险等。

（四）2004 年的《巴塞尔协议 II》

2004 年 6 月 26 日，十国集团央行行长和银行监管当局负责人一致同意公布《资本计量和资本标准的国际协议：修订框架》，即《巴塞尔新资本协议》（简称《巴塞尔协议 II》），并宣布于 2006 年实施该协议，一些发展中国家也积极准备向实施新协议过渡。这一国际金融界普遍认同的国际标准，是商业银行在国际市场上生存的底线。其基本内容由三大支柱组成。

（1）最低资本金要求。新协议保留了 1988 年《巴塞尔协议 I》中对资本的定义，以及相对风险加权资产资本充足率为 8% 的要求，但风险范畴有所拓展，不仅包括信用风险，同时覆盖市场风险和操作风险。

内部评级法（IRB 法）是《巴塞尔协议 II》的核心内容，银行将账户中的风险划分为以下六大风险：公司业务风险、国家风险、同业风险、零售业务风险、项目融资风险和股权风险。银行根据标准参数或内部估计确定其风险要素，并计算得出银行所面临的风险。这些风险要素主要包括：违约概率（PD）、违约损失率（LGD）、违约风险值（EAD）及期限（M）。根据内部风险评估结果确定风险权重、计提资本。

（2）监管当局的监督检查。目的是要通过监管银行资本充足状况，确保银行有合理的内部评估程序，便于正确判断风险，促使银行真正建立起依赖资本生存的机制。监管当局的监督检查是最低资本规定的重要补充，它适合处理以下三个领域的风险：第一支柱涉及但没有完全覆盖的风险；第一支柱中未加考虑的风险；银行的外部风险（如经济周期影响）。第二支柱中更为重要的一个方面，是对第一支柱中较为先进的方法是否达到了最低的资本标准和披露要求进行评估，特别是针对信用风险 IRB 框架和针对操作风险的高级计量法的评估。监管当局必须确保银行自始至终符合这些要求。

（3）强化信息披露，引入市场约束。要求银行不仅要披露风险和资本充足状况的信息，而且要披露风险评估和管理过程、资本结构以及风险与资本匹配状况的信息；不仅要披露定量信息，而且要披露定性信息；不仅要披露核心信息，而且要披露附加信息。

《巴塞尔协议Ⅱ》主要有三大特点：①要实现向以风险管理为核心的质量监管模式过渡；②将信用风险、市场风险和操作风险全面纳入资本充足率计算，使资本状况与总体风险相匹配，提高了监管的全面性和风险的敏感度；③推进解决信息不对称的信息披露，重点向资本充足率、银行资产风险状况等市场敏感信息集中，确保市场对银行的约束效果，代表了未来银行业风险管理发展的方向。

(五) 2010 年的《巴塞尔协议Ⅲ》

2008 年以来的全球金融危机的爆发，促使全球金融监管当局反思监管框架并加强了对大型金融机构的监管，尤其是系统性风险的防范问题，对次贷危机和《巴塞尔协议Ⅱ》的争议和反思，直接推动了《巴塞尔协议Ⅲ》的迅速出台。

这次新协议所进行的大规模监管改革，主要集中在以下领域：一是资本监管要求，包括资本的重新定义、资本留存缓冲、逆周期资本缓冲和杠杆比率；二是流动性监管要求，给出了流动性监管的一些工具；三是对《巴塞尔协议Ⅲ》的过渡期的时间表安排。

《巴塞尔协议Ⅲ》在资本结构的框架方面发生了较大变化：一是一级资本尤其是普通股的重要性上升，二级、三级等较低级的资本重要性削弱；二是资本充足率的顺周期性下降，逆周期或者风险中立的资本要求明显上升；三是正视"大而不能倒"问题并提出了资本配置要求，旨在确保银行拥有稳健运行的能力。新资本结构框架包括更强的资本定义、更高的最低资本要求以及新资本缓冲引入的组合，将确保银行能更好地抵御经济和金融的紧张时期，从而促进经济增长。

总体来看，随着金融危机后全球金融形势的深刻变化，金融监管制度已经出现了重大变革，包括《巴塞尔协议Ⅲ》在内的金融监管改革已经表现出了四方面的明显趋势：一是微观审慎监管和宏观审慎监管统筹兼顾；二是资本监管和流动性监管同等重要；三是银行业监管的"质量齐升"；四是金融机构内部约束与外部监管有机结合。

(六)《有效银行监管的核心原则》

《有效银行监管的核心原则》（以下简称《核心原则》）于 1997 年 9 月正式公布，是巴塞尔委员会继1988年《巴塞尔协议Ⅰ》之后又正式推出的一份划时代的文件。它包括25条原则，对有效银行监管的先决条件、发照与结构、审慎法规与要求、持续监管手段、信息要求、正式监管权利、跨国银行业等方面提出了基本要求，也是最低要求。各国和国际监管组织可结合促进宏观经济发展和金融稳定的要求，利用《核心原则》强化其监管安排。这是确保一国及国际金融稳定的重要步骤。

《核心原则》和1988年《巴塞尔协议Ⅰ》共同构成对外资银行风险性监管的基本规定。《核心原则》作为国际上有效实行银行监管的通行标准，不仅为评价银行监管体系的有效性提供了评判准绳，也为各国银行监管方面存在的差距和问题提供了评估方法；不仅为十国集团所遵循，也陆续得到其他国家的认同，并作为建立和完善本国银行监管体系的指导准则。

(七)《关于内部控制制度的评价原则》

《关于内部控制制度的评价原则》于1998年2月公布。有效的内部控制制度是银行管理的重要组成部分，也是银行机构安全、良好运行的基础。一套健全有效的内部控制制度，有助于银行机构内部经营目标的实现，有助于确保银行财务与管理报告的可靠，也有助于银行经营过程中遵循法律法规及银行内部的政策、计划、规定和程序，从而减少意外损失或银行信誉受损的风险。

巴塞尔委员会的内部控制原则共14条，分为六大组成部分，分别是：管理层应营造监管与控制的文化氛围；风险的识别与评估；控制活动与职责分离；信息与交流；监督评审活动与缺陷的纠正；银行监管当局对内部控制制度的评价。

【阅读专栏11-2】

《巴塞尔协议Ⅲ》推迟一年实施，逆周期监管调控助推经济复苏

为应对新冠肺炎疫情对全球金融体系的负面冲击，2020年3月，央行行长和监管机构（GHOS）宣布将《巴塞尔协议Ⅲ》的实施时间推迟一年。与此同时，美国、欧洲、日本及部分新兴经济体也推出逆周期监管政策，助推实体经济复苏。

2010年以来，《巴塞尔协议Ⅲ》的推出对全球银行体系产生了深远影响。十余年来，全球银行业资本充足率不断提升，流动性状况持续改善，业务结构呈现去杠杆、去同业、去复杂性等特征，银行体系的稳健性显著提升。为缓解监管政策过快实施可能带来的负面影响，《巴塞尔协议Ⅲ》的实施设置了过渡期。其中，2010年版《巴塞尔协议Ⅲ》多数政策落地时间为2019年1月1日，主要包括全球系统重要性银行（G-SIBs）附加资本缓冲、留存资本缓冲、逆周期资本缓冲、总损失吸收能力要求、中央交易对手资本要求、基金股权投资资本要求等政策；而2017年推出《巴塞尔协议Ⅲ（最终版）》多数政策的落地时间为2022年1月1日，主要包括G-SIBs附加杠杆率缓冲要求、信用风险标准法（修订版）、信用风险内评法（修订版）、操作风险计量框架、CVA计量框架（修订版）、市场风险计量框架（修订版）、风险底数要求和第三支柱信息披露框架（修订版）等政策。

2020年4月，为应对新冠肺炎疫情冲击，GHOS将《巴塞尔协议Ⅲ（最终版）》

的落地时间由 2022 年 1 月 1 日推迟至 2023 年 1 月 1 日。《巴塞尔协议Ⅲ（最终版）》的政策多涉及银行资本充足率的分母，即风险加权资产。若实施，会显著提升部分银行的风险密度（风险加权资产/总资产）。该政策延迟有助于缓解银行体系的资本补充压力，促进银行业更好地支持实体经济复苏。

面对新冠肺炎疫情的冲击，主要经济体的逆周期调控力度史无前例，除了将《巴塞尔协议Ⅲ（最终版）》的实施时间推迟外，还出台了包括简化部分复杂监管政策实施、放松拨备、留存资本缓冲、逆周期资本缓冲、流动性覆盖率、净稳定资金比例等监管要求，强化银行分红和股票回购监管，向银行贷款提供增信或税收减免，针对个人和中小企业采取纾困政策等系列措施，这些政策对确保疫情冲击下银行功能的正常发挥起到了积极作用，较好地支持了各国经济的复苏。

随着疫苗研发及疫情防控取得阶段性进展，疫情对全球银行业的负面冲击将逐步弱化，因疫情而放松的监管政策将逐步恢复到疫情前的水平。银行业的资本充足率要求，特别是逆周期资本缓冲要求可能因疫情环境下信贷投放力度的加大而有所提高。美国、欧元区及英国很有可能取消对分红派息和股票回购的限制，银行内源资本积累将受到一定程度影响，全球银行业仍将面临资本补充压力。

资料来源：《金融时报》，2020 年 12 月 31 日。

二、国际反洗钱组织与合作实践

犯罪分子及其同伙利用金融体系在不同账户之间进行资金的支付和转移、隐藏资金的来源和所有人、通过安全存款设施储存货币的活动通常被称为洗钱（money laundering）。现代金融的国际化决定了洗钱犯罪的国际化特征，因此反洗钱工作的顺利展开离不开良好的国际环境以及各方的通力合作。为统一和协调世界各国的反洗钱工作，世界范围内建立了多个全球性和地区性的反洗钱国际组织，并出台了丰富的指引与文件，最大限度地实现对全球洗钱犯罪的精准识别、常态监测和持续打击。

（一）国际反洗钱组织

总体上看，国际反洗钱组织可以分为两类，第一类是专门的反洗钱国际组织，旨在推进国际反洗钱事业进程，促进全球的反洗钱合作。此类专门的组织包括反洗钱金融行动特别工作组（Financial Action Task Force on Money Laundering，FATF）、埃格蒙特集团（Egmont Group）等。第二类是在反洗钱领域发挥作用的其他国际组织，该类组织并不专门从事国际反洗钱事务，但根据各自的职能需要，也在全球范围内推行相应的反洗钱措施，发挥着重要作用。此类"兼职"反洗钱组织包括联合国、世界银行、欧盟、美洲国家组织（OAS）等，它们的反洗钱相关决议、指令等法律文件必须通过转化为其成员的法规、政策而发挥作用。

1. 反洗钱金融行动特别工作组

反洗钱金融行动特别工作组 1989 年成立于在巴黎召开的西方七国集团会议上，是全球颇具权威和影响力的政府间反洗钱国际组织，致力于应对洗钱、恐怖主义融资及其他相关威胁。该组织通过制定国际标准或推动各国有效执行法律法规维护国际金融体系的完整性。截至 2019 年，FATF 共有 38 个成员，包括 36 个国家或地区，及欧盟委员会（European Commission）、海湾合作委员会（GCC）2 个区域性组织。联合国、世界银行、国际货币基金组织、巴塞尔委员会等 23 个国际组织和 2 个国家以观察员身份参加 FATF 活动。2007 年 6 月 28 日，我国在 FATF 第十八届第三次全体会议上成为该组织的正式成员。

FATF 的组织和工作制度包括：FATF 采取主席制度，主席和副主席由成员中被指定的国家和地区政府任命高级官员担任，2020 年后任期均为 2 年，且主席不得连任。FATF 的秘书处设在法国巴黎，在经济合作和发展组织（OECD）总部。FATF 通过决策指导小组分析研判国际反洗钱领域的新形势，小组每 2 年调整一次成员构成。FATF 的工作年度为每年 7 月至次年 6 月，每年举行三次工作组会议和全体会议，并从 2019 年起每隔 2 年召开一次最高级别会议（部长级会议）。

FATF 制定的《四十项建议》是当前国际反洗钱领域的核心制度。

2. 埃格蒙特集团

20 世纪 90 年代，随着 FATF《四十项建议》的公布，一些国家逐渐建立起了金融情报机构（financial intelligence unit，FIU）。1995 年，部分金融情报机构在比利时布鲁塞尔的埃格蒙特 – 阿森伯格宫（Egmont-Arenberg Palace）召开了第一次会议，并成立了埃格蒙特集团，以便各国金融情报机构定期举行会议，在信息交换、专业培训等方面进行国际合作。埃格蒙特集团旨在为各国监管部门提供渠道，加强对所属国家的反洗钱工作支援，以及将交换资金转移情报的工作常态化。截至 2018 年，埃格蒙特集团成员数量为 155 个，包括中国香港、中国澳门和中国台湾。中国内地正在积极推动加入该组织。

埃格蒙特集团的主要目标是促进金融情报机构之间的合作，构建一个全球化的反洗钱信息交流平台。该组织采用轮值制度，自 2007 年起在加拿大多伦多设立了负责日常事务的秘书处。集团委员会是集团内的议事协调机构，由 1 名主席、2 名副主席、工作组主席、五大洲代表等组成。全体成员每年召开一次会议。

3. 沃尔夫斯堡集团

沃尔夫斯堡集团（Wolfsberg Group）是一个由全球部分跨国大型银行组成的行业自律组织，成立于 2000 年，以首次举办会议的地点瑞士沃尔夫斯堡命名。该集团的目的是从银行经营实际出发，按照国际反洗钱公约和规范，不断完善制度的制定和执行，为有效防范金融犯罪和洗钱风险构建框架。截至 2019 年，沃尔夫斯堡集团的成员共 13 家银行，包括桑坦德银行（Banco Santander）、美国银行（Bank of America）、巴克莱银行（Barclays）、花旗银行（Citibank）、瑞士信贷银行（Credit Suisse）、德意志银行（Deutsche Bank）、高盛集团（Goldman Sachs）、汇丰集团（HSBC）、摩根大通集团（J.P. Morgan Chase）、三菱东京日联银行（MUFG Bank）、法国兴业银行（Société Générale）、渣打银行（Standard Chartered Bank）、瑞银集团（UBS）。

（二）国际反洗钱成果

1. FATF 的《四十项建议》

FATF 制定的《四十项建议》是反洗钱的国际标准，对各国家和地区的反洗钱工作产生了重要影响。最初的《四十项建议》发布于 1990 年，旨在打击个人滥用金融体系清洗毒品资金的活动。《四十项建议》于 2012 年 2 月修订后，各国均按照这一标准接受相关国际组织的评估。

同时，为加强对高风险情况的要求，《四十项建议》允许各国对高风险领域采取更加有针对性的措施。各国应首先识别、评估、了解面临的洗钱和恐怖主义融资风险，然后制定降低风险的适当措施。风险为本的原则允许各国在 FATF 要求的框架下，采取更加灵活的措施有效地分配资源、实施与风险相称的预防措施，最大限度地提高有效性。

FATF 标准包括建议本身、释义及术语表的定义三部分。此外，FATF 还制定了指引、最佳实践文件等材料，帮助各国家和地区执行这一标准。随着全球金融系统面临的威胁和自身的薄弱环节日益变化，FATF 标准也会在必要的时候进行修订。FATF《四十项建议》主要包括下列内容。

A. 反洗钱与反恐怖融资政策与协调

（1）评估风险与运用风险的方法。对各国金融机构和特定非金融行业与职业（DNFBP）识别、评估并采取有效措施降低洗钱与恐怖融资风险提出要求。

（2）国家层面的合作与协调。要求各国的政策制定部门、金融情报中心、执法部门、监管机构等在政策制定和执行层面制定有效协作机制，并实现信息共享。

B. 洗钱与没收

（3）洗钱犯罪。要求各国以《维也纳公约》和《巴勒莫公约》为基础，使洗钱犯罪涵盖最广泛的上游犯罪。

（4）没收和临时措施。要求各国在法律允许范围内，在刑事定罪前后，对涉嫌洗钱的财产进行冻结、扣押。

C. 恐怖融资与扩散融资

（5）恐怖融资犯罪。各国应将恐怖融资行为规定为刑事犯罪。

（6）与恐怖主义及恐怖融资相关的定向金融制裁。被制裁的实体名下的资金和资产应被冻结，并确保相关实体无法据此受益。

（7）与大规模杀伤性武器扩散及扩散融资相关的定向金融制裁。

（8）非营利组织。对于易被恐怖融资滥用的非营利组织，各国应审查相关法律完备性。

D. 预防措施

（9）金融机构保密法。金融机构保密法不应妨碍 FATF 建议的实施。

（10）客户尽职调查。金融机构应当在规定的情况下采取客户尽职调查（CDD）措施。

（11）记录保存。必要的交易记录应至少保存 5 年。

（12）政治公众人物。对于特定客户需要采取额外措施。

（13）代理行业务。对于跨境代理行业务需要采取额外措施。

（14）资金或价值转移服务。本国提供相关服务的自然人或法人应获得有关部门许可。

（15）新技术。各国应对新技术、新产品对洗钱与恐怖融资的风险进行识别。

（16）电汇。电汇信息应准确、完备，并在监控范围中。

（17）依托第三方的尽职调查。本款规定第三方尽调的相关要求。

（18）内部控制、境外分支机构和附属机构。相关机构应当执行与母国相一致的要求。

（19）高风险国家。所采取的强化措施应当有效与风险相匹配。

（20）可疑交易报告。当金融机构有理由怀疑相关资金时，应当向金融情报中心报告。

（21）泄密与保密。出于正当目的报告可疑交易的行为不应承担法律责任。

（22）特定非金融行业和职业：客户尽职调查。包括赌场、不动产中介、贵金属和珠宝交易商、为客户实施相关交易活动的中介机构人员、信托与公司服务提供商等。

（23）特定非金融行业和职业：其他措施。建议18至建议21的要求也适用于所有特定非金融行业与职业。

E．法人和法律安排的透明度和受益所有权

（24）法人的透明度和受益所有权。允许法人发行不记名股票或股权证，或允许名义股东和名义董事存在的国家，应采取措施确保此类法人不被洗钱和恐怖融资活动滥用。

（25）法律安排的透明度和受益所有权。各国应确保主管部门能及时掌握获取关于书面信托、受益所有权及控制权的信息。

F．主管部门的权力、职责及其他制度性措施

（26）对金融机构的监管。各国应确保金融机构受到充分的监管，并且有效地执行FATF建议。对受到《有效银行监管核心原则》约束的金融机构也同样适用反洗钱与反恐怖监管。

（27）监管机构的权力。监管机构应当被足够授权以便对金融机构进行检查。

（28）对特定非金融行业和职业的监管。如赌场等行业适用这一条款。

（29）金融情报中心。各国应当建立全国性金融情报中心（FIU）以收集并分析相关可疑交易报告（STR）和其他相关信息。

（30）执法和调查部门的职责。本款为职责清单。

（31）执法和调查部门的权力。本款为权力清单。

（32）现金跨境运送。各国应采取措施监测现金和不记名可转让金融工具的跨境流动。

（33）数据统计。各国应对本国数据进行持续性、全面性统计。

（34）指引与反馈。主管部门、监管机构和行业自律组织应当制定指引并提供反馈。

（35）处罚。对未遵守规定的法人和自然人应处以刑事、民事或行政处罚。

G．国际公约

（36）国际公约。各国应加入的公约包括《维也纳公约》（1988年）、《巴勒莫公约》（2000年）、《联合国反腐败公约》（2003年）和《反恐怖融资公约》（1999年）。

（37）双边司法协助。各国应当对涉及洗钱等犯罪的调查、起诉、诉讼过程提供双边司法协助，提供真实、完整、合法的信息，并为本国相关主管部门提供充足的人、财、物支持。

（38）双边司法协助：冻结和没收。各国有权请外国对可疑资产提供冻结和没收的协助。

（39）引渡。各国应积极处理洗钱与恐怖融资相关的引渡请求，应采取必要措施不为

相关个人提供庇护,并在符合法律的情况下尽可能简化相关机制。

(40)其他形式的国际合作。

2. 反洗钱国际公约

《联合国禁止非法贩运麻醉药品和精神药物公约》于1988年12月19日通过,1990年11月11日生效,是联合国三大毒品控制公约之一,也是联合国制定的第一个惩治跨国洗钱犯罪的国际性法律文件。其主要内容是明确规定毒品洗钱犯罪的概念,明确规定了打击毒品洗钱犯罪的刑法手段和缔约国承担的强制性义务等。我国于1989年9月4日决定批准公约的签署。

联合国《制止向恐怖主义提供资助的国际公约》于1999年12月9日通过,2002年生效。公约规定了恐怖融资犯罪的定义,要求缔约国采取相应的立法、司法、执法及金融监管措施,对恐怖融资犯罪予以预防和打击。我国于2001年11月14日签署这一公约。

《联合国打击跨国有组织犯罪公约》于2000年11月15日通过,是世界上第一项针对跨国有组织犯罪的国际公约,为各国打击相关犯罪提供了法律基础。公约于2003年10月23日对中国生效。

《联合国反腐败公约》于2003年10月31日审议通过,是为了打击跨国腐败犯罪制定的公约。公约建立了一系列综合性反腐败措施,在完善国内预防与打击腐败、加强国际合作交流、促进司法协助方面制定了具体执行方案,是联合国历史上第一个指导国际反腐败斗争的法律文件。公约于2006年2月12日起对中国生效。

3. 巴塞尔委员会反洗钱指引

参加巴塞尔委员会的不同国家银行业监管部门在打击洗钱的活动中发挥不同的作用,承担不同的责任。尽管银行监管的主要作用是维持金融的宏观稳定和银行业的健康发展,但并不能保证银行进行的所有个人交易都是合法的。基于此,巴塞尔委员会认为,银行业监管者应在提高银行和其他金融机构职业行为的道德标准方面起到全面的作用。为达到这一效果,并尊重各国在监管实践上的差异,巴塞尔委员会制定并发布了一系列指引。

《关于银行业客户尽职调查的指引》于2001年10月发布,该指引旨在提高银行"了解你的客户"(know your customer,KYC)的能力,帮助银行制定更有规范性的标准。指引包括引言、KYC对监管者和银行的重要性、KYC标准的基本组成、监管部门和跨境KYC标准的实施五个部分。

《洗钱和恐怖融资风险管理指引》于2014年发布,并于2016年和2017年两次修订,要求银行建立公司治理、内控合规、IT系统有机结合的风险管理体系,提出跨国银行加强集团反洗钱与反恐怖融资管理的要求。指引主要包括简介、洗钱和恐怖融资风险管理、银行集团和跨境背景下的反洗钱与反恐怖融资、监管部门职责四部分内容。

4. 沃尔夫斯堡集团反洗钱指引

截至2021年,沃尔夫斯堡集团共发布了18项反洗钱指引。其中,较有代表性的包括《私人银行反洗钱指导原则》《代理行业务反洗钱原则》《移动和互联网支付服务反洗钱原则》《政治公众人物指引》《制裁筛查指引》等。

【阅读专栏11-3】

瑞幸咖啡财务造假事件与跨境监管合作

近日,瑞幸咖啡发布公告称,公司于6月17日再度收到纳斯达克通知,因未能及时提交其2019财年年度报表,将被纳斯达克退市。这已是瑞幸咖啡收到的第二份退市通知。对于瑞幸造假一事,中国证监会主席易会满在近日接受财新记者采访时表示,近期出现的瑞幸咖啡财务造假事件,完全不能代表全部在美上市的中概股公司。在全球流动性充盈甚至泛滥的环境下,各主要金融市场可能共同面临"资产荒"的局面,对优质上市资源的争夺必将更加激烈。美国一些政治势力逼迫中概股退市,必然引发"双输"或"多输"的结果,这既是我们不愿看到的,相信也是美国金融监管部门和华尔街不愿看到的。

财新记者:瑞幸咖啡造假事件曝光以来,境内外对中概股都十分关注,担心有关问题无法解决,中概股会被迫从美国摘牌。中国证监会对此如何看?

易会满:企业跨境上市是资本全球化环境下的"共赢"选择。中概股选择赴美上市,本是纽约作为全球金融中心功能发挥的重要体现,对进一步丰富当地市场资产选择和提高全球投资者投资收益发挥了非常好的作用,是件"多赢"的好事。

近期出现的瑞幸咖啡财务造假事件,完全不能代表全部在美上市的中概股公司。在全球流动性充盈甚至泛滥的环境下,各主要金融市场可能共同面临"资产荒"的局面,对优质上市资源的争夺必将更加激烈。美国一些政治势力逼迫中概股退市,必然引发"双输"或"多输"的结果,这既是我们不愿看到的,相信也是美国金融监管部门和华尔街不愿看到的。

资本是逐利的,也是最聪明的。相信美国有关方面会珍惜纽约对优质资产和全球投资者的集聚作用和吸引力;国际投资者会根据符合自身最大利益的需要,做出明智选择;相关在美上市公司也会审时度势,根据自身情况做出妥善应对。

任何一个国际金融中心的持续发展都要依靠全球发行人和投资者的信任。国际金融中心是在资本全球化发展的历史中形成的。金融中心的地位,一方面体现了这些国家和地区的强大的金融实力和优越的金融生态,另一方面也代表了全球投资者对投资环境和上市企业投资价值的信任和认可。纽约作为国际金融中心之一,其持续发展还要依靠全球发行人和投资者的信任。

据世界交易所联合会(WFE)统计,截至2020年4月底,纽交所2 152家上市公司中有507家是外国公司,占比23.6%;纳斯达克3 141家上市公司中有457家外国公司,占比14.5%。据美国财政部相关统计数据测算,2019年年底美国金融市场上境外投资者持有股票市值的占比约为25%。伦敦、东京、香港等国际金融中心的市场结构也与美国市场特点大体类似。

财新记者:目前如何能推进有效的跨境监管合作呢?

易会满:中国证监会高度重视跨境监管合作,始终坚持开放合作态度。提升上市公司信息披露质量、保护投资者合法权益,是各国证券监管机构的共同职责。在跨境证券监管合作领域,我们坚持尊重国际惯例、体现相互尊重、开展有效沟通、寻求互信共赢的基本原则。

多年来，中国证监会与美国证券交易委员会（SEC）、美国公众公司会计监察委员会（PCAOB）保持积极沟通，也有不少成功合作的案例。尽管目前美国政治层面出现了一些杂音，中国证监会仍将一如既往地加强与美国监管同行的合作。在共同查处上市公司财务造假等违法违规行为方面，我们的原则是认真履行跨境监管合作义务，按照国际组织的多边执法合作安排对外提供执法协助，共同维护市场公平秩序，保护投资者合法权益。

我们理解并尊重美国资本市场"宽进严管"的监管理念，针对瑞幸咖啡等个别跨境上市公司出现的监管问题，我们认为加强跨境合作才是解决问题的正途。最近，美国SEC前主席阿瑟·利维特（Arthur Levitt）就专门撰文，建议加强中美跨境监管合作，他的观点我们非常赞成。

财新记者：审计工作底稿是中美审计监管合作中的一个关键环节，也是市场长期关注的热点。中方是否可以以及如何向美方提供会计底稿？

易会满：中方从未禁止或阻止相关会计师事务所向境外监管机构提供审计工作底稿。我们理解，中国法律法规要求的实质是，审计工作底稿这类信息应通过监管合作渠道来交换，并符合安全保密的相关规定。这也是符合国际惯例的通行做法。

截至目前，中国证监会已向美国SEC和PCAOB提供了14家在美上市中国公司的审计工作底稿，仅2019年就向SEC提供了3家。长期以来，我们与美国PCAOB一直保持密切沟通，努力寻求审计监管合作的有效路径。从2012年PCAOB入境观察，到2017年我们协助PCAOB对一家中国会计师事务所开展试点检查，双方尝试了许多办法，试点期间也向PCAOB提供了若干审计项目的工作底稿，应该说当时合作还是比较顺畅的。

财新记者：对于想要回归A股市场的中概股公司，目前路径是否畅通？对于不能满足境内上市条件的中概股是否可以允许它们在新三板挂牌？

易会满：各个国家和地区的市场都有自己的一套上市标准和条件。近期，中国证监会发布了《关于创新试点红筹企业在境内上市相关安排的公告》，沪深交易所也针对红筹企业在科创板和创业板上市，分别发布了相应的监管安排和信息披露指引。从目前在美上市公司的情况看，有一些不一定能够满足境内的上市条件。

做企业总归要有一个盈利模式。靠着烧钱、讲故事、炒题材，没有持续经营能力，财务长期亏损，不适合上市。这是各方监管共识。

财新记者：财务造假的中概股在海外败坏的是中国企业的名声。对此有何评价？

易会满：这些行为是资本市场的"毒瘤"，也是中外监管机构共同打击的对象。我们应该加强监管合作，共同肃清害群之马，使造假者得到应有的惩处。选择去海外上市的中概股企业，上市流程本身高度市场化，无须在中国监管部门经过任何前置程序，我们监管部门事前很难知道哪些企业去海外上市了，很多时候是事后才看到。海外投资者在买卖这类企业股票的时候，应该已经充分考虑了这个情况，并把这些因素纳入股票的风险定价中。即便如此，我们仍将和上市地监管机关加强跨境监管合作，共同维护各国投资者的合法权益。

财新记者：对英国伦敦市场可以有什么新的期待？

易会满：伦敦国际金融中心的地位是历史形成的，当地的金融基础设施和国际投资机构在全球有一定影响力。"脱欧"之后,英国也会更加注重发展这方面的实力,以继续保持伦敦金融城的全球吸引力。

英国十分重视中英金融合作,在推动"沪伦通"发展方面态度十分积极。"沪伦通"下的跨境上市公司都是已经在本地上市、经过市场检验的公司,相信对于上市公司质量,投资者可以相对比较放心,沪伦通目前运行比较平稳。

当然,在"沪伦通"机制下,也同样有跨境监管合作的问题。企业在不同市场跨境上市,就要符合上市地公开发行、信息披露等监管要求,这必然需要监管部门之间密切合作。我们与英国监管部门有多年良好合作的经验,随着双方市场合作的深入,我们将在监管信息交换、信息披露、审计监管合作等多方面与英方加强合作。

资料来源:"中国财富管理50人论坛"微信公众号(内容有删减),2020年6月25日。

第五节 互联网金融的监管

近年来,信息技术、电子通信手段在社会经济领域得到广泛应用,推动了网络经济和电子商务等新兴经济的蓬勃发展,互联网金融由此应运而生,并在我国经济金融活动中发挥着日益重要的作用。

一、互联网金融的形式与特征

从目前世界各国互联网金融发展的情况看,互联网金融已呈现出多种形式,总的来看主要有三种类型。

(1)网络银行,是指在互联网络拥有独立网站,利用网络设备和其他电子手段向消费者提供信息、产品及服务的银行。

(2)网络信贷,是指以网络信贷平台为媒介和载体,为个人与个人之间的借贷提供中介服务,资金汇划主要通过第三方支付机构完成。

(3)第三方支付,是指与商业银行签约、具备一定实力和信誉保障的第三方独立机构提供的交易支持平台。

虽然近几年我国互联网金融发展迅速,但是从世界范围看,互联网金融的机构数量、资金规模以及业务交易量等在全球金融体系中的比重较小,还不足以撼动传统金融机构的主导地位。

另外,互联网金融尚未改变金融的功能和本质。互联网金融创新的是业务技术和经营模式,它在交易技术、交易渠道、交易方式和服务主体等方面进行了创新,但其功能仍然主要是资金融通、发现价格、支付清算、风险管理等,并未超越现有金融功能的范畴。

二、互联网金融的风险及其监管的重要性

也应当看到,互联网金融为传统金融业带来新的发展契机与影响的同时,其自身所具有的业务形态与风险特征也对现行金融监管提出了新挑战。

(1)对全社会货币供给和货币政策操作产生影响。互联网金融的支付清算采取电子化方式,资金划转瞬间到账,很大程度上会减少社会中流通的现钞数量,提升货币流通

速度，使得中央银行测算货币乘数、货币流通速度以及货币需求函数等面临较多困难，中央银行制定和实施货币政策变得更加复杂，更加难于掌控。

（2）对维护金融业信息安全提出新的课题。与传统金融机构相比，互联网金融容易受到网络内部和网络外部的系统攻击，任何一个环节出现漏洞，都可能引发严重的信息安全问题。对金融监管当局而言，维护金融业信息安全，必须对互联网金融给予高度关注。

（3）高风险性的金融与涉众性的互联网结合，必然使互联网金融比传统金融更具涉众性风险，风险面更广，传染性更强。由于互联网天然的涉众性，借贷和众筹融资作为互联网金融，在某种程度上与生俱来就具有"面向不特定人群"的特性，这也是一对多、资金池及期限和金额错配的网络信贷模式常遭人诟病为非法集资的根源。从风险防范角度看，对互联网金融活动实施监管不仅必要，而且意义重大。

三、互联网金融监管的原则

基于互联网金融的特殊性和不同经营模式，要选择区别于传统金融机构的监管主体、监管方式和监管制度，防范复杂、低效率、抑制创新的监管，要在维护互联网金融市场活力与做好风险控制之间实现平衡。互联网金融需要监管的认识基本一致，只是如何监管尚存争议，核心问题是监管主体、监管方式、监管制度如何选择。具体来说，互联网金融的监管应当遵循以下几个原则。

（一）确定监管主体

将新兴的互联网金融逐步纳入金融监管体系是各国规范和促进互联网金融发展的趋势，我国也将如此。实施监管的首要问题是监管由谁来负责，即监管主体是谁，这一问题至关重要。P2P借贷和众筹融资一度游离于监管体系之外，引发的多起"爆雷"事件印证了金融活动的风险只有在监管之下才可控。应当根据互联网金融各种形式的不同特征，确定符合其发展要求的监管主体，以便进一步明确监管的制度与方式。

以美国为例，对于网络银行，在监管政策、执照申请、金融消费者保护等方面，美国对网络银行的监管与传统银行的要求十分类似，但在监管措施方面采取了审慎宽松政策，强调网络和交易安全，维护银行经营的稳健和对银行客户的保护，重视网络银行在降低成本、服务创新方面的作用，基本上不干预网络银行的发展。对于网络信贷，美国对网络信贷的监管框架相对较为复杂，涉及多家监管机构，但与存款类金融机构相比，对网络信贷机构的监管较为宽松，基本没有市场准入的限制，重点是对放贷人、借款人利益的保护。对于第三方支付，美国对第三方支付实行功能监管，将第三方支付视为货币转移业务，把从事第三方支付的机构界定为非银行金融机构，监管机构涉及财政部通货监理署、美联储、联邦存款保险公司等多个部门，监管的重点是交易过程而非从事第三方支付的机构。

（二）确定监管方式

监管方式主要分为原则性监管与规则性监管两种。

（1）在原则性监管模式下，监管当局对监管对象以引导为主，关注最终监管目标能否实现，一般不对监管对象做过多过细要求，较少介入或干预具体业务。

（2）在规则性监管模式下，监管当局主要依据成文法规定，对金融企业各项业务内容和程序做出详细规定，强制每个机构严格执行。它属于过程控制式监管，要求监管者针对不同的机构、机构运营的不同阶段、不同的产品和不同的市场分别制定详细规则，并根据监管对象的合规情况采取相应措施。

美国金融服务圆桌会议指出："规则导向的金融监管体系，是指在该体系下由一整套金融监管法律和规定来约束即便不是全部也是绝大多数金融行为和实践的各个方面，这一体系重点关注合规性，且为金融机构和监管机构的主观判断与灵活调整留有的空间极为有限。原则导向的金融监管体系重点关注既定监管目标的实现，其目标是为整体金融业务和消费者实现更大的利益。"

怎样监管、实施怎样的监管方式，这是确定监管主体之后必须考虑的问题。互联网金融目前还远未定型，发展方向和模式仍有待观察。

（三）加强信息披露

信息披露是指互联网金融企业将其经营信息、财务信息、风险信息、管理信息等向客户、股东、员工、中介组织等利益相关者，履行告知义务的行为。及时、准确、相关、充分、定性与定量相结合的信息披露框架，一是有助于提升互联网金融行业整体和单家企业的运营管理透明度，让市场参与者得到及时、可靠的信息，从而对互联网金融业务及其内在风险进行评估，发挥好市场的外部监督作用，推动互联网金融企业规范经营管理；二是有助于增强金融消费者和投资者的信任度，奠定互联网金融行业持续发展的基础；三是有助于避免监管机构因信息缺失、无从了解行业经营和风险状况，而出台不适合的监管措施，过度抑制互联网金融的发展。

以网络信贷为例，2012年开始发展的P2P借贷和众筹融资平台可以理解为微型的互联网资金直接融通市场。从设计上看，P2P由个人到个人的资金流动模式与证券市场有异曲同工之处。但不同的是，在监管制度方面，发展初期的P2P借贷和众筹融资基本毫无规则制度可言，一度野蛮生长；而证券市场的运行则具有一套相对完善、缜密的制度安排，始终平稳发展。相比之下，当资金进入P2P平台后，投资者很难了解其背后的运作模式，除了定期收到利息或到期的本金外，对资金如何投资、如何增值、如何返还均一无所知，亦无任何法律法规对信息公开进行规范；而证券交易中，无论是融资方发行证券、投资者购买证券、交易所自律组织运行、资金和证券的结算都建立在各种明确制度之上，其中信息披露制度又处于核心地位。对信息披露的要求高低直接导致了二者的发展方向各异。因为缺乏监管制度和信息披露的要求，P2P的资金募集过程、管理模式、使用流向大多呈现"黑箱"操作，成为打着"普惠金融"旗号实现高吸揽储的非法操作单元。在2018年P2P第二次集中"爆雷"后，随着多部委联合进行整治，2020年后的P2P市场已经几乎清零。而随着2019年《证券法》的修订，以及以信息披露为核心的注册制在科创板、创业板、北交所的陆续落地，我国证券市场迎来了蓬勃发展。

（四）金融消费者保护

现实中，由于专业知识的限制，金融消费者对金融产品的成本、风险、收益的了解根本不能与互联网金融机构相提并论，处于知识劣势，也不可能支付这方面的学习成本。

其后果是，互联网金融机构掌握金融产品内部信息和定价的主导权，会有意识地利用金融消费者的信息劣势开展业务。

当前我国互联网金融领域消费者教育的重点，是引导消费者加强对互联网金融的理解，厘清互联网金融业务与传统金融业务的区别，使广大消费者知悉互联网金融业务和产品的主要性质和风险。在此基础上，切实维护金融消费者在互联网金融产品和业务办理中的合法权益，包括放贷人、借款人、支付人、投资人等在内的金融消费者权益均应得到保障。金融消费者保护的重点是，加强客户信息保密，维护消费者信息安全，依法加大对侵害消费者各类权益行为的监管和打击力度。

本章要点

1. 金融监管就是一国或地区金融管理当局对金融机构、金融市场、金融业务进行审慎监督管理的制度、政策和措施的总和。它包括三种类型：系统性监管、审慎性监管和业务发展方式监管。
2. 金融监管模式分为统一金融监管模式、分业金融监管模式和不完全统一的监管模式三种。各国为达到各自的金融监管目标，采取适应本国经济和金融体系特点的模式。
3. 我国金融监管体系为"一行两会一局"的分业监管模式。中国人民银行承担中央银行职责，并对货币市场、外汇市场、黄金市场进行监测管理，是我国金融稳定发展委员会领导下的金融监管核心部门。中国银保监会对银行业、保险业、信托业进行统一监管。中国证监会对中国资本市场进行监管，统一管理证券、基金、期货行业，并管理相关交易所，监管国内上市公司。国家外汇管理局接受人民银行管理，承担外汇市场的监管工作。
4. 银行业监管的内容主要有三个方面：市场准入监管、业务运作过程中的监管和市场退出监管。市场准入监管是对银行业金融机构进入市场有关环节的监管；业务运作过程中的监管是对银行业金融机构业务经营及其相关活动的监督管理；市场退出监管是监管当局对经营管理存在严重问题或业务活动出现重大困难的金融机构采取的救助性或惩罚性强制措施。金融监管的措施一般包括现场检查和非现场检查。
5. 银行业国际监管合作的代表为巴塞尔委员会，其主要成果为 1975 年首次发布并陆续更新的《巴塞尔协议》。《巴塞尔协议 I》由四方面组成：资本的组成、风险加权制、目标标准比率、过渡期和实施安排。2004 年的《巴塞尔协议 II》有三大支柱：最低资本金要求、监管当局的监督检查、信息披露机制。为适应金融危机后的金融机构监管实际，2010 年的《巴塞尔协议 III》进行了针对性调整。
6. 国际反洗钱监管合作的代表是反洗钱金融行动特别工作组、埃格蒙特集团、沃尔夫斯堡集团等专门组织，以及其他承担反洗钱职责的国际组织。相关反洗钱国际实践成果包括 FATF 的《四十项建议》、反洗钱国际公约和巴塞尔委员会反洗钱指引等。

重点难点

金融监管的含义与模式；我国金融监管结构与相关单位职能；《巴塞尔协议》与《巴塞尔新资本协议》的主要内容。

参考文献

[1] 鲍静海,马丽华,李浩然,等.商业银行经营与管理[M].2版.北京:高等教育出版社,2018.
[2] 博迪,凯恩,马库斯.投资学[M].汪昌云,张永骥,译.北京:机械工业出版社,2017.
[3] 吴敬琏,樊纲,刘鹤,等.中国经济50人看三十年:回顾与分析[M].北京:中国经济出版社,2008.
[4] 戴蒙德.枪炮、病菌与钢铁:人类社会的命运[M].谢延光,译.上海:上海译文出版社,2016.
[5] 法博齐,科塞瑞.资产证券化导论[M].宋光辉,刘璟,朱开屿,译.北京:机械工业出版社,2014.
[6] 费尔德坎普,惠伦.金融稳定:欺诈、信心和国家财富[M].胡志浩,译.北京:经济管理出版社,2017.
[7] 管涛.汇率的本质[M].北京:中信出版集团股份有限公司,2016.
[8] 赫尔.期权、期货及其他衍生产品:原书第10版[M].王勇,索吾林,译.北京:机械工业出版社,2018.
[9] 胡滨,郑联盛,等.全球量化宽松:十年演进[M].北京:中国金融出版社,2019.
[10] 胡滨,郑联盛,等.监管沙盒:理论框架与国际经验[M].北京:中国金融出版社,2020.
[11] 蒋先玲.货币金融学[M].2版.北京:机械工业出版社,2017.
[12] 科普兰.汇率与国际金融:原书第5版[M].刘思跃,叶永刚,等译.北京:机械工业出版社,2011.
[13] 李成.金融监管学[M].2版.北京:高等教育出版社,2016.
[14] 李扬,张晓晶,等.中国国家资产负债表2020[M].北京:中国社会科学出版社,2021.
[15] 刘鹤.两次全球大危机的比较研究[M].北京:中国经济出版社,2013.
[16] 罗斯,威斯特菲尔德,杰富,等.公司理财:原书第11版[M].吴世农,沈艺峰,王志强,译.北京:机械工业出版社,2017.
[17] 马克思.资本论[M].何小禾,译.重庆:重庆出版社,2014.
[18] 米什金.货币金融学[M].郑艳文,荆国勇,译.北京:中国人民大学出版社,2016.
[19] 明斯基.稳定不稳定的经济[M].石宝峰,张慧卉,译.北京:清华大学出版社,2010.
[20] 萨林格.保理法律与实务[M].刘园,叶志壮,译.北京:对外经济贸易大学出版社,1995.
[21] 王广宇.负利率:销金时代与货币狂潮[M].北京:中信出版集团股份有限公司,2020.
[22] 王国刚.资本市场导论[M].2版.北京:社会科学文献出版社,2014.
[23] 魏丽莉.经济思想史[M].北京:机械工业出版社,2019.
[24] 肖钢.中国资本市场变革[M].北京:中信出版集团股份有限公司,2020.
[25] 杨涛.互联网金融理论与实践[M].北京:经济管理出版社,2015.
[26] 易纲.中国的货币化进程[M].北京:商务印书馆,2003.
[27] 易会满,牛刚,戴志华.商业银行事后监督[M].北京:中国金融出版社,2013.
[28] 尹振涛.监管科技:面向未来的监管变革[M].北京:中国金融出版社,2020.

［29］ 张化桥. 影子银行内幕：下一个次贷危机的源头？：修订版 [M]. 黎木白，译. 北京：中国人民大学出版社，2016.

［30］ 张明. 宏观中国：经济增长、周期波动与资产配置 [M]. 北京：东方出版社，2020.

［31］ 张维迎. 博弈与社会 [M]. 北京：北京大学出版社，2013.

［32］ 中国证券监督管理委员会. 中国证券监督管理委员会年报 2019[M]. 北京：中国财政经济出版社，2020.

［33］ 刘园. 固定收益证券 [M]. 北京：首都经济贸易大学出版社，2017.

［34］ 刘园. 国际金融 [M]. 3 版. 北京：北京大学出版社，2017.

［35］ 刘园. 国际金融风险管理 [M]. 2 版. 北京：对外经济贸易大学出版社，2012.

［36］ 刘园. 国际金融实务 [M]. 3 版. 北京：高等教育出版社，2017.

［37］ 刘园. 金融风险管理 [M]. 3 版. 北京：首都经济贸易大学出版社，2016.

［38］ 刘园. 外汇交易与管理 [M]. 3 版. 北京：首都经济贸易大学出版社，2020.

推荐阅读

中文书名	原作者	中文书号	定价
货币金融学(美国商学院版,原书第5版)	弗雷德里克 S. 米什金 哥伦比亚大学	978-7-111-65608-1	119.00
货币金融学(英文版·美国商学院版,原书第5版)	弗雷德里克 S. 米什金 哥伦比亚大学	978-7-111-69244-7	119.00
《货币金融学》学习指导及习题集	弗雷德里克 S. 米什金 哥伦比亚大学	978-7-111-44311-7	45.00
投资学(原书第10版)	滋维·博迪 波士顿大学	978-7-111-56823-0	129.00
投资学(英文版·原书第10版)	滋维·博迪 波士顿大学	978-7-111-58160-4	149.00
投资学(原书第10版)习题集	滋维·博迪 波士顿大学	978-7-111-60620-8	69.00
公司理财(原书第11版)	斯蒂芬 A.罗斯 MIT斯隆管理学院	978-7-111-57415-6	119.00
期权、期货及其他衍生产品(原书第10版)	约翰·赫尔 多伦多大学	978-7-111-60276-7	169.00
期权、期货及其他衍生产品(英文版·原书第10版)	约翰·赫尔 多伦多大学	978-7-111-70875-9	169.00
债券市场:分析与策略(原书第8版)	弗兰克·法博齐 耶鲁大学	978-7-111-55502-5	129.00
金融市场与金融机构(原书第9版)	弗雷德里克 S. 米什金 哥伦比亚大学	978-7-111-66713-1	119.00
现代投资组合理论与投资分析(原书第9版)	埃德温 J. 埃尔顿 纽约大学	978-7-111-56612-0	129.00
投资银行、对冲基金和私募股权投资(原书第3版)	戴维·斯托厄尔 西北大学凯洛格商学院	978-7-111-62106-5	129.00
收购、兼并和重组:过程、工具、案例与解决方案(原书第7版)	唐纳德·德帕姆菲利斯 洛杉矶洛约拉马蒙特大学	978-7-111-50771-0	99.00
风险管理与金融机构(原书第5版)	约翰·赫尔 多伦多大学	978-7-111-67127-5	99.00
金融市场与机构(原书第6版)	安东尼·桑德斯 纽约大学	978-7-111-57420-0	119.00
金融市场与机构(原书第6版·英文版)	安东尼·桑德斯 纽约大学	978-7-111-59409-3	119.00
货币联盟经济学(原书第12版)	保罗·德·格劳威 伦敦政治经济学院	978-7-111-61472-2	79.00